ALBERTO CAMPOLEONI LUCA CRIPPA

Orizzonti

per le scuole secondarie di secondo grado

SOCIETÀ EDITRICE INTERNAZIONALE - TORINO

07080

SEI

Coordinamento editoriale: Lia Ferrara
Progetto editoriale e redazione: Valeria Bertero
Coordinamento tecnico-grafico: Michele Pomponio
Progetto grafico: Graficando - Torino
Impaginazione: Quadri_Folio - Torino
Coordinamento multimediale: Nicola Prinetti
Redazione multimediale: Roberta Ricca
Copertina: Piergiuseppe Anselmo
Foto di copertina: © Blend Images – JGI/Jamie Grill/Gettyimages

Le immagini provengono dall'archivio SEI.
I brani biblici sono tratti dalla versione ufficiale a cura della CEI © 2008 *Fondazione di Religione Santi Francesco d'Assisi e Santa Caterina da Siena* per gentile concessione.

A. Campoleoni – L. Crippa
Orizzonti
Volume unico
Testo per l'IRC nella Scuola Secondaria di secondo grado
Società Editrice Internazionale

Nulla osta della Conferenza Episcopale Italiana (Prot. N. 876/2013)
Roma, 19 dicembre 2013

✠ **Angelo Card. Bagnasco**
Presidente

Imprimatur (Prot. N. 1/14)

Torino, 10 gennaio 2014

CURIA METROPOLITANA ARCIDIOCESI DI TORINO

mons. Valter Danna
Vicario Generale

AZIENDA CON SISTEMA DI GESTIONE QUALITÀ CERTIFICATO DA DNV GL = ISO 9001 =

www.seieditrice.com

Prima edizione: 2014

Ristampa:

4 5 6 7 8 9 10

2017 2018

Stampa: Sograte – Città di Castello (PG)

Indice

Legenda dei materiali digitali

- Documenti e approfondimenti testuali
- Approfondimenti visivi e carte interattive
- Video
- Gallerie di immagini

Materiali digitali

STRUMENTI

Com'è fatto *Orizzonti*

Il testo è articolato in **5 nuclei tematici** (che si aprono su doppia pagina), seguiti dalla sezione "**Strumenti**", trasversale ai nuclei.

La dichiarazione di **conoscenze**, **abilità** e **competenze** permette la costruzione di percorsi didattici alternativi.

Ogni nucleo comprende **3 unità**, ciascuna delle quali si conclude con una pagina di **verifica** e una **mappa**.

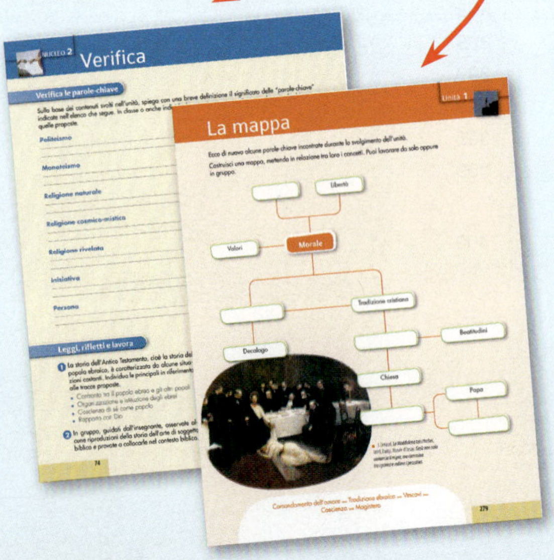

Costante è la presenza della rubrica **L'immagine**.

Ogni nucleo prevede pagine di **testo** (con box di **lessico** e di **approfondimento**) corredate da **documenti**, che sono parte integrante della trattazione e sono sempre accompagnati da attività esperienziali

Al termine di ogni nucleo la pagina **Competenze alla prova** serve alla rielaborazione personale del tema del nucleo; le proposte di **ORIENTAMENTI… verso gli indirizzi** sono spunti di attività mirate agli indirizzi tecnico-professionali.

Questo libro è anche un eBook+

Questo testo esiste anche in forma di **eBook+**, cioè in forma **digitale interattiva**, scaricabile seguendo le istruzioni che trovi sul sito della casa editrice, alla pagina: www.seieditrice.com/libri-digitali

L'eBook+ è una versione digitale del libro cartaceo, arricchita da numerosi contenuti digitali integrativi, **accessibili direttamente dalle pagine del testo**, cliccando sui punti sensibili. Sulle pagine del libro troverai alcune **icone**, che segnalano i contenuti digitali interattivi dell'eBook+.

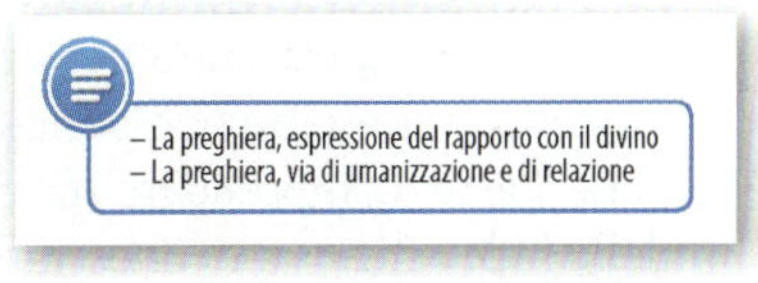

	Ulteriori documenti e approfondimenti di testo, che rendono ancora più ricco l'apparato antologico.
	Approfondimenti visivi (opere d'arte accompagnate da suggerimenti per la lettura dell'immagine e da attività di diverso tipo) e cartine interattive.
	Filmati di diverso argomento, che rendono attuale e viva la materia trattata.
	Gallerie di immagini (opere d'arte di diverse epoche e di diversi stili), riguardanti il tema cui sono legate.

Studiare religione a scuola
Contratto generale

Cominciamo questo libro con una proposta di impegno. La nostra intenzione di autori è quella di proporre e provocare conoscenze e riflessioni sul fatto religioso, sulla religione cattolica in particolare, ma anche sulle diverse religioni che incrociamo nel nostro mondo.
L'obiettivo da raggiungere, molto generale, è quello di "saperne di più", perché non è possibile oggi, in Italia e in Europa, essere **cittadini consapevoli**, persone responsabili e inserite da protagoniste nella vita del nostro tempo, senza conoscere e saper riconoscere segni, elementi, pensieri, sensibilità, che appartengono al mondo delle religioni. Di volta in volta, nel corso del libro e affrontando diversi argomenti, segnaleremo con più precisione i punti di arrivo attesi.
Siamo poi convinti che, attraverso lo studio e l'approfondimento delle tematiche religiose, si possa realizzare un importante cammino di maturazione della persona, che piano piano, "sapendone di più" e affrontando i meccanismi propri della religiosità, diventa sempre più capace di scelte per la propria vita.
Per questo motivo, in un percorso articolato e che prende il tempo della scuola, proporremo informazioni in particolare **sulla religione cattolica**, ma più in generale **sul fenomeno religioso**, sulla tradizione ebraico-cristiana, sullo sviluppo del cristianesimo nella storia, sui modi di vivere e di pensare orientati dalla fede in Gesù Cristo, sempre con attenzione al **dialogo**, alla **ricerca**, al **confronto**. Proporremo anche dati e conoscenze sulle religioni diverse da quella cristiana, in particolare sull'islam, seconda religione mondiale, sempre più di attualità sulla scena del mondo contemporaneo.
Insieme, unità per unità, il libro propone una scelta di **documenti** su cui lavorare in classe, un'antologia selezionata di materiali che possano rispondere alle esigenze delle diverse classi e dei diversi percorsi di apprendimento, in vista del raggiungimento degli obiettivi di volta in volta dichiarati. I documenti non si limitano a quelli sulla carta: infatti un'ampia selezione di ulteriori documenti è proposta **on line**, per ampliare la possibilità di scelta e consentire approfondimenti e confronti.
L'impegno che chiediamo a chi prende in mano questo libro, a chi comincia il cammino, è di considerare seriamente il percorso da fare, di **diventarne protagonista**. Per questo usiamo la formula del "**contratto**": perché chiede **responsabilità reciproca**.

Nelle pagine che seguono, introduttive al nostro libro, spieghiamo alcune ragioni che sostengono la "fatica" dell'IRC e ci spingono alla ricerca: ragioni "**istituzionali**" e **culturali**, che motivano l'insegnamento della religione cattolica a scuola; sono considerazioni **sulla realtà della società contemporanea globalizzata**, nella quale l'incontro/scontro sempre più frequente di popoli diversi è anche incontro/scontro di culture e religioni, da conoscere nei loro elementi essenziali.

1. Un Concordato per la religione cattolica

L'IRC nelle scuole italiane è previsto da apposite leggi, che risalgono a patti concordatari tra lo Stato italiano e la Santa Sede. Dietro le leggi esiste naturalmente una lunga storia, intrecciata con la nascita dello Stato italiano, prima Regno d'Italia e poi Repubblica. È una storia molto interessante, ma troppo lunga e complessa per essere riassunta qui. Ci basti ricordare l'ultimo punto di riferimento importante e decisivo: la revisione dei Patti Lateranensi (**Nuovo Concordato**) avvenuta il 18 febbraio 1984. In quella occasione fu riformulato in maniera sostanziale, con una vera e propria "rivoluzione", il modo di pensare l'insegnamento della religione cattolica nelle scuole italiane, concepite non più come una sorta di "catechismo" della Chiesa nella scuola, ma come una vera e propria **materia scolastica**.
L'IRC, infatti, è un **insegnamento vero e proprio** – che prevede perciò i metodi specifici della scuola, cioè la ricerca, il confronto, l'uso delle fonti, l'approfondimento critico... – di cui tutti, credenti e non, possono usufruire. Suo scopo non è quello di convincere, di fare proseliti per il cristianesimo, ma quello di **offrire conoscenze e abilità** in particolare sulla religione cattolica e sui temi religiosi in generale, conoscenze e abilità che diventano **competenze**, cioè servono a ciascuno per orientarsi all'interno del proprio mondo, per inserirsi consapevolmente nella società, sapendo, per esempio, distinguere segni diffusi che sono religiosi, cristiani, magari "decifrare" correttamente un'opera d'arte, comprendere meglio gli uomini e la storia, passata e presente, valutare l'importanza anche personale della fede religiosa, riconoscere e apprezzare i valori cristiani... In altre parole, queste conoscenze e abilità aiutano a **diventare uomini e cittadini del nostro tempo**, cosa che è propriamente il fine del percorso scolastico.

È proprio necessario un insegnamento come l'IRC? È proprio necessario studiare la religione cattolica e approfondire i temi religiosi? La risposta che hanno dato gli esperti in questi anni è sì. Conoscere e avere dimestichezza con i temi religiosi aiuta a **comprendere il mondo**; in particolare, il cristianesimo cattolico è così radicato in Italia, da risultare indispensabile per capire la nostra storia e i nostri modi di vivere e di pensare.
C'è poi un'altra considerazione da fare.
A scuola, attraverso la conquista di **conoscenze** e **abilità** (il sapere e il saper fare) si mette in moto un complesso meccanismo di **sviluppo della personalità**, si partecipa a un percorso educativo e di crescita personale che **non può trascurare la dimensione religiosa**. Di questa si occupa in particolare l'IRC e così aiuta a "diventare grandi". Aiuta a conquistare **competenze** specifiche, proprie di una persona capace di "stare al mondo".

2. Religioni, culture, migrazioni

Vogliamo ora proporre una notazione semplice: **qualunque popolo, nel mondo, porta con sé un pensiero religioso**. E non di rado proprio questo è così importante da determinare tutta una serie di conseguenze più o meno "banali", che vanno dal modo di vestire al modo di cucinare, fino alle scelte di vita più importanti delle persone e magari dei governi. Lo vediamo molto bene oggi, nella società globalizzata, dove i popoli si intrecciano molto più che in passato.
Se guardiamo oltre l'Italia e consideriamo l'Europa, cogliamo immediatamente una grande **mescolanza di popoli e tradizioni**. Fermandoci alle questione delle fedi religiose, insieme al cristianesimo troviamo le grandi tradizioni dell'ebraismo e dell'islam. Anche le religioni "hanno fatto" l'Europa, hanno contribuito allo sviluppo del continente.
Un fenomeno contemporaneo che in modo particolare pone il problema dell'incontro/scontro tra culture, tradizioni e religioni è il diffuso fenomeno migratorio che mette a contatto, in territori comuni, persone sempre nuove e diverse per colore della pelle, linguaggio, usanze, a volte anche il modo stesso di intendere i valori della persona, della vita, della società...
Il dossier statistico sull'immigrazione **Caritas Migrantes** del 2012 segnala che a fine 2011 gli immigrati (regolari) nel nostro paese erano in totale poco più di 5 milioni (5 011 000), divisi al loro interno da diverse appartenenze religiose. Anzitutto ci sono i **cristiani** (il 53%), divisi in ortodossi (in gran numero e in crescita, in conseguenza delle migrazioni dall'Est Europa), protestanti e cattolici, poi ci sono i **musulmani** (il 32,9%), ma anche discreti gruppi di **induisti** e **buddhisti** (in generale tradizioni orientali: 5,9%), oltre a una certa percentuale di persone che si dichiara **non credente** e altre legate a **tradizioni tribali** (altri: 7,2). Una piccola percentuale, lo 0,1%, è di **ebrei**. Insomma, c'è di tutto e non si può fare a meno di considerare questi elementi, se si vuole sviluppare una politica di **integrazione**, cioè se si vuole pensare agli immigrati non come a un corpo estraneo alla nostra società ma come a risorse nuove e provocanti, capaci di contribuire alla trasformazione del nostro paese e al benessere di chi ci vive.
Va da sé che l'ignoranza delle diverse tradizioni non aiuta. Abbiamo due direzioni da perseguire: la prima riguarda appunto la **conoscenza dei "mondi di riferimento"** dei nuovi interlocutori del nostro paese; la seconda – ma non vi è un ordine gerarchico tra le due, piuttosto sono parallele – riguarda invece la capacità di **far conoscere e apprezzare a questi nuovi interlocutori tradizioni e valori del paese di accoglienza**.

3. Religioni, convivenza e scuola

Il quadro che abbiamo delineato mostra chiaramente come non si possa fare a meno di considerare, oggi, il fenomeno religioso e le religioni per comprendere il mondo che ci circonda e per costruire una migliore convivenza civile. Questa costruzione è responsabilità di tutti, anche di chi comincia oggi un percorso scolastico. Le religioni possono certamente avere un ruolo nuovo di collante e di stimolo per la società e aiutare la ricerca della pace.
Bisogna però prenderle sul serio, considerare con attenzione le identità e le diversità, non favorire i luoghi comuni e le confusioni, promuovere il **dialogo** autentico, che parte sempre dall'ascolto della posizione dell'altro, comprende la ricerca delle sue ragioni e la capacità di dire le proprie, la disponibilità all'incontro, la fiducia nel progresso del cammino comune, la ricerca del bene al di là degli interessi di parte.
Anche per questo la scuola diventa indispensabile. A scuola si realizza l'incontro tra persone diverse, anche fisicamente. Si intrecciano relazioni che aiutano a fare poi passi successivi. Lo studio aiuta a mettere in contatto mondi spirituali che si arricchiscono vicendevolmente. Si crea una rete di legami che potranno "tenere insieme". Senza ingenuità o buonismi, ma con la serietà della ricerca intellettuale e spirituale onesta, che coglie le diversità, le conosce, sa apprezzarle.
L'IRC fa parte di questo percorso, lo sostiene in modo speciale. Per questo vale la pena frequentarlo.

Il percorso delle competenze

Attraverso i cinque nuclei in cui si articola il testo, si propone anche un percorso di crescita progressiva e di acquisizione di competenze mirate alla formazione della persona. Vogliamo qui riprenderlo sinteticamente, organizzandolo secondo gli anni di studio.

Competenze primo biennio

Costruire un'identità libera e responsabile, ponendosi domande di senso nel confronto con i contenuti del messaggio evangelico secondo la tradizione della Chiesa.

Il raggiungimento della competenza richiede **conoscenze** circa:
- il rapporto tra uomo e religione;
- la dimensione spirituale e di ricerca della persona;
- Gesù e il messaggio evangelico;
- la tradizione della Chiesa.

Richiede anche alcune **abilità**:
- proprietà di linguaggio;
- capacità di formulare domande di senso a partire dalle proprie esperienze personali;
- capacità di uso delle fonti bibliche;
- progressiva maturità/autonomia di giudizio.

Allo scopo sono utili i percorsi contenuti nel **nucleo 1**, **nucleo 2** e **nucleo 3**, insieme alle pagine di "**Strumenti**" riguardanti la Bibbia.

Valutare il contributo sempre attuale della tradizione cristiana allo sviluppo della civiltà umana, anche in dialogo con altre tradizioni culturali e religiose.

Il raggiungimento della competenza richiede **conoscenze** circa:
- il messaggio cristiano nella storia;
- lo sviluppo della Chiesa;
- i "nodi" principali del rapporto tra cristianesimo e cultura contemporanea;
- i contenuti delle principali religioni con cui si misura il cristianesimo.

Richiede anche alcune **abilità**:
- proprietà di linguaggio;
- capacità di uso delle fonti bibliche;
- riconoscimento delle fonti magisteriali;
- progressiva maturità/autonomia di giudizio.

Allo scopo sono utili i percorsi contenuti nel **nucleo 2**, **nucleo 3**, **nucleo 4** e **nucleo 5**, insieme alle pagine di "**Strumenti**" riguardanti le grandi religioni del mondo.

Valutare la dimensione religiosa della vita umana a partire dalla conoscenza della Bibbia e della persona di Gesù Cristo, riconoscendo il senso e il significato del linguaggio religioso cristiano.

Il raggiungimento della competenza richiede **conoscenze** circa:
- la dimensione spirituale e di ricerca della persona umana;
- la persona, il messaggio e l'opera di Gesù;
- la tradizione biblica e la tradizione della Chiesa;
- il messaggio cristiano nella storia;
- lo sviluppo della Chiesa.

Richiede anche alcune **abilità**:
- uso di un linguaggio religioso appropriato;
- capacità di uso delle fonti bibliche
- progressiva maturità/autonomia di giudizio;
- capacità di operare scelte morali.

Allo scopo sono utili i percorsi contenuti nel **nucleo 1**, **nucleo 2**, **nucleo 3** e **nucleo 4**, insieme alle pagine di "**Strumenti**" riguardanti la Bibbia.

Competenze secondo biennio e quinto anno

Sviluppare un maturo senso critico e un personale progetto di vita, riflettendo sulla propria identità nel confronto con il messaggio cristiano, aperto all'esercizio della giustizia e della solidarietà in un contesto multiculturale.

Il raggiungimento della competenza richiede **conoscenze** circa:
- il rapporto tra uomo e religione;
- la dimensione spirituale e di ricerca della persona umana;
- l'identità e la missione di Gesù;
- i "nodi" principali del rapporto tra cristianesimo e cultura contemporanea;
- i contenuti delle maggiori religioni contemporanee;
- l'ecumenismo e il dialogo interreligioso;
- valori etici, con attenzione agli orientamenti della Chiesa sull'etica personale e sociale.

Richiede anche alcune **abilità**:
- capacità di impostare domande di senso;
- capacità di uso, analisi e interpretazione delle fonti bibliche e magisteriali;
- riconoscimento dei valori cristiani;
- progressiva maturità e autonomia di giudizio.

Allo scopo sono utili i percorsi contenuti nel **nucleo 2**, **nucleo 3**, **nucleo 4** e **nucleo 5**, insieme alle pagine di "**Strumenti**" riguardanti la Bibbia e le grandi religioni del mondo.

Cogliere la presenza e l'incidenza del cristianesimo nelle trasformazioni storiche prodotte dalla cultura umanistica, scientifica e tecnologica.

Il raggiungimento della competenza richiede **conoscenze** circa:
- identità e missione di Gesù alla luce del mistero pasquale;
- il modo cristiano di comprendere l'esistenza dell'uomo nel tempo;
- i "nodi" principali del rapporto tra cristianesimo e cultura contemporanea;
- valori etici, con attenzione agli orientamenti della Chiesa sull'etica personale e sociale.

Richiede anche alcune **abilità**:
- capacità di formulare correttamente domande di senso;
- capacità di collegare la storia umana e la storia della salvezza;
- capacità di uso, analisi e interpretazione delle fonti bibliche e magisteriali;
- riconoscimento dei valori cristiani nel ricondurre le principali problematiche derivanti dallo sviluppo scientifico e tecnologico a documenti biblici o religiosi;
- progressiva maturità e autonomia di giudizio.

Allo scopo sono utili i percorsi contenuti nel **nucleo 2**, **nucleo 3**, **nucleo 4** e **nucleo 5**, insieme alle pagine di "**Strumenti**" riguardanti la storia del popolo ebraico e le grandi religioni del mondo.

Utilizzare consapevolmente le fonti autentiche del cristianesimo, interpretandone correttamente i contenuti nel quadro di un confronto aperto ai contributi della cultura scientifico-tecnologica.

Il raggiungimento della competenza richiede **conoscenze** circa:
- la tradizione biblica (analisi storica, letteraria e religiosa dell'Antico e del Nuovo Testamento);
- l'identità e la missione di Gesù alla luce del mistero pasquale;
- i "nodi" principali del rapporto tra cristianesimo e cultura contemporanea, con particolare attenzione all'ecumenismo e al dialogo interreligioso;
- il ruolo della religione nella società contemporanea
- il Magistero della Chiesa su aspetti peculiari della realtà sociale, economica e tecnologica;
- la maturazione etica personale.

Richiede anche alcune **abilità**:
- proprietà di linguaggio;
- capacità di uso, scelta, analisi e interpretazione delle fonti bibliche e magisteriali;
- confronto con la testimonianza cristiana di alcune figure significative di ieri e di oggi;
- riconoscimento dei valori cristiani;
- progressiva maturità e autonomia di giudizio nelle scelte personali ed etiche.

Allo scopo sono utili i percorsi contenuti nel **nucleo 1**, **nucleo 3**, **nucleo 4** e **nucleo 5**, insieme alle pagine di "**Strumenti**" riguardanti la Bibbia.

NUCLEO

1 La ricerca di sé e il problema religioso

Quando vedo i tuoi cieli, opera delle tue dita,
la luna e le stelle che tu hai fissato,

che cosa è mai l'uomo perché di lui ti ricordi,
il figlio dell'uomo, perché te ne curi?

Davvero l'hai fatto poco meno di un dio,
di gloria e di onore lo hai coronato.

Gli hai dato potere sulle opere delle tue mani,
tutto hai posto sotto i suoi piedi.
(Sal 8, 4-7)

J.C. Dahl, ***Mattino dopo una notte tempestosa***, 1819, Monaco, Neue Pinakothek.

Che cosa ci proponiamo

In questo primo nucleo tematico ci proponiamo di riflettere su alcune caratteristiche costitutive dell'uomo.
La prima è che l'uomo, nonostante faccia esperienza della propria fragilità e della propria debolezza, è sempre pronto a cercare di superare i propri limiti: non si accontenta mai.
La seconda è collegata alla prima: l'uomo non è "chiuso" nei propri confini, ma, al contrario, è sempre "in relazione" con qualcos'altro. L'uomo è "persona", cioè un essere che vive in rapporto con gli altri. Mettersi in relazione è "costitutivo" dell'uomo, fa parte del suo modo di essere e non è soltanto un fatto occasionale.
L'uomo, infine, è un essere che guarda oltre se stesso e non è riducibile all'istinto, al desiderio, al bisogno. L'uomo è "di più" e lo sa.
Cercheremo di vedere come queste caratteristiche dell'uomo siano alla base del "problema religioso" e delle religioni.

Conoscenze e abilità

Questo nucleo affronta temi e propone attività che aiutano a raggiungere, in parte o del tutto, la conquista di alcune **conoscenze** e **abilità** suggerite nelle indicazioni nazionali. In particolare:

- permette di misurarsi con gli interrogativi universali dell'uomo e le risposte del cristianesimo, avviando a un primo possibile confronto con quelle delle altre religioni;
- aiuta a cogliere la natura e il valore delle relazioni umane e sociali alla luce della rivelazione cristiana e delle istanze della società contemporanea;
- provoca la formulazione di domande di senso a partire dalle proprie esperienze personali e di relazione;
- promuove l'utilizzo di un linguaggio religioso appropriato per spiegare contenuti, simboli e influenza culturale del cristianesimo, avviando la distinzione tra espressioni e pratiche religiose e forme di fondamentalismo, superstizione, esoterismo;
- valorizza l'attitudine al dialogo con posizioni religiose e culturali diverse dalla propria nel rispetto, nel confronto e nell'arricchimento reciproco.

Competenze in costruzione

- Costruire un'identità libera e responsabile, ponendosi domande di senso nel confronto con i contenuti del messaggio evangelico secondo la tradizione della Chiesa.
- Valutare la dimensione religiosa della vita umana a partire dalla conoscenza della Bibbia e della persona di Gesù Cristo, riconoscendo il senso e il significato del linguaggio religioso cristiano.
- Sviluppare un maturo senso critico e un personale progetto di vita, riflettendo sulla propria identità nel confronto con il messaggio cristiano, aperto all'esercizio della giustizia e della solidarietà in un contesto multiculturale.

Unità 1

L'uomo, un essere in ricerca

■ M. Kostabi, *Noè ubriaco*, 2005.

Vorremmo riflettere sul fatto che…

- **L'uomo è sempre alla ricerca di qualcosa che lo porti oltre il proprio limite. Questa è sempre stata la sua vera strategia di sopravvivenza.**
- **L'uomo ha bisogno di essere in relazione con gli altri. L'altro è la sua sfida ma anche la sua gioia.**
- **Ogni età dell'uomo ha le sue caratteristiche particolari. Un'età "speciale" è quella dell'adolescenza, vuoi perché è l'età in cui ti trovi, vuoi perché è un tempo di passaggio decisivo per la "costruzione" dell'uomo come persona.**

1. Tra sopravvivenza e dominio

L'uomo, nei confronti della natura e del mondo, delle grandi forze che regolano i ritmi della vita, sembra inizialmente **impotente** e in loro balìa. Che cosa può nei confronti del terremoto, del mare in tempesta, del vento impetuoso? Un microscopico virus è capace di ucciderlo... Eppure l'uomo **è più "forte"** di tutte queste forze, perché non si arrende a esse e s'ingegna di trovare mille rimedi di fronte a qualunque "male".

L'uomo, almeno a uno sguardo superficiale, sembra sia sempre stato, dal punto di vista fisico, in qualunque ambiente si sia trovato a vivere, il meno adatto alla sopravvivenza.
Ogni essere vivente, infatti, ha sviluppato al massimo le caratteristiche che gli permettono di sfruttare le possibilità offerte dalla natura. L'uomo, invece, non ha a disposizione caratteristiche fisiche particolarmente sviluppate e per questo in natura egli si trova costantemente in una condizione di pericolo: è facile vittima dei grandi predatori, ma è anche goffa preda delle difese di creature ben più piccole di lui (serpenti, insetti molesti...). Eppure proprio questo uomo, apparentemente così indifeso, ha imparato non solo a sopravvivere, ma a **dominare la natura** che lo circonda.

■ Diego Rivera, *L'uomo a un incrocio* (o *L'uomo dominatore dell'universo*), 1934, Città di Messico, Palacio de Bellas Artes. *L'uomo riesce a dominare il mondo che lo circonda.*

■ Hokusai, *La grande onda presso la costa di Kanagawa*, 1830-32, New York, Metropolitan Museum. *L'uomo sembra impotente di fronte alla natura.*

2. Tra paura e curiosità

La paura e la curiosità sono stati certamente gli stimoli decisivi al progresso dell'uomo, allo sviluppo della sua "**intelligenza**": si potrebbe in qualche modo definire quest'ultima come la capacità di "vedere lontano", di mettere in rapporto le cose tra loro e di scoprire i meccanismi che regolano il funzionamento di ciò che succede, permettendo così all'uomo di impossessarsene. Per esempio, molto probabilmente in origine anche l'uomo (come gli animali) ebbe paura del fuoco. Poi, però, riuscì a dominarlo: aveva capito come utilizzarlo, scoprendo il funzionamento di quello che inizialmente era solo un fenomeno naturale spaventoso e pericoloso.

3. Un animale sociale

L'uomo, però, non sarebbe mai riuscito a sopravvivere da solo in un ambiente naturale a lui così sfavorevole. Questa è una legge naturale che riguarda anche molte altre specie animali: l'unione di più individui in un **gruppo** aumenta la loro forza. Qui emerge un'altra caratteristica tipica dello sviluppo della specie umana: la capacità di organizzare una **rete complessa di rapporti** tra i suoi membri.
Per la maggior parte delle specie animali, la lotta per la sopravvivenza consiste nel perseguire due obiettivi fondamentali: la ricerca del cibo e la difesa della propria vita, fino a poterne generare altra. Si parla, a questo proposito, di "istinto di conservazione".
Nell'essere umano, invece, il motore principale dello sviluppo dell'intelligenza non sarebbe stato la ricerca di una maggiore efficienza per la conquista del cibo o per la difesa della prole, quanto piuttosto l'esigenza di sfruttare al meglio le possibilità della vita sociale, di affermarsi di fronte ai propri simili e di sviluppare l'**autostima**.

Autostima

L'autostima è un processo psicologico che porta un individuo ad apprezzare se stesso e le sue azioni.

F. Lèon, ***Il mattino***, 1901, Parigi, Musée d'Orsay.
La specie umana organizza una rete complessa di rapporti con i suoi simili.

4. Un animale... che non è un animale

Come tutte le altre specie animali, noi uomini abbiamo **lottato per sopravvivere**; a differenza delle altre specie, però, noi ci siamo trasformati in veri e propri "alieni" dell'ecosistema e della catena alimentare: siamo in grado, infatti, di **superare i limiti** posti dall'ambiente in cui ci troviamo, creando con le nostre mani le condizioni per la nostra sopravvivenza. Non solo: noi abbiamo dato vita ad ambienti del tutto nuovi (come le città), mentre arriviamo a distruggerne altri.
L'uomo ha sviluppato caratteristiche che a volte sembrano incompatibili con la conservazione della vita: ama il rischio, si interessa anche di ciò da cui non può derivargli un vantaggio immediato, tenta di dar corpo a sogni apparentemente irrealizzabili, si entusiasma per ideali per i quali è disposto al sacrificio, si innamora anche della persona sbagliata...
L'uomo non si accontenta dunque di soddisfare solo i propri bisogni fondamentali (come la fame, la sete, il sonno...): egli spera, instancabilmente, **in qualcosa di più**, magari senza saper dire che cosa esso sia. Allo stesso modo, ha sentimenti di fiducia immotivati, spontanei; riconosce con dolore i propri limiti e la presenza della morte, ma gode della gioia e dell'attesa di un domani migliore.
Infine, è portato a gioire della **socialità**, che negli animali costituisce un bisogno, mentre nell'uomo rappresenta un fine da perseguire e difendere: è portato, infatti, a comunicare agli altri i propri pensieri e a condividere con loro non solo cibo e calore, ma anche idee e passioni.

R. Guttuso, ***Boogie-Woogie***, 1953-54, Roma, Collezione privata. ***L'uomo è portato alla socialità.***

5. Un essere in cambiamento

Ogni uomo è una **persona** unica, in relazione con altre persone e con tutto ciò che è diverso da lei, una persona in continuo cambiamento.

Come l'animale, anche l'uomo ha una fase di minorità e una di maturità, che coincide con il pieno raggiungimento delle facoltà della propria specie. L'uomo, però, ha caratteristiche più complesse: **le età si diversificano molto** e ciascuna ha le sue particolarità.
Inoltre, nessun essere umano ha uno standard da raggiungere, che si possa considerare la meta ultima ma anche il limite dello sviluppo: c'è chi parla tre lingue a vent'anni, chi suona il pianoforte a cinque, chi compie un'importante scoperta scientifica a ottanta... insomma, ciascun essere umano ha un proprio livello di maturazione, in età e in modi diversi.

■ C.D. Friedrich, ***Le età dell'uomo*** (particolare), 1835 c., Lipsia, Museum der Bildenden Kunste. *L'uomo attraversa diverse fasi di crescita, è una persona in cambiamento.*

6. L'età dell'adolescenza

L'età compresa tra l'infanzia e l'età adulta viene indicata con il termine "**adolescenza**". È impossibile dare limiti temporali più precisi a questa età, perché ogni individuo cambia e affronta la crescita fisica e intellettuale con tempi e modi differenti. All'adolescenza, però, sono riconosciute caratteristiche specifiche, nelle quali, forse, ti potrai riconoscere (ma non è detto che tu ti riconosca in tutte!).

› **L'adolescenza è un'età di passaggio e un'età di inizio.** Essa segna, infatti, il passaggio dall'infanzia all'età adulta, ma è anche l'inizio di un cammino verso l'autonomia della persona. In un certo senso l'adolescente reimpara a camminare: misura le proprie forze e intuisce possibilità e rischi; ha bisogno ancora di aiuto (anche se spesso lo nega), ma, nello stesso tempo, tende a fidarsi solo di ciò che lui stesso sperimenta.

› **L'adolescente ha bisogno di sapere di chi può fidarsi veramente.** È questo il motivo per cui è convinto di star bene quasi esclusivamente con i ragazzi della sua età: con loro è possibile capirsi, perché essi parlano la sua stessa lingua.

■ *L'adolescente sta bene con i suoi coetanei.*

› **L'adolescente ha bisogno di conferme.** Sente la necessità di essere stimato, ammirato, ascoltato. Il gruppo in cui si trova bene, infatti, è quello in cui viene riconosciuto e apprezzato. La sofferenza maggiore per l'adolescente è sentirsi emarginato e solo.

› **L'adolescente ha bisogno di stare in gruppo ma anche da solo.** Egli ha bisogno di vivere con gli altri, che gli fanno un po' da specchio e gli permettono di dare prova delle sue qualità e capacità: è in gruppo, infatti, che l'adolescente scopre di essere capace di amicizia, di lealtà, di pazienza; è qui che capisce quanto vale e quanto sa dare. L'adolescente, tuttavia, ha anche bisogno di momenti di solitudine in cui riflettere su se stesso, su che cosa lo fa stare bene e che cosa invece gli fa paura, su che cosa credere veramente. Solo dall'unione di amicizia e solitudine egli può scoprire la propria autonoma identità.

■ P. Picasso, ***Ragazza allo specchio***, 1932, New York, Museum of Modern Art. *L'adolescente s'interroga di continuo e si pone domande su se stesso.*

› **L'adolescente ama la vita piena, fatta di cose vere.** La vita dell'adolescente è "impregnata" di emozioni e sentimenti forti, di valori in cui credere, di imprese di cui vantarsi.

› **L'adolescente si innamora facilmente e con grande intensità, ma dell'amore sa ancora poco.** L'importante, per lui, anche in amore, è sentirsi confermato, accolto e apprezzato, ma non sa ancora, veramente, per esempio, che cosa significhi donarsi.

› **L'adolescente ha bisogno di argomentazioni molto serie.** Per questo rifiuta fortemente tutto ciò che continua a venirgli proposto senza adeguate spiegazioni e senza che gli siano fornite robuste motivazioni. Anche la religione rischia, in questo caso, di essere avvertita come una "cosa da piccoli" e quindi rifiutata.

› **L'adolescente non è un tipo spensierato come generalmente si crede.** Ha molta energia e può superare delusioni e ostacoli che metterebbero a dura prova anche un adulto sicuro di sé. La sua è un'energia istintiva, naturale, una difesa necessaria a chi comincia il cammino della vita. Si tratta, però, di una forza non inesauribile: per questo è importante che egli non si esaurisca nella ricerca confusa del senso della vita, cercando mille strade, a volte che non portano da nessuna parte. Piuttosto ha bisogno di aiuto per trovare la via giusta per lui.

› **L'adolescente è particolarmente incerto e confuso.** Questo è ciò che ritengono in molti; qualcuno pensa che per questo motivo l'adolescente sia a volte ribelle e violento, a volte pigro e rinunciatario. L'incertezza e la confusione, in realtà, sono tipiche di chi si pone domande sul senso dell'esistenza: il fatto è che tali domande sono poste più frequentemente proprio nell'età dell'adolescenza.

■ *L'adolescente si mette in dubbio e cerca la propria identità.*

L'immagine

La statua raffigura il mito di Prometeo, personaggio della mitologia greca punito da Zeus per aver rubato il fuoco degli dei: per questo egli è incatenato a una rupe, mentre un'aquila gli divora il fegato, che ricresce continuamente.
Prometeo è il simbolo dell'uomo che non si accontenta ma cerca di superare i limiti, rappresentati dal divieto di Zeus di divulgare il segreto del fuoco fra gli uomini.

N.-S. Adam, ***Prometeo incatenato***, 1762, Parigi, Musée du Louvre.

Leggi l'immagine

1. La statua esprime un senso di quiete o di sofferenza?
2. Da quali elementi lo ricavi?
3. Cerca altre rappresentazioni artistiche del mito di Prometeo e confrontale fra loro, insieme ai compagni.

1. L'uomo è un essere complesso

– L'infinito
– L'uomo, un essere intelligente

Chiave di lettura

Howard Gardner e Daniel Goleman, due tra i più importanti studiosi viventi dell'intelligenza umana, insegnano che essa è composita e risponde a diversi stimoli. Il bisogno della misurazione e quello dell'efficienza tecnica sono solo alcuni tra gli altri. L'uomo è più di una macchina: è una persona.

Le sette varietà fondamentali di intelligenza

1. Intelligenza verbale
2. Intelligenza logico-matematica
3. Capacità spaziale
4. Genio cinestetico[1]
5. Talento musicale
6. Capacità interpersonali (capacità di leadership, di alimentare relazioni e conservare amicizie, di risolvere conflitti, di condurre analisi sociali...)
7. Capacità intrapsichica (verso gli altri e verso se stessi)

I cinque ambiti dell'intelligenza emotiva

1. Conoscenza delle proprie emozioni
2. Controllo delle emozioni
3. Motivazione di se stessi
4. Riconoscimento delle emozioni altrui
5. Gestione delle relazioni

H. Gardner, *Formae mentis*, Feltrinelli, Milano 1987

Caratteristiche delle intelligenze non cognitive

1. Capacità di motivare se stessi e di persistere nel perseguire un obiettivo nonostante le frustrazioni
2. Capacità di controllare gli impulsi e rimandare la gratificazione
3. Capacità di modulare i propri stati d'animo, evitando che la sofferenza ci impedisca di pensare
4. Capacità di essere empatici[2]
5. Capacità di sperare

D. Goleman, *Intelligenza emotiva*, Rizzoli, Milano 1999

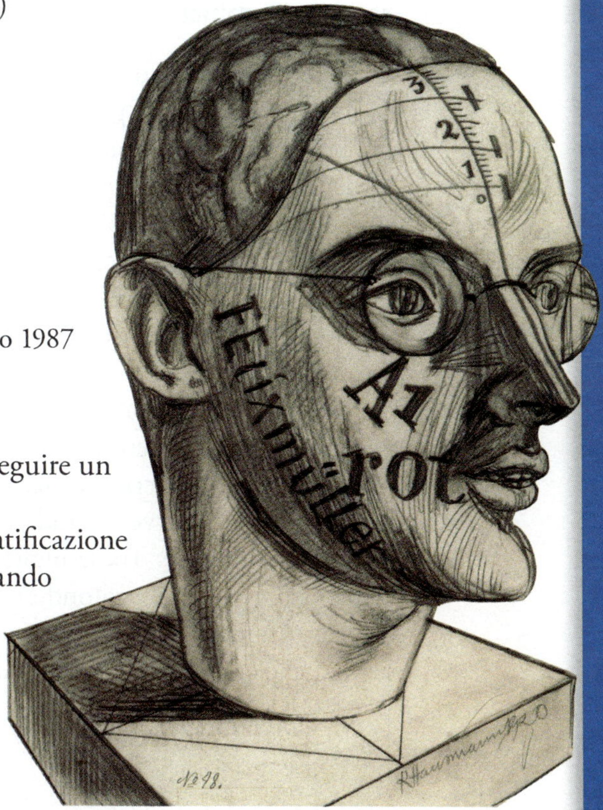

R. Hausmann, *Conrad Felixmüller come testa meccanica*, 1919 ca, Berlino, Staatliche Museen.
L'intelligenza umana è articolata e complessa.

1. **Genio cinestetico:** intelligenza relativa alle capacità motorie.
2. **Capacità di essere empatici:** capacità di immedesimarsi nei pensieri e negli stati d'animo degli altri.

Documenti

L'attività

1. È possibile sostenere che l'intelligenza dell'uomo è solo "tecnica"?
2. Quale ruolo occupano, nella vita degli uomini, emozioni, sentimenti e relazioni interpersonali?
3. Commenta con i compagni quest'affermazione e poi aprite un dibattito: "Si può vivere bene senza conoscere la matematica, ma non senza sapere come avere relazioni con gli altri".

2. L'uomo, un animale unico

L'uomo è un animale sociale

Chiave di lettura

Come ha fatto l'uomo, non certo uno degli animali più forti, non solo a sopravvivere, ma a dominare il mondo che lo circonda? Perché è un animale unico, speciale.

Gli esseri umani sono unici. Come e perché lo siano ha stimolato per secoli la curiosità di scienziati, filosofi e perfino avvocati. Quando cerchiamo di stabilire una distinzione tra animali ed esseri umani, nascono controversie e ci si azzuffa sulle idee e sul significato dei dati, e quando il polverone si placa, ciò che resta è una quantità maggiore di dati su cui costruire teorie più forti e stringenti. Stranamente, in questo ambito di ricerca, idee opposte sembrano essere almeno parzialmente corrette. Benché sia evidente che gli esseri umani sono unici da un punto di vista fisico, è altrettanto evidente che ci distinguiamo dagli altri animali anche per caratteristiche più complesse. Siamo in grado di creare opere d'arte, cucinare un piatto di pasta al ragù, costruire macchine complicate e almeno alcuni di noi comprendono la fisica quantistica. Non abbiamo bisogno di un neuroscienziato per sentirci dire che i nostri cervelli la fanno da padroni, ma dobbiamo invece spiegare come questo accada. Quanto e come siamo unici?
Il modo in cui il cervello guida i nostri pensieri e le nostre azioni rimane una questione difficile da afferrare. Tra le molte domande irrisolte vi è il mistero di come un pensiero possa emergere dalle profondità dell'inconscio fino a divenire cosciente. Di pari passo, con l'avanzamento nei metodi per studiare il cervello, alcuni misteri sono stati risolti, ma sembra che la soluzione di un mistero porti spesso alla creazione di molti altri.

M.S. Gazzaniga, *Human – Quel che ci rende unici*, Raffaello Cortina Editore, Milano 2009

L'attività

1. Secondo l'autore, l'uomo è un animale unico, diverso dagli altri animali: che cosa lo rende così unico?
2. Gli studi condotti sul cervello hanno permesso di chiarire il mistero che lo circonda?
3. Sei d'accordo con la tesi dell'autore? Commentale con i tuoi compagni.

3. L'uomo è un animale collettivo

– Non si ha bisogno solo di cose
– Chi sono?

Chiave di lettura

Il biologo Edoardo Boncinelli propone una definizione di uomo come "animale collettivo", qualcosa di diverso da "animale sociale".

Parlare di "animale [puramente] sociale" può essere fuorviante. In un certo senso, tutti gli animali sono sociali; in particolare, lo sono gli animali superiori; ma questo ci è chiaro, soprattutto, per quelli più vicini a noi. Ma anche quegli *insetti* che sono appunto detto *sociali* sono interessanti sotto questo profilo; eppure, ci paiono per moltissimi aspetti estremamente lontani da *Homo sapiens*.

L'uomo è animale sociale, secondo me, in maniera assai particolare: alludo proprio a questa peculiarità quando dico che è *un animale collettivo*. Preferisco il termine *collettivo*, perché un aggettivo come *sociale* mi sembra troppo polisemico, ambiguo. Certo, siamo animali sociali; ma lo sono anche i lupi o le scimmie.

Noi siamo qualcosa di più, noi non saremmo quello che siamo se non ci fosse il collettivo; mentre un lupo, entro certi limiti, potrebbe essere un lupo anche se non ci fosse il branco.

Se noi per mesi o per anni non fossimo immersi in una sorta di "bagno pubblico" – esponendoci perfino alle eventuali critiche dei nostri simili –, non diverremmo quello che siamo. Non mi garba d'altra parte un termine come *politico*, uso allora la parola *collettivo* per indicare quanto sia essenziale la molteplicità delle persone che si legano l'una all'altra. E questo lo dico senza entrare nella modalità delle relazioni, che possono essere le più diverse.

E. Boncinelli, G. Giorello, *Lo scimmione intelligente*, Rizzoli, Milano 2009

I lupi sono animali sociali.

L'attività

1. Perché l'autore preferisce definire l'uomo "animale collettivo"?
2. Che cosa intende, quando afferma: "noi non saremmo quello che siamo se non ci fosse il collettivo"?
3. Sei d'accordo con la tesi dell'autore? Discutine in classe con compagni.
4. Il gruppo classe è una comunità che trasforma anche l'individuo, dove ci sono regole comuni di comportamento e rapporti diversi fra i membri. Soffermati a riflettere e, lavorando con i compagni, elabora una presentazione in PowerPoint con le regole della vostra comunità.

Documenti

4. Educatori per adolescenti

Chiave di lettura

Non è facile confrontarsi con gli adolescenti; i vescovi italiani provano a dare qualche consiglio ai loro educatori (genitori e insegnanti innanzitutto).

Gli *adolescenti* percorrono le tappe della crescita con stati d'animo che oscillano tra l'entusiasmo e lo scoraggiamento. Soffrono per l'insicurezza che accompagna la loro età, cercano l'amicizia, godono nello stare insieme ai coetanei e avvertono il desiderio di rendersi autonomi dagli adulti e in specie dalla famiglia di origine. In questa fase, hanno bisogno di educatori pazienti e disponibili, che li aiutino a riordinare il loro mondo interiore e gli insegnamenti ricevuti, secondo una progressiva scelta di libertà e responsabilità. Nella vita di relazione e nell'azione maturano la loro coscienza morale e il senso della vita come dono. Un tratto centrale della crescita, che oggi per vari aspetti assume caratteri problematici, è quello dello sviluppo affettivo e sessuale: va affrontato serenamente, ma anche con la massima cura, perché incide profondamente sull'armonia della persona.

Educare alla vita buona del Vangelo
(Orientamenti pastorali dell'episcopato italiano
per il decennio 2010-2020), 31

■ *L'adolescenza è un'età di cambiamento.*

L'attività

1 Il documento sintetizza lo stato d'animo degli adolescenti come un oscillare fra entusiasmo e scoraggiamento. Credi che possa essere una sintesi adeguata? Perché?

2 Quali sono gli educatori che sono presenti accanto a te?

3 Quali consigli daresti a un adulto che volesse aiutarti nel tuo percorso di crescita?

5. Essere adolescenti

Gli adolescenti e il futuro

Chiave di lettura

L'adolescenza è un'età di cambiamenti importanti su diversi fronti.

Caro diario, oramai sono passati gli anni in cui mi comportavo da bambino, da irresponsabile, senza pensieri per la mente e gli unici due che avevo erano rivolti per il mio Napoli e per giocare. Normale, quale ragazzo non ama una propria squadra? Amore che spesso risale a quello del proprio padre, perché la fede si tramanda. Lo scopo dei bambini è sempre giocare con i propri coetanei o con i propri amici immaginari. Penso che gli amici immaginari nell' infanzia siano fondamentali, spesso sono i migliori amici, perché non

ci si rende conto della realtà, ma si pensa di essere in un mondo fantastico, in un mondo in cui puoi fare tutto quello che vuoi, sei il protagonista indiscusso, non hai regole. Invece nell'adolescenza tutto cambia, perché è una tappa importantissima della nostra vita, molto difficile da affrontare, che, se interpretata nel modo sbagliato, può creare disagi che ci porteremo per tutto il nostro percorso. Ci può portare a fare idiozie di cui magari in futuro ci pentiremo, ma quando una cosa è fatta non si può più tornare indietro.
Durante l'adolescenza cambiano i rapporti con la famiglia e con tutte le persone che ci circondano, i genitori sembrano degli orchi cattivi che cercano di limitare la nostra libertà e così incominciano i primi litigi. C'è tensione in famiglia e a casa e gli amici diventano improvvisamente un punto di riferimento assoluto, di cui non si può fare a meno, ma non perché siano più divertenti degli adulti, ma solo perché abbiamo gli stessi pensieri, ci intendiamo senza neanche dire una parola ma con lo sguardo, perché gli occhi sono lo specchio dell'anima, uno sguardo vale più di mille parole.
Abbiamo però bisogno di un punto di riferimento e così ci rivolgiamo verso giocatori, artisti e cantanti famosi. Ogni adolescente ha infatti un proprio idolo, lo tratta come un eroe, lo imita perché pensa che sia perfetto, ma invece l'importante è capire che nessuno è perfetto, nessuno è meglio di un altro, ma esistono solo persone che si impegnano per realizzare i propri sogni e altri che pensano che si possa fare quel che si voglia. La realtà, invece, è che nella vita non bisogna mai prendere la strada più facile, perché quella più difficile risulta dare più soddisfazioni.
Oltre ai propri idoli gli adolescenti si affidano anche alla "compagnia" dei videogiochi, che diventano improvvisamente importantissimi. Con l'ultima tecnologia ora possiamo giocare online con tutto il mondo, con persone che neanche conosciamo, che c'è di più divertente?
Penso sia incredibile e quindi le console diventano improvvisamente delle calamite e noi dei pezzi di ferro. Penso che però dovremmo regolarci, perché ci possiamo far prendere troppo dal videogioco e ci immedesimiamo anche nella vita di tutti giorni e andiamo incontro a catastrofi di cui non conosciamo neanche il senso.
Siamo adolescenti, dovremmo essere liberi, ma nel rispetto delle regole, perché gli insegnamenti che riceviamo segneranno tutto il nostro percorso.
Alla prossima, mio caro diario.

in "La repubblica", 09 gennaio 2013

Durante l'adolescenza il rapporto con gli amici è importantissimo.

L'attività

1. In questa lettera, scritta da un adolescente, emergono alcuni punti importanti dell'adolescenza: quali? Riprendili brevemente.
2. Condividi quanto si dice circa i rapporti familiari? È vero che a volte i genitori sembrano "orchi cattivi che cercano di limitare la nostra libertà"? Pensi che sia davvero così?
3. Anche tu hai degli "idoli", qualche personaggio famoso che ti piace particolarmente? Che cosa apprezzi di lui o di lei?

Documenti

6. I pregi degli adolescenti

La solitudine delle amicizie

Chiave di lettura

In questa intervista leggiamo le parole di Gustavo Pietropolli Charmet, uno psichiatra esperto in problemi dell'adolescenza: gli adolescenti oggi hanno grandi potenzialità.

A lei, questi ragazzi fanno simpatia. E infatti scrive: "Chi conosce i giovani, finisce per apprezzarli". Lei li conosce: che cosa apprezza di loro?

A rischio di apparire buonista o anche idealizzante, non sono favorevole alla denigrazione massiccia che subiscono questi ragazzi che invece, sì, io tendo ad apprezzare. Quando sono dentro una relazione con un adulto abbastanza competente, sono molto etici, si impegnano sul piano della narrazione di sé, mostrano una grande capacità di ricognizione della loro mente. A dispetto delle apparenze, sono affettivi: ad esempio, la loro vita di coppia è molto più evoluta di quella degli adolescenti di un tempo, hanno un livello di autonomia reciproca molto elevato, non coltivano eccessivamente il sentimento della gelosia, magari hanno smarrito il senso della grande passione amorosa, a vantaggio però di una certa pacatezza e stabilità. Soprattutto hanno introdotto una pariteticità reale tra maschile e femminile, che senz'altro avrà una ricaduta sui loro rapporti più maturi, sulla genitorialità futura, sulla vita familiare e nei rapporti con i figli... A me non sembra poco.

Ma chi è l'adulto "abbastanza competente"? I genitori no, gli insegnanti neppure... Sarà lo specialista, il terapeuta, uno come lei?

No, per *questi* adolescenti l'adulto competente è chiunque coltivi ed esprima una forte passione per "qualcosa". Ecco, quando individuano qualcuno che secondo loro *va bene*, in base a criteri anche difficili da decodificare, possono esserne soggiogati. Anche un docente un po' svitato, ma realmente appassionato della sua materia, diventa un punto di riferimento, una risorsa. Gli *altri* adulti – quelli opachi – non sono contestati, non sono avversari da abbattere, semplicemente rimangono del tutto irrilevanti.

Lei sta parlando dei ragazzi "normali", non proprio di quelli che indulgono nelle varie condotte a rischio e conquistano i notiziari... Sembra invece piuttosto preoccupato da quello che definisce il fenomeno della "reclusione volontaria": davvero può esserci il rischio di un rifugio difensivo nel mondo del virtuale?

Sì, credo che il virtuale possa mettere al riparo dallo sviluppo di sintomi psichici gravi. Nessuno deve vedere l'adolescente troppo fragile per reggere lo sguardo dell'altro, mille volte meglio restare in relazione senza corpo: è la celebrazione della più radicale delle difese rispetto all'eventualità di sperimentare il sentimento sociale della vergogna. Sarà allora il caso di incoraggiare gli adolescenti a incamminarsi verso la condivisione, a non temere i traumi e le mortificazioni. Diversamente i nostri ragazzi seguiranno le orme dei loro colleghi giapponesi: un milione di ragazzi spariti dalla circolazione, chiusi nella loro cameretta online, come in un ospedalino da campo nelle retrovie della vita.

L. Sica, *Non sparate sui nuovi adolescenti*, in "La Repubblica", 08 novembre 2008

L'attività

1. Credi anche tu che nei rapporti di coppia degli adolescenti si sia realizzata una sostanziale parità fra maschio e femmina? In che senso questo ha una ricaduta positiva sul futuro?
2. Sei d'accordo con quanto afferma l'autore sui rapporti fra gli adolescenti e gli adulti? Perché?
3. Quali rapporti hai tu con gli adulti? Hai accanto a te almeno un adulto "abbastanza competente", come lo definisce Pietropolli Charmet? Perché ti sembra un buon punto di riferimento?
4. La vita virtuale mette al riparo da traumi, fallimenti e mortificazioni: tu come ti rapporti con la realtà virtuale (Internet, social network...)? Nella tua vita occupa un posto maggiore degli amici reali?

■ *Gli adolescenti hanno introdotto una pariteticità reale tra maschio e femmina.*

Verifica

Verifica le parole-chiave

Sulla base dei contenuti svolti nell'unità, spiega con una breve definizione il significato delle "parole-chiave" indicate nell'elenco che segue. In classe o anche individualmente si possono aggiungere altre parole-chiave a quelle proposte.

Limite

....

....

Intelligenza

....

....

Socialità

....

....

Persona

....

....

Altro

....

....

Adolescenza

....

....

Leggi, rifletti e lavora

1. Quale delle tre affermazioni ti sembra la più adeguata per descrivere l'uomo? Spiega il motivo.
   - ☐ L'uomo domina la natura.
   - ☐ L'uomo ha paura di ciò che non conosce.
   - ☐ L'uomo non si arrende mai.

2. Quali, tra quelle indicate, sono le caratteristiche che individuano meglio l'uomo? Mettile in ordine di importanza. Aggiungi eventualmente qualche altra caratteristica.
   - ☐ Intelligenza
   - ☐ Curiosità
   - ☐ Forza
   - ☐ Paura
   - ☐ Abilità manuale
   - ☐ Capacità di adattamento
   - ☐ Fisico "attrezzato"
   - ☐ ....
   - ☐ ....

3. Lavora in gruppo con i tuoi compagni: ciascuno scrive su un foglio, per conto suo, una descrizione dell'adolescenza. Poi la legge ad alta voce.
   Tra le diverse definizioni, quali sono gli elementi in comune?

4. Riprendi il Salmo 8, che apre questo nucleo. L'uomo viene paragonato agli angeli e, secondo alcune traduzioni, addirittura a Dio. È un paragone azzardato? Come può essere inteso? Formula le tue opinioni in proposito.

La mappa

Ecco di nuovo alcune parole-chiave incontrate durante lo svolgimento dell'unità.

Costruisci una mappa, mettendo in relazione tra loro i concetti. Puoi lavorare da solo oppure in gruppo.

L'uomo, un essere in ricerca

- Limite

Persona – Adolescenza – Intelligenza – Socialità

Unità **2**

L'uomo e la religione

■ P. Klee, ***Separazione di sera***, 1922, Berna, Zentrum Paul Klee.

Vorremmo riflettere sul fatto che…

- **L'uomo tenta da sempre di mettersi in contatto con una realtà che va oltre i limiti della sua esperienza e che egli pone in qualche modo a fondamento della sua esistenza.**
- **La "religiosità" e le religioni sono fenomeni intrecciati costantemente con la vita e la storia degli uomini.**
- **Una vera e propria "esperienza religiosa", intima e personale, è alla base delle religioni storiche dell'umanità.**

1. In rapporto con la vita

Fin dalla nascita l'uomo si trova "**in relazione**": è in rapporto con la madre, con le altre persone, con le cose che gli stanno intorno... Attraverso queste relazioni egli scopre se stesso.
Non solo: l'uomo, attraverso le relazioni interpersonali, è in rapporto con il mondo intero e, in ultima analisi, con il fenomeno stesso della vita.
Per capire meglio questo punto, partiamo da un esempio. Presso alcune tribù dell'Africa centrale, dove è ancora possibile osservare le tradizioni di una cultura arcaica conservata da millenni, quando nasce un bambino, viene dapprima deposto al suolo e quindi raccolto, per indicare che è nato dalla terra. Un simile gesto, dal significato simbolico, indica una precisa consapevolezza: ogni uomo che vede la luce proviene sì dal grembo della madre e dalla relazione tra questa e il padre, ma appartiene anche a una realtà più ampia e profonda, collegata con **il mistero della vita**, che l'uomo non possiede.
Allo stesso modo, presso molti popoli antichi (abitanti anche in diversi continenti), erano diffusi racconti mitici che spiegavano l'origine dell'umanità a partire da un impasto di terra e acqua e da un fuoco vitale, proveniente da un originario "padrone della vita", un dio che, in forme diverse, esisteva prima dell'umanità e le donava l'esistenza.

■ J. Tinguely, ***Balletto dei poveri***, 1961, Basilea, Museo Jean Tinguely. *L'uomo è un essere in relazione*.

2. Tra vita e morte

Il mondo di cui l'uomo fa parte e con il quale è in relazione fin dal momento in cui nasce è ricco di **contraddizioni**.
Vi sono amici e nemici, tra gli uomini e tra gli animali. Ma anche i fenomeni della natura hanno un volto ambiguo: la pioggia porta l'acqua, indispensabile per vivere, ma può anche essere protagonista, insieme al tuono e al fulmine, della tempesta, che mette in pericolo la vita.
Un animale con il quale l'uomo ha normalmente un rapporto pacifico può essere fonte di nutrimento e la sua pelle e le sue ossa possono diventare utili per la costruzione di attrezzi e capanne. Tutto questo, però, può essere ottenuto solo con una violenza dell'uomo sull'animale: la vita, talvolta, afferma se stessa attraverso la morte e questo comporta interrogativi drammatici.

■ G. Colbert, ***Open close***. *Il mondo di cui l'uomo fa parte è ricco di contraddizioni*.

Ma la più profonda contraddizione è quella che intercorre tra il procedere lento e apparentemente immutabile del corso della vita e l'interrompersi – tragico e spesso accompagnato da sofferenza – della vita dell'uomo. Seppellendo con cura i propri morti, gli uomini antichi testimoniavano un forte senso di speranza nei confronti del mistero stesso della vita. Il morto non era abbandonato alla luce del sole, ma era oggetto di cura e riaffidato alla terra, da cui proveniva, con gli strumenti che gli avevano garantito la sopravvivenza.

■ Sepoltura dell'età del bronzo, Museo di Salisbury. *Gli uomini antichi seppellivano i morti con alcuni oggetti che avevano garantito la sopravvivenza.*

3. In relazione con il mistero

■ G. De Chirico, *Mistero e malinconia di una strada*, 1914, New Canaan, Collezione privata. *L'uomo si misura con il mistero.*

Alle prese con la fatica, la gioia, le prove del vivere, l'uomo da sempre ha attribuito un significato particolare a ogni sua esperienza, trovando in ciascuna un senso, un valore: ogni gesto, ogni essere, ogni oggetto si inscrive in una **trama più ampia**, alla quale l'uomo sente di appartenere e che vorrebbe in qualche misura dominare, pur sentendosene, alla fine, incapace.

L'uomo si misura con la vita, con la morte, con il problema del "significato" di ciò che accade, delle esperienze che egli fa, di ciò che prova. Da sempre, nella storia degli uomini e dei popoli, tutto questo è messo in relazione con qualcosa di smisurato, straordinario, indicibile: il **mistero**. Proprio per cercare di comprendere e di dare una risposta a questi interrogativi, soprattutto a quelli fondamentali sul significato della vita e della morte, l'uomo ha sempre fatto riferimento a qualcosa che è "più grande" della vita, della morte e dei fatti quotidiani che vede intorno a sé, a quella "trama più ampia" alla quale egli sente di appartenere e che identifica con il termine generico di "**sacro**".

Sacro

Il termine deriva dal latino *sacer*; sacro è ciò che non può essere toccato e che è inviolabile. Si oppone a "profano", che significa "ciò che sta fuori da uno spazio consacrato", cioè "ciò che non appartiene al dio".

4. In rapporto con la divinità

Nella storia degli uomini troviamo da sempre testimonianze di comportamenti e di modi di pensare che chiamano in causa un dio o più divinità, proprio per dare una risposta alle domande di senso e spiegare il mistero profondo della vita. Pur nella diversità di forme e nomi (spiriti, dei, Dio), **la divinità rappresenta sempre qualcuno o qualcosa da cui dipende totalmente la vita dell'uomo**: alla divinità appartengono la vita e la morte e, più ancora, il loro significato.

L'esperienza della divinità, di qualcuno o qualcosa da cui dipende l'esistenza intera è quella che possiamo chiamare "**esperienza religiosa**" e sta alla base delle religioni. Cerchiamo di capire meglio: l'esperienza religiosa consiste in un'esperienza intima, profonda, della singola persona, che riconosce un "altro" come qualcuno o qualcosa da cui dipende la propria vita e il suo significato. È un'esperienza che appartiene all'intimità dell'individuo e ne coinvolge ogni dimensione: la sua intelligenza, la sua emotività, i suoi sentimenti. L'esperienza religiosa del singolo può essere descritta con efficacia utilizzando gli stessi termini con cui si parla di una "relazione affettiva", per esempio tra un uomo e il proprio padre, un amico, la donna amata.

In particolare, nelle tradizioni delle religioni "rivelate" (come quella ebraica, quella cristiana o quella islamica) troviamo testimonianza di alcune "esperienze religiose" esemplari: si tratta sempre di eventi che cambiano l'esistenza delle persone coinvolte. Queste "esperienze religiose" sono normalmente riservate a personaggi straordinari, ma, a ben vedere, il loro "meccanismo" è il medesimo per ogni persona "ordinaria". Potremmo, anzi, dire meglio: **ogni persona ha la possibilità di vivere l'esperienza religiosa**, è in qualche modo "attrezzata" per essa. L'esperienza religiosa, cioè l'incontro con Dio (qualcuno o qualcosa da cui la vita dipende), è una possibilità per ogni uomo e per ogni donna.

■ Meditazione yoga: saluto al sole. *L'uomo avverte la presenza della divinità, cui appartiene il senso della vita e della morte.*

■ Donne indù in preghiera. *L'esperienza religiosa è una possibilità per ogni individuo.*

L'atteggiamento principale che nasce dall'esperienza religiosa è quello della **preghiera**. In questo, per esempio, ha una forte carica simbolica l'atteggiamento di preghiera dei musulmani, prostrati faccia a terra. Ma potremmo ricordare alcuni personaggi biblici...

Speranza, **timore**, **fiducia** sono altri atteggiamenti dell'uomo di fronte alla divinità: scoprire, sperimentare che la propria vita dipende da un altro mette in moto tutta intera la persona, ogni sua manifestazione, il suo modo di vedere il passato e il futuro, di vivere il presente.

■ Musulmani in preghiera.
La preghiera nasce dall'esperienza religiosa.

5. Dall'esperienza religiosa alle religioni

Spesso si parla di **religiosità** degli uomini, indicando con questo termine l'inclinazione a riconoscere e venerare delle potenze supreme. Quando poi la religiosità si trasforma in un sistema di credenze, di comportamenti comuni a tutta una società, parliamo di **religione**. Le religioni sono allora i modi concreti, storici, attraverso i quali gli uomini di ogni tempo e di ogni luogo esprimono la propria convinzione di essere in rapporto con la divinità, personalmente o in modo comunitario.

Il termine "religione" deriva dalla parola latina *religio*, che può essere interpretata in due modi diversi:

› in riferimento al verbo *relegere* o *religere*, ossia "scegliere", "raccogliere (nuovamente)" cose che richiedono un trattamento particolare (per esempio, un insieme di atti specifici per evocare e rendere favorevole la divinità);

› come derivato dal verbo *religare*, cioè "legare", con riferimento al valore vincolante del rapporto con la divinità e agli obblighi che derivano da questo legame, ma anche in riferimento allo sforzo dell'uomo di legare a sé, con preghiere, **riti** e sacrifici, la divinità stessa o, ancora, nel senso di legami che esistono fra persone devote allo stesso culto.

Le due interpretazioni del termine, entrambe legittime e discusse fin dall'antichità, indicano comunque caratteristiche fondamentali dell'atteggiamento religioso dell'uomo.

Riti

Insieme di pratiche che vengono eseguite secondo regole codificate e tempi stabiliti. Il rito religioso consiste in azioni e parole attraverso le quali si rende onore alla divinità in luoghi e periodi specifici. Sono atti rituali, per esempio, la preghiera e il sacrificio, cioè l'offerta fatta alla divinità per renderle onore e propiziarsela.

6. Il sacro

■ Gli allineamenti di menhir a Carnac, in Francia.
Molto probabilmente gli allineamenti di menhir (enormi pietre piantate verticalmente nel terreno) indicavano uno spazio sacro.

Con una serie di atti espliciti e con speciali attenzioni, l'uomo ha sempre identificato un'area della realtà che lo circonda e l'ha considerata "sacra", nel senso di luogo dove è possibile entrare in contatto con la divinità, con il padrone e il signore della vita.
Esistono quindi:

- **spazi sacri** → la **grotta**, dove si svolgono danze rituali che imitano la caccia e ne propiziano l'esito positivo, anche attraverso rappresentazioni pittoriche; l'**area all'aperto**, delimitata da pietre elevate verso il cielo, dove, al sorgere del sole, è possibile "sacrificare" (cioè far diventare sacro) animali e altri doni preziosi; il **tempio**, che rappresenta – dapprima in forma di spazio sacro, poi come costruzione di aspetto e caratteristiche differenti – la stessa "casa di dio" in mezzo agli uomini;
- **uomini sacri** → lo **stregone** e lo **sciamano**, che si pongono in contatto con il mondo degli spiriti tramite i sogni, le danze rituali, i gesti e le parole ai quali sono attribuite forze capaci di guarire, benedire e maledire, di interpretare la volontà degli spiriti; il **sacerdote**, esperto delle cose del cielo e della terra, incaricato di rappresentare tutta la comunità davanti a Dio. Questi uomini sono sempre riconoscibili anche dal loro aspetto, soprattutto nel momento del rito e della preghiera, quando vesti e colori ne rendono immediatamente riconoscibile la funzione;
- **gesti e parole sacre** → azioni che rendono più stretto il rapporto con la divinità e in qualche modo hanno una loro efficacia sulla realtà proprio perché permettono all'uomo che li compie di partecipare alla vita stessa della divinità; sono gesti e parole che vanno ripetuti secondo **regole fisse**, con perfetta e rassicurante ubbidienza, e divengono quindi **riti** nei quali tutta la comunità si riconosce;
- **tempi sacri** → giorni di **festa** e giorni di **penitenza**, nei quali l'uomo dedica il proprio tempo non alle proprie necessità, ma alla cura del rapporto con la divinità, la necessità suprema dalla quale deriva il bene per tutta la comunità;
- **insegnamenti sacri** → intuizioni e verità a proposito del sacro e del divino, che vengono trasmessi alle generazioni future attraverso la **memoria orale o scritta**; di questi insegnamenti fanno parte anche **regole di comportamento** vincolanti, che indicano all'uomo una via da seguire.

■ *I sacrifici e i gesti sacri rendono più stretto il rapporto con la divinità.*

Questi elementi che individuano l'area del sacro sono riconosciuti non da una sola persona, ma dall'intera **comunità** che a quell'area fa riferimento. Non solo: la stessa stabilità dei rapporti comunitari (dalla piccola tribù al popolo di centinaia di milioni di persone) spesso è fondata proprio sull'appartenenza alla stessa tradizione religiosa e alla comune osservanza di luoghi, feste, preghiere, riti e norme di comportamento.

■ Un bambino ebreo studia la Bibbia.
Gli insegnamenti sacri vengono trasmessi attraverso la memoria orale e scritta.

7. Il simbolo e il mito

Che cos'è un **simbolo**? Detto banalmente, è qualcosa che sta al posto di qualcos'altro. Per esempio, nella comunicazione tra due innamorati, un fiore donato diventa "simbolo" dell'amore che li lega. Il fiore resta fiore, naturalmente, ma indica un significato diverso, "fa vedere" qualcos'altro di cui è difficile parlare, che è complicato spiegare…

L'ambito delle religioni è pieno di simboli, proprio perché riguarda qualcosa che va oltre le cose ordinarie, la realtà visibile, gli uomini stessi. E così, per comunicare, spiegare, parlare – per esempio di Dio, che non si vede e che è superiore a ogni cosa – l'uomo ha imparato a usare un **linguaggio simbolico**: parole e oggetti ordinari diventano espressione di altre realtà, straordinarie.

■ Mosaico del VI secolo ritrovato a Sussa, in Tunisia, che ritrae alcuni simboli cristiani.
Nel linguaggio simbolico oggetti ordinari diventano espressione di altre realtà.

È così per tutte le religioni: l'ambito entro il quale avviene la comunicazione con il divino ha normalmente un valore simbolico, nel senso che un luogo, un uomo, un gesto, un tempo, diventano **simboli della presenza di Dio**. Restano realtà visibili (e lo devono essere, per svolgere la loro funzione di porte aperte sul mondo divino), ma acquistano **significati straordinari**: un albero carico di frutti può simboleggiare la forza della vita; una fonte d'acqua che sgorga dal suolo può diventare il simbolo dello scaturire del dono di Dio e della purezza offerta all'uomo che si sente colpevole e così via.

■ Pitture rupestri raffiguranti spiriti mitici preistorici rinvenute nella terra di Arnhem, in Australia. ***Il racconto mitico è ricco di simboli.***

Ricco di simboli è anche il **racconto mitico**, attraverso il quale vengono "spiegati" i grandi misteri della vita e della morte e la stessa origine del cosmo. Nel mito non conta tanto il grado di conoscenza scientifica della realtà – così importante per noi moderni – quanto il significato, il valore della realtà stessa. Nel racconto mitico l'uomo dialoga con la divinità e comprende qual è il suo posto nel mondo e anche il suo destino.
A partire dall'attribuzione di significati simbolici e dalla creazione di miti (molti dei quali di origine antichissima), la religione ha elaborato un insieme vastissimo di conoscenze, di tradizioni, di espressioni artistiche. Ecco perché studiare le religioni significa conoscere l'aspetto più profondo e ricco di significati di ogni cultura umana.

8. Lo studio delle religioni

Il fenomeno religioso è complesso e non univoco. L'ampliamento delle conoscenze scientifiche e storiche pone di fronte al "continente" immenso delle diverse religioni e credenze, sia storiche sia attuali.
Ai fenomeni e ai fatti esplicitamente identificati come religiosi sono dedicati oggi gli sforzi di diverse **discipline scientifiche**. Esse sono **complementari** tra loro, anche perché lo studio di quanto riguarda le religioni privilegia non soltanto i dati storici o filosofici, ma anche l'esperienza vissuta.
È utile ricordare, a questo proposito, che la maggiore conoscenza delle diverse tradizioni religiose si traduce immediatamente in una maggiore considerazione delle diverse culture e quindi favorisce, in un'epoca di globalizzazione come la nostra, dove le diversità si incontrano con facilità e si trovano a dividere gli stessi spazi, il **rispetto reciproco** e possibili nuove forme di **convivenza**.

■ U. Boccioni, ***Materia***, 1912, Venezia, Peggy Guggenheim Collection. ***Il fenomeno religioso è complesso.***

8.1 Discipline che studiano i fenomeni religiosi

IL FENOMENO RELIGIOSO

Antropologia della religione
Focalizza la sua attenzione sulla prassi legata al fenomeno religioso e indaga la religione come **fenomeno più sociale che individuale**. Gli studiosi di antropologia, suddivisi in diverse scuole, concentrano da tempo le loro ricerche sulle **società tribali**, dove i nessi tra religione e cultura sono analizzati nelle loro strutture fondamentali.

Storia delle religioni
Studia i fatti religiosi secondo il **metodo storico critico** e li coglie nella loro genesi e nel loro divenire. Inoltre analizza miti, riti, credenze, insegnamenti e istituzioni che determinano la specificità di una religione rispetto a un'altra e **confronta le varie religioni tra loro**. Infine indaga sul nesso che esiste tra un certo popolo e la sua religione.

Fenomenologia della religione
Studia la religione come **fenomeno umano** nelle forme in cui si manifesta, come un fatto concreto che va, anzitutto, compreso nelle sue motivazioni intrinseche.

Filosofia
Cerca, con risposte anche molto diverse tra loro, di interpretare la religione all'interno di una **visione globale della realtà** e di trarre da essa elementi che possano arricchire una **visione razionale dell'uomo e del cosmo**.

Sociologia della religione
Focalizza **i rapporti** intercorrenti **tra i fenomeni religiosi e il vissuto sociale**.

Psicologia della religione
Cerca di osservare, descrivere e spiegare attraverso quali **processi psichici** l'individuo umano, rispondendo a sollecitazioni che provengono dai simboli religiosi di una certa tradizione, diventa religioso oppure no e con quali visibili effetti sul suo atteggiamento complessivo nei confronti dell'esistenza.

Teologia
È la scienza che ha come **strumento la ragione umana** e come **oggetto la rivelazione divina** (come avviene, per esempio, nel cristianesimo) o l'insieme di credenze che indicano all'uomo una possibile **via verso la comunione con il divino** (come avviene, per esempio, nell'induismo o nelle religioni "naturali", che nascono, cioè, dal rapporto simbolizzante tra l'uomo e la natura).

L'immagine

In questo quadro del pittore francese Alphonse Osbert una figura femminile osserva il sorgere del sole.

A. Osbert, *La musa al levarsi del sole*, 1918, Collezione privata.

Leggi l'immagine

1. Pensi che l'immagine di Osbert possa rendere l'idea di un momento di meditazione personale? Per quali motivi?
2. Credi che in alcuni momenti della giornata sia più facile fermarsi a meditare? In quali?
3. Ti succede a volte di fermarti e meditare, osservando uno spettacolo naturale? Quali sono, allora, i tuoi pensieri?
4. A tuo giudizio, potresti definirla un'esperienza religiosa?

Documenti

1. La vita dalla mano di Dio: miti a confronto

I culti solari nel mondo antico

Chiave di lettura

Leggiamo alcune antichissime testimonianze sulla dipendenza dell'uomo dal "padrone della vita".

La creazione secondo la Bibbia

Nel giorno in cui il Signore Dio fece la terra e il cielo nessun cespuglio campestre era sulla terra, nessuna erba campestre era spuntata, perché il Signore Dio non aveva fatto piovere sulla terra e non c'era uomo che lavorasse il suolo, ma una polla d'acqua sgorgava dalla terra e irrigava tutto il suolo. Allora il Signore Dio plasmò l'uomo con polvere del suolo e soffiò nelle sue narici un alito di vita e l'uomo divenne un essere vivente.

Gen 2,4b-7

Aton, fonte di vita

L'alba è stupenda all'orizzonte del cielo,
o vivente Aton[1], fonte di vita!
Quando ti levi dall'orizzonte orientale,
riempi ogni terra della tua bellezza.
Tu sei bello, grande, splendente...
I tuoi raggi circondano le terre,
tutte quelle che tu stesso hai fatto. [...]
Tu che dai vita al figlio nel corpo di sua madre,
accarezzandolo perché non pianga,
curandolo fin nell'utero,
tu che dai vita e respiro a tutti quelli che crei!
Quand'egli esce dal corpo, il giorno della sua nascita,
tu apri le sue labbra alla voce,
tu provvedi a tutte le sue necessità...

1. **Aton:** nome del dio Sole che il faraone Amenofi IV (seconda metà del XIV sec. a.C.) pose come divinità suprema della sua riforma religiosa, cambiando il proprio nome in quello di Akhenaton.

■ Bassorilievo che ritrae la famiglia reale di Amenofi IV protetta dal dio Aton, Berlino, Aegyptisches Museum.

La creazione secondo gli aborigeni australiani

Yhi, la dea del Sole, creò gli animali. Li portò alla vita sottraendoli alla gelida profondità della terra. Li distribuì poi un po' ovunque nelle acque, sulla superficie del suolo o nella libertà dei cieli. Ciascuno di essi trovò la sua collocazione, anche a prezzo di grandi fatiche e sacrifici.

Poi Yhi, la dea del Sole, tornò in cielo da Baiame, il Grande Spirito. Egli era il pensiero, l'intelligenza, la vita. Ma non aveva un corpo. Nessuna delle bestie lo guardava e ascoltava e quindi egli decise che avrebbe dato un pezzettino di spirito anche a ciascuna di loro; questa è la forza che governa ogni animale.

Ma poi Baiame pensò a un animale diverso da tutti e non mise una parte maggiore di spirito in un animale che già esisteva, scelto tra quelli creati da Yhi, perché nessuno di essi si offendesse con lui per essere stato preferito agli altri. Egli stesso plasmò così l'uomo, con forme simili all'animale, ma con lo Spirito di Baiame tanto presente in lui, da manifestarlo sulla terra.

AA.VV., *Favole dell'Oceania*, EMI, Bologna 1991

■ Dipinto murale australiano (opera di T. Yulidjirri), che descrive la punizione di un cacciatore colpevole di aver violato un tabù trasmesso dai creatori del mondo, Oenpelli, Injalak Art Centre.

La creazione secondo il popolo maya

Si stendeva sul mare la notte perenne e sotto la superficie delle acque, circonfusi di luce, vivevano Tepeu e Gucumaz, il creatore e il forgiatore di forme. Erano coperti d'un manto di piume verdi e azzurre; i loro pensieri divini diedero origine al Cuore del Cielo [...].

Allora si manifestò chiaramente, mentre meditavano, che al chiarore del mattino doveva apparire l'uomo. Prepararono la creazione e la crescita degli alberi e delle liane, la nascita della vita e la formazione dell'uomo.

Si riunirono allora Tepeu e Gucumaz e si dissero: "Come fare perché nasca la luce e sorga il mattino? Chi produrrà il cibo?". "Si faccia così! Si riempia il vuoto. Che quest'acqua si ritiri e sgombri lo spazio, che emerga la terra e si rassodi – così dissero. – Si faccia luce, si faccia giorno nel cielo e sulla terra! Non ci sarà gloria né grandezza nella nostra creazione fino a quando non esisterà la creatura umana, l'uomo fatto". Dissero così.

Crearono il giorno, la terra e i suoi abitanti, piante e animali. Ma non fu possibile che parlassero come uomini; solo barrivano, cinguettavano e gorgheggiavano; non si manifestò la forma del loro linguaggio, e ognuno gridava in modo diverso.

■ Maschera raffigurante il dio Sole, una delle principali divinità maya.

■ Decorazione su un vaso maya che raffigura una donna impegnata nella macinazione del mais, Gerusalemme, Israel Museum.

Il Creatore, il Formatore e i Progenitori tentarono allora un'altra volta.

"Proviamo! Già si schiude il mattino e giunge l'aurora; formiamo chi ci alimenterà e sosterrà. Come faremo per essere invocati e ricordati sulla terra? Abbiamo già tentato con le nostre prime opere, le nostre prime creature; ma fu impossibile essere adorati e venerati. Proviamo a formare adesso creature ubbidienti, rispettose, che ci sostengano e alimentino". Così dissero.

Allora avvenne la creazione e la formazione dell'uomo. Di terra, di fango fecero la carne dell'uomo. Ma videro che non andava bene perché si disfaceva, era debole, senza movimento, non aveva forza, si sgretolava, inzuppato d'acqua non muoveva la testa, la faccia gli cadeva di lato, aveva la vista appannata... Dapprincipio parlava, ma non capiva.

Il Creatore e il Formatore dissero: "Si vede bene che non può camminare né moltiplicarsi. Scambiamoci i pensieri su questo" dissero.

In seguito fecero altri tentativi: fecero uomini dal legno, che avevano vigore, ma non riconoscevano i loro creatori, infine...

[Formarono] il nostro primo padre e la madre. Di mais giallo e bianco fu fatta la loro carne; di pasta di mais furono modellate e gambe e braccia. E solo pasta di mais entrò nella carne dei nostri padri [...] e come avevano sembianze di uomini, uomini furono: parlavano, conversavano, vedevano e udivano, afferravano le cose; erano uomini belli e buoni; furono dotati di intelligenza e vedevano. [...] E videro tutto quanto c'era nel mondo e resero grazie al Creatore e al Formatore.

AA.VV., *Favole dell'America Latina*,
EMI, Bologna 2002

– Ma la vita appartiene agli dei: un rapporto ambiguo con il divino
– Un mondo pieno di misteri e di contrasti

L'attività

1 Conosci altri racconti mitici che riguardano l'origine della vita e dell'uomo? Racconta.

2 Confronta attentamente i testi proposti. Evidenziane analogie e differenze, poi discutine in classe.

3 "In principio...": prova a dare una tua spiegazione o ad avanzare dubbi e riflessioni sul tema delle origini del mondo e della vita.

2. L'uomo e la dimensione religiosa

- L'*homo religiosus* nella preistoria
- L'*homo? Religiosus* fin dalla preistoria

Chiave di lettura

La dimensione religiosa è connaturata all'uomo.

La dimensione religiosa non è dunque una sovrastruttura; essa è parte integrante della persona, sin dalla primissima infanzia; è apertura fondamentale all'alterità e al mistero che presiede ogni relazione e ogni incontro tra gli esseri umani. La dimensione religiosa rende l'uomo più uomo.

Benedetto XVI, *Discorso agli insegnanti di religione cattolica*, 25 aprile 2009

Il desiderio di Dio è inscritto nel cuore dell'uomo, perché l'uomo è stato creato da Dio e per Dio; e Dio non cessa di attirare a sé l'uomo e soltanto in Dio l'uomo troverà la verità e la felicità che cerca senza posa: "La ragione più alta della dignità dell'uomo consiste nella sua vocazione alla comunione con Dio. Fin dal suo nascere l'uomo è invitato al dialogo con Dio: non esiste, infatti, se non perché, creato per amore da Dio, da lui sempre per amore è conservato, né vive pienamente secondo verità se non lo riconosce liberamente e non si affida al suo Creatore".
Nel corso della loro storia, e fino ai giorni nostri, la ricerca di Dio da parte degli uomini si è espressa in molteplici modi, attraverso le loro credenze ed i loro comportamenti religiosi (preghiere, sacrifici, culti, meditazioni ecc.). Malgrado le ambiguità che possono presentare, tali forme d'espressione sono così universali che l'uomo può essere definito un essere religioso: Dio "creò da uno solo tutte le nazioni degli uomini, perché abitassero su tutta la faccia della terra. Per essi ha stabilito l'ordine dei tempi e i confini del loro spazio, perché cercassero Dio, se mai arrivino a trovarlo andando come a tentoni, benché non sia lontano da ciascuno di noi. In lui infatti viviamo, ci muoviamo ed esistiamo" (At 17,26-28).

Catechismo della Chiesa cattolica, nn. 27-28

Il desiderio di Dio è inscritto nel cuore dell'uomo.

L'attività

1. Che cosa significa la frase di Benedetto XVI "La dimensione religiosa rende l'uomo più uomo"?
2. In che senso il Catechismo della Chiesa cattolica afferma che "il desiderio di Dio è inscritto nel cuore dell'uomo"? Spiegalo con parole tue.
3. Pensi anche tu che l'uomo sia un "essere religioso"? Per quali motivi? Discutine con i compagni.

Documenti

3. I progenitori dell'uomo e la religione

– La preghiera, espressione del rapporto con il divino
– La preghiera, via di umanizzazione e di relazione

Chiave di lettura

Anche i più antichi antenati dell'uomo conoscevano una dimensione religiosa.

Nella nostra società, così come in molte altre, i valori comportamentali sono basati su un codice morale, stabilito inizialmente in un contesto religioso (anche se in questo caso cause ed effetti sono inestricabilmente legati). Poiché tutte le società possiedono forme di religione a cui si accompagna sempre una mitologia delle origini, che ha lo scopo di spiegare la relazione degli uomini con l'ambiente circostante, queste non possono venire ignorate nelle discussioni sui comportamenti specifici dell'uomo.
Inoltre la religione rappresenta in un certo senso uno dei più antichi tratti caratterizzanti individuabili nella documentazione archeologica della nostra specie: anche se non comprendiamo che cosa la produzione artistica dei Cro-Magnon significasse esattamente per coloro che la crearono, è chiaro che essa rifletteva la loro visione del posto dell'uomo nel mondo, nonché tutto l'insieme di mitologie che ne costituivano la spiegazione.
Insieme al profondo desiderio di negare il carattere definitivo della morte e a una curiosa riluttanza ad accettare l'inevitabile limitatezza dell'esistenza terrena dell'individuo, l'elaborazione di tale spiegazione è – e probabilmente è sempre stata – una delle principali funzioni della religione. Il motivo per cui possiamo identificarci così strettamente con questa popolazione scomparsa da tempo immemorabile risiede proprio nel fatto che la sua arte, con ogni evidenza, trascende la pura rappresentazione per abbracciare un simbolismo soprattutto religioso.

I. Tattersall, *Il cammino dell'uomo*,
Garzanti, Milano 1998

■ La grande sala delle grotte di Lascaux, in Francia, decorata con pitture attribuite all'uomo di Cro-Magnon.

L'attività

1. Sappiamo quale fosse il significato esatto della produzione artistica degli uomini di Cro-Magnon?
2. Per quale motivo queste forme artistiche sono importanti per lo studio della religione e dell'atteggiamento religioso dell'uomo?
3. Il fatto che possiamo attribuire un atteggiamento religioso ai nostri antichi progenitori dà valore alle affermazioni di chi parla di una dimensione "naturalmente" religiosa propria degli esseri umani? Perché?

4. Il sacro

Chiave di lettura

Un famoso storico delle religioni, Mircea Eliade, svolge alcune osservazioni sul concetto di sacro, soffermandosi sull'opposizione tra il sacro e il profano.

L'uomo prende coscienza del sacro perché esso si manifesta, si mostra come qualcosa del tutto diverso dal profano. Per tradurre l'atto di questa manifestazione del sacro abbiamo proposto il termie *ierofania*, che è comodo, tanto più in quanto non implica alcuna precisazione supplementare: non esprime niente di più di quanto è intrinseco nel suo contenuto etimologico, vale a dire che *qualcosa di sacro ci si mostra*. Si potrebbe dire che la storia delle religioni, dalle più primitive alle più ela borate, è costituita dall'accumularsi di ierofanie, ossia dalle manifestazioni di realtà sacre. Dalla ierofania più elementare, per esempio la manifestazione del sacro in un oggetto qualsiasi, una pietra o un albero, alla ierofania suprema, che per un cristiano è l'incarnazione di Dio in Gesù Cristo, non vi è soluzione di continuità. È sempre lo stesso atto misterioso: la manifestazione di qualcosa di *completamente diverso*, di una realtà che non appartiene al nostro mondo, in oggetti che fanno parte integrante del nostro mondo "naturale", "profano".

L'uomo occidentale moderno prova un certo disagio di fronte a talune forme di manifestazione del sacro: gli è difficile accettare il fatto che, per certi esseri umani, il sacro possa manifestarsi nelle pietre o negli alberi. Ma [...] non si tratta di venerare la pietra o l'albero *in sé stessi*. La pietra sacra, l'albero sacro non sono adorati in quanto tali; lo sono, invece, proprio per il fatto che sono *ierofanie*, perché "mostrano" qualcosa che non è più né pietra né albero, ma il sacro.

M. Eliade, *Il sacro e il profano*, Bollati Boringhieri, Torino 1967

■ L'albero sacro della famiglia di Gordon Moar, uno degli ultimi cacciatori della tribù innu, Quebec, Canada. ***L'albero sacro è una ierofania***.

L'attività

1. Qual è la caratteristica fondamentale di ciò che è sacro?
2. Qual è il significato del termine "ierofania"?
3. In che senso la pietra sacra o l'albero sacro sono ierofanie?

Documenti

5. Il simbolo

– Il ruolo dell'acqua, elemento divino
– La pietra, simbolo divino

Chiave di lettura

Il simbolo, come espressione visibile di una realtà e di un significato "altri", è anche elemento che identifica un determinato gruppo.

Non esiste simbolo senza qualcuno per pensarlo. E se parliamo di oggetti "simbolici" – albero, pietra o montagna, destinati a rappresentare una dimensione altra da loro stessi – è solo per una facilità d'espressione che potrebbe portare al fraintendimento. Una realtà, di per sé, non è simbolica: lo diviene soltanto perché un individuo o un gruppo le conferiscono un valore specifico, un indice di eccellenza che la differenzia dall'insieme delle "cose" o degli "esseri".
Il simbolo è quindi un linguaggio che esprime quello che il concetto non può far intendere; è un linguaggio umano: per questo motivo, molti interpreti moderni lo affrontano con metodi tratti dalla linguistica. Questo linguaggio è plurivoco; per analizzarlo è necessario, di conseguenza, fare ricorso a discipline diverse. [...]
Sappiamo che il greco *syn-bolon* indicava la tavoletta o il frammento di terracotta che lo straniero spartiva con il cittadino che lo ospitava, e che costituiva la sua referenza. Ciascun pezzo serviva da segnale di riconoscimento e consentiva di identificare un eventuale inviato. In seguito, nei culti misterici e successivamente presso i primi cristiani, *syn-bolon* assume l'accezione di "segnale di appartenenza" alla stessa comunità religiosa, di condivisione di una realtà che assume senso solo per i membri del gruppo, dato che si tratta di una realtà, in un modo o nell'altro, invisibile, trascendente e resa momentaneamente sensibile dall'efficacia del simbolo. Questo senso non subirà più evoluzioni per tutto il Medioevo. All'inizio del VII secolo Isidoro di Siviglia lo definisce, nelle sue *Etimologie*, come un segno molto particolare, che dà accesso a una conoscenza al di là del sensibile – noi diremmo che esso sovradetermina un oggetto o una rappresentazione, per fargli esprimere un'altra dimensione dell'esperienza religiosa.
Occorre anche mettere in rilievo le informazioni fornite dall'etimologia. Il prefisso greco *syn* indica sempre un atto di raccolta. Quando precede il verbo *ballein* – letteralmente "gettare", "lanciare a caso" –, indica un movimento di ripresa unificatrice. A proposito della conoscenza simbolica, possiamo dire che essa consiste in quello sforzo straordinario che l'uomo fa per leggere un ordine in un mondo prestabilito che, inizialmente, presenta per lui soltanto paradossi e stranezza.

Y. Tardan-Masquelier, *Il linguaggio simbolico*, in F. Lenoir-Y. Tardan-Masquelier, *La religione*, vol. VI, UTET, Torino 2001

L'attività

1. Spiega che cosa significa l'affermazione iniziale: "Non esiste simbolo senza qualcuno per pensarlo".
2. In che senso il simbolo può diventare un segno di appartenenza?
3. Insieme ai compagni e con l'aiuto dell'insegnante, elenca alcuni simboli della religione cristiana, spiegando anche che cosa rappresentano.

6. Il pensiero mitico

Chiave di lettura

Secondo il filosofo tedesco Ernst Cassirer, il mito deriva da una percezione della vita come un tutto indivisibile.

Il vero substrato del mito non è il pensiero ma il sentimento. Il mito e la religione primitiva non sono affatto incoerenti, non sono privi di un senso e di una ragione. Ma la loro coerenza deriva assai più dall'unità del sentire che non da princìpi logici. Questa unità corrisponde a uno dei più forti e profondi impulsi del pensiero primitivo.

Per descrivere e spiegare la realtà, il pensiero scientifico è tenuto a usare il suo metodo generale, quello della classificazione e della sistematizzazione. La vita viene divisa in province separate, ben distinte l'una dall'altra. Le frontiere fra regno vegetale, animale e umano, le differenze fra specie, generi e famiglie sono ritenute fondamentali e ineliminabili.

Invece la mente primitiva le ignora o le nega. La sua visione della vita è sintetica, non analitica. La vita non viene divisa in classi e sottoclassi; viene invece sentita come una interezza e una continuità che non ammette separazioni nette.

E. Cassirer, *Saggio sull'uomo,*
Armando, Roma 1971

U. Boccioni, ***Visioni simultanee***, 1911, Wuppertal, Von Der Heydt Museum. ***Nel mito si ha una visione sintetica della vita.***

L'attività

1. Qual è il vero substrato del mito, secondo Cassirer?
2. In che cosa consiste la coerenza logica del pensiero primitivo?
3. Quale sostanziale differenza esiste tra il pensiero scientifico e quello mitico nel modo di descrivere e spiegare la realtà?

Documenti

7. Il mito e gli interrogativi dell'uomo

Chiave di lettura

Il mito è un linguaggio privilegiato che esprime il mistero che attraversa l'esistenza.

I miti antichi si presentano come storie che mettono in scena dei, dee, eroi. Di primo acchito ci si trova un po' disorientati, ma presto ci si lascia prendere dal racconto, perché si percepisce che vi sono sviluppati i grandi interrogativi che ci portiamo dentro: Da dove viene il mondo? Perché l'uomo esiste? Perché la sofferenza, la morte? Perché questa misteriosa attrazione tra i sessi? In che rapporto sta l'uomo con la divinità? Invece di trattare questi problemi in saggi eruditi e di difficile lettura, come si fa oggi, i miti lo fanno sotto forma di "fumetti".

Prendiamo un esempio contemporaneo: l'elezione di Miss Mondo. In un tempo in cui non esiste quasi più la monarchia, si elegge una regina circondata dai suoi delfini; la nostra esistenza si svolge spesso nel grigiore e nella noia quotidiana: questa regina viene incoronata, riceve regali magnifici [...]. Tutto ciò contribuisce a collocare questa elezione in un altro mondo: un mondo di sogni, irreale. Ma ciò esprime il desiderio di ogni donna di essere bella, ricca, di riuscire, e quello di ogni uomo di ammirare la bellezza femminile. Ma c'è anche una contropartita: il mito così creato può anche essere alienante, può spingere a non essere più liberi, a non essere più se stessi: ecco allora le ragazze copiano l'acconciatura di Miss Mondo e si sforzano di riprodurre le sue misure, magari quando tutto ciò non si armonizza affatto con il loro tipo di bellezza. [...] Semplificando all'estremo, si potrebbe dire: il mito consiste nel proiettare, sotto forma di storia, un grande interrogativo, che ci portiamo dentro, in un mondo irreale, in un tempo prima del tempo, quello degli dei, quando l'uomo non esisteva ancora. Questa storia degli dei è la nostra storia, per trasposizione. Essa diventa il modello che l'uomo deve copiare.

E. Charpentier, *Per leggere l'Antico Testamento*, Borla, Roma 1988

■ J.-A.-D. Ingres, ***Giove e Teti***, 1811, Aix-en-Provence, Musée Granet.

L'attività

1. In che modo i miti presentano i grandi interrogativi che l'uomo si pone sulla propria esistenza?
2. Come l'autore, prova anche tu a fare qualche esempio di miti di oggi.
3. Quali sono gli interrogativi nascosti nei simboli moderni?

8. Riflessioni sui rapporti fra religione e società

Chiave di lettura

Le religioni hanno favorito la cooperazione e quindi lo sviluppo delle civiltà.

Sembra strano attribuire alla religione gerarchica il merito dell'abbattimento delle barriere tra le comunità umane, dal momento che comunemente associamo la passione religiosa alla violenza collettiva.
I conflitti settari tra protestanti e cattolici nell'Irlanda del Nord, musulmani e ortodossi in Bosnia, indù e tamil in Sri Lanka sono ricorrenti.
Tuttavia, se analizziamo la storia umana in una prospettiva a più lungo termine, la religione ha svolto un ruolo chiave nell'accrescere la sfera della fiducia nelle società umane.
Nell'evoluzione, competizione e cooperazione sono intrecciate in modo inestricabile: garantiamo l'ordine all'interno della nostra comunità per competere meglio con altre comunità. Ma le dimensioni di queste comunità hanno continuato a crescere andando oltre la famiglia, oltre la tribù. I gruppi religiosi organizzati che attualmente sono in conflitto tra loro si trovano alla fine di un lungo processo evolutivo sociale che ha garantito ordine, regole e pace all'interno di comunità ancor più grandi. Dobbiamo alla religione il fatto che siano le civiltà, e non le famiglie o le tribù, le unità-base di conto.
Ed è soltanto la religione che per prima ha suggerito che la comunità finale all'interno della quale si sarebbero dovute applicare le regole morali – la sfera di fiducia estrema – dovesse essere l'intero genere umano.
Questo tipo di universalismo morale è presente in molte religioni assiali[1], tra cui buddhismo, islamismo e cristianesimo, ed è stato il cristianesimo a trasmettere l'idea dell'eguaglianza universale dei diritti umani a dottrine secolari come il liberalismo e il socialismo.
L'aspirazione all'universalismo morale potrà anche non essere realizzata da alcuna religione attuale, ma resta comunque un elemento imprescindibile dell'universo morale creato dalla religione.

F. Fukuyama, *La grande distruzione. La natura umana e la ricostruzione di un nuovo ordine sociale*, Baldini & Castoldi, Milano 1999

1. **religioni assiali:** religioni sviluppatesi durante il periodo definito "assiale" dal filosofo Karl Jasper; tale periodo va dall'800 a l 200 a.C.

L'attività

1. Quale valore attribuisce alla religione l'autore di questo testo?
2. In base alla tua esperienza, saresti d'accordo nell'affermare che la religione favorisce l'apertura dell'uomo agli altri?
3. Quali sono gli elementi che riconducono questo brano alla sociologia della religione?

Verifica

Verifica le parole-chiave

Sulla base dei contenuti svolti nell'unità, spiega con una breve definizione il significato delle "parole-chiave" indicate nell'elenco che segue. In classe o anche individualmente si possono aggiungere altre parole-chiave a quelle proposte.

Mistero ....

....

Divinità ....

....

Sacro ....

....

Religiosità ....

....

Religione ....

....

Fenomeno religioso ....

....

Leggi, rifletti e lavora

1 Cerca sul vocabolario le definizioni di: relazione; rapporto; contatto. Trascrivile sul quaderno e spiega quali, tra gli elementi che compaiono nelle definizioni, descrivono meglio la tua realtà di persona umana. L'esercizio può essere fatto a piccoli gruppi.

2 Collega a ciascuno dei tre nomi dati gli aggettivi (almeno 2) che ritieni adatti, scelti fra quelli elencati. Eventualmente, aggiungine qualcun altro.

Mistero: ....
Sacro: ....
Dio: ....

fumoso, potente, incomprensibile, diverso, oscuro, separato, grande, maschio, lontano

3 Completa le frasi che seguono, collegando in modo organico l'inizio della frase con i termini suggeriti.

- L'esperienza religiosa è alla base delle religioni ....

altro – Dio – potente – vita – morte – intima – individuale – emotività – intelligenza

- Le religioni sono ....

storici – rapporto – divinità – personale – comunitario

4 Rifletti sul rapporto tra religioni e storia degli uomini. Discuti in classe o a piccoli gruppi sulle seguenti affermazioni.

- Le religioni ci sono sempre state.
- Gli uomini antichi non sapevano spiegare i fenomeni della natura, così hanno pensato alle divinità.
- La religione è qualcosa di infantile: l'uomo emancipato ed evoluto non ha bisogno di pensare a Dio o agli dei per spiegare il mondo.
- La religione è consolatoria: aiuta a superare le sofferenze e anche il pensiero della morte.

5 Elabora un report personale al termine della discussione proposta nell'esercizio precedente, raccogliendo le opinioni emerse ed esprimendo, in maniera conclusiva e argomentata, il tuo parere.

La mappa

Ecco di nuovo alcune parole-chiave incontrate durante lo svolgimento dell'unità.

Costruisci una mappa, mettendo in relazione tra loro i concetti. Puoi lavorare da solo oppure in gruppo.

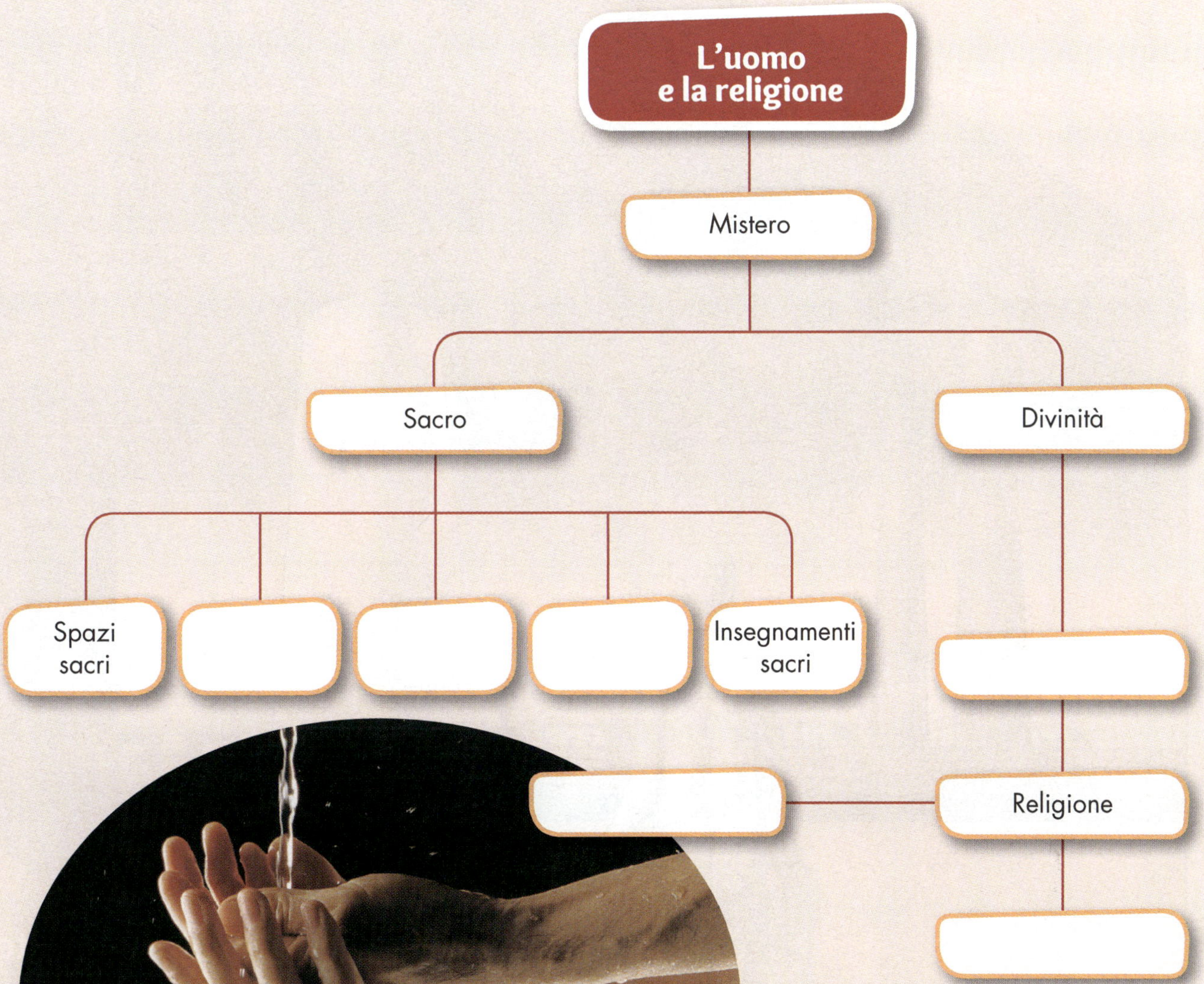

Gesti e parole sacri – Religiosità – Fenomeno religioso – Tempi sacri – Simbolo – Uomini sacri

Unità 3 Religione e società moderna

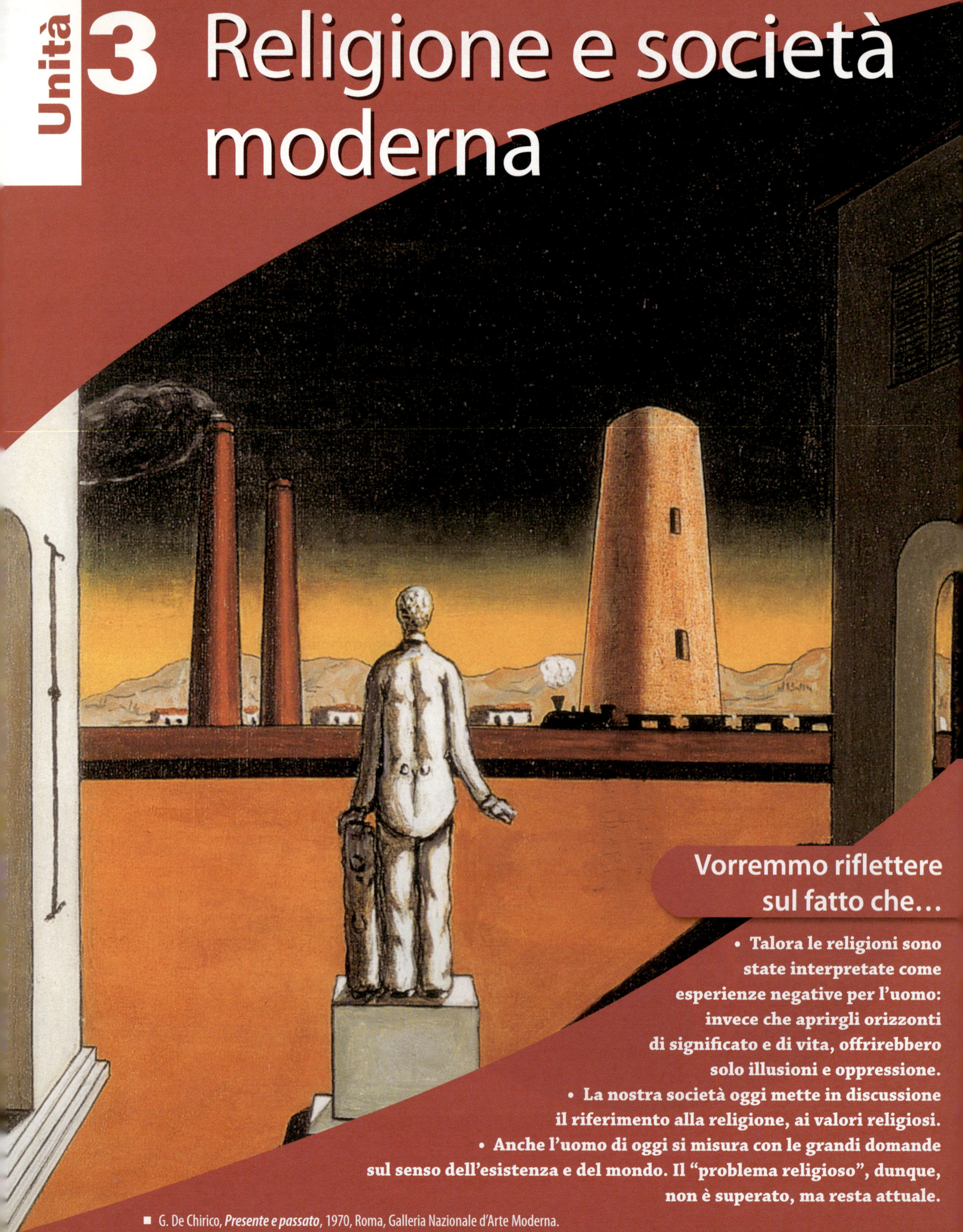

Vorremmo riflettere sul fatto che…

- **Talora le religioni sono state interpretate come esperienze negative per l'uomo: invece che aprirgli orizzonti di significato e di vita, offrirebbero solo illusioni e oppressione.**
- **La nostra società oggi mette in discussione il riferimento alla religione, ai valori religiosi.**
- **Anche l'uomo di oggi si misura con le grandi domande sul senso dell'esistenza e del mondo. Il "problema religioso", dunque, non è superato, ma resta attuale.**

■ G. De Chirico, ***Presente e passato***, 1970, Roma, Galleria Nazionale d'Arte Moderna.

1. Contestazioni alla religione

Se è vero che la religione accompagna da sempre le vicende umane, è anche vero che la storia del pensiero dell'uomo ha conosciuto momenti di grande **contestazione** nei confronti della religione.
Diversi autori, fin dall'antichità, hanno messo in discussione lo stesso principio fondamentale dell'atteggiamento religioso e cioè la necessità, per l'uomo, di porsi in relazione con un principio divino da cui la sua stessa esistenza dipende, da cui derivano la vita e la morte.
Le riflessioni di alcuni studiosi, in particolare, hanno contribuito a creare una mentalità diffusa, tipica della società moderna, caratterizzata da un forte "sospetto" nei confronti della religione. Vediamole brevemente.

1.1 La religione contro la conoscenza?

Secondo il filosofo greco **Epicuro** (341-271/270 a.C.), le "chiacchiere" della religione possono essere smentite dallo sforzo della conoscenza, che permette all'uomo di raggiungere la sua vera dignità e di divenire "uguale al cielo". Alcuni secoli più tardi, il poeta latino **Lucrezio** (98 ca.-55 ca. a.C.), riprendendo le riflessioni del filosofo, sosteneva che la religione è essenzialmente fondata sull'ignoranza e sulla paura.
Ma è stato a **partire dall'età moderna**, e in particolare con la nascita della scienza moderna, che nel mondo occidentale la religione (in particolare la religione cristiana, la più diffusa) ha subito le maggiori contestazioni. Il progredire degli studi scientifici, infatti, ha cominciato a mettere in discussione alcune interpretazioni della natura e dei fenomeni naturali derivate dalla fede religiosa e dai testi sacri, normalmente interpretati in senso letterale.

■ Modello dell'universo secondo la teoria di Copernico: il Sole è al centro e i pianeti gli ruotano intorno.

1.2 La religione contro la scienza?

Un caso clamoroso è quello che si verificò nei primi anni del Seicento. Fino ad allora era convinzione diffusa che la Terra si trovasse al centro dell'universo, con il Sole che le girava intorno. La visione greca del cosmo (aristotelica, in particolare) e l'interpretazione letterale di alcuni passi della Bibbia erano a fondamento di tale convinzione.
Alcuni studiosi (Niccolò **Copernico** e Giovanni **Keplero**) avevano già intuito che in realtà era la Terra a girare attorno al Sole, ma fu lo scienziato pisano **Galileo Galilei** (1564-1642), attraverso prove sperimentali, a dimostrarlo. Le scoperte effettuate da Galileo, malgrado non incrinassero minimamente la sua fede (Galileo cominciava a pensare, come altri,

■ Testa di idolo maschile d'argilla risalente al V millennio a.C. *Nello stadio mitico-religioso, secondo Comte, l'uomo ricorre ai miti per spiegare il mondo.*

che la Bibbia non avesse la pretesa di spiegare come funzionasse il cosmo: non era e non è, detto con parole nostre, un trattato scientifico), furono invece avvertite come un'inaccettabile messa in discussione della tradizione della Chiesa e lo scienziato venne processato e condannato dal tribunale dell'Inquisizione (di questa condanna la Chiesa, in occasione del Giubileo del Duemila, ha chiesto pubblicamente perdono). Il rapporto tra scienza e fede da quel momento cominciò a incrinarsi.

Le maggiori contestazioni alla religione si ebbero tuttavia nel XIX secolo. Il filosofo e sociologo francese **Auguste Comte** (1798-1857), esponente del **positivismo**, propose un'interpretazione della storia dell'umanità suddivisa in tre stadi successivi:

- lo **stadio mitico-religioso** o **teologico**, durante il quale l'uomo primitivo e ignorante ricorre a fantasie e a miti per spiegare le origini del mondo e i suoi fenomeni;
- lo **stadio metafisico-filosofico**, nel quale l'uomo tenta di ricorrere alle forze della propria razionalità per elaborare teorie filosofiche che spiegano l'essenza del mondo;
- lo **stadio positivo-scientifico**, quando l'umanità si libera finalmente sia delle sue convinzioni religiose sia delle sue fumose teorie filosofiche e si affida alla soluzione scientifica di ogni problema, presente e futuro. L'umanità odierna starebbe vivendo in questo terzo e definitivo stadio, che permetterà all'uomo di raggiungere la felice padronanza di tutte le forze della natura.

■ Tavola di Darwin che illustra la discendenza dei primati.

D'altro canto nel 1859 il naturalista inglese **Charles Darwin** (1809-1882) pubblicava il libro *L'origine delle specie*, nel quale formulava la teoria dell'**evoluzione**: tutte le specie viventi presenti in natura (compresa quella umana) non sarebbero apparse sulla terra così come le conosciamo (e come si potrebbe pensare leggendo il racconto biblico della creazione), ma sarebbero state il prodotto di un lungo processo di evoluzione e di selezione naturale durato milioni di anni, durante il quale solo le specie più adatte alle condizioni dell'esistenza sarebbero sopravvissute e si sarebbero sviluppate. La teoria evoluzionistica di Darwin fu a lungo osteggiata dalla Chiesa, perché era in contrasto con le convinzioni religiose mutuate da una lettura letterale del racconto biblico.

Positivismo

Movimento filosofico sviluppatosi nel XIX secolo, caratterizzato dalla fiducia nel progresso scientifico, da cui deriva l'idea di applicare il metodo scientifico a tutte le sfere della conoscenza e della vita.

1.3 La religione strumento di sottomissione?

Nel 1848 il filosofo tedesco **Karl Marx** (1818-1883), pubblicò il *Manifesto del Partito Comunista* e nel 1867 precisò i fondamenti del suo pensiero economico, politico e sociale nell'opera che lo rese famoso: *Il Capitale.*
Per Marx la religione era una di quelle forze che più avevano contribuito a mantenere il sistema di sfruttamento delle classi sociali più deboli a opera di quelle più ricche e potenti. L'uomo religioso, infatti, secondo Marx si lascia consolare dalla prospettiva di una vita eterna, che lo ripagherà dei sacrifici della vita presente, e si lascia convincere a mantenere un atteggiamento umile e sottomesso anche di fronte a chi esercita su di lui un'evidente ingiustizia. Per Marx, quindi, la religione costituisce un utile strumento nelle mani dei potenti e quindi un sedativo, una droga, per le masse: l'"**oppio dei popoli**".

D. G. Rossetti, *Beata Beatrix*, 1864-70, Londra, Tate Britain.

1.4 La religione contro la libertà dell'individuo?

Nel 1885, nel libro *Così parlò Zarathustra*, il filosofo tedesco **Friedrich Nietzsche** (1844-1900) espresse con particolare vigore il suo pensiero a proposito del destino dell'uomo. Secondo il filosofo, l'uomo deve avere il coraggio di essere se stesso fino in fondo, senza inibizioni storiche o morali. Nietzsche pensa che l'uomo debba essere fedele solo a sé e alla natura, mentre la religione lo vincola a un atteggiamento passivo, sottomesso e obbediente. Essa sottrae energie alla vita ed è, per l'uomo, un limite ormai insopportabile.
In modo analogo **Sigmund Freud** (1856-1939), "padre" della psicanalisi, auspicava un superamento della religione. Egli sosteneva la necessità di entrare in contatto con le forze profonde che dominano la vita di ciascuno di noi, quelle forze inconsce che sole spiegano la presenza, in noi, di atteggiamenti irrazionali, che vanno dalla vera e propria malattia mentale alle abitudini distorte, a cui abbiamo paura di rinunciare. Tra queste "abitudini distorte" la religione occupa, secondo Freud, un ruolo determinante: essa, infatti, sarebbe tra le forze che più pesano sulla coscienza dell'uomo, con lo strumento della legge morale e del complesso di colpa, che impediscono di essere liberi, di vivere, cioè, secondo i nostri istinti più autentici.

1.5 Domande per l'uomo di oggi

Le **domande** che si pongono oggi all'uomo moderno circa la religione sono dunque serie e importanti. Essere religiosi significa non essere se stessi? O peggio: significa essere nemici della vita e spettatori passivi delle ingiustizie della storia? Vuol dire rinnegare la scienza e le sue conquiste? Il rinunciare alle illusioni della religione è dunque l'unico atteggiamento che un uomo maturo deve assumere nei confronti della vita?
Altre domande, infine, nascono dalle profonde trasformazioni che hanno cambiato radicalmente il volto della società moderna.

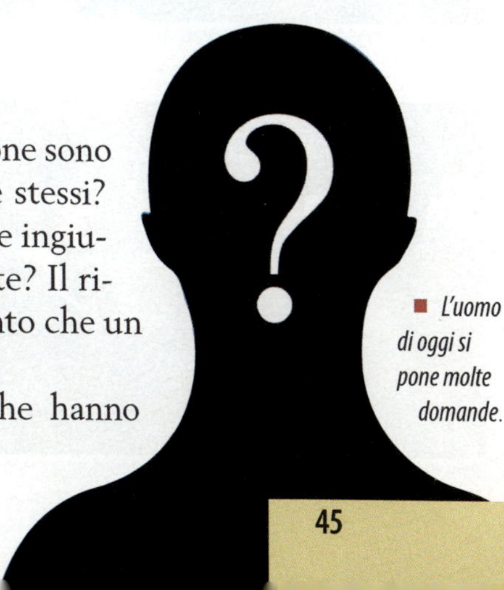

L'uomo di oggi si pone molte domande.

2. Una nuova società tra scienza e secolarizzazione

Oggi l'uomo vive in un mondo e in una società molto diversi rispetto al passato e tali da mettere in discussione molti orientamenti e certezze che sembravano acquisiti. Anche a un osservatore superficiale non possono sfuggire alcune importanti caratteristiche del nostro tempo. Vediamole brevemente.

› **Il progresso delle conoscenze scientifiche sulla natura e sul mondo ha progressivamente svuotato di mistero molti aspetti della vita.** Viviamo ormai da almeno due secoli in un mondo che si affida sempre di più alla scienza e alla tecnologia. L'ambiente in cui ci muoviamo è artificiale (basti pensare alle città), non ha misteri. Non solo: oggi si parla addirittura di "realtà virtuale", quella "creata" dalle tecnologie informatiche, capaci di generare veri e propri "mondi" molto simili al vero, nei quali l'uomo proietta se stesso, lavora, fa amicizie, coltiva relazioni, ama… tutto in un universo che è solo proiezione della nostra mente.

› **Le profonde trasformazioni della società moderna hanno portato a quel fenomeno complesso che è stato definito dagli studiosi con il nome di "secolarizzazione".** Con questo termine si indica un processo di distacco dalla religione e da modi di vivere a essa ispirati: il risultato è dunque una società secolarizzata, centrata cioè sulla "vita profana" (*saeculum* negli scrittori latino-cristiani significa "vita profana"), sull'orizzonte immediato e materiale delle cose, che lascia invece ai margini ciò che riguarda la religione.

› **È cambiato il rapporto dell'uomo con le proprie tradizioni storico-culturali e quindi anche con la religione.** Un tempo non troppo lontano, l'uomo nasceva all'interno di una società ben definita; di quella

■ *A volte le persone si perdono nella realtà virtuale e dimenticano la vita reale; è quanto succede, per esempio, con i giochi di "Second life".*

società si tendeva ad accettare, spontaneamente, gerarchie e stili di vita, valori e giudizi, conoscenze e convinzioni. Vivere in sintonia con il proprio ambiente umano (dalla famiglia alla tribù, dal villaggio alla casta, dalla classe sociale alla corporazione professionale, dal popolo alla patria...) era una condizione indispensabile e nello stesso tempo rassicurante.
E tutto questo valeva anche in campo religioso (da sempre, infatti, la religione ha fatto parte della cultura, cioè del modo di vivere e di pensare di ciascun gruppo umano): alla fede cristiana (ci riferiamo qui alla società occidentale, europea) tutti sentivano di aderire per naturale appartenenza; anzi, proprio dal cristianesimo la società occidentale traeva i propri fondamenti spirituali e morali.
Oggi, invece, **tutto pare venir messo in discussione**, all'interno di una cultura priva di riferimenti stabili e spesso addirittura frastornata di fronte al fenomeno del multiculturalismo, dell'incontro ravvicinato tra culture e religioni diverse in uno stesso spazio, sul medesimo territorio, vuoi per il fenomeno crescente delle migrazioni, vuoi per il "rimpicciolimento" del mondo a causa della facilità degli spostamenti o la sua trasformazione a "villaggio globale" – come dicono gli esperti – grazie alle nuove possibilità di comunicazione, prima di tutte il web.
E anche di fronte alla religione – e alle religioni – l'uomo sembra spesso **disorientato**.

A questo punto pare legittima una domanda: in questo mondo che ha perso il senso del mistero, in questa società secolarizzata, che ha perso il suo riferimento certo nella religione, **c'è dunque ancora posto per Dio?**

Nella società contemporanea c'è ancora posto per Dio?

3. Una società senza religione?

La società moderna – scientifica, tecnologica, secolarizzata – non è, necessariamente, "senza religione". Il progresso delle scienze e i cambiamenti delle abitudini di vita non hanno eliminato i **bisogni spirituali** degli uomini. Si verificano, piuttosto, alcuni fenomeni, che varrà la pena citare.

- Emerge chiaramente una **ricerca spirituale** piuttosto **diffusa anche se vaga**, generica: una specie di ritorno al mondo religioso da parte dell'uomo moderno, che avverte l'insufficienza del solo orizzonte materiale, scientifico e tecnologico, ma nello stesso tempo non sa disegnarne uno nuovo e ben definito. In questa prospettiva si collocano, per esempio, l'ampio ricorso a maghi e santoni (con un giro d'affari da milioni di euro) e il persistere della superstizione (sembra che la maggioranza degli italiani, per esempio, abbia tuttora paura di rompere uno specchio, di passare sotto una scala, di proseguire un viaggio lungo una strada attraversata da un gatto nero ecc.).
- Milioni di persone, anche nel nostro paese, aderiscono in qualche misura ai **nuovi movimenti religiosi** o alle abitudini di vita proposte da movimenti spirituali come la New Age.
- Dal momento che la religione cristiana – e lo stile di vita a essa ispirato – non sono più ereditati insieme a un complesso di tradizioni storico-culturali, i credenti sono stimolati a **cercare ragioni solide** della loro fede. Emerge infatti la necessità di "misurare" la fede personale e comunitaria con gli orientamenti di una società contemporanea che, di per sé, tende a farne a meno. Non solo: l'incontro sempre più frequente e approfondito tra credenti di religioni diverse stimola al confronto e alla ricerca delle "ragioni" della propria fede. Non è un incontro facile, talvolta degenera in scontro, anche con conseguenze gravi. C'è chi ha parlato, per i nostri giorni, di uno "scontro di civiltà" inevitabile e drammatico, ma sono certo molte le occasioni di condivisione e collaborazione.

Bisogni spirituali

Il bisogno di trovare una risposta ai grandi interrogativi dell'esistenza umana costituisce il complesso dei bisogni spirituali, che possiamo riassumere come l'esigenza di dare un senso alla vita, di cercare uno scopo profondo per il quale valga la pena vivere, sia per l'umanità nel suo complesso sia per ogni singolo individuo. A questo complesso di bisogni spirituali si lega la possibilità di una vera esperienza religiosa.

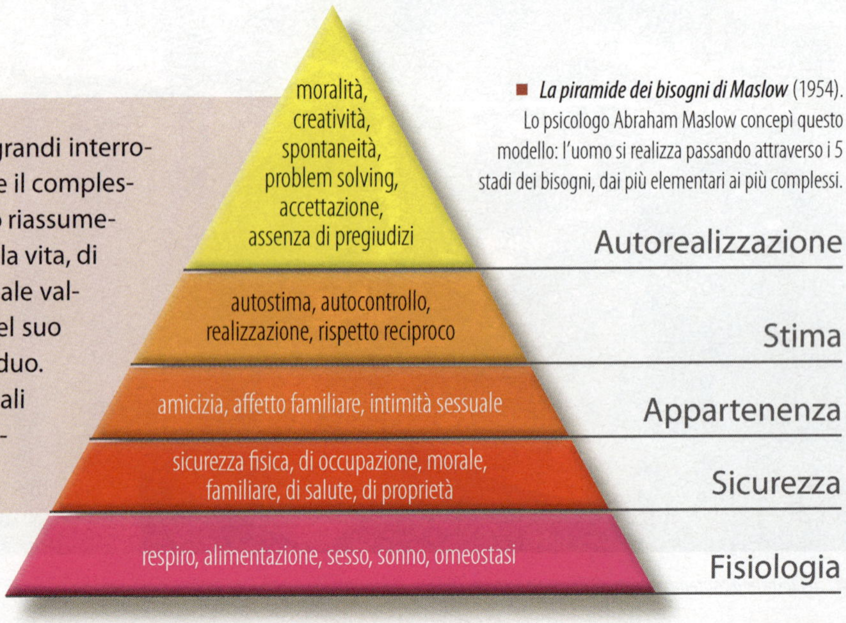

■ *La piramide dei bisogni di Maslow* (1954). Lo psicologo Abraham Maslow concepì questo modello: l'uomo si realizza passando attraverso i 5 stadi dei bisogni, dai più elementari ai più complessi.

Giovanni Paolo II alla GMG del 2000.

› Un nuovo **entusiasmo per la proposta cristiana** sembra farsi avanti **tra i giovani**. Tra il 15 e il 20 agosto 2000 venne celebrata a Roma la **Giornata Mondiale della Gioventù** (GMG), nell'ambito delle iniziative che si svolsero in occasione dell'Anno Santo. In quell'occasione circa due milioni di giovani, provenienti da ogni parte del mondo, hanno potuto approfondire in diversi incontri i contenuti della fede cristiana, hanno pregato e si sono assunti precisi impegni di pace, di solidarietà e di giustizia. L'esperienza delle GMG è andata avanti e ogni anno si radunano giovani di tutto il mondo intorno al papa, per parlare e vivere un momento intenso di fede.

› Grande attenzione ha suscitato nel mondo l'elezione, il 13 marzo 2013, **di papa Francesco**, successore di Benedetto XVI alla guida della Chiesa cattolica. La scelta del nome Francesco, da parte del cardinale argentino **Jorge Mario Bergoglio**, eletto dal conclave, ha suscitato grandi emozioni e attese, alimentate anche dai primissimi gesti e dalle parole del papa, nella direzione di una "Chiesa povera" e del rilancio dell'essenzialità della vita cristiana.
San Francesco è riconosciuto come il più grande esempio di testimonianza evangelica: la scelta di papa Francesco ha rilanciato al mondo immediatamente la forza del Vangelo, della testimonianza di Gesù, semplice e diretta. La reazione dei cristiani e anche di molta parte del mondo non cristiano e non credente ha mostrato come vi sia grande fermento spirituale oggi dopo questa elezione.

Papa Francesco, l'argentino Jorge Mario Bergoglio.

I nuovi movimenti religiosi

L'epoca attuale è caratterizzata dall'esistenza di moltissimi movimenti religiosi, alcuni dei quali contano milioni di adepti, altri poche decine di individui. Alcuni risultano strutturati in movimenti stabili e facilmente rilevabili, altri sono di difficile classificazione, perché in alcuni casi si tratta di fenomeni temporanei (in quanto legati a figure carismatiche), mentre in altri casi si nascondono nell'anonimato delle persone che vi aderiscono.

Se volessimo tentare di classificare i nuovi movimenti religiosi, potremmo parlare di:

- nuovi movimenti religiosi di **matrice cristiana**, quando si richiamano a elementi delle principali confessioni cristiane, talvolta anche contrapponendosi a esse (per esempio i Testimoni di Geova, i Mormoni);
- nuovi movimenti religiosi di **matrice islamica**, quando gli elementi originari sono collegabili al mondo religioso musulmano (per esempio i Baha'i);
- nuovi movimenti religiosi di **matrice orientale**, quando gli agganci o gli influssi originari sono collegabili alle grandi religioni orientali (per esempio gli Hare Krishna, l'associazione Soka Gakkai International);
- nuovi movimenti religiosi del **potenziale umano**, quando alla base vi è l'idea dell'autonomia radicale dell'uomo e quindi della sua presunta capacità di salvarsi con le sue sole forze attraverso un processo autoconoscitivo (per esempio la chiesa di Scientology);

Oggetti usati per un culto satanico.

- nuovi movimenti religiosi di **matrice tribale**, collegabili con le forme di religiosità primitiva tutt'oggi esistenti (la Santeria);
- gruppi e movimenti **satanici**, che hanno presa in particolare tra i giovani; il fenomeno del satanismo è inquietante e non di rado risulta legato a fenomeni e fatti criminosi;
- nuovi movimenti religiosi di **matrice spiritica** e di **natura magica**, legati a pratiche esoteriche (riservate cioè a una cerchia ristretta di persone), a forme di occultismo (che riguardano il rapporto con gli spiriti dell'aldilà), alla magia, al culto della natura, a forme di religiosità che tendono a divinizzare aspetti del mondo materiale, a pratiche teosofiche che promettono lo sviluppo di facoltà paranormali, come la telepatia e la preveggenza, le guarigioni miracolose (per esempio la Società Teosofica, il movimento Età dell'Acquario);
- movimenti di **ricerca spirituale**, dei quali il più noto è la New Age, che è fortemente intrisa di elementi magici e valorizza l'emotività, l'espressività del corpo, la dinamica mente-spirito, la ricerca di un'essenza cosmica. La New Age si basa essenzialmente sulla credenza secondo cui l'umanità entrerà a breve in una nuova Era zodiacale, quella dell'Acquario, in cui gli uomini riusciranno ad armonizzare scienza e fede, materialità e spiritualità, superando tutte le forme di pensiero oggi esistenti.

Esponenti degli Hare Krishna con il caratteristico abito arancione.

4. Una società alla ricerca di senso

Scrisse il filosofo Ludwig Wittgenstein: "Noi sentiamo che, anche se tutte le possibili domande scientifiche hanno avuto risposta, i nostri problemi vitali non sono ancora neppur toccati". L'uomo moderno, pur avendo un bagaglio sempre maggiore di conoscenze, è ancora lontano dall'aver risolto i "problemi vitali", ai quali la ricerca scientifica contribuisce a trovare le risposte, senza però esaurirne la portata.
Molte sono le sfide ancora aperte.

Nel mondo purtroppo non ci sono giustizia e felicità per tutti.

- I meccanismi che regolano la natura sono sempre più noti, ma la cultura e la società in cui viviamo sono **più complesse** di quanto non lo fossero per l'uomo primitivo. L'umanità ha oggi più poteri sul mondo, sulle fonti di energia, sulle malattie, ma ha anche domande sempre più urgenti **sull'uso** che è opportuno fare di tali risorse e possibilità.
- La convivenza civile si basa, a livello di principio, sull'affermazione dei diritti dell'uomo e sul rispetto assoluto della sua libertà e dignità, ma questo **non garantisce che ci siano per tutti giustizia e felicità**.
- L'uomo di oggi è più libero di esprimere i propri affetti e la propria sessualità, ma **l'amore vero** è ancora una conquista che coinvolge tutta la persona ed è una conquista dall'esito non scontato.
- Anche se possiede una maggiore coscienza del proprio io, l'uomo di oggi continua ad aver bisogno degli altri e si sente bene solo quando è inserito in una **comunità** di cui condivide esperienze e valori. È un atteggiamento, questo, che caratterizza l'uomo da sempre e che, da un lato, può portarlo a chiudersi in un gruppo ristretto ed esclusivo o, dall'altro, può spingerlo a essere tollerante e solidale.

A ben guardare, l'universale "ricerca di senso", del significato delle cose, delle esperienze e dell'intera esistenza, della vita e della morte caratterizza l'uomo di oggi almeno tanto quanto quello di ieri: dietro nuove risposte sta il tentativo di instaurare un nuovo rapporto con gli altri e, spesso, con l'Altro al quale la religione ci rimanda.
Il problema religioso, dunque, **resta attuale**, oggi come ieri. E le tradizioni religiose, se non possono sottrarsi al confronto con l'attualità, "pretendono" tuttavia ancora di offrire all'uomo qualcosa di più di un'illusoria consolazione.

B. Buffet, *Pietà*, 1946, Parigi, Musée National D'Art Moderne.
Il problema religioso resta attuale oggi come ieri.

L'immagine

Il dipinto del pittore finlandese Hugo Simberg presenta un soggetto particolare: un angelo ferito, trasportato in barella.

H. Simberg, *L'angelo ferito*, 1903, Helsinki, Atenenum (Finnish National Gallery).

Leggi l'immagine

1. Nella società di oggi, l'uomo è occupato in mille attività... Corre e pensa di fare tutto da sé. In che modo questo atteggiamento è rappresentato dall'angelo ferito?
2. L'angelo ha una benda sugli occhi. Quale significato daresti a questo particolare?
3. I due ragazzi che portano l'angelo sembrano alludere a una ricerca di senso da parte dell'uomo moderno. Che cosa cerca davvero l'uomo oggi, secondo te?
4. Pensi che nella nostra società la religione abbia ancora un suo posto e un suo ruolo?

1. Evoluzione e creazione

– La religione: il bisogno di guardare oltre
– Epicuro parla degli dei
– Galileo Galilei: il cristianesimo motore della scienza?
– La religione "oppio del popolo"

Chiave di lettura

La teoria dell'evoluzione di Darwin non è in contraddizione con la creazione.

Evoluzione e creazione: due termini che si escludono a vicenda? Dopo la pubblicazione dell'opera di Darwin sull'origine della specie, alcuni scienziati sostennero che l'evoluzione rendeva superflua la creazione. Molti darwinisti l'hanno pensato e continuano a pensarlo [...]. "ma quando degli studiosi negano la creazione sulla base di teorie evolutive o rigettano l'evoluzione in difesa della creazione, essi fraintendono la creazione o l'evoluzione o entrambe" (Carroll, 2006).

Il concetto di evoluzione appartiene alle scienze della natura e include le trasformazioni degli esseri viventi a partire da forme più semplici, anzi da una forma ancestrale unica. Esso parte dall'osservazione di fenomeni della vita della natura e utilizza i metodi delle scienze empiriche, l'osservazione diretta mediante le tecniche a disposizione, il metodo induttivo, il metodo comparativo.

Il concetto di creazione è filosofico e religioso. Sul piano filosofico viene affermata la dipendenza radicale dell'essere contingente, che non ha in sé la ragione dell'esistere, da un altro essere superiore che viene identificato in Dio. La realtà che ci circonda, la natura, non è sempre esistita, si dimostra mutevole e provvisoria. Non avendo in sé la ragione del suo esistere, deve averla ricevuta da un altro, il Creatore, che a sua volta deve averla in sé. [...]

Sia sul piano filosofico sia su quello religioso il concetto di creazione non interferisce con quello di evoluzione. Tuttavia il racconto biblico della creazione ha fatto problema per molto tempo perché interpretato alla lettera. Già la riflessione teologica di alcuni Padri della Chiesa, come sant'Agostino e san Gregorio di Nissa, ha messo in guardia da una interpretazione letterale dei primi capitoli della Genesi, come se contenessero un messaggio di validità scientifica o storica nel senso proprio della parola. A proposito del cielo e del movimento degli astri nel cielo, Galilei, sulla scorta di una nota affermazione di sant'Agostino, rilevava che la Bibbia non ci dice come è il cielo, ma come si va in cielo (*De Genesi ad Litteram*). Ciò va tenuto presente anche per il racconto della creazione delle piante, degli animali e dell'uomo. Non si deve leggere la Bibbia come se fosse un testo di scienze.

Il *Catechismo della Chiesa Cattolica* non usa il termine di evoluzione; rileva però che il mondo non è stato creato come noi lo vediamo, ma "in stato di via verso la perfezione ultima". Nel disegno di Dio "questo divenire comporta con la comparsa di certi esseri la scomparsa di altri, con il più perfetto anche il meno perfetto, con le costruzioni della natura anche le distruzioni" (n. 310)

F. Facchini, *Le sfide della evoluzione*, Jaca Book, Milano, 2008

L'attività

1. Secondo l'autore, evoluzione e creazione si escludono a vicenda?
2. Che cosa intende con l'espressione "Non si deve leggere la Bibbia come se fosse un testo di scienze", in riferimento al testo della creazione?
3. Molti seguaci di Darwin giunsero a negare l'esistenza di Dio, sulla base della teoria evoluzionistica. Pensi che sia un atteggiamento corretto oppure no? Perché?

Documenti

Documenti

2. L'uomo moderno è davvero areligioso?

– La Bibbia, libro da interpretare
– La Bibbia, un giardino di simboli e di immagini

Chiave di lettura

Mircea Eliade osserva che, anche se l'uomo moderno si dichiara spesso areligioso, in realtà porta in sé l'eredità dei suoi antenati religiosi.

L'uomo religioso assume nel mondo un modo specifico d'esistenza che, nonostante le numerose forme storico-religiose, è sempre riconoscibile. Qualunque sia il contesto storico nel quale è immerso, l'*homo religiosus* crede sempre che esista una realtà assoluta, il sacro, che trascende questo mondo, in questo mondo si manifesta e per ciò stesso lo santifica e lo rende reale. [...]
L'uomo areligioso moderno assume una situazione esistenziale nuova: egli si considera esclusivamente il soggetto e l'operatore della storia, rifiutando qualsiasi richiamo alla trascendenza. In altre parole, non riconosce nessun altro modello d'umanità al di fuori della condizione umana, così com'è possibile decifrarla nelle diverse situazioni storiche. L'uomo si fa da sé [...]. Il sacro costituisce l'unico ostacolo di fronte alla sua libertà. [...]

I festeggiamenti per l'anno nuovo hanno origine dai rituali di rinnovamento.

Però quest'uomo areligioso discende dall'*homo religiosus* e, lo voglia o no, è anch'egli opera sua, ha preso forma partendo dalle posizioni assunte dai suoi antenati. [...]
La maggioranza dei "senza religione" si comporta ancora, a sua insaputa, religiosamente. Non si tratta soltanto di quell'insieme di "superstizioni" o di "tabù" dell'uomo moderno che hanno tutti una struttura e un'origine magico-religiosa. L'uomo moderno che pretende di sentirsi e di essere areligioso ha ancora a sua disposizione tutta una mitologia camuffata e parecchi ritualismi. Abbiamo già detto che i festeggiamenti che accompagnano l'anno nuovo o l'entrata in una nuova casa hanno una struttura laicizzata di un rituale di rinnovamento. Accade lo stesso fenomeno in occasione delle feste e dei festeggiamenti che accompagnano un matrimonio o la nascita di un bimbo, l'ottenimento di un impiego, una promozione sociale ecc.

M. Eliade, *Il sacro e il profano*, Bollati Boringhieri, Torino 1967

L'attività

1 Che cosa significa che l'uomo areligioso rifiuta qualunque richiamo alla trascendenza? Spiegalo con parole tue.

2 In che senso, invece, Eliade sostiene che anche l'uomo moderno areligioso continua a servirsi di una serie di rituali di origine religiosa?

3 Hai mai pensato che alcuni dei comportamenti comuni come una festa possano essere il lontano ricordo di qualche rito religioso? Sapresti fare qualche esempio vicino a te, cercando di trovare anche la sua lontana origine religiosa?

3. La fede in contrasto con la scienza?

– I rapporti fra scienza e fede
– Durante il Giubileo del 2000 il papa si rivolge ai giovani

Chiave di lettura

Anacleto Verrecchia, filosofo e germanista, è autore di libri che hanno suscitato vasta eco di critica, in Italia e ancora di più all'estero. In questa intervista espone un parere molto critico verso la Chiesa, riferendosi al contrasto tra fede e scienza.

Essere anticlericali nel terzo millennio d.C. è cosa anacronistica?
Opporsi all'impostura e agli impostori non è mai anacronistico, visto che gli impostori e l'impostura continuano a prosperare in questo povero mondo obnubilato dalla superstizione.
Quali autori consiglierebbe sull'anticlericalismo?
Anzitutto Lucrezio, forse il più grande poeta di tutti i tempi, poi Voltaire, David Hume, Schopenhauer e Nietzsche (L'*Anticristo*).
"O si pensa o si crede": lei ha dato questo titolo agli scritti di Schopenhauer sulla religione tradotti per la BUR. Potrebbe aggiungere qualcosa al riguardo?
È semplice. Se uno crede alle rivelazioni, ai miracoli, alle Madonne che piangono e ad altre favolette del genere, che se ne fa della filosofia? Non ne ha bisogno. Va in chiesa e là il prete gli spiega tutto. Il filosofo, viceversa, non crede né alle favolette né agli dei, al singolare come al plurale. Quindi pensa e cerca la sua via nella nebbia che avvolge la nostra esistenza. In breve, la religione, come le lucciole, ha bisogno dell'oscurità per risplendere. Per questo i chierici sono sempre stati contrari alla cultura. Ancora nel 1870, il papa scrisse al re per pregarlo di evitare all'Italia un'altra sciagura, vale a dire l'introduzione della scuola obbligatoria. Bello, no?
[...]

■ La fede è in contrasto con la scienza?

Documenti

La vita sul pianeta Terra, ora come ora, vede una squilibratissima suddivisione delle risorse fra i suoi abitanti; in molte aree c'è il rischio (in alcune già realtà) di sovrappopolazione: che cosa pensa del fatto che religioni come quella cattolica e quella islamica siano rimaste al "Crescete e moltiplicatevi"?

La frase, che si trova nella Genesi, è veramente scandalosa. Schopenhauer la commenta con parole di fuoco. L'aumento sconsiderato della popolazione provocherà, prima o poi, una catastrofe. [...] Ma le stelle non piangeranno, se la Terra, questa piccola muffa alla periferia di una galassia, rimarrà senza l'animale uomo. Gli altri animali, forse perché non seguono le massime bibliche, sono più intelligenti. [...] Quanto ai preti, siano essi cattolici o non cattolici, prosperano sull'infelicità umana. Si comportano come Mefistofele, che precipita Faust nei guai per renderlo sempre più suo dipendente. Ma che strana religione il cristianesimo! S'interessa alla fecondazione e alle lenzuola cincischiate, mentre dovrebbe trascendere queste miserie e additare all'uomo la via della redenzione. Quanto è più nobile e profondo il buddhismo! Esso, a differenza del cristianesimo, non è latte per bambini.

N. Bernardi, in "Rivista Civiltà Laica", agosto 2008

L'attività

1. Forse qualcuno troverà questa intervista un po' forte, ma una fede matura non ha paura delle contestazioni. Rileggi il testo ed evidenzia ciò che condividi e ciò che ti sembra sbagliato.
2. Secondo te, fra l'uomo credente e il superstizioso c'è differenza?
3. Commenta in classe con i compagni questa frase di Lev Tolstoj "L'uomo può ignorare di avere una religione, come può ignorare di avere un cuore. Ma senza religione, come senza cuore, l'uomo non può vivere".

4. Le pratiche magiche sono in aumento

- Religione e magia: il ruolo del mago
- Il controllo all'interno di un gruppo settario
- New Age e fede cristiana a confronto

Chiave di lettura

Qualche tempo fa le cronache hanno lanciato un dato preoccupante: 10 milioni di italiani sono vittime dei maghi. Come mai queste pratiche hanno tanto successo?

Accanto al risveglio e a una rinnovata ricerca del religioso, siamo circondati, oggi, da atteggiamenti e da pratiche che rivelano come l'uomo moderno, apparentemente così razionale, scientifico, sicuro di sé e orgoglioso delle sue realizzazioni, sia, di fatto, psicologicamente molto fragile, pauroso e credulone, al punto da far rivivere tutte le paure antiche e di ricorrere, per superarle, alla magia, alla superstizione, all'astrologia, allo spiritismo e ad altre pratiche peggiori. Ormai la maggior parte delle reti TV, dei giornali, delle riviste riportano quotidianamente l'oroscopo, la pubblicità dei maghi, di cartomanti, di sensitivi, articoli su occultismo e molte librerie riservano interi scaffali alle pubblicazioni che trattano di occultismo, quando non sono specializzate solo su questo argomento. L'occultismo, in tutte le sue forme, non è affatto un fenomeno nuovo. Dalla antichità ai nostri giorni è continuata un'ininterrotta tradizione di gesti che hanno illuso l'uomo di dare una risposta al suo desiderio di conoscere il futuro e di dominare forze naturali per risolvere i suoi problemi. Oggi i mezzi di comunicazione di massa hanno fatto registrare, in tutto il mondo, una grande diffusione delle pratiche occulte.

Le cause della magia

Recenti ricerche sociali rivelano che nelle metropoli occidentali il confessore è stato sostituito dallo psicologo e dallo psicanalista e che questi, a loro volta, sono stati soppiantati dal mago, dalla cartomante e dall'astrologo. Industriali, politici, finanzieri consultano regolarmente il veggente o il medium per i loro affari e, non contenti del test psicologico e del curriculum dei candidati per le loro aziende, ne richiedono anche l'oroscopo. Anche la medicina classica, in parecchi casi, ha lasciato il posto alle arti dei guaritori e delle fattucchiere. Perché tutto questo? La cartomante, l'astrologo, il veggente, invece di fermarsi a scavare nella vita passata del cliente, creandogli sensi di colpa, lo proiettano verso un futuro immediato, gli infondono coraggio e sicurezza in se stesso, facendolo uscire dai limiti della sua situazione personale per inserirlo, da protagonista, in un circolo di forze cosmiche positive. Questo è proprio uno dei più evidenti paradossi del nostro tempo, cioè l'irruzione dell'irrazionale, e la magia, in tutte le sue forme, non è un fatto dell'intelligenza ma dell'emotività, in una società apparentemente dominata dalla scienza e dal razionale. Molte altre, ovviamente, sono le cause che inducono alla magia. In primo luogo la mancanza di autentici valori, quali la fede, la pratica religiosa, il vuoto di ideali anche umani, uno stato di paura e di indecisione, la debolezza psichica e intellettuale, il tentativo di superare le difficoltà in modo facile, immediato, quasi passando per una scorciatoia al posto di un faticoso e lento impegno personale. [...]

L. Muratori, in "Il nuovo giornale",
25, 28 giugno 2002

■ *Oggi le pratiche magiche o pseudo magiche sono in aumento.*

L'attività

1 Quali sono le cause della crescita delle pratiche di occultismo e magia, secondo l'autore del brano?

2 Perché la crescita delle pratiche magiche è in contrasto con le caratteristiche fondamentali della società contemporanea?

3 Diceva lo scrittore inglese Gilbert Keith Chesterton: "Quando si smette di credere in Dio, si finisce per credere in qualsiasi cosa". Quale può essere l'antidoto alla credulità di tante persone che si lasciano sedurre dal mondo del "paranormale", la ragione o la fede? Discutine in classe.

4 Giornali settimanali, radio e televisioni dedicano ampio spazio a presunti fenomeni paranormali, a guaritori, ad astrologi, a pratiche mediche cosiddette alternative, trattando tutto ciò in modo acritico, senza alcun controllo. Non credi che ciò sia profondamente diseducativo e contribuisca non solo a incoraggiare la già diffusa tendenza all'irrazionalità, ma anche a dare credibilità a individui che traggono profitto da questa situazione?

Documenti

5. La scienza e le sue nuove, inquietanti, domande

– L'uomo e la ricerca di senso
– Il progresso e il bene dell'uomo

Chiave di lettura

Il progresso della scienza non conduce solo a nuove risposte, ma crea continuamente nuove domande.

Tra le illusioni che l'Ottocento coltivò e poi trasmise al secolo successivo, faceva spicco quella che voleva l'umanità avviata lungo il cammino di un progresso inevitabile: un progresso a cui la scienza aveva dato un colpo di accelerazione decisivo per le sorti dell'uomo. In altre parole la scienza, secondo il mito che se ne era fatto, appariva ormai capace di risolvere tutti gli enigmi dell'universo e di costruire una società in grado di garantire a tutti benessere e felicità. Di conseguenza la religione poteva anche essere buttata nel cestino come uno strumento divenuto inservibile, perché niente, in essa, risultava basato su conoscenze positive e controllabili a livello scientifico.

La scienza ha fatto progressi enormi, soprattutto nel campo tecnologico. Ha portato l'uomo sulla Luna, ha inviato satelliti-spia su altri pianeti del sistema solare, ha allargato in un modo incredibile le nostre conoscenze in tutti i campi, dalla biologia alla fisica, ma più è andata avanti, più le sue certezze di partenza si sono rarefatte, se non addirittura vanificate. Insomma, progredendo in modo vertiginoso, invece di avvicinarsi alla risoluzione degli enigmi fondamentali della vita, se ne è allontanata, dilatandone gli spazi. Più che dare risposte ha finito così col porre nuove, inquietanti domande.

N. Abbagnano, *Il filosofo e il bisogno di Dio*, in *L'esercizio della libertà. Scritti scelti 1923-1988*, Boni Editore, Bologna 1990

■ Il progresso scientifico pone nuove domande all'uomo.

L'attività

1. Quale illusione ereditò il Novecento dal secolo precedente?
2. A quali conseguenze portò la nuova "illusione"?
3. Secondo te, quali potrebbero essere le "inquietanti" domande cui allude l'autore del brano? Rifletti e discuti con i compagni.

Verifica

Verifica le parole-chiave

Sulla base dei contenuti svolti nell'unità, spiega con una breve definizione il significato delle "parole-chiave" indicate nell'elenco che segue. In classe o anche individualmente si possono aggiungere altre parole-chiave a quelle proposte.

Tradizioni storico-culturali

Secolarizzazione

Problemi vitali

Scienza

Ricerca di senso

Nuove forme di religiosità

Leggi, rifletti e lavora

1. Nella nostra società si parla di secolarizzazione. Spiega di che cosa si tratta e porta anche qualche esempio.

2. Indica se le affermazioni che seguono sono vere **V** o false **F** e spiega perché.

   a. I bisogni spirituali sono sempre presenti negli uomini di ogni tempo. **V** **F**

   b. Nella società contemporanea le religioni sono scomparse. **V** **F**

   c. Le religioni si appongono al progresso scientifico. **V** **F**

   d. Fin dall'antichità tanti pensatori hanno contestato la religione. **V** **F**

3. Certamente hai sentito parlare di movimenti religiosi più o meno diffusi nel nostro paese. Quali conosci? Per quali motivi?

4. Scegli uno dei movimenti religiosi citati nel testo a p. 50 e compi una ricerca, cercando nomi del fondatore, anno di nascita, caratteristiche e diffusione. Elabora una presentazione in PowerPoint per esporre le tua relazione.

5. Che cosa significa cercare il senso della vita? E che cosa significa per te, in particolare?

6. A partire dalle riflessioni elaborate in risposta al punto 3, avviate una discussione in classe, raccogliendo poi in un documento finale le "risposte" condivise dal gruppo classe.

La mappa

Ecco di nuovo alcune parole-chiave incontrate durante lo svolgimento dell'unità.

Costruisci una mappa, mettendo in relazione tra loro i concetti. Puoi lavorare da solo oppure in gruppo.

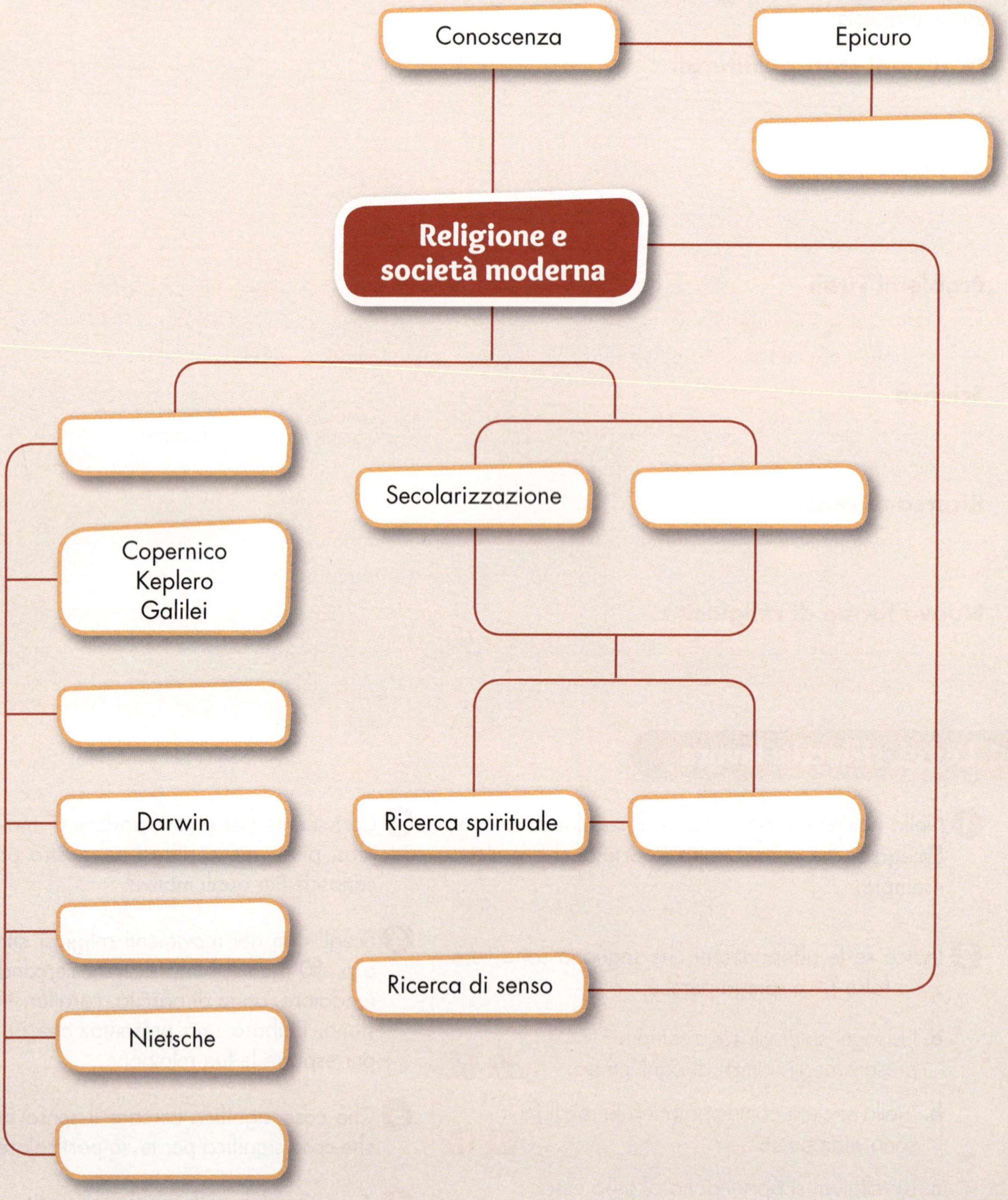

Comte – Tradizioni storico-culturali – Lucrezio – Scienza – Marx – Nuove forme di religiosità – Freud

Competenze alla prova

Leggi, rifletti e lavora

1 Domande di senso: che cosa sono? E che cosa vuole dire rispondere?

Elabora una riflessione personale su questo argomento, riflettendo sulla tua esperienza e indicando se e quali scelte importanti ti sei trovato a compiere nella tua vita e quali percorsi hai seguito.

2 La religione è importante per gli uomini.

Sei d'accordo con quest'affermazione? Perché? Supporta la tua scelta con esempi del mondo contemporaneo, spiegandoli in modo adeguato.

3 Nella storia e nella letteratura ci sono molti esempi di uomini e donne che hanno saputo (o sanno) "guardare oltre", senza accontentarsi. Purtroppo, però, spesso proprio dalla contrapposizione tra le regole, il limite e il desiderio umano di superarlo nascono profondi conflitti interiori. Cerca qualche esempio e presenta in classe il personaggio da te scelto.

4 Rifletti sulla tua esperienza personale: in che modo e in quali occasioni è stato possibile sperimentare in te stesso la tensione tra limite e infinito? Che cosa è successo? Come sei riuscito a "convivere" con l'inquietudine?

Film da vedere

- *Che ne sarà di noi* di G. Veronesi, 2003
- *Fuori dal mondo* di G. Piccioni 1999
- *L'ora di religione* di M. Bellocchio, 2002
- *Agorà* di A. Amenábar, 2009

ORIENTAMENTI... verso gli indirizzi

1. Costruzioni, ambiente e territorio

Le strutture legate al mondo religioso richiedono particolari tipologie costruttive ed esigenze architettoniche.
È possibile ricercare notizie ed esaminare elementi architettonici e monumentali presenti sul territorio, esplorando – magari attraverso interviste a professionisti del settore – le necessità costruttive e legate ai materiali necessari per la realizzazione di strutture di culto.
Potrebbe essere utile preparare il progetto di un luogo di culto, pensando all'uso degli spazi interni e anche all'impatto sull'ambiente circostante, per un uso etico del suolo e dello spazio.

2. Turismo

Non di rado la presenza sul territorio di elementi religiosi (chiese, tradizioni, feste) diventa motivo di ricchezza e di valorizzazione dell'ambiente naturale e sociale. Si possono individuare quali elementi religiosi "forti" sono presenti sul territorio in cui si inserisce la scuola, analizzare il loro impatto sull'ambiente naturale e sociale, individuando elementi di valorizzazione e sviluppo, legati in particolare alle possibilità di visite e/o pellegrinaggi. Di conseguenza, si può organizzare un pellegrinaggio, individuando i soggetti interessati, un programma dettagliato, costi e aspetti organizzativi e logistici.

– Architettura sacra
– Pellegrinaggi

NUCLEO

2 Il problema di Dio e la tradizione ebraico-cristiana

Ascolta, Israele: il Signore è il nostro Dio,
unico è il Signore. Tu amerai il Signore,
tuo Dio, con tutto il cuore,
con tutta l'anima e con tutte le forze.
(Dt 6,4-5)

Michelangelo Buonarroti, *La creazione di Adamo,* 1508-12, Città del Vaticano, Volta della Cappella Sistina.

Che cosa ci proponiamo

In questo secondo nucleo tematico intendiamo affrontare lo studio degli elementi essenziali della tradizione ebraica. Ci documenteremo, dunque, sulla storia e sulla fede di un popolo, quello ebraico, le cui origini affondano nella Mesopotamia del II millennio a.C.
Scopriremo come la fede di questo popolo sia rivolta a un **Dio unico**, fatto originale nel contesto storico e geografico nel quale esso nasce e si sviluppa. Non solo; questo Dio, che è il creatore del mondo e dell'uomo, prende l'iniziativa e **si rivela**, si fa conoscere da Abramo, il capostipite degli ebrei, e dai suoi discendenti, cui propone una singolare alleanza: benedizione, terra, amicizia perenne in cambio di fedeltà.
La fede di Israele è documentata e tramandata nella **Bibbia**, una raccolta di libri considerati sacri, nei quali il credente riconosce la Parola di Dio.

Conoscenze e abilità

Questo nucleo affronta temi e propone attività che aiutano a raggiungere, in parte o del tutto, la conquista di alcune **conoscenze** e **abilità** suggerite nelle Indicazioni nazionali. In particolare:

- permette di conoscere le radici ebraiche del cristianesimo;
- aiuta ad accostare la Bibbia, testo sacro dell'ebraismo e del cristianesimo, individuandone il processo di formazione e i principali criteri interpretativi;
- presenta gli eventi, i personaggi e le categorie più rilevanti dell'Antico e poi del Nuovo Testamento.

Competenze... in costruzione

- Valutare il contributo sempre attuale della tradizione (ebraico) cristiana allo sviluppo della civiltà umana, anche in dialogo con altre tradizioni culturali e religiose.
- Valutare la dimensione religiosa della vita umana a partire dalla conoscenza della Bibbia [...], riconoscendo il senso e il significato del linguaggio religioso cristiano.
- Utilizzare consapevolmente le fonti autentiche del cristianesimo, interpretandone correttamente i contenuti nel quadro di un confronto aperto ai contributi della cultura scientifico-tecnologica.

Unità 1 Dio si rivela nella storia

■ S. Köder, *Abramo. La notte di Ebron*, Collezione privata.

Vorremmo riflettere sul fatto che…

- Le tradizioni religiose precedenti e contemporanee alla nascita della fede ebraica pongono al centro il rapporto con divinità che governano i cicli della natura.
- Il popolo ebraico, a differenza delle altre religioni del tempo, afferma di credere in un Dio unico.
- Secondo il racconto biblico, questo Dio unico prende l'iniziativa e si rivela ad Abramo, un pastore nomade della Mesopotamia, da cui discende il popolo ebraico.

1. All'origine della religione

Da sempre e dovunque l'uomo ha cercato di stabilire una relazione con l'Essere supremo, da cui sente dipendere la propria vita.
L'origine del sapere a proposito degli dei si perde nella notte dei tempi. Inizialmente, con tutta probabilità, si diffusero racconti che collegavano all'azione dell'una o dell'altra divinità l'origine e la natura delle cose; alcuni luoghi cominciarono a essere considerati **sacri**; presero forma **riti** da osservare; vennero formulate **preghiere** per invocare la protezione divina sulle azioni dell'uomo (dalla caccia alla ricerca di un riparo, dalla guerra alla nascita di un figlio...). Tutto il sapere riguardante gli dei veniva custodito e tramandato ai giovani dagli anziani della tribù, che a loro volta erano stati istruiti dai loro padri.
In seguito, con il diffondersi dell'agricoltura, le società umane cominciarono a stabilizzarsi e a formare comunità sempre più vaste e complesse: fu allora che si sviluppò anche una differenziazione dei **ruoli sociali**. In questo contesto, ad alcune persone in particolare venne affidato il compito di custodire il sapere a proposito degli dei, protettori della città, dei regnanti e dell'esercito: erano i **sacerdoti**, che presto divennero una vera e propria classe sociale. I sacerdoti presiedevano anche i riti sacrificali, per mezzo dei quali, con l'offerta di un animale o delle primizie del raccolto, veniva mantenuto un costante rapporto con le divinità.

Statuette di sacerdoti ritrovate in Mesopotamia, risalenti al IV millennio a.C. ***I sacerdoti custodivano il sapere a proposito degli dei.***

2. La religione nelle società antiche del Medio Oriente

Le antiche civiltà del Medio Oriente, sviluppatesi tra il IV e il II millennio a.C., erano politeiste, adoravano cioè molte divinità, organizzate secondo una certa gerarchia e complessi rapporti di parentela.
Si trattava di un **politeismo** che rifletteva le stesse caratteristiche della società: vi erano dei per ogni città importante, per ogni categoria di lavoro, per ogni attività. La classe sacerdotale era suddivisa in base al culto da tributare all'uno o all'altro degli dei principali.
La funzione più importante attribuita al culto degli dei era il **mantenimento dei normali cicli della natura**. Trattandosi di società basate sulla produzione agricola, le feste più importanti erano dedicate a propiziarsi il mantenimento dell'alternarsi delle stagioni e la loro regolare successione, a garanzia della stabilità della produzione alimentare.

Figurine di dea nuda del tipo "a pilastro", trovate a Gerusalemme, Gerusalemme, Israel Museum. ***Le antiche civiltà del Medio Oriente erano politeiste.***

Politeismo

Il termine deriva dal greco *polús* (= molto) e *theós* (= dio): significa quindi "molti dei". Il suo contrario è **monoteismo** (= un solo dio).

L'ordine che regnava in cielo e sulla terra era considerato immutabile. Alle origini di questa concezione religiosa c'era infatti una **visione ciclica del cosmo e del tempo**: tutto quanto era avvenuto fino ad allora si sarebbe ripetuto immutabilmente, proprio come la primavera segue all'inverno.

Gli dei erano garanti di questa rassicurante stabilità e i sacerdoti ne facevano oggetto del loro studio infaticabile: in Mesopotamia ai sacerdoti veniva affidato, per esempio, il compito di studiare le stelle, offrendo a tutta la società la garanzia dell'immutabilità dei cicli celesti.

3. Una testimonianza singolare

- **Cartina**: La Mezzaluna fertile
- **Cartina**: Il percorso di Abramo

Proprio dal cuore di quest'area mediorientale, la Mesopotamia, ci giunge, a proposito del rapporto con il divino, una testimonianza singolare.
Nel primo libro della Bibbia, Genesi, si racconta di un uomo, **Abramo**, al quale un giorno apparve Dio, che gli si rivolse con queste parole:

→ **Sezione STRUMENTI** *Alla scoperta della Bibbia*

"Vattene dalla tua terra, dalla tua parentela e dalla casa di tuo padre, verso la terra che io ti indicherò. Farò di te una grande nazione e ti benedirò, renderò grande il tuo nome e possa tu essere una benedizione. Benedirò coloro che ti benediranno e coloro che ti malediranno maledirò, e in te si diranno benedette tutte le famiglie della terra".
(Gn 12,1-3)

Questo brano contiene un comando e una promessa di doni e di protezione, elementi che solo in parte possono far pensare a una certa analogia con la cultura religiosa dell'antico vicino Oriente.

■ ***Abramo, la moglie Sara e il nipote Lot si dirigono a Canaan,*** mosaico del XIII secolo, Venezia, Basilica di San Marco.

Abramo

L'uomo a cui Dio cambiò il nome da Abram ("alto padre") ad Abraham ("padre di una moltitudine"), Abramo, fu il primo patriarca biblico. Egli emigrò dalla Mesopotamia nella terra di Canaan, sotto il regno di Hammurabi, all'inizio del II millennio a.C. Secondo la Bibbia, Dio chiamò Abramo, che seguiva una religione politeista e idolatra, per fare di lui il capostipite di un popolo monoteista. Abramo è considerato il simbolo dell'uomo di fede. Il suo atteggiamento di fiducia e di ubbidienza verso Dio, raccontato nella Bibbia, lo ha proposto come "il padre di tutti i credenti". In Abramo riconoscono le proprie radici storiche e spirituali le tre grandi religioni monoteistiche (ebraismo, cristianesimo e islam), che da lui prendono appunto il nome di "abramitiche".

■ *Dio parla ad Abramo e a sua moglie Sara,* miniatura lombarda del XV secolo.

Nelle alleanze tra l'uomo e le divinità delle culture mesopotamiche o cananee (cioè dei popoli che occupavano l'area della costa orientale del Mediterraneo, la "terra di Canaan"), infatti, era l'uomo che, per chiedere protezione, proponeva un patto alle divinità, cercando di propiziarsele con offerte, sacrifici e preghiere. Secondo la Bibbia, agli ebrei capita invece un fatto nuovo: **Dio prende l'iniziativa di rivolgere la parola a un uomo comune** (non un sacerdote e nemmeno un re: Abramo era un pastore) e gli chiede di lasciare il suo ambiente di appartenenza, dando una svolta radicale alla sua vita. Da quell'uomo, per via dell'alleanza stretta tra lui e Dio, prende origine il popolo ebraico.

■ *Abramo e i tre angeli*, mosaico del V secolo, Roma, Santa Maria Maggiore.

4. Una religione rivelata

Il fatto che, in un determinato momento della storia, Dio abbia preso l'iniziativa di parlare a una persona ben precisa e di offrirle un patto di alleanza costituisce l'elemento di novità che caratterizza la religione ebraica. Essa si distingue nettamente da due tipi di religioni tradizionali:

› la **religione naturale**, cioè quella che, fin dalle origini dell'umanità, identifica nei fenomeni della natura l'espressione del divino che domina il cosmo;

› **la religione cosmico-mistica** (di cui sono esempio l'induismo, il buddhismo, il tantrismo, il taoismo, lo shintoismo...), al principio della quale non si pone l'iniziativa di un Dio personale, ma l'evoluzione della ricerca spirituale di saggi e santi capaci di insegnare all'uomo una via per evadere dal mondo e raggiungere la comunione con un divino impersonale e immutabile, trovando così la vera e desiderata pace.

La religione ebraica, invece, si presenta come **religione rivelata**: l'iniziativa di Dio che "si rivela" ne è il principio costitutivo. Questo Dio, l'unico Dio, si fa conoscere dall'uomo e interviene nella storia del popolo al quale si è rivelato.

→ Sezione STRUMENTI *Le principali religioni del mondo*

Le origini del popolo ebraico

Gli storici ritengono che le origini del popolo ebraico risalgano probabilmente al XVIII secolo a.C., quando tribù di pastori nomadi, provenienti da nord-est e da sud, entrarono in contatto con le città cananee della Palestina, una regione posta al crocevia tra i grandi imperi dell'Egitto, dell'Asia Minore e della Mesopotamia. Le fonti antiche parlano di tribù di Habiru, pastori nomadi che allevavano pecore e capre, vendevano il proprio lavoro come braccianti agricoli stagionali e a volte come soldati mercenari. Secondo alcuni studiosi, Abramo era uno di loro.

Religione rivelata

È rivelata una religione in cui Dio, per sua iniziativa, si svela all'uomo (dal latino *revelare*, "togliere il velo"), si fa conoscere. Sono considerate religioni rivelate l'ebraismo, il cristianesimo e l'islam.

5. Rivelazione e storia

Il Signore disse: "Ho osservato la miseria del mio popolo in Egitto e ho udito il suo grido a causa dei suoi sovrintendenti: conosco le sue sofferenze. Sono sceso per liberarlo dal potere dell'Egitto e per farlo salire da questa terra verso una terra bella e spaziosa".
(Es 3,7-8)

Il Dio degli ebrei, come mostra il testo dell'Esodo appena letto, non si limita a parlare di sé, ma agisce anche a favore degli uomini: egli si mostra come Dio **in azioni e parole**. E gradualmente, nel corso dei secoli, il popolo di Abramo approfondirà l'esperienza di incontro con Lui, comprendendone sempre meglio le caratteristiche. La rivelazione, infatti, non si compie in un solo evento, ma accompagna il corso della storia del popolo ebraico: Dio interagisce di volta in volta con il popolo oppure con i suoi re o con le personalità più sensibili alla sua parola, come i profeti.
La rivelazione di Dio e il suo agire nella storia provocano **da parte dell'uomo una risposta**, che dà origine a una complessa vicenda di riconoscenza e fedeltà tra Dio e il suo popolo, ma anche di ribellione, di dubbio, di attesa di nuove conferme. Questo lungo processo, dove la storia e la rivelazione sono indissolubilmente connesse, viene narrato nei **testi biblici.**

→ **Sezione STRUMENTI** *Alla scoperta della Bibbia*

6. Il Dio degli ebrei

■ Michelangelo Buonarroti, *La creazione di Adamo* (particolare), 1508-12, Città del Vaticano, Volta della Cappella Sistina. *Il Dio degli ebrei va verso l'uomo.*

Soffermiamoci su alcune conseguenze che, nel modo di concepire Dio, derivano dall'idea stessa della sua rivelazione. Il Dio degli ebrei ha queste caratteristiche.

- È un Dio **che si rivela** al suo popolo con un nome proprio, facendogli capire di avere un progetto da realizzare, per Abramo e per tutta l'umanità. Non si tratta di un'entità vaga e indefinita, ma di una **persona precisa**, con una sua volontà.
- È un Dio che attribuisce la massima importanza **all'uomo in quanto tale** e anche nella sua concretezza (ad Abramo, infatti, fa promesse concrete). Proprio per questa attenzione all'uomo si è voluto riconoscere alla tradizione ebraica un contributo determinante nello sviluppo dell'idea di **persona**, un'idea che è propria della cultura occidentale: la persona, ogni essere umano ha una dignità grandissima, Dio gli si rivolge e lo considera più importante di ogni altro essere vivente.
- È un Dio che non si identifica con il regolare andamento dei cicli naturali, ma **opera attraverso eventi**, che hanno una loro precisa collocazione nel tempo e nello spazio. Alla tradizione ebraica appartiene infatti un'**idea progressiva del tempo**, inteso non come ripetizione immutabile di cicli che ritornano, ma come serie di eventi al culmine dei quali c'è una precisa meta.
- È un Dio che **prende l'iniziativa**, scegliendo un uomo e un popolo. Solo con il tempo Abramo e i suoi discendenti prenderanno coscienza di questa **elezione** da parte di Dio, che costituisce uno dei caratteri distintivi della religione ebraica.

L'immagine

Il sacrificio di Isacco

Secondo il racconto della Genesi 22, Dio mise alla prova Abramo, chiedendogli di sacrificare il proprio figlio Isacco. Abramo ubbidì, ma Dio mandò un angelo a fermarlo: non voleva davvero la morte di Isacco, ma voleva mettere alla prova Abramo.

Tiziano Vecellio, *Sacrifico di Isacco*, 1542-44, Venezia, Santa Maria della Salute.

Leggi l'immagine

1. Ti sembra che la scena rappresentata abbia toni drammatici? Quali particolari contribuiscono a dare quest'idea?
2. Molti altri artisti hanno rappresentato il sacrificio di Isacco (Caravaggio, Orazio Gentileschi, Andrea del Sarto, Rubens, Tiepolo, Chagall...). Cerca le loro opere e confrontale con quella di Tiziano. Il lavoro può essere svolto in gruppo.

Documenti

1. Le religioni primitive

– Rapporti fra cielo e terra presso i Sumeri
– La sacralizzazione della natura nelle regioni cosmico-mistiche

Chiave di lettura

Le religioni primitive, anche se sono diverse fra loro, presentano alcune caratteristiche comuni.

Parlando di religioni primitive, viene spontaneo pensare alle credenze e ai riti delle zone più arretrate economicamente e culturalmente della terra.
Queste religioni sono tra loro molto differenti, soprattutto nel modo in cui si praticano. Sono circoscritte a un gruppo ristretto e non hanno carattere universalistico, ma sono legate a una cultura specifica (si parla anche di religioni etniche), ragione per cui scompaiono quando il gruppo sociale che le ha prodotte scompare. Queste religioni formano così la tradizione di una tribù e vengono tramandate di padre in figlio, oralmente, con estrema fedeltà e precisione. Risulta difficile scoprirne le origini, perché sono religioni molto antiche e mancano di testi ufficiali; a questo si aggiunge talvolta la segretezza di certi insegnamenti e rituali, che sono conosciuti solo da un ristrettissimo gruppo di eletti. Spesso queste religioni sconfinano in pratiche magiche e superstiziose.
Tra gli elementi comuni a tutte le religioni primitive vi è la ricchezza e bellezza dei miti, racconti leggendari, preghiere; il culto dei defunti e il timore reverenziale verso gli spiriti; una spiccata attenzione i fenomeni o agli elementi della natura; la fede nel potere attribuito a particolari oggetti, uomini, gesti rituali.
Lo stretto contatto che queste civiltà hanno con la natura (foresta, fiumi, steppe…) le porta a percepire la presenza del divino proprio in alcuni fenomeni naturali, verso i quali nutrono particolare timore o dei quali sperimentano innumerevoli aspetti benefici.

G. Mattai, *Nuovo dizionario di spiritualità*, Ed. Paoline, Roma 1979

L'attività

1. Quali sono le caratteristiche tipiche di tutte le religioni primitive?
2. Come vengono tramandate?
3. Conosci alcune religioni primitive presenti ancora oggi? Compi una breve ricerca e confronta i risultati con quelli dei compagni.

■ Danza rituale dei Boscimani, popolo africano che celebra riti propiziatori per ingraziarsi il divino avvertito nella natura.

2. Religione naturale e religione rivelata

– Dei dell'agricoltura attraenti per Israele
– Il Dio della Bibbia: dalla natura alla storia
– Dio s'interessa all'uomo e lo cerca

Chiave di lettura

La religione naturale e la religione rivelata sono due modi diversi attraverso cui l'uomo si pone in contatto con il divino.

Appena l'uomo prende coscienza di esistere e inizia a ragionare, si accorge di non essere padrone del suo destino, ma di camminare verso la morte. Si pone allora queste o simili domande: Chi sono io? Di dove vengo? Dove vado? Che senso ha la mia vita?
[...] Due strade si aprono all'uomo per rispondere a questi interrogativi cui non può sottrarsi:

1. l'uomo cerca di risolvere mediante la ragione umana le questioni che la sua esistenza gli pone, formulando ipotesi, esprimendo opinioni e giungendo, se può, a conclusioni soggettivamente valide e personalmente convincenti. Nascono così le varie **religioni naturali**;
2. l'uomo accetta di fidarsi di qualche maestro ritenuto sufficientemente esperto per risolvere, al posto suo, il problema del senso della vita. Lungo il corso dei secoli, alcuni di questi maestri si sono presentati nientemeno che come "portavoce" di un Dio, pretendendo di dare al problema una soluzione che essi dicono venire dal Dio. In questo caso si parla di **religioni rivelate.** Per essere creduti, questi "portavoce" dovettero offrire certe garanzie che l'ascoltatore doveva valutare per vedere se fossero state sufficienti.

[...]
Definiamo **religione naturale**: adesione a valori assoluti o universali, scoperti con la ragione umana, a cui si subordina la propria vita.
N.B.: Non è importante che questo assoluto sia veramente tale, basta che tale sia giudicato dalla persona che lo sceglie. L'uomo, però, non può fare a meno di essere religioso: non può evitare di ammettere una sua fondamentale dipendenza da qualche realtà esterna a lui. Però le forme in cui la religione si presenta dipendono dai condizionamenti educativi, dalle situazioni ambientali, dalle posizioni filosofiche, dai presupposti culturali... di ciascuna persona. Si noti ancora che quanto è stato detto può applicarsi a tutte le religioni, tenendo presente che, al limite, ci potrebbero essere tante religioni quanti sono gli uomini.
Ciò che caratterizza ogni religione naturale è il fatto che l'Assoluto viene scoperto, oseremmo dire inventato, dalla mente umana, la quale fatalmente lo immagina provvisto di qualità e attributi che non sono altro che proiezioni nell'infinito di doti o desideri umani. In altre parole l'Assoluto di ogni religione naturale è fatto a immagine dell'uomo, perché è umano il cervello che crea, immagina, scopre o crede di scoprire questo Assoluto.
L'Assoluto di cui stiamo parlando può essere collocato:
a) dentro il proprio mondo (antenati, sole, propria spontaneità, benessere dell'umanità, denaro, sesso...) e nasce così una **religione immanente**;
b) esterno al proprio mondo (essere superiore, giustizia, verità...) e nasce così una **religione trascendente**.
Definiamo **religione rivelata**: adesione a un Essere assoluto che risponde al problema del senso della vita attraverso qualche persona che afferma di essere inviata da lui (profeta).

Documenti

Si parla allora di "rivelazione del Dio" per mezzo del "profeta", a cui corrisponde nell'ascoltatore una "fede" o fiducia nel profeta.

Il sostantivo "fede" e il verbo corrispondente "credere" hanno in italiano vari significati che spesso rendono ambiguo il discorso. Qui li usiamo nel senso di "fiducia in una persona di cui si accetta la parola". *Una fede nasce quando l'uomo che si è incontrato con un messaggio attribuito a un Dio e annunciato da persone che si dicono testimoni decide di accogliere la loro testimonianza e perciò di aderire al Dio che ha parlato.*

Naturalmente ogni "profeta", per essere creduto, dovette esibire delle "garanzie" che testimoniassero per lui. Di solito si trattò di predizioni di eventi futuri oppure di fatti "miracolosi", tali da convincere che ci fosse stato veramente l'intervento del Dio nella storia umana.

L'uomo può credere o no in colui che si presenta come portavoce del Dio, in quanto il contenuto della testimonianza non è in sé evidente; si richiede, per credere, un atto della volontà che, dopo che l'intelligenza ha stabilito la non-assurdità di quanto il testimone dice e la credibilità del testimone stesso, decide di assentire.

Si noti che, essendo la fede legata agli eventi della storia, nasce ovunque esiste:

– un uomo che dice di aver ricevuto una rivelazione da parte di un Dio;
– un gruppo di persone che gli credono.

in *I fondamenti del cristianesimo – Corso base*, a cura del Didaskaleion,
centro di evangelizzazione di Torino

■ G. Pellizza da Volpedo, ***Il sole***, 1904, Roma, Galleria Nazionale d'Arte Moderna. ***L'uomo si pone domande che lo avvicinano al divino.***

L'attività

1 Quali sono le differenze fra religione naturale e religione rivelata?

2 Spiega che differenza c'è fra religione immanente e religione trascendente.

3 L'uomo deve credere per forza nel "profeta" di una religione rivelata? Quando nasce la fede?

4 Secondo te, è più facile per l'uomo affidarsi a una religione naturale o a una religione rivelata? Discutine con i compagni, motivando le ragioni di una scelta o dell'altra.

3. Un monoteismo rivoluzionario

Chiave di lettura

La fede di Israele nell'unico Dio è un contributo originale alla storia dell'umanità.

Il monoteismo d'Israele è un mistero. E lo è non perché i popoli primitivi fossero incapaci di giungere alla conoscenza razionale del Dio Uno. La storia delle religioni dimostra l'esistenza del monoteismo presso alcuni popoli antichi in Africa e in Australia. Ciò che è inspiegabile nel monoteismo d'Israele è la sua realtà unica nel corso della sua storia millenaria. Tutti gli altri popoli vicini o confinanti (i moabiti, gli ammoniti, i cananei, i mesopotamici, gli egizi, gli ittiti ecc.: in altre parole, tutti i popoli semiti e indoeuropei nella loro tappa storica) erano politeisti.

[...] Il monoteismo d'Israele è un'isola mai totalmente invasa; gli israeliti non hanno mai cessato di essere monoteisti. In questo capitale punto dogmatico, il carattere "geloso" e intransigente (Es 20, 5-6; Deut 5, 9-10) di Dio non consente l'esistenza di altri dei al suo fianco; è un'esclusione esatta dal monoteismo in virtù della sua prima nota distintiva.

Il monoteismo è convinzione di una fede che si è imposta sul Sinai, ma è già presente in Abramo, radice prima del tronco genealogico del popolo israelita. E ciò a onta del fatto che gli antenati di Abramo fossero idolatri, credenti e adoratori del pantheon politeista di Ur. La nuova credenza e coscienza religiosa di Abramo, scaturita in modo imprevedibile nel suo muoversi verso Canaan, è dovuta alla rivelazione divina e alle profonde esperienze religiose del patriarca.

[...] La credenza d'Israele in un solo Dio, personale, trascendente, etico, provvidente, giusto e misericordioso è uno dei grandi interrogativi della storiografia religiosa dell'umanità. Non è possibile svelare questo mistero, la sua origine e la sua permanenza millenaria, se non si ammette una rivelazione soprannaturale, positiva di Dio.

M. Guerra, *Storia delle Religioni*, Editrice La Scuola, Brescia 1989

- La rivelazione di Dio dagli ebrei ai cristiani
- La rivelazione di Dio dal particolare all'universale

L'attività

1. In che senso il monoteismo di Israele è inspiegabile, nel contesto culturale in cui nasce?
2. Leggi i brani riguardanti la storia di Abramo: Gen 12,1-5; Gen 15,1-6; Gen 18,1-15: Gen 22,1-19. Quale atteggiamento ritroviamo sempre presente in Abramo? Di quali promesse Abramo diviene depositario e a quale situazione personale del patriarca queste si contrappongono?
3. Quale spiegazione dà l'autore del brano, per motivare il monoteismo ebraico? Sei d'accordo? Perché?

G. Bellini, *Padre Eterno*, 1505 ca, Pesaro, Museo Civico.

Verifica

Verifica le parole-chiave

Sulla base dei contenuti svolti nell'unità, spiega con una breve definizione il significato delle "parole-chiave" indicate nell'elenco che segue. In classe o anche individualmente si possono aggiungere altre parole-chiave a quelle proposte.

Politeismo

Monoteismo

Religione naturale

Religione cosmico-mistica

Religione rivelata

Iniziativa

Persona

Leggi, rifletti e lavora

1 La storia dell'Antico Testamento, cioè la storia del popolo ebraico, è caratterizzata da alcune situazioni costanti. Individua le principali in riferimento alle tracce proposte.

- Confronto tra il popolo ebreo e gli altri popoli
- Organizzazione e istituzione degli ebrei
- Coscienza di sé come popolo
- Rapporto con Dio

2 In gruppo, guidati dall'insegnante, osservate alcune riproduzioni della storia dell'arte di soggetto biblico e provate a collocarle nel contesto biblico.

3 Raccogli le informazioni a tua disposizione sulla figura di Abramo e collocale nel tempo (quando visse?) e sulla cartina geografica (dove visse?). Riassumi poi brevemente, compilando una semplice scheda sul quaderno, gli aspetti essenziali della figura di Abramo e della sua vicenda, a partire dai termini dati.

Mesopotamia – pastore – clan – patto – viaggio

4 Terra, discendenza, benedizione: sono le promesse che Dio fa ad Abramo. Spiega che cosa significano.

La mappa

Ecco di nuovo alcune parole-chiave incontrate durante lo svolgimento dell'unità.

Costruisci una mappa, mettendo in relazione tra loro i concetti. Puoi lavorare da solo oppure in gruppo.

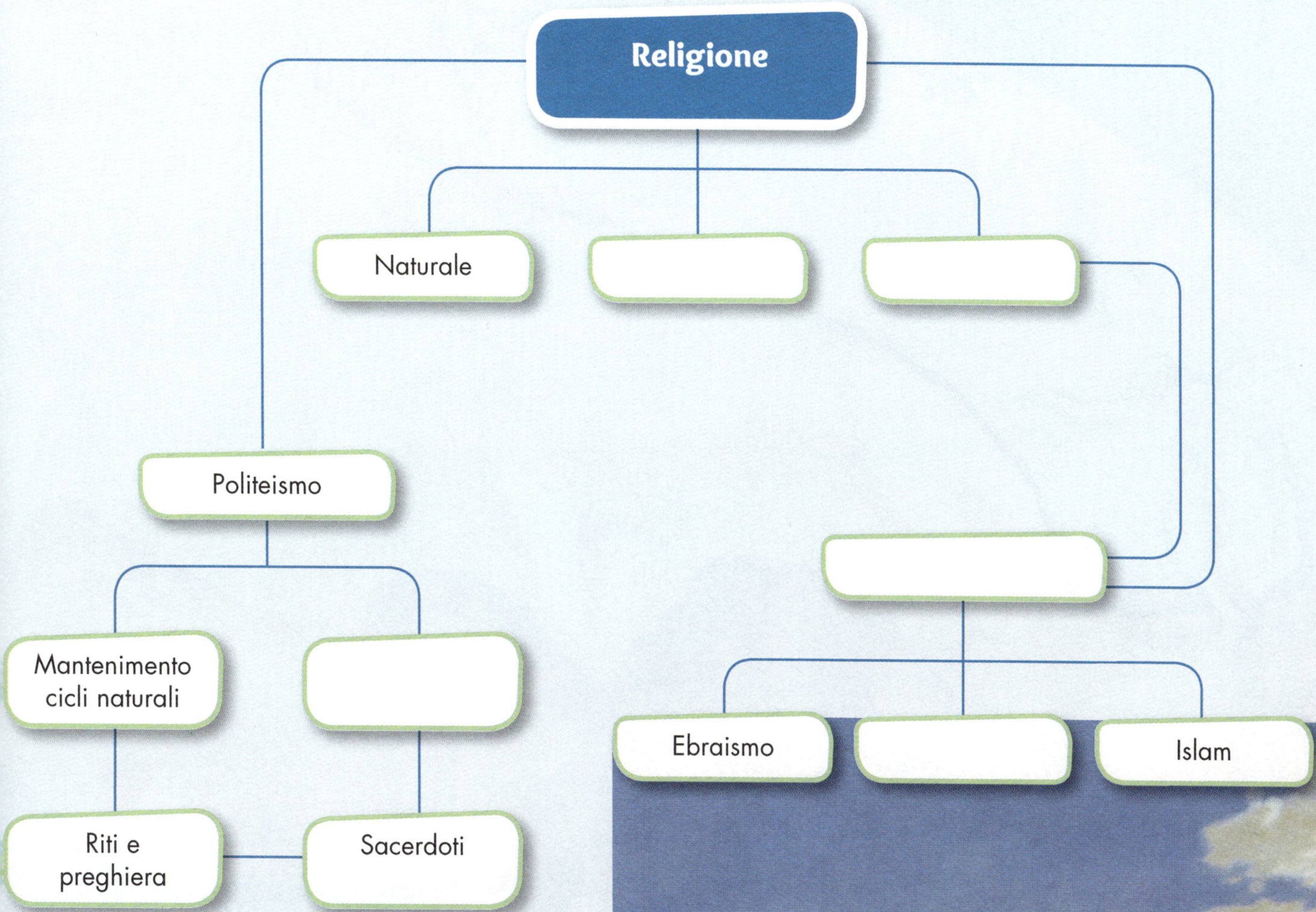

■ R. Ceccotti, *Nuvola*.

Cosmico-mistica – Monoteismo – Ruoli sociali – Cristianesimo – Rivelata

L'alleanza tra Dio e il suo popolo

Vorremmo riflettere sul fatto che…

- **Il Dio che si rivela ad Abramo e ai suoi discendenti propone loro un patto, un'alleanza, che comporterà reciproci impegni.**
- **Questa alleanza è l'essenza stessa della religione ebraica e dà un volto particolare alla storia di questo popolo.**
- **Nel corso della storia di Israele l'alleanza viene rinnovata frequentemente e si arricchisce di nuovi contenuti.**

■ A. De Romanis, ***Nuova Alleanza***, 1987, Roma, San Giuseppe artigiano.

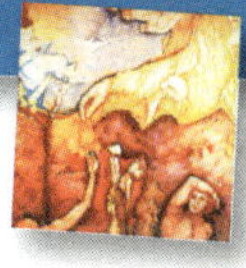

1. L'alleanza tra Dio e Abramo

Quando Abram ebbe novantanove anni, il Signore gli apparve e gli disse: "Io sono Dio l'Onnipotente: cammina davanti a me e sii integro. Porrò la mia alleanza tra me e te e ti renderò molto, molto numeroso". "Non ti chiamerai più Abram, ma ti chiamerai Abramo, perché padre di una moltitudine di nazioni ti renderò. E ti renderò molto, molto fecondo; ti farò diventare nazioni e da te usciranno dei re. Stabilirò la mia alleanza con te e con la tua discendenza dopo di te, di generazione in generazione, come alleanza perenne, per essere il Dio tuo e della tua discendenza dopo di te. La terra dove sei forestiero, tutta la terra di Canaan, la darò in possesso per sempre a te e alla tua discendenza dopo di te; sarò il loro Dio". [...] "Da parte tua devi osservare la mia alleanza, tu e la tua discendenza dopo di te, di generazione in generazione. Questa è la mia alleanza che dovete osservare, alleanza tra me e voi e la tua discendenza dopo di te: sia circonciso tra voi ogni maschio".
(Gn 17,1-2.5-10)

Miniatura del XII secolo (Bibbia di Souvigny): *Abramo accoglie i giusti nel suo abbraccio. Dio stringe un patto con Abramo e con il suo popolo.*

Il popolo ebraico pone all'origine della propria fede e della propria esistenza un'iniziativa di Dio nei confronti di Abramo, il capostipite di tutte le genti di Israele.
Quando Egli si rivolge al pastore di Ur, non lo fa per trasmettere agli uomini una serie di verità a proposito di se stesso: il contenuto della rivelazione del Dio della Bibbia, infatti, non è una dottrina, ma la proposta di un'**alleanza.**
Come si legge in Genesi 17,1-10, ad Abramo viene proposto un patto, un impegno reciproco. Dio, infatti, offre ad Abramo e alla sua gente protezione, fecondità, una terra sulla quale vivere. Da parte sua, Abramo dovrà "camminare davanti al Signore", cioè manifestare la sua appartenenza a lui, cambiando per esempio il proprio nome, comportandosi con giustizia e portando nel corpo un segno visibile: la circoncisione propria e di ogni figlio maschio del proprio popolo.
La **circoncisione**, di cui abbiamo testimonianze molto più antiche di quella biblica, era (e lo è ancora presso alcuni gruppi tribali) un rito di iniziazione alla vita di gruppo, ossia il segno del passaggio del giovane all'età adulta, come guerriero e persona idonea al matrimonio. Nella tradizione ebraica, invece, la circoncisione diviene un duplice "segno": agli ebrei ricorda in modo indelebile, per tutta la vita, l'appartenenza a Dio (con tutti gli obblighi che ne derivano); al Signore rammenta il suo impegno di protezione nei confronti del popolo di Israele. Ancora oggi l'alleanza tra il Signore e i figli di Abramo viene confermata con questo rito.

Strumenti per la circoncisione risalenti al XVII secolo, Gerusalemme, Israel Museum.

Circoncisione

La circoncisione (in ebraico *brit milah*) consiste nel taglio di un lembo di pelle del prepuzio dell'organo genitale maschile, che avviene a otto giorni dalla nascita. Durante la cerimonia viene anche annunciato il nome che viene dato al bambino.

Cartina: L'esodo e le peregrinazioni nel deserto

2. L'intervento di Dio a favore di Israele: l'esodo

■ Miniatura del XV secolo che ritrae Dio che parla a Mosè. ***Dio promette a Mosè che guiderà il suo popolo fuori dall'Egitto.***

Dal roveto ardente all'arca dell'alleanza

E [il Signore] disse: "Io sono il Dio di tuo padre, il Dio di Abramo, il Dio di Isacco, il Dio di Giacobbe". Mosè allora si coprì il volto, perché aveva paura di guardare verso Dio. Il Signore disse: "Ho osservato la miseria del mio popolo in Egitto e ho udito il suo grido a causa dei suoi sovrintendenti: conosco le sue sofferenze. Sono sceso per liberarlo dal potere dell'Egitto e per farlo salire da questa terra verso una terra bella e spaziosa, verso una terra dove scorrono latte e miele [...]. Ecco, il grido degli Israeliti è arrivato fino a me e io stesso ho visto come gli Egiziani li opprimono. Perciò va'! Io ti mando dal faraone. Fa' uscire dall'Egitto il mio popolo, gli Israeliti!". Mosè disse a Dio: "Chi sono io per andare dal faraone e far uscire gli Israeliti dall'Egitto?". Rispose: "Io sarò con te. Questo sarà per te il segno che io ti ho mandato: quando tu avrai fatto uscire il popolo dall'Egitto, servirete Dio su questo monte".

(Es 3,6-12)

Il contenuto dell'alleanza, dell'amicizia stretta fra Dio e Abramo e i suoi discendenti (in particolare con **Isacco**, **Giacobbe** e **Giuseppe**), è destinato ad arricchirsi con il passare del tempo. Quando, dopo alcuni secoli, il popolo di Israele verrà ridotto in schiavitù in Egitto, Dio rinnoverà con **Mosè** l'antica alleanza stretta con i suoi padri: proprio in virtù di quell'alleanza, infatti, egli guiderà i discendenti di Abramo fuori dall'Egitto (Esodo 3, 6-12) e darà loro la terra di Canaan (chiamata poi in seguito **Palestina**). È proprio a Mosè che "il Dio di Abramo, di Isacco e di Giacobbe", come si presenta, fa conoscere il suo nome proprio, **JHWH**: "Io sono colui che sono", come viene tradotto tradizionalmente. La tradizione biblica vede nella liberazione dall'Egitto e nell'insediamento nella terra di Canaan la ma-

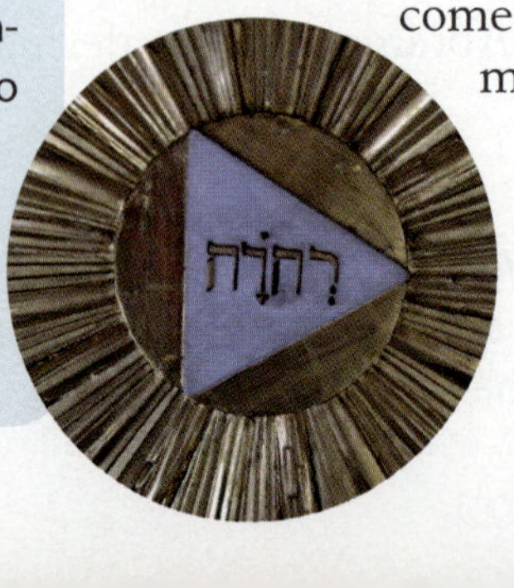

■ Tetragramma di JHWH raffigurato nella chiesa di San Clemente a Laholm (Svezia).

Palestina

Il nome "Palestina" deriva da quello dei filistei che abitavano la regione (a partire dal XII secolo a.C.): il loro nome in ebraico, infatti, era *pelishtim* e la zona da loro occupata divenne *Pelesheth*, da cui il termine greco e poi quello latino (*Palaestina*). Il nome si estese poi alla terra di Canaan e, durante l'impero romano, indicò la provincia amministrativa compresa tra il mare e il Giordano.

JHWH

Secondo la tradizione ebraica, la parola JHWH (ovvero le quattro consonanti con cui si scrive il nome di Dio nella lingua ebraica) è il nome che Dio stesso si è dato, apparendo a Mosè nel roveto ardente. JHWH deriva dal verbo *hyh*, che significa "essere", quindi è interpretato come "Io sono colui che sono". Poiché il nome proprio di Dio è santo, esso non può essere pronunciato e viene sostituito con *Adonai*, che significa "Signore", o con *Elohim*, che significa "Dio".

nifestazione della potenza dell'unico vero Dio a favore del suo popolo e quindi la realizzazione dell'alleanza. Da allora in poi il Dio di Abramo sarà "colui che ci ha fatti uscire dall'Egitto", dando così seguito alle sue promesse.
Questo evento fondante, la cui importanza è pari a quella della rivelazione di Dio ad Abramo, viene ricordato ogni anno dagli ebrei nella loro festa più importante: la **Pasqua**. Questa, che in origine era una festa della primavera, dopo la liberazione dalla schiavitù divenne il momento in cui ricordare la notte della fuga dall'Egitto, quando il Signore "passò", sterminando i primogeniti degli egizi e risparmiando gli israeliti, le cui case erano state segnate, la sera precedente, con il sangue di un agnello, secondo quanto era stato loro comandato (Es 12,12-13). La celebrazione della Pasqua prevede ancora oggi la ripetizione dei gesti compiuti dagli israeliti e, in particolare, quelli della cena prima della fuga dall'Egitto.

Manoscritto tedesco che riproduce l'*haggadah*, il racconto dell'esodo letto ad alta voce durante la cena pasquale.

→ **Sezione STRUMENTI**
Gli ebrei dalle origini a oggi

Schiavitù e conquista

La tradizione biblica della schiavitù in Egitto e della conquista di Canaan ha alla base dati storici. Alcuni testi egizi databili intorno al 1250 a.C. parlano di popoli resi schiavi per l'edificazione di opere pubbliche. Alcuni resti archeologici in Palestina, inoltre, presentano tracce della distruzione di alcune città abitate da popolazioni semitiche, a opera di popoli nomadi invasori (tra i quali probabilmente anche gli antenati del popolo di Israele).

La Pasqua ebraica

Pesach (o Pesah), la festa della liberazione dalla schiavitù d'Egitto, ha come momento culminante il banchetto pasquale (o **seder**).
Anticamente, al pomeriggio della vigilia veniva sacrificato nel Tempio un agnello che veniva poi consumato durante la cena. Dopo la distruzione del Tempio e l'abolizione dei sacrifici, la celebrazione della Pasqua divenne un rito familiare.
Lo svolgimento della cena era (ed è tuttora) minuziosamente regolato (seder in ebraico significa infatti "ordine"). Durante il pasto si legge l'*haggadah* (il "racconto"), una raccolta di brani biblici e di salmi di lode che rievocano, attraverso domande che il membro più giovane della famiglia rivolge al più anziano, la liberazione dalla schiavitù d'Egitto. Una **coppa di vino** passa più volte tra i commensali, accompagnata da benedizioni o preghiere di ringraziamento a Dio, per commemorare l'alleanza tra Israele e il Signore.
Anche le portate della cena hanno un significato simbolico: oltre all'**agnello** (che ricorda quello sacrificato per la prima Pasqua) e al **pane azzimo**, cioè senza lievito (a significare che la fede in JHWH non deve gonfiarsi di orgoglio, ma anche in ricordo della fretta di quella partenza, che non consentì la lievitazione del pane), si mangiano **erbe amare** (per ricordare l'amarezza della schiavitù), l'**uovo sodo** (cibo che si consuma nei periodi di lutto, che commemora la distruzione del Tempio) e la **salsa charoset**, una miscela di frutta secca, vino e miele (in ricordo della malta usata dagli ebrei per edificare le città del faraone).

Piatto rituale contenente tutti i cibi della Pasqua: agnello, erbe amare, uovo sodo, salsa charoset.

3. I dieci comandamenti, la carta fondamentale dell'alleanza

■ G. Reni, *Mosè con le Tavole della Legge*, 1625 ca, Roma, Galleria Borghese.

Dio pronunciò tutte queste parole:
"Io sono il Signore, tuo Dio, che ti ho fatto uscire dalla terra d'Egitto, dalla condizione servile: Non avrai altri dèi di fronte a me. Non ti farai idolo né immagine alcuna di quanto è lassù nel cielo, né di quanto è quaggiù sulla terra, né di quanto è nelle acque sotto la terra. Non ti prostrerai davanti a loro e non li servirai. Perché io, il Signore, tuo Dio, sono un Dio geloso, che punisce la colpa dei padri nei figli fino alla terza e alla quarta generazione, per coloro che mi odiano, ma che dimostra la sua bontà fino a mille generazioni, per quelli che mi amano e osservano i miei comandamenti. Non pronuncerai invano il nome del Signore, tuo Dio, perché il Signore non lascia impunito chi pronuncia il suo nome invano.
Ricòrdati del giorno del sabato per santificarlo. Sei giorni lavorerai e farai ogni tuo lavoro; ma il settimo giorno è il sabato in onore del Signore, tuo Dio: non farai alcun lavoro, né tu né tuo figlio né tua figlia, né il tuo schiavo né la tua schiava, né il tuo bestiame, né il forestiero che dimora presso di te. Perché in sei giorni il Signore ha fatto il cielo e la terra e il mare e quanto è in essi, ma si è riposato il settimo giorno. Perciò il Signore ha benedetto il giorno del sabato e lo ha consacrato. Onora tuo padre e tua madre, perché si prolunghino i tuoi giorni nel paese che il Signore, tuo Dio, ti dà. Non ucciderai. Non commetterai adulterio. Non ruberai. Non pronuncerai falsa testimonianza contro il tuo prossimo. Non desidererai la casa del tuo prossimo. Non desidererai la moglie del tuo prossimo, né il suo schiavo né la sua schiava, né il suo bue né il suo asino, né alcuna cosa che appartenga al tuo prossimo".
(Es 20,1-17)

L'arca dell'alleanza: dal deserto alla Terra Promessa

I dieci comandamenti

Decalogo

Parola derivante dai termini greci *déca* (dieci) e *lógos* (parola); tutto insieme, quindi, significa "dieci parole".

Proprio durante il passaggio dall'Egitto alla Terra promessa avviene un incontro fondamentale tra JHWH e Israele. Il Signore si manifesta ancora una volta, per fissare con autorevolezza i termini dell'alleanza con il suo popolo. Sul monte Sinai il Signore affida a Mosè il **decalogo** (Es 20,1-17), cioè le "dieci parole" da cui discendono tutte le leggi di Israele e che fissano i termini dell'alleanza.
La novità del decalogo, dei dieci comandamenti, rispetto ad analoghe

raccolte di leggi che allora circolavano presso i popoli della Mezzaluna fertile, riguarda la fonte del diritto (che in questo caso viene direttamente da Dio) e l'obiettivo che Egli si prefigge. Il Signore, infatti, non intende tanto fornire al suo popolo una serie di leggi da osservare (per quanto indispensabili a una pacifica e civile convivenza), quanto trasformare la comunità di Israele in "una nazione santa" (Es 19,4-6), cioè simile a Lui (Lv 11,44).

Il significato religioso dell'alleanza, dunque, è in primo piano e illumina anche il significato civile e quello morale del decalogo.

Poiché io sono il Signore, vostro Dio.
Santificatevi dunque e siate santi,
perché io sono santo.
(Lv 11,44)

A. Funi, ***Mosè riceve le Tavole della Legge*** (particolare), 1939, Milano, Palazzo di giustizia.

L'arca dell'alleanza

Le tavole della legge consegnate da Dio a Mosè erano custodite nell'**arca dell'alleanza**, costruita secondo precise indicazioni date da Dio a Mosè (Esodo 25,10-28). Essa era fatta di legno d'acacia e ricoperta d'oro; due cherubini anch'essi d'oro erano posti sopra l'arca, rivolti l'uno verso l'altro.

L'arca era trasportata per mezzo di stanghe d'oro, inserite in appositi anelli.

Ricostruzione dell'arca dell'alleanza.

4. Una storia tormentata

– Il tempio di Salomone
– L'esilio e il ritorno

Una volta insediatosi nella terra di Canaan, il popolo di Israele attraversò diverse fasi storiche. Esse vengono evocate e descritte in diversi libri della Bibbia, con un racconto che unisce il significato politico, culturale e sociale degli avvenimenti storici con quello religioso.

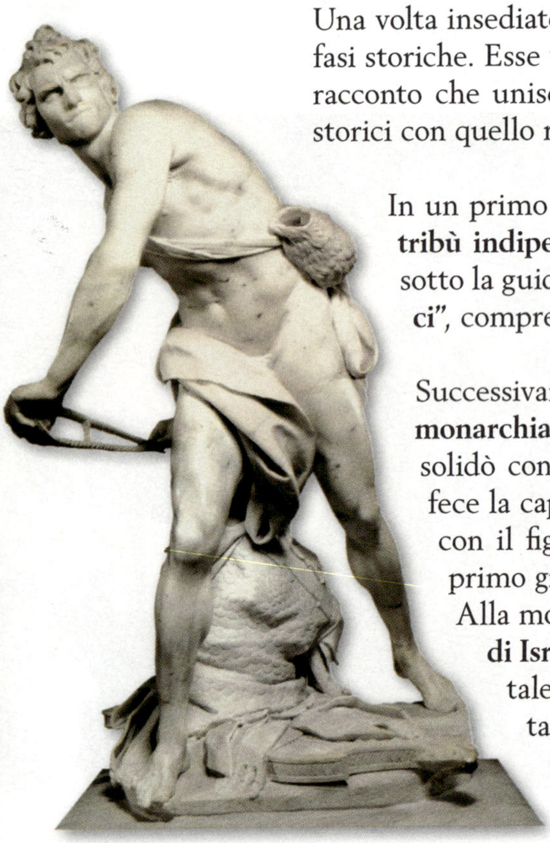

■ G. Bernini, ***David***, 1623-24, Roma, Galleria Borghese.

In un primo periodo gli israeliti si organizzarono in una confederazione di **tribù indipendenti**, che si univano solo nel caso di una minaccia esterna, sotto la guida di un capo militare (è questo il cosiddetto "**periodo dei giudici**", compreso all'incirca tra il 1200 e il 1000 a.C.).

Successivamente, si trasformarono in uno stato centralizzato, retto dalla **monarchia**. Esso ebbe origine nell'XI secolo con **Saul**, il primo re, si consolidò con il suo successore, **Davide** (che conquistò Gerusalemme e ne fece la capitale del suo regno), e raggiunse il massimo del suo splendore con il figlio di Davide, **Salomone**, che a Gerusalemme fece erigere il primo grande Tempio in onore di JHWH.
Alla morte di Salomone il regno si divise in due parti: a nord il **regno di Israele** (con capitale Samaria) e a sud il **regno di Giuda** (con capitale Gerusalemme). I due regni divisi proseguirono una tormentata esistenza indipendente per circa due secoli e mezzo, finché non vennero conquistati dalle grandi potenze dell'epoca: nel 722 a.C. Samaria venne occupata dagli eserciti assiri e parte della popolazione fu deportata e dispersa; Gerusalemme, invece, sopravvisse fino al 587 a.C., quando fu distrutta da Nabucodonosor II, re di Babilonia, che fece deportare parte della popolazione in Mesopotamia.

La Torah

Torah significa "insegnamento" ed è il nome dato dagli ebrei all'insieme dei primi cinque libri della Bibbia, che essi attribuivano a Mosè. Dal punto di vista della cronologia, la Torah comincia con il racconto della creazione e comprende il periodo fondamentale della storia degli ebrei, dai patriarchi fino all'insediamento nella terra di Canaan; ma soprattutto la Torah raggruppa tutti gli insegnamenti cui ogni pio ebreo si riferisce nella propria vita, i precetti di base dati al popolo ebraico. I libri che compongono la Torah sono: **Genesi** (i racconti delle origini e la storia dei patriarchi), **Esodo** (la storia della liberazione del popolo ebraico dall'Egitto e della sua alleanza con Dio), **Levitico** (un insieme di leggi religiose), **Numeri** (la storia del cammino del popolo ebraico fino alla Terra promessa) e **Deuteronomio** (un codice di leggi civili e religiose raccolto in tre grandi discorsi di Mosè).

■ Torah avvolta in rotolo d'argento, con diamanti e smeraldi, XVIII secolo, Gerusalemme, Israel Museum.

L'**esilio babilonese** durò circa cinquant'anni e fu un periodo di grande fermento culturale e religioso per il popolo ebraico, allontanato dalla sua terra ma non strappato dalle sue radici. Da una parte la tradizione di Israele si arricchì a contatto con la cultura, la fede, la letteratura dei popoli orientali; dall'altra, tuttavia, per resistere al pericolo di un'assimilazione che avrebbe fatto sparire gli ebrei dalla storia, si rafforzò.

Quando, nel 538 a.C., l'imperatore persiano **Ciro**, vincitore e conquistatore di Babilonia, concesse ai popoli deportati il rientro nelle proprie terre d'origine, gli ebrei che tornarono a Gerusalemme cominciarono a ricostruire il Tempio di JHWH (terminato nel 515) e diedero vita a una comunità rigorosamente legata alle proprie specifiche tradizioni e alla Legge di Mosè, contenuta nei primi cinque fondamentali libri della Bibbia.

In seguito il popolo ebraico visse quasi sempre in stato di dipendenza: prima dei **persiani**, poi dei **regni ellenistici** fondati da Alessandro Magno e infine dei **romani**.

Al sempre più debole ruolo storico fece da contrapposto l'orgogliosa difesa di un patrimonio culturale e spirituale unico al mondo. Anche i potenti dominatori greci e romani dovettero considerare con attenzione la suscettibilità di questo piccolo popolo, sempre pronto a ribellarsi in ogni occasione in cui vedeva offesa dal potere la propria legge di riferimento, divenuta nello stesso tempo patrimonio spirituale e carta di identità nazionale.

J. Fouquet, *Il re Ciro restituisce la libertà agli Ebrei e li incarica di ricostruire il Tempio*, 1465, Parigi, Bibliothèque nationale.

Le tribù ebraiche

Secondo la tradizione biblica, il popolo ebraico era suddiviso in **dodici tribù**, i cui appartenenti erano legati da vincoli di parentela fra loro. Ogni tribù si pensava discendesse da uno dei dodici figli di Giacobbe e, infatti, ne portava il nome.

Il tempio di Salomone

Il Tempio di Salomone

Salomone è ricordato soprattutto per la costruzione del Tempio di Gerusalemme, considerato dagli ebrei come il luogo in cui JHWH era in particolar modo presente in mezzo al suo popolo e dove Israele poteva incontrarsi con Lui.
Il primo libro dei Re (capp. 6-7) lo descrive in tutto il suo splendore. Il Tempio fu edificato con blocchi di pietra rettangolari uniti tra loro da un attento lavoro di scalpello e tutto il lavoro fu svolto nelle cave. Fu costruito all'interno di un cortile su un alto terrapieno roccioso e fu orientato da est a ovest, con l'ingresso rivolto a levante. È probabile che il tetto fosse in mattoni e assi di legno.
Le pareti interne erano coperte di legno di cedro, con figure scolpite di cherubini, di palme e di boccioli (1Re 6,29), rivestite in oro.
All'interno vi erano cinque candelabri sui lati nord e sud e al centro si trovava l'altare d'oro dell'incenso, con i bracieri, gli altri accessori e la tavola d'oro.
In fondo al Tempio una scala conduceva al Santo dei Santi, una sala quadrata di 9 metri per lato, in cui il Sommo Sacerdote entrava solo una volta all'anno, nel giorno dell'Espiazione, e dove era contenuta l'Arca dell'Alleanza con le Tavole della Legge, fiancheggiata da due cherubini.
Il progetto dell'area del Tempio era simile a quello dei templi cananei, mentre la descrizione degli arredi sacri fa pensare a un grande apporto da parte di artigiani fenici.
All'esterno del Tempio si trovavano vari oggetti di culto in bronzo, tra i quali l'altare dei sacrifici e un'ampia vasca detta "mare", sostenuta da dodici statue di buoi, in cui i sacerdoti si purificavano.
Vi erano anche dieci vasche di bronzo montate su carrelli, cinque per lato del Tempio, che servivano per lavare gli animali da sacrificare. Di fronte al porticato vi erano due colonne di bronzo sormontate da capitelli.
Il Tempio venne distrutto nel 587 a.C. dai babilonesi, ricostruito nel 515 a.C. e nuovamente distrutto dai romani nel 70 d.C.

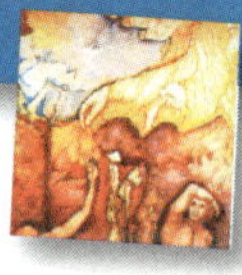

5. Un'alleanza da rinnovare continuamente

[L'angelo del Signore disse:] "Io vi ho fatto uscire dall'Egitto e vi ho fatto entrare nella terra che avevo giurato ai vostri padri di darvi. Avevo anche detto: 'Non infrangerò mai la mia alleanza con voi, e voi non farete alleanza con gli abitanti di questa terra; distruggerete i loro altari'. Ma voi non avete obbedito alla mia voce. Che cosa avete fatto? Perciò anch'io dico: non li scaccerò dinanzi a voi; ma essi vi staranno ai fianchi e i loro dei saranno per voi una trappola".

Gli Israeliti fecero ciò che è male agli occhi del Signore e servirono i Baal[1]; abbandonarono il Signore, Dio dei loro padri, che li aveva fatti uscire dalla terra d'Egitto, e seguirono altri dei tra quelli dei popoli circostanti: si prostrarono davanti a loro e provocarono il Signore, abbandonarono il Signore e servirono Baal e le Astarti[2]. Allora si accese l'ira del Signore contro Israele e li mise in mano a predatori che li depredarono; li vendette ai nemici che stavano loro intorno, ed essi non potevano più tener testa ai nemici. In tutte le loro spedizioni la mano del Signore era per il male, contro di loro, come il Signore aveva detto, come il Signore aveva loro giurato: furono ridotti all'estremo.

(Gdc 2,1-3.11-15)

1. Baal: è il nome del dio cananeo della forza vitale che si manifesta nella natura e della fertilità.
2. Astarti: Astarte è il nome della dea cananea dell'amore e della fecondità.

J.-H. Fragonard, ***Geroboamo offre sacrifici a un idolo***, 1752, Parigi, École des Beaux-Arts. ***Geroboamo, re di Israele, tradì l'alleanza con Dio, adorando due vitelli d'oro.***

Le diverse fasi della storia del popolo ebraico furono raccontate e interpretate dagli ebrei alla luce del particolare rapporto tra il Signore e il suo popolo.
Una delle categorie fondamentali di questa interpretazione della storia fu quella del binomio **fedeltà-infedeltà all'alleanza**. In uno dei cosiddetti "libri storici" della Bibbia, quello dei Giudici, per esempio, la storia dei figli di Abramo fino all'esilio viene interpretata a partire da un unico presupposto: Israele (inteso qui come l'insieme del popolo e non come la sola parte del regno del Nord) deve la sua pace, la sua stabilità, il suo benessere unicamente alla fedeltà all'alleanza con il Dio di Abramo e del Sinai. Quando questa fedeltà viene meno, Israele cade sotto il dominio dei popoli ai quali si era conformato (Gdc 2, 1-19).
Nel corso dei secoli, a più riprese, il Signore dovette rinnovare la propria offerta di amicizia a un popolo che continuava a dimostrarsi incostante, sia per quanto riguarda la comunità nel suo insieme sia per quanto concerne i suoi capi (i re, i sacerdoti, la classe dirigente). Ma, in questo suo continuo rinnovarsi, l'alleanza si arricchirà anche di nuovi contenuti.

➜ **Sezione STRUMENTI** *Alla scoperta della Bibbia*

I profeti della Cappella Sistina

6. La nuova alleanza annunciata dai profeti

Voci di profeti

■ Statue di profeti realizzate fra il 1375 e il 1395, conservate nella chiesa dei santi Giacomo e Filippo a Taggia (Imperia).

Tra VII e VI secolo, le vicende del popolo di Israele conobbero un progressivo declino: nel 587 cadeva sotto la dominazione straniera la stessa Gerusalemme e buona parte dei suoi abitanti, come abbiamo visto, venivano deportati in esilio. In un periodo così tragico dal punto di vista politico e militare, si levò la voce di alcuni **profeti**, grazie ai quali l'alleanza tra Dio e il suo popolo conobbe un profondo rinnovamento. Questi sono alcuni elementi che caratterizzano la nuova alleanza annunciata dai profeti:

- l'alleanza **si rinnova grazie a una nuova iniziativa di Dio**, pronto a perdonare al suo popolo tutte le infedeltà che lo hanno condotto alla rovina e a purificarlo da tutte le sue colpe (Ez 36,25);
- ogni uomo è riconosciuto **responsabile soltanto delle proprie azioni** e non anche delle infedeltà dei suoi antenati (Ger 31,29-30);
- l'alleanza si interiorizza: non un codice di leggi esteriori, ma **una legge nuova, scritta nel cuore** dell'uomo (Ger 31,33) dallo spirito di Dio, che ha il potere di trasformarlo da "cuore di pietra" a "cuore di carne" (Ez 36,26-27);
- nella visione del profeta Dio appare come uno **sposo** appassionato e Israele come la sua sposa (Os 2,16-25);
- comincia **l'attesa di un tempo nuovo**, definitivo, nel quale finalmente l'alleanza si realizzerà in modo pieno e l'amicizia tra il Signore e il suo popolo non conoscerà più ostacoli.

I testi che parlano di questa nuova alleanza sono moltissimi e aprono la fede di Israele a un'inedita speranza proprio in un periodo di difficoltà come quello dell'esilio e della ricostruzione.

Profeta

Dal greco *prophemí* ("parlo al posto di"), il profeta è colui che parla a nome di Dio. Questo termine fu introdotto dalla versione greca della Bibbia per tradurre la parola ebraica *nabi*, che indicava una persona chiamata da Dio per svolgere un compito particolare, per annunciare al popolo un messaggio per incarico di Dio. Profeta, dunque, non indica colui che predice il futuro (una sorta di "veggente"), ma colui che guarda il presente con gli occhi di Dio e comunica ai suoi contemporanei il giudizio di Dio sul presente, indicando anche le conseguenze che il presente ha sul futuro.

■ Lastra a smalto inciso su cuoio dorato con l'immagine dei profeti Isaia, Geremia ed Ezechiele, 1175-80, Parigi, Musée du Louvre.

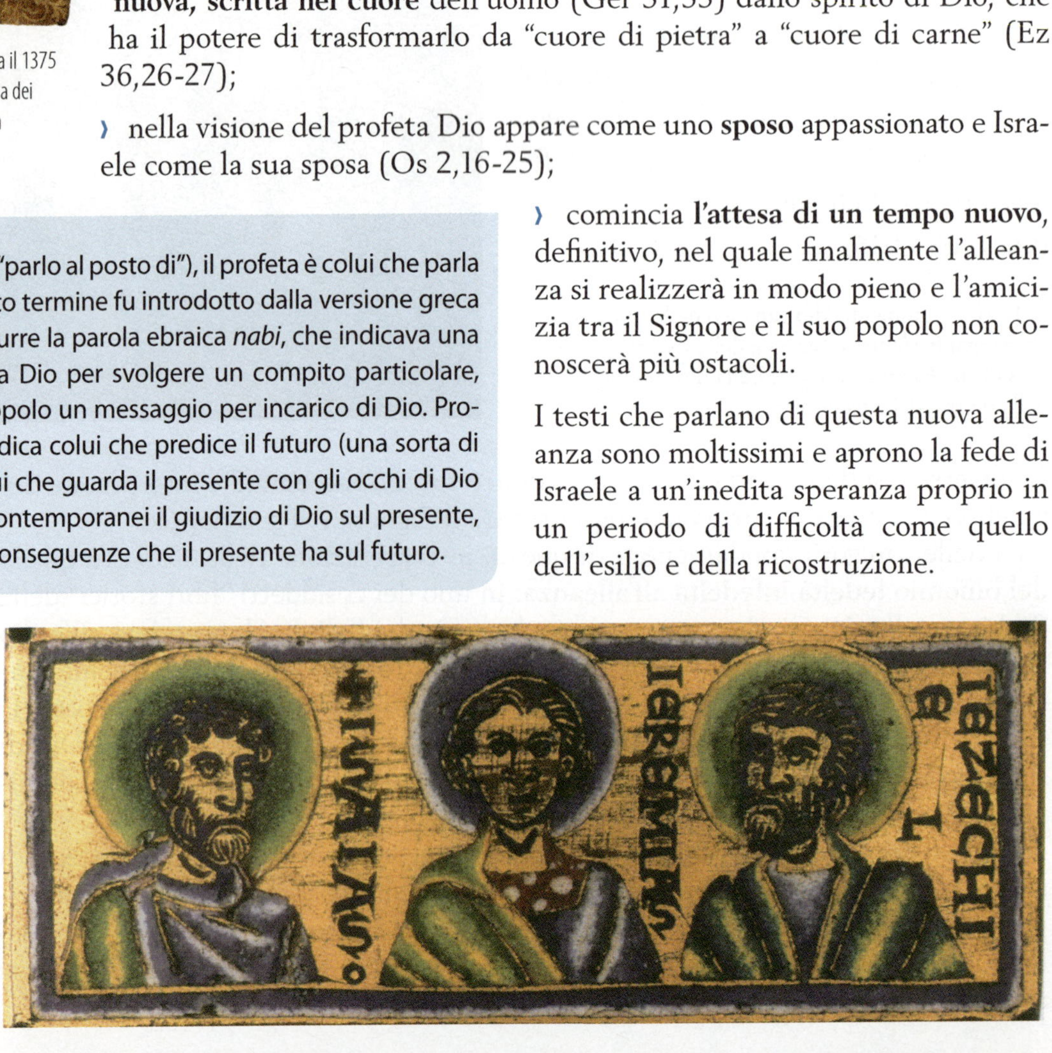

"Ecco, verranno giorni – oracolo del Signore –, nei quali con la casa d'Israele e con la casa di Giuda concluderò un'alleanza nuova. Non sarà come l'alleanza che ho concluso con i loro padri, quando li presi per mano per farli uscire dalla terra d'Egitto, alleanza che essi hanno infranto, benché io fossi loro Signore. Oracolo del Signore. Questa sarà l'alleanza che concluderò con la casa d'Israele dopo quei giorni – oracolo del Signore –: porrò la mia legge dentro di loro, la scriverò sul loro cuore. Allora io sarò il loro Dio ed essi saranno il mio popolo. Non dovranno più istruirsi l'un l'altro, dicendo: 'Conoscete il Signore', perché tutti mi conosceranno, dal più piccolo al più grande – oracolo del Signore –, poiché io perdonerò la loro iniquità e non ricorderò più il loro peccato".

(Ger 31,31-34)

Rembrandt, ***Geremia piange la distruzione di Gerusalemme***, 1630, Amsterdam, Rijksmuseum.

Michelangelo Buonarroti, ***Il profeta Ezechiele***, 1508-12, Città del Vaticano, Volta della Cappella Sistina.

Santificherò il mio nome grande, profanato fra le nazioni, profanato da voi in mezzo a loro. Allora le nazioni sapranno che io sono il Signore – oracolo del Signore Dio –, quando mostrerò la mia santità in voi davanti ai loro occhi. Vi prenderò dalle nazioni, vi radunerò da ogni terra e vi condurrò sul vostro suolo. Vi aspergerò con acqua pura e sarete purificati; io vi purificherò da tutte le vostre impurità e da tutti i vostri idoli, vi darò un cuore nuovo, metterò dentro di voi uno spirito nuovo, toglierò da voi il cuore di pietra e vi darò un cuore di carne. Porrò il mio spirito dentro di voi e vi farò vivere secondo le mie leggi e vi farò osservare e mettere in pratica le mie norme. Abiterete nella terra che io diedi ai vostri padri; voi sarete il mio popolo e io sarò il vostro Dio. Vi libererò da tutte le vostre impurità: chiamerò il grano e lo moltiplicherò e non vi manderò più la carestia. Moltiplicherò i frutti degli alberi e il prodotto dei campi, perché non soffriate più la vergogna della fame fra le nazioni. Vi ricorderete della vostra cattiva condotta e delle vostre azioni che non erano buone e proverete disgusto di voi stessi per le vostre iniquità e i vostri abomini.

(Ez 36,23-31)

Perciò, ecco, io la sedurrò, / la condurrò nel deserto / e parlerò al suo cuore. / [...] mi risponderà / come nei giorni della sua giovinezza, / come quando uscì dal paese d'Egitto.
E avverrà, in quel giorno / – oracolo del Signore – / mi chiamerai: "Marito mio", / e non mi chiamerai più: "Baal, mio padrone". / Le toglierò dalla bocca / i nomi dei Baal / e non saranno più chiamati per nome. / Ti farò mia sposa per sempre, / ti farò mia sposa / nella giustizia e nel diritto, / nell'amore e nella benevolenza, / ti farò mia sposa nella fedeltà / e tu conoscerai il Signore. / [...] e amerò Non-amata, / e a Non-popolo-mio dirò: "Popolo mio", / ed egli mi dirà: "Dio mio".

(Os 2,16-19.21-22.25)

7. La fede di Israele dopo l'esilio

Nei secoli successivi al ritorno da Babilonia nella terra dei padri, il popolo ebraico conobbe un irrigidirsi della fedeltà alle proprie tradizioni (il Tempio, i riti, la Legge): un modo per sottolineare il rapporto privilegiato ed esclusivo con il proprio Dio, l'unicità di Israele e la sua separazione dal resto dell'umanità.

Contemporaneamente, tuttavia, si assistette anche alla spiritualizzazione della pratica di fede (i riti esteriori non erano più ritenuti sufficienti), all'attesa di un nuovo intervento del Signore a favore del suo popolo (si veda, per esempio Dn 7,13-14), insieme a un crescente respiro universale dell'alleanza stessa (Is 19,21-25).

Le idee fondamentali sulle quali si basa la religione ebraica, dunque, restano quelle della rivelazione e dell'alleanza; a poco a poco, però, si fa strada un ulteriore duplice principio:

- l'idea di **redenzione**, intesa come intervento diretto di Dio che perdona e rinnova l'umanità peccatrice;
- l'idea che la rivelazione, l'alleanza e la redenzione non sono più riservate a un solo popolo, ma destinate **a tutta l'umanità**. JHWH, infatti, è riconosciuto come Signore del cosmo e della storia universale.

■ Miniatura in cui è raffigurata la ricostruzione del Tempio di Gerusalemme dopo il ritorno degli ebrei da Babilonia. ***Dopo il ritorno dall'esilio, gli ebrei rafforzarono l'idea del rapporto privilegiato che avevano con Dio.***

Guardando ancora nelle visioni notturne, ecco venire con le nubi del cielo uno simile a un figlio d'uomo; giunse fino al vegliardo e fu presentato a lui. Gli furono dati potere, gloria e regno; tutti i popoli, nazioni e lingue lo servivano: il suo potere è un potere eterno, che non finirà mai, e il suo regno non sarà mai distrutto.

(Dn 7,13-14)

Il Signore si farà conoscere agli Egiziani e gli Egiziani riconosceranno in quel giorno il Signore, lo serviranno con sacrifici e offerte, faranno voti al Signore e li adempiranno. Il Signore percuoterà ancora gli Egiziani, ma, una volta colpiti, li risanerà. Essi faranno ritorno al Signore ed egli si placherà e li risanerà.

In quel giorno ci sarà una strada dall'Egitto verso l'Assiria; l'Assiro andrà in Egitto e l'Egiziano in Assiria, e gli Egiziani renderanno culto insieme con gli Assiri.

In quel giorno Israele sarà il terzo con l'Egitto e l'Assiria, una benedizione in mezzo alla terra. Li benedirà il Signore degli eserciti dicendo: "Benedetto sia l'Egiziano mio popolo, l'Assiro opera delle mie mani e Israele mia eredità".

(Is 19,21-25)

L'immagine

Marc Chagall ha dipinto diverse volte l'episodio di Mosè che riceve le tavole della Legge. In questo quadro Mosè si protende verso l'alto, per ricevere le Tavole.

■ M. Chagall, ***Mosè riceve le Tavole della Legge***, 1966, Nizza, Musée National Message Biblique Marc Chagall.

Leggi l'immagine

1. Chi porge le Tavole a Mosè?
2. La figura in basso a destra è Aronne, fratello di Mosè e primo sacerdote. Che cosa tiene in mano?
3. Che cosa vedi sulla sinistra?
4. Le persone raffigurate sono fedeli a Dio? Da che cosa lo capisci?

Documenti

1. In rapporto con Dio: il principio della fede di Israele

Chiave di lettura

La riaffermazione dell'unicità dell'esperienza di Israele nasce dalla consapevolezza di un impegno totale e reciproco tra Dio e l'uomo.

Il desiderio ardente di Dio non si è mai quietato nell'anima ebraica [...] Ma l'amore e lo struggimento per questo Dio, nella spiritualità ebraica, si traduce subito in un impegno di fedeltà ai suoi comandi.

Molti di noi hanno difficoltà a comprendere il presupposto dell'ebraismo: che la religione e la legge sono inseparabili. Per l'uomo moderno la religione è sentimento piuttosto che obbedienza. L'ebraismo, invece, considera la religione non tanto un sentimento, quanto piuttosto una risposta a colui che ci chiede di vivere in un certo modo. Fin dalla sua origine la religione ebraica è la consapevolezza di un impegno totale; la presa di coscienza che tutto nella vita appartiene non soltanto alla sfera degli interessi dell'uomo, ma anche a quelli di Dio.

A.J. Heschel, *Dio alla ricerca dell'uomo*, Borla, Roma 2006

L'attività

1. Qual è il presupposto dell'ebraismo?
2. Perché l'uomo moderno fatica a comprendere questo presupposto?
3. Credi che questo principio possa valere anche oggi? Discutine in classe con i compagni.

2. Un radicale cambiamento di senso

Chiave di lettura

L'idea di alleanza degli ebrei ribalta totalmente il pensiero religioso.

È bene mettere in rilievo sin d'ora un tratto fondamentale che la differenzia [la mentalità biblica] dalle altre mentalità che abbiamo ricordato [quelle delle religioni a essa contemporanee].

Shema Israel, Adonai ehad! Ascolta Israele, il Signore è uno! Ecco la fede essenziale del popolo formulata da Deuteronomio 6,4. Israele ha coscienza che è il suo Dio che lo interpella e il popolo gli risponde nell'amore.

Schematizzando, il pensiero mitico può essere rappresentato da una freccia che parte dall'uomo e vi ritorna: l'uomo proietta nell'al di là una divinità, poi, attraverso il rito, si sforza di avere potere su di essa, di metterla al suo servizio. Nella Bibbia la freccia si inverte. È Dio che interpella l'uomo e questi risponde. Il rito diventa così l'espressione della risposta. Il rito potrà essere lo stesso, ma ha cambiato di senso. Come nel caso di un bambino che offre un mazzo di fiori a sua madre per ottenere il permesso di andare al cinema oppure dello stesso bambino che lo offre nel giorno della festa della mamma: il gesto è lo stesso, ma nel secondo caso si tratta di un gesto gratuito, che vuole esprimere la risposta all'amore della madre, è un rito di riconoscenza.

E. Charpentier, *Per leggere l'Antico Testamento*, Borla, Roma 1982

L'attività

1 Quale immagine utilizza l'autore per descrivere il tratto fondamentale che differenzia la mentalità biblica da quella, più diffusa, delle altre religioni contemporanee?

2 Che cosa si intende nel brano con l'espressione "rito di riconoscenza"?

3 La mentalità religiosa tipica dell'antichità a volte è diffusa ancora oggi. Fa' degli esempi.

3. Un popolo scelto tra gli altri

Abramo, padre della fede

Chiave di lettura

Dentro l'idea di "popolo eletto" si afferma l'idea di Israele "luce per i popoli".

Perché dunque questa unicità, perché questa elezione, perché Israele nel mondo, solo perché Dio abbia un oggetto del suo amore? E, dobbiamo chiederci: che effetti ha avuto tale amore per questo popolo nel corso dei secoli? Un popolo privilegiato da Dio lo si immagina un po' diversamente.

Il profeta dell'esilio che viene chiamato Deuteroisaia ci dà una spiegazione precisa: vede il popolo d'Israele nella figura del servo che Dio ha scelto; questo servo dovrà "proclamare il diritto alle genti"; e ancora: suo compito sarà instaurare il diritto sulla terra, essere luce per i popoli. Viene spezzata così ogni chiusura nazionalistica dell'elezione. Israele dev'essere un servo per i popoli, e allo stesso tempo essere al servizio degli uomini come maestro. In maniera incomparabile il profeta afferma che Israele deve attuare questo compito non alzando la voce e in forma appariscente, ma sottovoce e senza distinguersi. Lo sguardo qui va oltre il popolo d'Israele, per dirigersi al mondo intero.

E.L. Ehrich-R. Rendtorff, *Ebraismo*, EMP, Padova 1990

Pagina del manoscritto del Pentateuco realizzato a Ratisbona (Germania) intorno al 1300, Gerusalemme, Israel Museum. *Gli ebrei mantennero fortemente attraverso i secoli la consapevolezza di essere il popolo eletto.*

L'attività

1 "Ora, se darete ascolto alla mia voce e custodirete la mia alleanza, voi sarete per me una proprietà particolare tra tutti i popoli; mia infatti è tutta la terra!" (Esodo 19,5). Quale posizione occupa Israele nel progetto di Dio?

2 Alla luce di quanto hai letto, potresti affermare che i cristiani sono debitori a questa antica e attuale realtà qual è l'ebraismo?

– L'Esodo e la lotta dei ner
americani
– Il decalogo, dieci parole sbiadite nel cuore dell'uomo
– Israele di fronte all'esilio
– Davide e Salomone

4. L'esodo: uscire per ritrovarsi

Chiave di lettura

L'Esodo si può leggere come metafora di un viaggio interiore verso l'ignoto.

Diversi possono essere i motivi che ci spingono al pellegrinaggio: il dolore che la situazione in cui ci si trova suscita in noi, il desiderio di una novità che ridia dinamica alla nostra vita, la voce di qualcosa o qualcuno che ci chiama, la curiosità di scoprire se le nostre radici hanno diramazioni insospettate. O ancora, in una dimensione più interiore: l'insostenibilità di una vita della quale si è smarrito il senso, l'intuizione di essere abitati da dinamiche assopite, il richiamo di una voce amica o la scoperta che una voce fino ad allora indistinta si è fatta chiara, la percezione di attingere linfa vitale da una *humus* sconosciuta. Ed è in base a queste motivazioni che decidiamo il bagaglio e l'abbigliamento per il viaggio: per sceglierli, infatti, dobbiamo conoscere noi stessi, le nostre esigenze e le realtà ambientali cui andremo incontro. Scegliere significa escludere, distinguere dall'essenziale ciò che indispensabile non è. [...]
Poi, a un certo momento, si parte. A volte si vorrebbe poter cambiare idea all'ultimo momento, rimandare la partenza, addirittura annullarla. Perché "partire è un po' morire". Solo allora capiamo cosa vuol dire che, come ricorda André Gide, "non si possono scoprire nuovi orizzonti se non si accetta di perdere di vista la riva per un periodo molto lungo". Punto di non ritorno, momento di rottura, duro ma indispensabile, senza il quale nessun viaggio prenderebbe mai corpo, nemmeno quello immaginario. E la rottura con le nostre abitudini, con l'ambiente che ci è familiare, con i pensieri ormai addomesticati ci immette in una dimensione altra, con meno sicurezze e più aspettative. [...]
Non sono forse questi i sentimenti che hanno abitato il popolo di Israele durante uno dei viaggi più famosi dell'antichità, quell'esodo che è divenuto ben presto paradigma di ogni "uscita" dalla schiavitù verso la libertà, metafora di un ininterrotto viaggio interiore che attraversa l'aridità del deserto in direzione di una terra "promessa"? È in viaggio che si rimpiangono le cipolle e le pentole di carne dell'Egitto: poco importa se allora le mangiavamo da schiavi e ora ci possiamo nutrire di manna e quaglie da uomini liberi. Così, nel nostro viaggio interiore, le soffocanti sicurezze di un tempo diventano miraggi che distolgono lo sguardo da possibilità nuove, da spazi aperti ma esigenti. Ansia dell'ignoto e nostalgia del già noto: è lo struggimento per un'assenza che ferisce il cuore con la sua presenza.

E. Bianchi, in "Avvenire",
19 gennaio 2005

■ Statua che raffigura Giacomo il Maggiore come pellegrino, XVII secolo, Chatellerault, Chiesa di San Giacomo. *Il pellegrinaggio implica scelte e cambiamenti.*

L'attività

1 Che cosa significa dire che incamminarsi verso il profondo costringe a fare delle scelte e a chiedersi che cosa portare con sé del proprio passato?

2 Scegliere significa escludere, distinguere dall'essenziale ciò che indispensabile non è: operazione non facile, perché in viaggio può rivelarsi pericoloso se non letale dimenticare qualcosa di vitale oppure caricarsi di pesi inutili. È capitato anche a te? In che occasioni?

3 Secondo te, che cosa vuol intendere l'autore del brano quando afferma: "l'esodo è il paradigma di ogni 'uscita' dalla schiavitù verso la libertà. metafora di un ininterrotto viaggio interiore che attraversa l'aridità del deserto in direzione di una terra 'promessa' "?

Verifica

Verifica le parole-chiave

Sulla base dei contenuti svolti nell'unità, spiega con una breve definizione il significato delle "parole-chiave" indicate nell'elenco che segue. In classe o anche individualmente si possono aggiungere altre parole-chiave a quelle proposte.

Alleanza

Pasqua

Legge

Liberazione

Redenzione

Universalità

Leggi, rifletti e lavora

1. San Paolo nella lettera ai Romani (4,1-16) sottolinea il valore della fede di Abramo e la sua importanza per ogni credente. Da solo o in gruppo con i compagni, evidenzia quali sono gli aspetti di questa esperienza di fede che rendono Abramo così grande.

2. Un'autentica esperienza di fede come quella di Abramo deve avere delle caratteristiche: quali? Rispondi, poi confronta le tue risposte con quelle dei compagni.

3. Nei testi sacri, l'esodo degli ebrei dall'Egitto è presentato sia come la fuga dalla schiavitù sia come un'esperienza di liberazione. Rispondi.
   a. Chi sono i protagonisti?
   b. Che ruolo hanno?
   c. Quali sono i momenti più importanti?
   d. Quale valore assume questo fatto in rapporto con la fede del popolo ebraico?

4. È stato detto: "L'ebraismo non è solo una fede; è anche una cultura, un vincolo nazionale, una speranza, una storia". Utilizzando immagini e testi della storia antica e recente, verifica la validità di questa affermazione.

5. "La Bibbia è la carta di navigazione dei singoli e dei popoli. Lì c'è da dove vieni, dove sei e dove vai" (G. La Pira). Commenta questa frase, aggiungendo anche qualche riferimento alla tua esperienza personale.

La mappa

Ecco di nuovo alcune parole-chiave incontrate durante lo svolgimento dell'unità.

Costruisci una mappa, mettendo in relazione tra loro i concetti. Puoi lavorare da solo oppure in gruppo.

Giacobbe – Re – Tempio – Decalogo – Saul – Giuda – ellenistici – Esilio – Universalità

Dio creatore

Vorremmo riflettere sul fatto che…

- **Con il passare dei secoli Israele seppe identificare e sviluppare gli elementi della propria cultura e della propria fede che più lo differenziavano dai popoli circostanti.**
- **JHWH venne riconosciuto come Signore del cielo e della terra e creatore del mondo e della vita.**
- **Questa progressiva evoluzione della fede di Israele trova piena espressione nei racconti delle origini, raccolti nei primi undici capitoli del libro della Genesi.**

■ G. Suzán, *La creazione*, 1993.

1. A contatto con altri popoli

L'esilio e il ritorno

La lunga e contrastata storia dell'alleanza tra il popolo di Israele e il "Dio di Abramo" sembrò subire una drammatica battuta d'arresto con l'invasione, la conquista e l'esilio di buona parte delle popolazioni del regno di Israele (722 a.C.) e del regno di Giuda (587 a.C.): anche Gerusalemme, la città del Tempio, non era stata risparmiata dalla devastazione e dal saccheggio a opera dei babilonesi.

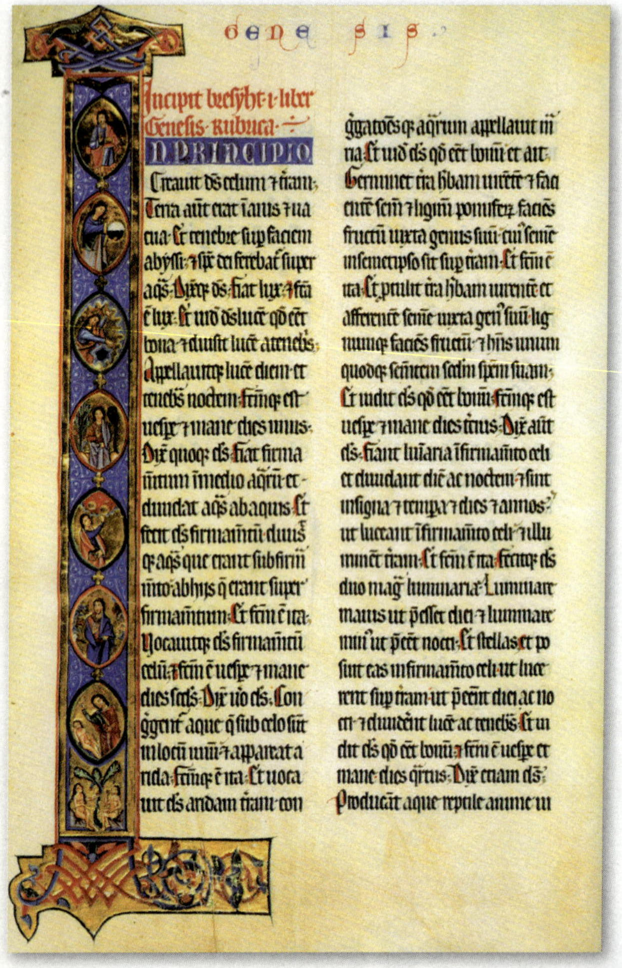

La Genesi, manoscritto latino del XV secolo, Vienna, Österreichische Nationalbibliothek. *Nei primi undici capitoli della Genesi trovano risposta molti interrogativi del popolo ebraico.*

Tuttavia, la dispersione che seguì a questi eventi traumatici non portò a una perdita di identità e alla sparizione della tradizione di fede del popolo ebraico. Questa, anzi, **si approfondì** proprio a causa del contatto forzato (e della subìta supremazia) con le tradizioni di altri popoli che praticavano religioni di tipo politeistico e adoravano le divinità del sole e del cielo, le forze che assicuravano la fecondità della terra e il potere dei principi e dei capi di città. Israele, infatti, **continuò a credere in un Dio unico**, Signore della storia e della natura, alleato potente e fedele.

Per i profeti e per i sapienti ebrei si trattava, quindi, di rispondere a un pressante interrogativo: se il Dio che si era rivelato ad Abramo, che aveva liberato Israele dall'Egitto, che aveva guidato i passi delle tribù di Israele e scelto i suoi re, era il vero Dio, l'unico, come dovevano essere pensati i suoi rapporti con il resto dell'umanità e con le divinità in cui gli altri popoli credevano? Poi, c'era un altro interrogativo, forse ancor più drammatico: se il Signore è l'unico vero Dio ed è amico e alleato di Israele, perché gli altri popoli, che si affidano agli "idoli", vincono? L'esperienza storica di Israele, il popolo con cui Dio ha stretto la sua alleanza, è costellata di sconfitte, di infedeltà, segnata dall'esilio: come è possibile?

Troviamo una risposta a questi interrogativi nei primi **undici capitoli del libro della Genesi**, con cui si apre la Bibbia. Qui, infatti, confluisce la progressiva evoluzione del pensiero e della fede ebraica, sviluppatasi anche attraverso il confronto con le altre civiltà: di tale confronto si trova traccia ampiamente nei testi biblici, dove ricorrono diversi elementi provenienti dalle tradizioni vicine a Israele, in particolare della Mesopotamia del nord, pur rielaborati e ricompresi all'interno della fede ebraica nel Dio unico.

Questi primi capitoli della Bibbia sono il risultato di una lunga serie di intuizioni, di esperienze e di riflessioni sulla storia ebraica, dalle origini fino al tempo dell'esilio. A poco a poco, quella che era una lunga tradizione orale di racconti tramandati di padre in figlio trovò sistemazione e stesura scritta, fino a comporre i testi che oggi conosciamo. La loro redazione definitiva, dicono gli esperti, risale presumibilmente al periodo immediatamente successivo all'esilio babilonese, quindi dopo il 538 a.C.

→ Sezione STRUMENTI *Alla scoperta della Bibbia*

2. Dio creatore

- La creazione nelle prime pagine della Bibbia
- La creazione, opera di Dio

Le prime pagine del primo libro della Bibbia, **Genesi** (il nome è la traduzione greca del termine ebraico che significa "origine"), esprimono la matura consapevolezza di Israele a proposito del tema della creazione.
Gli autori biblici, infatti, hanno voluto far risalire all'opera di Dio l'origine di ogni cosa, a cominciare dal tempo e dall'alternanza del giorno e della notte che permette di misurare il tempo (Genesi 1,1-8). Dio crea la luce, il firmamento celeste, la terra e il mare, le piante, gli astri, gli animali e infine l'uomo.
La creazione avviene nell'arco di una settimana: al termine, il settimo giorno, il Creatore si riposò.

■ M. Chagall, *La creazione dell'uomo*, 1955-56, Nizza, Musée National Message Biblique Marc Chagall.

3. Il valore della creazione

Le pagine della Bibbia sulla creazione stabiliscono una serie di punti fermi per la fede di Israele:

› **Dio è il creatore di tutto**, agisce da solo, crea dal nulla con la sola forza della sua parola. Nella Genesi il Dio unico è il protagonista assoluto;

› **il cosmo non è Dio**, né nel suo insieme né nelle sue parti. Nella concezione di Israele non sono dei né il sole né la luna né la terra né il mare. Ciascuno di questi elementi dipende da Dio, che lo ha creato e gli ha fissato un ruolo nel grande organismo della natura;

› **la natura ha un grande valore**, perché voluta da Dio e da Lui, a più riprese, dichiarata "cosa buona"; è espressione della bontà stessa di Dio e a Lui rimanda;

› **il creato ha una propria autonomia**, proprie leggi, una propria storia. Nello stesso tempo, Dio continua ad avere un rapporto con esso; la creazione non è un evento compiuto una volta per sempre, dopo di che Dio si disinteresserebbe completamente del destino della sua opera. La concezione biblica prevede, invece, sempre nuovi interventi di Dio nella storia: questi, anzi, costituiscono proprio l'oggetto della fede e della speranza di Israele nel futuro. Si potrebbe quindi dire che la creazione è all'origine della storia di salvezza, cioè dell'alleanza che Dio proporrà in seguito agli uomini;

› lo schema della creazione in sei giorni e il riposo del settimo giorno corrispondono alla **concezione del tempo** presente nell'alleanza del Sinai, che comprendeva il precetto del riposo del sabato. Dio, quindi, si è fatto conoscere prima come alleato di Abramo e liberatore del popolo ebraico dall'Egitto, per poi essere compreso appieno come creatore di ogni cosa e della vita.

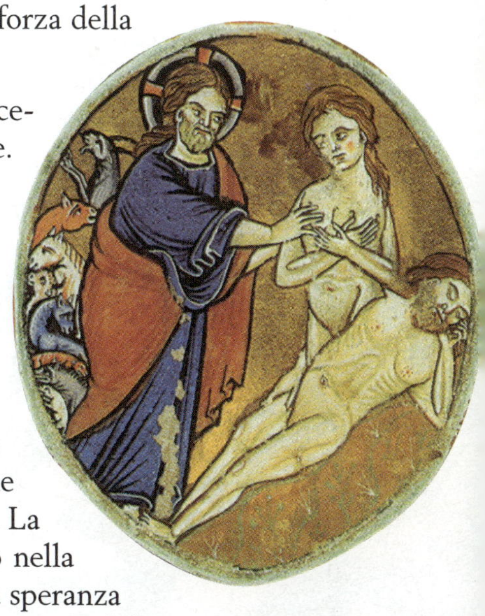

■ Miniatura con medaglioni raffiguranti la creazione (particolare), 1220-30, Monaco, Bayerische Staatsbibliothek.

→ Sezione STRUMENTI *Alla scoperta della Bibbia*

4. L'uomo e la donna

Dio disse: "Facciamo l'uomo a nostra immagine, secondo la nostra somiglianza: dòmini sui pesci del mare e sugli uccelli del cielo, sul bestiame, su tutti gli animali selvatici e su tutti i rettili che strisciano sulla terra".
E Dio creò l'uomo a sua immagine; / a immagine di Dio lo creò: / maschio e femmina li creò. / Dio li benedisse e Dio disse loro: / "Siate fecondi e moltiplicatevi, / riempite la terra e soggiogatela, / dominate sui pesci del mare e sugli uccelli del cielo / e su ogni essere vivente che striscia sulla terra".
(Gn 1,26-28)

■ W. Blake, ***Adamo nomina le bestie*** (particolare), 1810, Glasgow, Glasgow Museum.

La Cappella Sistina: un percorso tra religione, arte e storia

■ Michelangelo Buonarroti, *La creazione di Eva* (particolare), 1508-12, Città del Vaticano, Volta della Cappella Sistina.

Allora il Signore Dio plasmò l'uomo con polvere del suolo e soffiò nelle sue narici un alito di vita e l'uomo divenne un essere vivente.
Il Signore Dio prese l'uomo e lo pose nel giardino di Eden, perché lo coltivasse e lo custodisse. E il Signore Dio disse: "Non è bene che l'uomo sia solo: voglio fargli un aiuto che gli corrisponda". Allora il Signore Dio plasmò dal suolo ogni sorta di animali selvatici e tutti gli uccelli del cielo e li condusse all'uomo, per vedere come li avrebbe chiamati: in qualunque modo l'uomo avesse chiamato ognuno degli esseri viventi, quello doveva essere il suo nome. Così l'uomo impose nomi a tutto il bestiame, a tutti gli uccelli del cielo e a tutti gli animali selvatici, ma per l'uomo non trovò un aiuto che gli corrispondesse. Allora il Signore Dio fece scendere un torpore sull'uomo, che si addormentò; gli tolse una delle costole e richiuse la carne al suo posto. Il Signore Dio formò con la costola, che aveva tolta all'uomo, una donna e la condusse all'uomo.

Allora l'uomo disse: / "Questa volta / è osso dalle mie ossa, / carne dalla mia carne. / La si chiamerà donna, / perché dall'uomo è stata tolta". / Per questo l'uomo lascerà suo padre e sua madre e si unirà a sua moglie, e i due saranno un'unica carne.
Ora tutti e due erano nudi, l'uomo e sua moglie, e non provavano vergogna.
(Gn 2,7.15.18-25)

Al vertice della settimana della creazione, dopo aver creato il mondo, le piante, gli animali, Dio crea l'uomo (Genesi 1,26-28). Secondo la concezione biblica, egli è un **essere distinto da tutti gli altri**, con una sua dignità particolare e un compito specifico.

Inoltre l'uomo nasce come un **essere in relazione**: è uomo e donna ed è dalla relazione tra i due che trae origine tutta l'umanità, in modo che si compia il volere di Dio: che ci sia vita in abbondanza.

In Genesi 2 (un testo di origine antica e più ricco di immagini rispetto a quelle riportate in Genesi 1), inoltre, si precisa il ruolo e la responsabilità dell'uomo rispetto al creato: egli è "coltivatore" e "custode" della natura. È lui a dare a ogni essere vivente il suo nome, con la sua scienza e la sua intelligenza.

In questo secondo racconto della creazione viene attribuito ancora maggior risalto al fatto che solo il rapporto tra uomo e donna rende completa l'umanità, così come Dio l'ha concepita: l'intesa tra i due e la loro fiducia reciproca sono il segno migliore della bontà della creazione e dell'armonia originaria.

5. La libertà e il male

Il Signore Dio diede questo comando all'uomo: "Tu potrai mangiare di tutti gli alberi del giardino, ma dell'albero della conoscenza del bene e del male non devi mangiare, perché, nel giorno in cui tu ne mangerai, certamente dovrai morire".

(Gn 2,16-17)

[...] "Non morirete affatto! Anzi, Dio sa che il giorno in cui voi ne mangiaste si aprirebbero i vostri occhi e sareste come Dio, conoscendo il bene e il male".

(Gn 3,4-5)

Alla donna disse: "Moltiplicherò i tuoi dolori e le tue gravidanze, con dolore partorirai figli. Verso tuo marito sarà il tuo istinto, ed egli ti dominerà".

All'uomo disse: "Poiché hai ascoltato la voce di tua moglie e hai mangiato dell'albero di cui ti avevo comandato: 'Non devi mangiarne', maledetto il suolo per causa tua! Con dolore ne trarrai il cibo per tutti i giorni della tua vita. Spine e cardi produrrà per te e mangerai l'erba dei campi. Con il sudore del tuo volto mangerai il pane, finché non ritornerai alla terra, perché da essa sei stato tratto: polvere tu sei e in polvere ritornerai!".

(Gn 3,16-19)

H. van der Goes, ***La caduta di Adamo*** (particolare), 1470-80 ca, Vienna, Kunsthistorisches Museum.

Il popolo di Israele, nella sua storia, si è trovato a essere interlocutore di JHWH e ha sperimentato la propria capacità di ascoltare e seguire, ma anche di rifiutare, l'alleanza proposta dal Signore. Esso si scopre **libero** e si interroga sulla propria libertà. Allo stesso modo il popolo di Israele si pone, in modo drammatico, il problema del **male**: da dove viene? Perché, invece di scegliere il bene, l'uomo spesso opta per il male? Queste due esperienze, della libertà e del male, vengono proiettate indietro, fino alla creazione. L'autore biblico, nel suo racconto, cerca dunque di fornire una spiegazione a entrambi i problemi.

Nel racconto della Genesi, l'uomo è libero, è un essere che può scegliere e, proprio in virtù di ciò, si profila come l'interlocutore di Dio. L'uomo, infatti, a differenza degli altri esseri viventi, non segue una legge necessaria al compimento della propria esistenza: **egli può decidere** del proprio destino. Dio propone all'uomo, che ha appena creato, un'alternativa: può fidarsi o non fidarsi di Lui, può ubbidire al suo comando (Gn 2,16-17) o rifiutarsi.

■ Michelangelo Buonarroti, *Dannato* (particolare del Giudizio Universale), 1508-12, Città del Vaticano, Volta della Cappella Sistina. ***Il popolo d'Isarele si pone il problema del male: da dove viene? Perché l'uomo spesso opta per il male?***

La riflessione biblica presenta un originario gesto di **disubbidienza** a Dio da parte del primo uomo, Adamo, e della prima donna, Eva. Di fronte alla richiesta di "non mangiare dell'albero della conoscenza", essi cedono e si lasciano sedurre dal serpente (Gn 3,4-5), "la più astuta di tutte le bestie selvatiche fatte dal Signore Dio" (è un simbolo cananeo ben conosciuto dagli ebrei, che richiama i culti delle popolazioni loro vicine). Al di là delle immagini simboliche – l'albero della conoscenza del bene e del male, il serpente, il frutto da mangiare – il messaggio è chiaro: l'uomo non si fida di Dio, si ribella, si mette sullo stesso piano del proprio creatore, volendo stabilire da sé ciò che è buono e ciò che è cattivo.

Da questo momento l'armonia che caratterizzava i rapporti dell'uomo con Dio e degli uomini tra loro viene meno: l'uomo e la donna si vergognano reciprocamente della loro nudità e poi si nascondono, per la prima volta, a Dio che li cerca. Alle domande di Dio sul perché di un tale comportamento, l'uomo accusa la donna, la donna accusa il serpente. A Dio non rimane che constatare il fallimento di un'amicizia e di un primo rapporto di alleanza: d'ora in poi l'uomo e la donna non potranno più dimenticare la propria natura limitata e mortale, vivendola come un peso e una condanna (Gn 3,16-19).

6. Una storia intrisa di speranza

→ Sezione STRUMENTI
Alla scoperta della Bibbia

Da quel "peccato originale" la storia dell'uomo si trasforma effettivamente nella **lotta tra il bene e il male**, così come racconta il libro della Genesi: nel capitolo 4 **Caino** per gelosia uccide **Abele**, suo fratello, e poi nega di fronte a Dio; nel capitolo 6 la corruzione ormai coinvolge quasi tutta l'umanità e spinge addirittura Dio a pentirsi di averla creata; nel capitolo 11, infine, gli uomini, di nuovo numerosi dopo la terribile esperienza del **diluvio**, non rinunciano alla tentazione di sempre, cioè di sostituirsi a Dio, questa volta con la costruzione di "una città e una **torre**, la cui cima tocchi il cielo". Le vicende del mondo e dell'uomo, cominciate con l'opera di Dio che aveva voluto creare solo "cose buone", si tingono ormai di odio, divisione e orgoglio.

Condizionata dal ripetersi e diffondersi del male, la storia dell'umanità non è, tuttavia, priva di **speranza**. Anzitutto, accanto a uomini malvagi, vi sono anche uomini giusti e ben intenzionati: **Abele**, la vittima di Caino; **Enoch**, l'uomo che "camminò con Dio"; **Noè**, l'uomo degno di essere risparmiato dalla collera di Dio che scatena il diluvio universale.

Inoltre, in tutte queste dolorose vicende si riafferma continuamente la volontà di Dio di **proteggere e sostenere l'umanità**:

- dopo aver amaramente constatato la sfiducia di Adamo ed Eva nei suoi confronti, *"il Signore Dio fece all'uomo e a sua moglie tuniche di pelli e li vestì"* (Gn 3,21);
- dopo aver smascherato Caino e il suo terribile delitto, *"il Signore gli disse: 'Ebbene, chiunque ucciderà Caino subirà la vendetta sette volte!'. Il Signore impose a Caino un segno, perché nessuno, incontrandolo, lo colpisse"* (Gn 4,15);
- dopo la strage del diluvio, Dio rinnova la propria alleanza (Gn 9,8-11).

Dio disse a Noè e ai suoi figli con lui: "Quanto a me, ecco io stabilisco la mia alleanza con voi e con i vostri discendenti dopo di voi, con ogni essere vivente che è con voi, uccelli, bestiame e animali selvatici, con tutti gli animali che sono usciti dall'arca, con tutti gli animali della terra. Io stabilisco la mia alleanza con voi: non sarà più distrutta alcuna carne dalle acque del diluvio, né il diluvio devasterà più la terra".

(Gn 9,8-11)

Infine, a più riprese si descrive un dato molto significativo: **l'umanità**, con tutto il suo carico di contraddizioni, **si moltiplica e si diffonde su tutta la terra**, così come Dio aveva fin dall'inizio desiderato, e questo continua ad avvenire, anche dopo le più terribili tragedie dell'odio e le divisioni sempre più profonde tra uomo e uomo. Il testo biblico afferma così che, in qualche modo, **il piano di Dio**, manifestatosi nella creazione del mondo e della vita, non viene meno e, misteriosamente, **si realizza**. E si realizzerà in modo speciale con la storia nuova, che comincia, come abbiamo visto, con Abramo, nella Terra di Canaan.

E. Hicks, ***L'arca di Noè***, 1846, Filadelfia, Philadelphia Museum of Art.

L'immagine

Il pittore Edward Munch ha immaginato così Adamo ed Eva: un uomo e una donna in piedi accanto a un albero da frutta.

■ E. Munch, ***Adamo ed Eva***, 1908, Oslo, Munch Museet.

Leggi l'immagine

1. Come sono rappresentati Adamo ed Eva?
2. Secondo te, per quali motivi il pittore ha voluto rappresentare Adamo ed Eva vestiti come persone del suo tempo?
3. Credi che attualizzare un episodio biblico lo renda più comprensibile per chi osserva il quadro?
4. Confronta il quadro con altri dipinti che abbiano lo stesso soggetto, possibilmente appartenenti a epoche differenti. Quale ti sembra più efficace? Per quali motivi?
5. Confronta il tuo lavoro con quello che hanno effettuato i tuoi compagni.

1. La creazione e il sabato

La creazione dell'uomo (commento a Genesi 2,4b-9)

Chiave di lettura

Il giorno del riposo dopo la creazione è lo specchio dell'eternità, perché richiama il riposo di Dio il settimo giorno.

La testimonianza della Genesi sulla creazione è una "profezia retrospettiva": partendo dall'esperienza che il popolo eletto ha fatto del Dio della storia, lo sguardo della fede biblica si estende ad abbracciare la realtà delle origini, colta come una sorta di "preistoria dell'alleanza".

Diventa allora di particolare interesse discernere gli elementi di originalità del racconto biblico circa le origini del mondo (Gen 1). Il primo di questi è l'articolazione della narrazione in sei giorni, che tendono al riposo del settimo: la presentazione della creazione della luce è posta per prima precisamente al fine di garantire la distribuzione cronologica delle opere. [...] "L'ebraismo è una religione del tempo che mira alla santificazione del tempo... L'eminente parola *qadosh* viene usata per la prima volta nel libro della Genesi alla fine della storia della creazione ed è estremamente significativo che essa venga applicata al tempo: 'E Dio benedisse il settimo giorno e lo santificò'. Nel racconto della creazione, a nessun oggetto dello spazio viene attribuito il carattere della santità".

I sei giorni tendono al settimo: la creazione è "*ab origine*" orientata a un fine. Meta di tutte le opere e di ogni attività a esse connessa è il riposo di Dio nella creazione e del creato in Dio, in quello che sarà il sabato eterno, di cui il sabato temporale è memoria e anticipazione. Grazie alla meta sabbatica, il tempo è celebrato in tutta la sua dignità, ma ne è anche indicata la relatività, la necessaria provvisorietà del suo essere "storico", volto cioè a una fine e a un fine: "Il sabato ci mette in sintonia con la santità nel tempo: in questo giorno siamo chiamati a partecipare a ciò che è eterno nel tempo, a volgerci dai risultati della creazione al mistero della creazione; dal mondo della creazione alla creazione del mondo". In questa luce, ognuna delle opere di Dio nel racconto della creazione è vista come buona, protesa verso Colui da cui proviene. L'affermazione che conclude l'opera di ognuno dei giorni – "E Dio vide che era cosa buona" – sta a indicare come essa sia adatta al suo fine, volta a incontrare il Creatore nella festa del settimo giorno. La testimonianza biblica afferma, dunque, la bontà e la bellezza delle creature (l'ebraico *tob* racchiude i due significati), che consiste nel loro essere aperte verso Dio, relative a Lui, fatte per incontrarLo ed entrare nel Suo riposo.

B. Forte, intervento all'incontro *Letture sulla creazione e le origini del mondo*, (Genova, Palazzo Ducale, 19 gennaio 2011)

L'attività

1 Perché l'autore del brano afferma che tutti i giorni della creazione tendono al settimo?

2 Qual è il significato del riposo del sabato?

3 I cristiani riposano non il sabato, ma la domenica (parola che significa proprio "giorno del Signore"). Cerca notizie sulla scelta di questo giorno, soffermandoti anche sulle somiglianze e sulle differenze rispetto al sabato ebraico.

4 Oggi l'uomo moderno vive ancora il giorno del riposo come Dio lo ha prospettato? Perché?

Documenti

2. La coppia nella Sacra Scrittura

Chiave di lettura

La coppia è intesa come comunione nell'unità di una sola carne e consumazione comune del peccato.

L'aspetto della coppia umana che il racconto della creazione di Genesi 2, presentando la coppia perfetta delle origini, mette particolarmente in rilievo è il mutuo attaccamento dei due compagni, uomo e donna, i quali hanno medesima natura e uguale dignità. La donna non è assolutamente a livello degli animali, essa è "presa dall'uomo" che riconosce in lei "l'osso delle sue ossa e la carne della sua carne". Perciò si unirà a lei, in modo da diventare "una sola carne"; in tal modo l'unione sessuale esprimerà un'unione più profonda in cui saranno impegnate tutte le fibre dell'essere.

L'altro racconto della creazione anch'esso suppone la monogamia, la stessa coscienza di un'uguale dignità nei due compagni ("Dio creò l'uomo a sua immagine"), la stessa divisione di un dominio della terra che devono realizzare insieme. Ma l'aspetto della coppia che trattiene soprattutto l'attenzione è la fecondità ("crescete e moltiplicatevi"): essa è un dono di Dio, il frutto della sua benedizione; ha in lui la sua sorgente, è oggetto di una vera vocazione. [...]

Immediatamente dopo aver presentato la coppia prototipo della perfezione originale, l'autore la mostra immersa in pieno dramma (Genesi 3). Certamente nella sua prospettiva di storico l'autore vuole evocare in questa pagina l'entrata del peccato nella storia. Ma il peccato delle origini, prologo dell'intero dramma umano e punto di partenza del piano di salvezza, è il peccato comune della coppia prototipo; perché l'uomo in sé non esiste, ma esiste come uomo e come donna.

Il mutuo amore dell'uomo e della donna è viziato alla radice per la consumazione comune del peccato; così le conseguenze del peccato si riversano immediatamente su di esso. Appena mangiato il frutto "i loro occhi si aprirono ed essi conobbero che erano nudi". Ironico ritorno delle cose: al posto della conoscenza trascendente che l'uomo e la donna speravano, essi non hanno che la coscienza del loro essere miserabile. Il richiamo della nudità a questo punto del racconto contrasta evidentemente con quello che terminava la creazione della coppia: "tutti e due erano nudi e non ne avevano vergogna l'uno con l'altro". È dunque cambiato qualche cosa su questo punto preciso. Il sentimento della vergogna ormai legato alla sessualità è indice dell'innocenza perduta, della ferita inferta al potere di amare, del disordine introdotto nel sorgere dei desideri, dell'ombra che è scivolata ormai tra i due esseri.

P. Grelot, *La coppia umana nella Sacra Scrittura*,
Vita e pensiero, Milano 1968

C.W. Peale, *Ritratto di una coppia benestante americana*, 1788, Collezione privata. *Secondo Genesi 2, uomo e donna della coppia hanno medesima natura e uguale dignità.*

L'attività

1. La solitudine dell'uomo trova solo nella compagnia della donna una risposta e viceversa. Che cosa emerge di fondamentale nel rapporto di coppia descritto nei capitoli di Genesi 1 e 2?
2. "Non l'uomo o la donna, ma la coppia umana è immagine di Dio": quali conseguenze può avere tale affermazione?
3. Perché il peccato introduce anche un'ombra fra l'uomo e la donna?

3. Il fascino del male

Il male e i vizi capitali

Chiave di lettura

Approfondiamo il tema dell'origine del male secondo la concezione biblica.

Le prime pagine della Bibbia descrivono il mondo come dovrebbe e potrebbe essere: non c'è nulla di male nella natura o nell'uomo e, guardando la sua opera, Dio la giudica "cosa molto buona" (Genesi 1, 31). C'è dunque uno scarto tra il mondo qual è e il mondo quale dovrebbe e potrebbe essere. Il mito adamitico serve appunto a segnalare questo scarto. Non Dio ma l'uomo, con le sue libere scelte, è responsabile di un male che potrebbe essere evitato. Egli dovrebbe vivere alla presenza di Dio, collaborando alla sua opera: "Il Signore Dio prese l'uomo e lo pose nel giardino di Eden, perché lo coltivasse e lo custodisse"(ivi 2, 15). L'uomo quale lo conosciamo, invece, è escluso per sua colpa da questo mondo buono e felice: "Il Signore Dio lo scacciò dal giardino di Eden"(ivi 3, 23). Preso alla lettera, il racconto sembra volerci parlare di un evento passato, che ha mutato la storia umana; gli esegeti ci dicono, invece, che l'Adamo di cui parla la Genesi non è l'individuo delle origini ma il genere umano e che perciò, se la Scrittura insegna "che il peccato è entrato nel mondo per colpa dell'uomo, essa non prende posizione riguardo al quando e al come questo inizio è avvenuto. Gli autori biblici costatano un fatto: nel mondo c'è il male. Essendo per loro inammissibile che derivi da Jahve, esso non può che essere causato dall'uomo. [...] L'uomo, come direbbe Rousseau, è di fatto corrotto, pur essendo per natura buono o, come direbbe Kant, è inclinato al male ma è destinato al bene: ecco dunque il senso del racconto biblico. Ovvia conseguenza è che la condizione felice descritta nella Genesi non appartiene al passato: è invece una possibilità riservata al futuro, nel caso in cui l'uomo riesca a vincere la sua inclinazione al male. E questa vittoria non è da escludere, se è vero che l'uomo non è essenzialmente malvagio: egli è fondamentalmente buono, anche se non tanto da non potere venir meno. La colpa dell'uomo sembra quindi piuttosto frutto di una certa fragilità: egli è libero ma fallibile". La Genesi, attribuendo alla figura mitologica del serpente la capacità di tentare l'uomo, mostra di riconoscerne la debolezza morale. Il simbolo del serpente sembra infatti voler dire che l'uomo, più che volere il male, cede a esso: il peccato sarebbe appunto cedimento a quel desiderio che è in noi ma che sentiamo altro da noi, qualcosa che ci affascina e ci soggioga quasi dall'esterno.
Ma se la bontà umana è così fragile, l'uomo potrà vincere la sua inclinazione al male? Con le sue sole forze certamente no, ma con l'aiuto di Jahve sì. Le prime pagine della Bibbia promettono, infatti, la vittoria sul male: la stirpe umana "schiaccerà la testa" (Genesi 3, 15) del serpente. È questo il senso dell'alleanza con Abramo. Jahve vuole un'umanità felice, non incamminata verso l'autodistruzione, ma chiede all'uomo di collaborare con una scelta libera e responsabile a questo progetto: "Io sono Dio onnipotente: cammina davanti a me e sii integro. Porrò la mia alleanza tra me e te e ti renderò numeroso molto, molto" (ivi 17, 1-2). La storia del mondo, dunque, è un progetto aperto: dipende dall'uomo portarlo a compimento ed evitare che fallisca.

■ Profughi somali in fuga. *L'uomo può vincere la sua inclinazione al male?*

È facile costatare che l'uomo spesso non fa la sua parte, e quindi il peccato e la sofferenza dilagano in questo mondo: "sono scomparsi i buoni dalla terra, non c'è più un giusto tra gli uomini: tutti stanno in agguato per spargere sangue, l'uno dà la caccia all'altro con la rete" (Michea 7, 2). Ma, oltre ogni fallimento, resta sempre aperto un nuovo orizzonte di possibilità. Per quanto forte sia la coazione a ripetere, per quanto universale sia l'esperienza del dolore, Israele non si rassegna a credere che tutto ciò non possa mutare.

E. Rindone, *Il problema del male nella Bibbia*, in "Il Giardino dei Pensieri – Studi di storia della Filosofia", ottobre 2002

L'attività

1 Colpa, crudeltà, violenza, morte precoce scandiscono la vita degli uomini: ecco il vero male. Tutto ciò è naturale? E, quindi, sarà sempre così?

2 L'umanità vivrà una storia, una storia difficile, conflittuale, ma JHWH non abbandona l'uomo, si prende cura di lui. Secondo te, allora, il finale del racconto è così pessimista come sembra alla prima lettura?

3 Tu pensi che davvero ci sia per l'umanità la possibilità di un riscatto? Discutine con i compagni.

4. Dall'armonia della creazione al peccato

Chiave di lettura

Dall'armonia della creazione si passa al dolore del male e del peccato, ma ciò avviene per libera scelta dell'uomo.

■ *L'uomo può scegliere il bene invece del male.*

La Bibbia articola l'avventura vissuta da ogni uomo in due grandi fasi simboliche. La prima è quella luminosa del capitolo 2, che riflette il progetto suggerito da Dio all'uomo. Un progetto di armonia tra l'uomo e Dio stesso che "gli soffia nelle narici l'alito della vita" (2,7) e che "alla brezza della sera entra nel giardino" della terra per dialogare con la sua creatura più alta e più cara (3,8). Un progetto d'armonia tra l'uomo e il mondo materiale tipizzato nel dominio e nel "dare il nome" agli animali ed espresso nel lavoro e nella scienza. Un progetto di armonia tra l'uomo e il suo simile tipizzato nel rapporto d'amore del matrimonio, modello di ogni altra relazione interpersonale ("essa è osso delle mie ossa, carne della mia carne").
A questo quadro di luce si oppone il capitolo 3, con la vicenda drammatica del peccato "originale", radicale, intessuto nella realtà di tutta la storia umana. Il quadro si fa fosco,

le tre armonie precedentemente descritte si infrangono. L'uomo con la scelta della sua libertà vuole costruire un progetto alternativo rispetto a quello proposto da Dio e così si allontana dal giardino del dialogo col suo Dio che ora egli sente estraneo e ostile, si aliena in un lavoro senza fascino e causa di oppressione ("col sudore della tua fronte..."), la donna, simbolo del prossimo, diventa solo un oggetto di possesso ("egli dominerà su di te"). E il male dilaga in ondate sempre più potenti: ecco l'assassinio di Abele, ecco la spirale della violenza gratuita di Lamek che "uccide un uomo per una sola scalfittura e si vendica settantasette volte (4,23-24), ecco l'imperialismo delle grandi potenze come Babilonia (la torre di Babele). Il male in questa prospettiva non ha un'origine metafisica o cosmologica, come insegnavano certi miti mesopotamici, ma è radicato nella libertà dell'uomo che, secondo una felice espressione dello scrittore Carlo Coccioli nel suo romanzo *Davide* (1976), è "una sfida di Dio a se stesso".
Il male, prima di essere un appello al mistero dell'agire di Dio, deve trasformarsi in un atto di autoaccusa che l'uomo lancia contro il suo agire. Prima di gridare a Dio protestando perché lascia morire di fame un bimbo in India o in Africa, l'uomo deve interrogare il suo egoismo che, nella mensa imbandita da Dio sulla terra, lo spinge a rapinare beni fino alla nausea, lasciando altri col piatto vuoto. Prima di sconcertarsi davanti alla miseria di intere nazioni come mistero dell'agire di Dio, deve trovare una giustificazione alle sue folli spese militari che divorano immense possibilità di vita.
Un'ampia proporzione del male diffuso nel mondo è, quindi, riconducibile a noi stessi e alla nostra libertà e ha una spiegazione molto vicina all'interno delle nostre ingiustizie.

G. Ravasi, *Fino a quando, Signore?*, San Paolo, Cinisello Balsamo 2002

L'attività

1. Qual era il progetto di Dio sull'uomo? Il progetto riguarda tre aspetti: quali?
2. Che cosa sceglie l'uomo, facendo uso della sua libertà?
3. Secondo quanto scrive l'autore, oggi l'uomo continua a scegliere ancora il male oppure no?
4. Tu credi che il male diffuso nel mondo oggi sia frutto di libere scelte dell'uomo? Fa' degli esempi e confrontali con quelli portati dai compagni.

5. Il male, qualcosa di tipicamente umano

Chiave di lettura

L'idea di male è tipicamente umana e porta con sé le domande di senso sulla sua origine.

L'uomo chiama collettivamente Male un certo numero di cose diverse: il dolore, la malattia, l'infermità, la consapevolezza della morte, il senso di inadeguatezza, la paura, l'ansia, la noia, il desiderio inappagato, la perdita, il sentimento dell'ingiustizia, la percezione della cattiveria e dell'invidia. In ogni caso si tratta della constatazione di una certa differenza fra ciò che è e ciò che ci aspetteremmo che fosse. Che poi sarebbe il Bene...
In natura nozioni quale male e bene non hanno alcuna ragione d'essere. Nello stato di na-

Documenti

tura il male non esiste né, per la verità, esiste il bene. Entrambi scaturiscono dai nostri giudizi di valore, che non si confanno assolutamente al mondo naturale. Non si può rimproverare il leone di assalire e sbranare un piccolo di antilope né alla crittogama parassita di far ammalare ed eventualmente morire un arbusto. Così come non è ragionevole elogiare una madre che allatta cuccioli non suoi. Che senso avrebbe? Ciascun organismo si comporta in natura come gli viene... naturale. Nessun animale si sognerebbe mai di biasimare o di lodare le proprie o le altrui azioni, a motivo, non fosse altro, della sua ben limitata libertà di scelta. È l'uomo e solo l'uomo che, abituato com'è a dare in continuazione giudizi di valore, proietta più o meno automaticamente le sue categorie sul mondo naturale. Insomma è con l'uomo che compare il male: nasce con l'uomo e rimane circoscritto al suo mondo.
Se è vero che in alcune circostanze si possono osservare animali che soffrono e che, per esempio, una lupa sazia ci appare meno aggressiva di una lupa terribilmente affamata o assetata, non è legittimo supporre che qualche animale abbia la facoltà di lamentarsi apertamente o di recriminare. Per lamentarsi, o per rimpiangere, occorre la capacità di confrontare una serie di circostanze con le loro possibili alternative, compiendo un'operazione riflessiva e comparativa che negli animali più evoluti è carente e può riguardare al massimo l'immediato presente, ma non il passato.
L'uomo, al contrario, si lamenta, s'infuria, recrimina e rimpiange, almeno a partire da una certa età.
Nella vita di ciascuno di noi non sono sempre tutte rose e fiori. Esistono contrattempi e problemi di ogni genere. Di volta in volta può trattarsi del dolore, della malattia, della morte, della miseria, dell'ingiustizia, della delusione, della sconfitta, della perdita, dell'affanno o della paura. Alcuni di questi problemi li abbiamo potenzialmente in comune con gli animali, almeno con i più evoluti; altri sono esclusivamente nostri. Nostra è certamente la capacità di abbracciare con la mente periodi di tempo abbastanza lunghi e di prendere in considerazione nel loro complesso gli eventi che li hanno segnati. E nostra è la capacità di commentare e comunicare tutto questo.
Ciononostante, alberga dentro di noi un'ostinata convinzione che non sia sempre stato così, che tutto ciò potrebbe esserci risparmiato e che magari un giorno chissà... Una strategia concettuale e molto diffusa per affrontare questo stato di cose è quella di raccogliere tutto il negativo e lo sgradevole del mondo e della nostra vita e di metterlo in un unico contenitore, che viene definito come Male, al quale viene contrapposto il Bene [...].
Le domande che ci si pongono allora sono molte, ma sostanzialmente riconducibili a due: perché c'è il male nel mondo? E perché, se c'è una Forza ordinatrice superiore che sovrintende alle cose del mondo, essa permette l'esistenza del Male? Questa seconda domanda acquista poi una rilevanza particolare per coloro che conferiscono a questa Forza superiore un volto umano e in particolare quello di un Dio Padre. Perché, insomma, Dio permette il Male? Domanda, questa, sollevata mille volte e alla quale sono state date innumerevoli risposte.

E. Boncinelli, *Il male*, Mondadori, Milano 2007

L'attività

1 In che senso gli animali e le piante non elaborano il concetto di ciò che è male (o bene)?
2 "Perché c'è il male nel mondo?": che risposta daresti tu?
3 "Perché Dio permette il male?": prova a rispondere anche a questa importante domanda e confrontati con i compagni.

Verifica

Verifica le parole-chiave

Sulla base dei contenuti svolti nell'unità, spiega con una breve definizione il significato delle "parole-chiave" indicate nell'elenco che segue. In classe o anche individualmente si possono aggiungere altre parole-chiave a quelle proposte.

Creazione

Libertà

Natura

Bene/male

Uomo/natura

Uomo/donna

Leggi, rifletti e lavora

1. A un ragazzo della tua età è stato chiesto che cos'è il bene e che cos'è il male. Ecco la sua risposta: "Direi con una certa sicurezza che il male è ciò che è in grado di danneggiare te oppure le persone che ti stanno intorno. Il bene e male sono indissolubilmente legati uno all'altro, legati da un unico vincolo che impedisce a ognuno di perdere il significato all'altro. Ruotano tutt'intorno e, se è vero che il loro confine è sottile, è invece vero che sono i due Valori opposti. Il male ti si presenta ammaliandoti, il male cerca di diventare il tuo migliore amico, il male ti seduce per poi colpirti alle spalle quando oramai avrai abbassato la guardia".
   Da solo o in gruppo prova a dare una risposta anche tu. Come fare, quindi, a distinguere con sicurezza il bene dal male?

2. Sia il credente sia l'ateo hanno diritto di vivere nel bene, ma il credente ha un motivo in più per comportarsi bene e vivere la sua vita nel rispetto degli altri? Rifletti e rispondi brevemente.

3. Fino a che punto l'educazione, il contesto familiare e sociale influiscono sulla libertà di scelta di ogni uomo? Rispondi e confrontati con i compagni.

4. Nel libro della Genesi è raccontata la creazione del mondo e dell'uomo; spiega qual è il messaggio profondo del testo biblico.

5. Nel corso dei secoli è stato messo in dubbio il messaggio della Bibbia, in relazione agli sviluppi della scienza: che cosa ne pensi?

La mappa

Ecco di nuovo alcune parole-chiave incontrate durante lo svolgimento dell'unità.

Costruisci una mappa, mettendo in relazione tra loro i concetti. Puoi lavorare da solo oppure in gruppo.

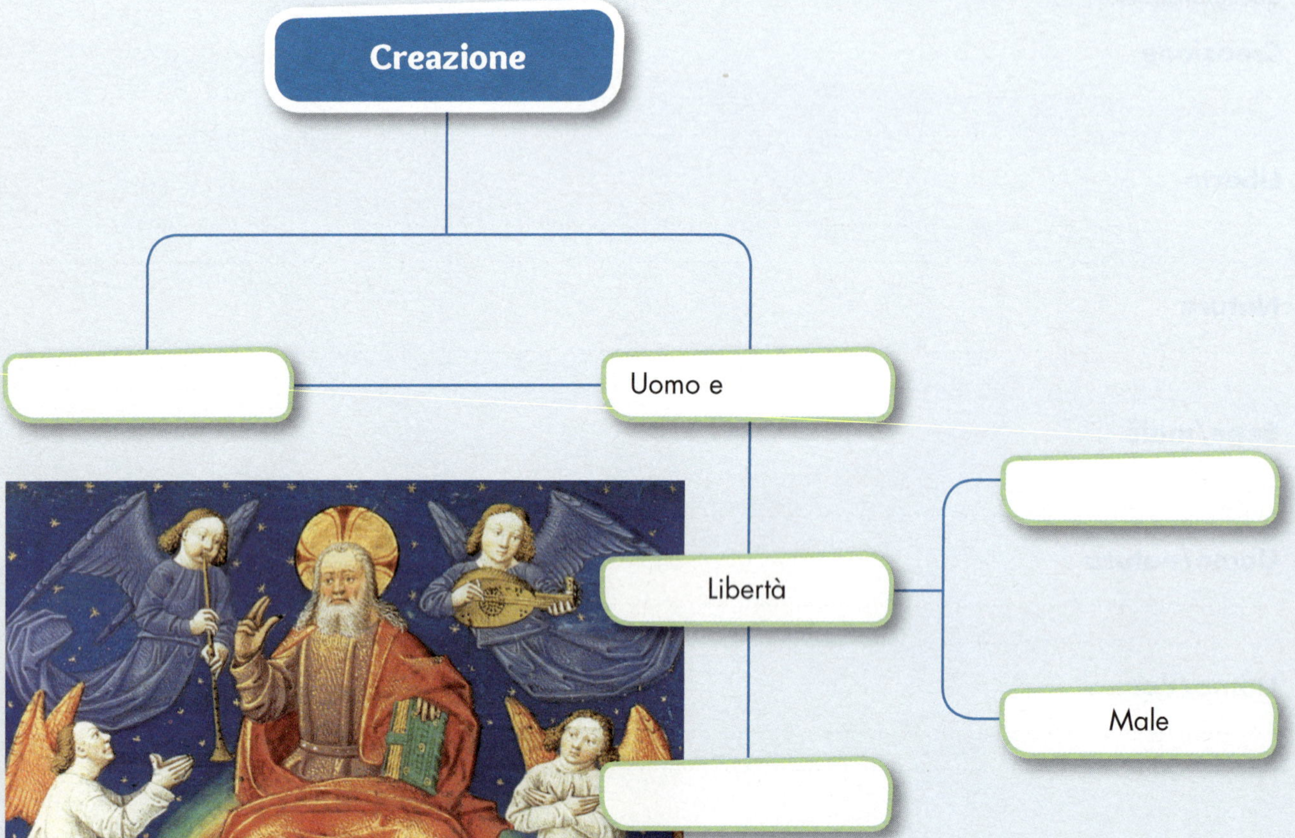

■ Miniatura che ritrae Dio prima della creazione, XV secolo, Parigi, Bibliothèque Nationale.

Bene — Natura — Speranza — donna

Competenze alla prova

Leggi, rifletti e lavora

1 "L'uomo e la donna hanno uguale dignità... Tutti gli uomini e tutti i popoli vanno rispettati..." Sembrano affermazioni scontate, ma la realtà spesso le contraddice. Secondo te, valgono davvero a livello universale?

2 La cultura biblica ha ancora grande impatto sulla civiltà contemporanea occidentale. Cerca esempi concreti a sostegno di quest'affermazione, individuando alcuni concetti-chiave diffusi nella nostra società e riconducibili alla tradizione biblica (ebraica e cristiana).

3 "Gli anni della nostra vita sono settanta,
ottanta per i più robusti,
e il loro agitarsi è fatica e delusione;
passano presto e noi voliamo via." (Sal 90,10)

Così recita un celebre Salmo, che prosegue: "Insegnaci a contare i nostri giorni / e acquisteremo un cuore saggio" (Sal 90,12).

Rifletti sulle frasi del Salmo e prova a spiegare il loro significato.

4 Rifletti ancora sul Salmo dell'esercizio precedente: come si concilia questo insegnamento biblico con la cultura diffusa oggi, nella nostra società, che sembrerebbe piuttosto "non contare" i giorni, immaginandoli infiniti? Discutine in classe con i compagni.

5 Una chiave della cultura biblica è il concetto di alleanza, che precisa la relazione tra l'uomo e Dio. Prova a ricostruire il significato dell'alleanza biblica e, insieme, a riflettere sulle sue conseguenze: che cosa comporta l'alleanza?

Che cosa vuol dire "essere in relazione"? E in che modo una relazione "impegnativa" come quella con Dio – secondo l'insegnamento biblico – cambia l'esistenza?

Film da vedere

- *Mare chiuso* di A. Segre, 2012
- *La passione di Giosuè l'ebreo* di P. Scimeca, 2005
- *Train de vie* di R. Mihaileanu, 1998

ORIENTAMENTI... verso gli indirizzi

1. Amministrazione, finanza e marketing

Nel corso dello studio della tradizione ebraico-cristiana, ha particolare rilevanza il legame che si stabilisce tra JHWH e il suo popolo, con una Legge da osservare, tradotta dalla tradizione ebraica in un numero elevato di precetti.
Si suggerisce di esaminare la "costruzione" delle Legge ebraica, analizzandone i diversi aspetti e mettendoli in relazione con altri esempi di codici giuridici dell'antichità (Hammurabi, per esempio). Si può poi comparare con la moderna Costituzione, evidenziandone somiglianze e differenze.

2. Agraria, agroalimentare e agroindustria

Il tema della creazione e delle origini, con l'immagine di Adamo ed Eva, suggerisce l'immagine del "giardino dell'Eden", della condizione di armonia e felicità originaria rappresentata dall'ambiente paradisiaco: animali e piante insieme, rapporti di cooperazione e non prevaricazione, biodiversità compatibili...
Si suggerisce di riflettere sull'immagine del giardino, anche in relazione alle tendenze contemporanee a proposito di approcci armonici con la natura che coinvolgono la modellazione e l'utilizzo dell'ambiente naturale in vista di uno "sfruttamento" compatibile e rispettoso, sia per quanto riguarda la coltivazione della terra sia per le dinamiche degli allevamenti, ma anche in relazione alle tendenze alimentari (vegetariane, vegane...).

– Legge e codici giuridici
– Cibo e religioni

NUCLEO

3 La persona, l'opera, il mistero di Gesù Cristo

Allora Gesù uscì, portando la corona di spine e il mantello di porpora. E Pilato disse loro: "Ecco l'uomo!".
(Gv 19,5)

■ A. Ciseri, *Ecce homo*, 1871, Firenze, Galleria d'arte moderna.

Che cosa ci proponiamo

In questo terzo nucleo tematico vogliamo scoprire un personaggio che ha cambiato la storia: **Gesù di Nazaret**, detto "Cristo". A quest'uomo si richiamano oggi milioni di uomini e donne che si dicono "cristiani". Non solo: Gesù è per molti un riferimento importante, anche dal punto di vista culturale. Tutta la civiltà occidentale, infatti, risente fortemente del pensiero cristiano ed è "segnata" dalla figura di Gesù: anche molti non credenti o appartenenti a religioni diverse da quella cristiana lo considerano un personaggio eccezionale; la sua persona e il suo insegnamento sono motivi di confronto e discussione; a lui sono dedicati studi, testi e film.
In queste pagine esamineremo la sua vita, le sue parole, i gesti da lui compiuti, per comprenderli alla luce dei tempi e della cultura in cui è vissuto. Poi ci confronteremo con il suo messaggio a proposito di Dio e degli uomini, dell'amore come legge fondamentale della vita e della fiducia in Dio, con la sua promessa di una vita eterna. Infine, affronteremo le vicende legate alla morte di Gesù e soprattutto all'annuncio straordinario della sua risurrezione, fatto dagli apostoli e tramandato nei secoli, fino a oggi.

Conoscenze e abilità

Questo nucleo affronta temi e propone attività che aiutano a raggiungere, in parte o del tutto, la conquista di alcune **conoscenze** e **abilità** suggerite nelle Indicazioni nazionali. In particolare:

- permette di conoscere eventi, personaggi e categorie più rilevanti dell'Antico e del Nuovo Testamento;
- aiuta a tratteggiare in modo esauriente la persona, il messaggio e l'opera di Gesù Cristo come appare nei Vangeli, nei documenti storici, e nella tradizione della Chiesa;
- permette di cogliere l'identità e la missione di Gesù Cristo alla luce del mistero pasquale;
- permette di cogliere l'identità del cristianesimo in riferimento ai suoi documenti fondanti e all'evento centrale della nascita, morte e risurrezione di Gesù Cristo;
- abilita a riconoscere e utilizzare le fonti bibliche e altre fonti documentali in vista della comprensione della vita e dell'opera di Gesù di Nazaret;
- conduce un'analisi storica, letteraria e religiosa di testi dell'Antico e del Nuovo Testamento, analizzando e interpretando testi biblici scelti;
- insegna a leggere i segni del cristianesimo nell'arte e nella tradizione culturale.

Competenze... in costruzione

- Costruire un'identità libera e responsabile, ponendosi domande di senso nel confronto con i contenuti del messaggio evangelico secondo la tradizione della Chiesa.
- Valutare il contributo sempre attuale della tradizione cristiana [...].
- Valutare la dimensione religiosa della vita umana a partire dalla conoscenza della Bibbia e della persona di Gesù Cristo [...].
- Sviluppare un maturo senso critico e un personale progetto di vita, riflettendo sulla propria identità nel confronto con il messaggio cristiano [...].
- Cogliere la presenza e l'incidenza del cristianesimo nelle trasformazioni storiche [...].
- Utilizzare consapevolmente le fonti autentiche del cristianesimo [...].

Unità **1**

Il Gesù storico: un ebreo inserito nel suo popolo

Vorremmo riflettere sul fatto che…

- **Di Gesù possediamo testimonianze indirette e dirette. Tutte ci confermano che Egli è esistito in un contesto geografico, storico e culturale preciso.**
- **Gesù era un ebreo e partecipava della cultura e della fede del suo popolo.**
- **Di Gesù conosciamo alcune caratteristiche, che ci permettono di tracciare il ritratto di un uomo affascinante.**

■ T. Longaretti, *Cristo tra i poveri*, 1947.

1. Gesù personaggio storico

Su Gesù possediamo testimonianze sia **indirette** sia **dirette**.

Le **testimonianze indirette** sono rappresentate da alcuni riferimenti alla sua persona contenute in opere giudaiche e romane. Si tratta di testi scritti da personaggi che non hanno incontrato personalmente Gesù e che non hanno aderito al suo insegnamento o a quello dei suoi discepoli. Hanno invece ricevuto informazioni su di lui anche molti decenni dopo la sua morte e ne danno notizia proprio come si parla di un personaggio storico. Sono fonti, quindi, che possono essere considerate "imparziali".

Tra queste testimonianze, spicca quella di **Giuseppe Flavio**, uno storico di origine ebraica vissuto nel I secolo d.C. Da un passo delle sue *Antichità giudaiche* (XVIII, 63-64) emerge che:

■ J. Vermeer, ***Cristo in casa di Marta e Maria***, 1665 circa, Edimburgo, National Gallery of Scotland. ***Gesù era considerato un maestro***.

- Gesù è esistito ed è vissuto nei primi decenni del secolo in cui visse lo stesso autore (cioè quando Pilato era governatore della Giudea e Tiberio imperatore di Roma);
- era considerato un "uomo sapiente", un maestro;
- era autore di "opere straordinarie", che facevano parlare di Lui;
- molti uomini, appartenenti sia al popolo ebraico sia ad altri popoli, si rivolsero a Lui come rivelatore di una verità importante per la loro vita;
- morì condannato alla crocifissione da Pilato;
- dopo la sua morte si disse che Egli era ancora vivo;
- dall'appellativo datogli di "**Cristo**" prese il nome la "setta" dei cristiani.

Cristo

Dal greco *Christós*, che significa "unto", cioè "consacrato". Presso gli ebrei venivano unti i re e i sacerdoti, per indicare che venivano consacrati da Dio; i seguaci di Gesù lo chiamarono "Cristo", riconoscendo in lui "l'unto di JHWH" annunciato dalle Scritture, destinato a realizzare il Regno di Dio. Il termine corrisponde all'ebraico *Mashiah*, "Messia".

■ In questo mosaico si può vedere il ***Chrismon***, cioè il simbolo che mostra le prime due lettere del nome di Cristo (VI secolo, Albenga, Battistero del duomo).

Le fonti storiche non cristiane su Gesù

Giuseppe Flavio (37-poco dopo il 100) nella sua opera, *Antichità giudaiche*, racconta la storia del popolo ebraico da Mosè a Nerone e anche la storia universale a lui nota. Qui si legge:

Ci fu verso questo tempo Gesù, uomo sapiente (seppure bisogna chiamarlo uomo[1]). Era infatti autore di opere straordinarie, maestro degli uomini che accolgono con piacere la verità: e attirò a sé molti giudei e anche molti gentili[2]. (Costui era il Cristo.) E, avendolo Pilato condannato al supplizio della croce (per denunzia degli uomini principali tra noi), non cessarono di amarlo coloro che dal principio lo avevano amato. (Egli infatti apparve loro il terzo giorno nuovamente vivo, avendo già detto i divini profeti queste e migliaia di altre cose mirabili a suo riguardo.) E dura fino ai nostri giorni la setta di coloro che da lui sono chiamati cristiani.

Giuseppe Flavio, *Antichità giudaiche* XVIII, 63-64

1. Tra parentesi abbiamo riportato quei passi che parecchi studiosi ritengono siano stati ritoccati o aggiunti da autori cristiani.
2. gentili: nella Bibbia, il termine indica i non giudei.

Miniatura medievale che raffigura lo storico Giuseppe Flavio come un amanuense.

Un altro passo importante è quello dello storico romano **Publio Cornelio Tacito** (55 ca-120 ca d.C.). Nei suoi *Annales* egli ricostruisce la storia del I secolo dell'Impero romano. In diversi brani riferisce, condividendola, l'ostilità diffusa tra il popolo romano nei confronti degli ebrei e dei cristiani. A proposito dell'anno 63 d.C., quando era imperatore Nerone, egli scrive:

Nerone presentò come colpevoli [dell'incendio di Roma da lui voluto] e condannò ai tormenti più raffinati quelli che le loro nefandezze rendevano odiosi e che il volgo chiamava cristiani. Prendevano essi il nome da Cristo, che era stato condannato al supplizio a opera del procuratore Ponzio Pilato sotto l'impero di Tiberio: e quella funesta superstizione, repressa per breve tempo, riprendeva ora forza non soltanto in Giudea, luogo d'origine di quel male, ma anche in Roma, ove tutte le atrocità e le vergogne confluiscono da ogni parte e trovano seguaci.

Tacito, *Annali* XV, 44

Nel 112 d.C., **Plinio il Giovane** (61 o 62-113 ca d.C.), governatore della Bitinia (oggi Turchia settentrionale), scrive così all'imperatore Traiano a proposito dei cristiani:

Attestavano che tutta la loro colpa, o tutto il loro errore, consisteva unicamente in queste pratiche: riunirsi abitualmente in un giorno stabilito prima del sorgere del sole, recitare tra di loro a due cori un'invocazione a Cristo, quasi come se fosse un dio, e obbligarsi con giuramento non a perpetrare qualche delitto, ma a non commettere né furti né aggressioni a scopo di rapina né adulteri e a non eludere i propri impegni [...]. Non ho trovato nulla, all'infuori di una superstizione balorda e squilibrata.

Plinio il Giovane, *Epistole* X, 96

L'erudito latino **Gaio Tranquillo Svetonio** (70 ca-140 ca d.C.), scrisse una *Vita dei Cesari*, cioè la biografia di dodici imperatori romani. Nella biografia di Claudio egli ricorda che:

[Claudio] espulse da Roma i giudei, i quali, istigati da un certo Cresto, provocavano spesso tumulti.

Svetonio, *Vita di Claudio*, 25

Le **testimonianze dirette** sono costituite da quelle raccolte di ricordi sulla figura, la vita e l'opera di Gesù, che vanno sotto il nome di "**Vangeli**", scritti tra il 70 e il 110 d.C. all'interno delle comunità di credenti che si rifacevano alla testimonianza personale degli stessi discepoli.

→ **Sezione STRUMENTI**
Alla scoperta della Bibbia

Secondo il racconto dei Vangeli, Gesù nacque a Betlemme, in Giudea, quando Tiberio era imperatore dei romani ed Erode il Grande re degli ebrei. Poiché costui, secondo la testimonianza di Giuseppe Flavio, morì nell'anno 750 dalla fondazione di Roma (cioè nel 4 a.C.), la data di nascita di Gesù dev'essere retrodatata di qualche anno (rispetto al cosiddetto "anno zero") e deve collocarsi fra il 5 e il 7 a.C.

È importante sottolineare che molti ritrovamenti archeologici e gli studi sull'ambiente e le abitudini di vita della Palestina del I secolo confermano molti aspetti della narrazione dei Vangeli, conferendo loro grande credibilità.

■ Vangelo miniato del 1610. *I Vangeli sono le testimonianze dirette su Gesù.*

Secondo gli studiosi, dunque, ci possiamo ragionevolmente fidare dei Vangeli, per quanto riguarda la ricostruzione storica del personaggio di Gesù (benché lo scopo di questi testi sia soprattutto quello di annunciare la fede in Gesù, più che di riportare la "cronaca" della sua vita).

Vangeli

La parola Vangelo deriva dal greco *euanghélion*, "lieto annuncio", e si usa per indicare il messaggio di Gesù, inteso sia come il messaggio che Gesù predicò, annunciando la salvezza e il regno di Dio (Vangelo **di** Gesù), sia l'annuncio della morte e risurrezione di Gesù, il Messia figlio di Dio, predicato dagli apostoli (Vangelo **su** Gesù).

La vita di Cristo nei capolavori dell'arte: Natività

■ G. van Honthorst, *Adorazione del Bambino*, 1620, Firenze, Uffizi. *Gesù nacque a Betlemme di Giudea*. . .

2. L'ambiente storico

– La "Casa grande" del quartiere erodiano
– Le abitazioni comuni ai tempi di Gesù

Il popolo di Israele, di cui Gesù era parte, costituiva una piccola nazione, che aveva conosciuto più volte l'esilio e la **dominazione straniera**. In particolare ricordiamo:

- **babilonesi**, **persiani**, **greci** avevano sottomesso Israele dal 587 al 333 a.C.;
- i **re ellenistici** (Tolomei prima e Seleucidi dopo), stranieri e di cultura molto diversa da quella tradizionale ebraica, avevano sottoposto il popolo di Israele a un duro regime;
- la Giudea aveva goduto di un breve periodo di relativa autonomia sotto la guida dei **Maccabei** (164-63 a.C.);
- dal 63 a.C. era cominciata l'occupazione **romana**.

■ Taddeo di Bartolo, *Giuda Maccabeo* (particolare), 1413-14, Siena, Palazzo pubblico. ***Sotto i Maccabei la Giudea godette di una relativa autonomia.***

Di conseguenza, i secoli precedenti la nascita di Gesù erano stati segnati da una continua lotta da parte del popolo ebraico per conservare e difendere il proprio patrimonio culturale e religioso dalle influenze straniere. Gli ebrei fedeli al culto di un Dio unico, "il Dio di Abramo di Isacco e di Giacobbe", il Dio di Mosè, che – dicevano – "ci ha liberati dall'Egitto", erano circondati infatti dalle manifestazioni più evidenti delle religioni degli altri popoli che abitavano la Palestina e di quelli che, nei secoli, l'hanno occupata: le religioni cananee, quelle asiatiche, quelle greco-romane.
Con l'avvento della **dominazione romana**, gli ebrei godettero, da un punto di vista **religioso**, di una certa autonomia. La politica religiosa dell'Impero, infatti, era ispirata a un principio di **tolleranza** e spesso di sincretismo religioso: dei di popoli diversi venivano adorati insieme, confondendone i caratteri (i nomi, gli attributi, il dominio sui diversi elementi della natura...). All'adorazione degli dei, tuttavia, l'Impero associava la glorificazione e talvolta la deificazione degli imperatori, considerati la manifestazione visibile del genio protettore dello stato: una tendenza che doveva divenire sempre più evidente con il passare dei secoli.
Da un punto di vista **politico**, invece, la situazione degli ebrei peggiorò. Per i romani, infatti, l'ordine e la sicurezza dello stato erano valori supremi, di fronte ai quali ogni rivendicazione di autonomia da parte dei popoli sottomessi doveva essere

Cartina:
La Palestina

■ La fortezza di Masada fu fatta fortificare dal re Erode il Grande fra il 37 e il 31 a.C. Qui si rifugiarono gli ultimi ebrei ribelli (zeloti) dopo la caduta di Gerusalemme e la definitiva conquista romana.

repressa con fermezza. Così, dopo un periodo di relativa autonomia che corrisponde al regno di **Erode il Grande** (dal 37 al 4 a.C.) e al periodo dell'infanzia di Gesù, i romani assunsero il controllo diretto della Palestina tramite i loro procuratori: anche i sommi sacerdoti del Tempio di Gerusalemme venivano confermati o deposti dal governatore romano.
Il popolo, d'altro canto, era schiacciato dalle **tasse** e dalle prestazioni obbligatorie. Molti erano ormai convinti della necessità di liberarsi con ogni mezzo dell'occupante, confidando, contro ogni evidenza, nell'aiuto di Dio. Per questo nei confronti dei romani più volte ebbero luogo **rivolte violente** (sempre represse nel sangue), come quelle di Giuda il Galileo, che scoppiarono nel 6 e nel 7 d.C.

Il tempio erodiano

Particolare di un modello del Tempio di Gerusalemme fatto ricostruire dal re Erode.

3. La situazione religiosa

Malgrado fossero tutti accomunati dalla fede nell'unico Dio, all'interno della società ebraica diversi erano i gruppi di differente orientamento sia per quanto concerneva le realtà di fede e le pratiche religiose sia per quanto riguardava l'atteggiamento da tenere nei confronti degli occupanti romani: **farisei** e **sadducei** differivano tra loro circa l'interpretazione delle Scritture, ma entrambi cercavano in qualche modo una convivenza con le autorità romane, mentre gli **zeloti** non esitavano a ricorrere alla violenza per ottenere l'indipendenza; gli **esseni**, invece, avevano scelto l'isolamento, in polemica sia con il potere politico sia con quello religioso.
La pratica della **religione**, inoltre, conosceva, nelle diverse regioni della Palestina, significative differenze:

- in **Giudea** si viveva con orgoglio la recente ricostruzione del Tempio di Gerusalemme, voluta dal re Erode. Questo evento aveva suscitato un certo rinnovamento nel fervore religioso e molti erano orgogliosi della propria fedeltà alla Legge dei padri, che li distingueva da tutti gli altri popoli, considerati "infedeli";
- in **Samaria**, al nord, dove storicamente era stata maggiore la commistione etnica con altri popoli, si seguiva la fede nel Dio unico, ma secondo tradizioni autonome e in un tempio che si contrapponeva a quello di Gerusalemme;
- anche in **Galilea** i contatti con i pagani erano frequenti. Il Tempio di Gerusalemme era lontano e il luogo della vita religiosa era la **sinagoga** di ciascun villaggio: qui si conservavano le Sacre Scritture e ci si radunava per leggerle, commentarle e rivolgere a Dio le preghiere di rito. Presso la sinagoga, un maestro educava i ragazzi nella conoscenza della fede di Israele.

Veduta aerea del monte Garizim, su cui sorgeva il Tempio dei samaritani.

I gruppi religiosi e politici al tempo di Gesù

La Palestina al tempo di Gesù

Farisei

L'opposizione religiosa ai pagani occupanti era incarnata principalmente dai farisei (dall'ebraico *perushim*, "separato"), persone colte appartenenti al ceto medio, che praticavano un'assoluta fedeltà alla Legge dei padri; essi erano interpreti esperti della Sacra Scrittura, che affiancavano a una tradizione orale, rinnovando l'insieme delle leggi e delle convinzioni religiose tradizionali. Il loro esempio di integrità era molto ammirato dalla gente e il loro insegnamento manteneva viva la speranza nelle promesse di Dio a protezione del suo popolo.

Scribi

Si trattava dei maestri, coloro che di dedicavano principalmente alla lettura e allo studio delle Sacre Scritture: ne curavano l'insegnamento e la trasmissione e si applicavano a interpretarla.

Sadducei

Meno schierati contro i romani erano i sadducei (che si ritenevano discendenti di Sadoq, sommo sacerdote all'epoca del re Salomone), gruppo formato da famiglie ricche, fra cui si sceglievano i sacerdoti. Essi si dedicavano alla conservazione del patrimonio spirituale di Israele, spesso in conflitto con i farisei. In campo politico sostenevano la necessità di una certa collaborazione con il potente occupante, per evitare le più gravi ritorsioni contro il Tempio e contro tutta la nazione.

Zeloti

L'opposizione politica e l'aspirazione all'indipendenza erano largamente condivise dalla popolazione e attivamente perseguite da gruppi di attivisti: gli zeloti. Essi praticavano la lotta aperta contro i romani, con continui tentativi di rivolta e con azioni di disturbo, ricorrendo, quando se ne presentava l'occasione, alla lotta armata.

Esseni

Preoccupati della fedeltà al patto con il Dio di Mosè erano anche gli esseni (forse dall'aramaico *hasayya*, termine interpretato come "pii", "giusti" o anche "taciturni" oppure da *asayya*, "guaritori"). Essi vivevano secondo uno stile di vita ascetica, in piccole comunità lontane dai grandi centri abitati; ricopiavano i manoscritti della Bibbia e delle antiche tradizioni spirituali e attendevano l'arrivo del Messia promesso a Israele.

Resti a Qumran, comunità in cui molto probabilmente vivevano degli esseni; a Qumran furono rinvenuti rotoli dell'Antico Testamento che furono nascosti dagli abitanti del luogo dopo la caduta di Gerusalemme.

Recipienti di pietra usati dagli zeloti (Gerusalemme, Israel Museum).

4. La fede di Gesù

■ J.E. Millais, *Cristo nella casa dei genitori*, 1849-50, Londra, Tate Gallery. ***Gesù nacque in una famiglia ebraica come le altre.***

Gesù nacque in una famiglia ebraica come tante altre. Sua madre, **Maria**, aveva sposato in età molto giovane, come si usava all'epoca, **Giuseppe**, un falegname: insieme avevano preso residenza a Nazaret, in Galilea.
Otto giorni dopo la nascita, Gesù fu circonciso, secondo l'uso ebraico, entrando così a far parte ufficialmente della comunità. Da ragazzo egli fu educato secondo la fede del suo popolo: alla scuola della sinagoga si applicò allo studio della Bibbia, fin dalla più tenera età; prima dell'adolescenza conosceva a memoria, in ebraico, i testi sacri che il **rabbi**, la guida spirituale della comunità, spiegava a lui e ai suoi amici in **aramaico**, la lingua corrente.
Come ogni buon ebreo, osservava i comandamenti e rispettava i riti. Questi segnavano le stagioni della sua vita quotidiana, con l'alternarsi di feste, penitenze, celebrazioni.
Una volta all'anno tutta la famiglia si recava a Gerusalemme per la Pasqua e nella città santa egli ebbe il modo di ammirare il Tempio e sentire i discorsi di coloro che tenevano vive le speranze della liberazione e della glorificazione di Israele.
Fino a circa trent'anni Gesù condusse una vita appartata: i suoi concittadini lo conoscevano come "il falegname, figlio di Maria", perché con ogni probabilità aveva prima aiutato il padre nel suo lavoro e poi gli era subentrato nell'attività.
Tutto, quindi, fa pensare che Gesù ragionasse, parlasse, agisse da autentico figlio di Israele: la sua piena appartenenza al popolo ebraico è fuori discussione, anche per gli stessi Vangeli (che pure vogliono esaltare la sua originalità di maestro e salvatore). Nei suoi discorsi, infatti, sono presenti i personaggi più illustri della fede ebraica (Abramo, Mosè, Davide, Salomone, Isaia, Giona...), mentre egli padroneggia le tecniche interpretative dei rabbini e disputa alla pari con i farisei e altri maestri.

Rabbi

Termine ebraico che significa "maestro mio"; il rabbi era il maestro che, in quanto esperto del testo biblico e interprete autorevole della Legge, la faceva applicare all'interno della comunità.

5. L'identikit di Gesù di Nazaret

5.1 Uno spirito indipendente

Le testimonianze a proposito di Gesù di Nazaret ci presentano una persona comune, che fino a una certa età visse nel suo ambiente, senza far parlare di sé. Quando poi abbandonò la propria casa e cominciò la propria attività di maestro itinerante, non risulta che facesse parte di qualcuna delle correnti religiose e politiche attive in quel tempo.

- Gesù **non era un esseno**, anche se condivideva con gli esseni il bisogno di inoltrarsi nel deserto per pregare in solitudine (Mt 4) e l'amore per le Scritture.
- Gesù **non era un fariseo**, anche se condivideva con i farisei la passione per l'interpretazione delle Scritture. Anche per lui la rivelazione del Dio di Israele non è fissata una volta per tutte nella lettera degli scritti antichi, ma è progressiva e viva, in costante evoluzione. Inoltre condivideva con questi maestri la fede nella risurrezione dalla morte. Nello stesso tempo, tuttavia, egli criticava i farisei quando erano ipocriti e volevano farsi ammirare per la loro religiosità esteriore.
- Gesù **non era un sadduceo**: non aveva affinità particolari con questi ricchi aristocratici schierati a difesa dei propri interessi. Criticava in particolare il fatto che ritenessero che le Sacre Scritture non dovessero essere interpretate e applicate alla vita reale della gente. Infine egli disapprovava il loro attaccamento al Tempio e ai suoi culti, come se da soli garantissero la correttezza della fede in Dio.
- Gesù **non era uno zelota**. Conosceva alcuni di loro (ce n'erano tra i suoi discepoli) e li apprezzava per la passione con cui avrebbero voluto affermare i diritti alla libertà e alla fede di Israele, ma non condivideva i loro metodi violenti.

Dunque Gesù era uno **spirito indipendente**: viveva pienamente inserito nel suo mondo e ne capiva speranze e attese, ma conservava una grande autonomia di giudizio.

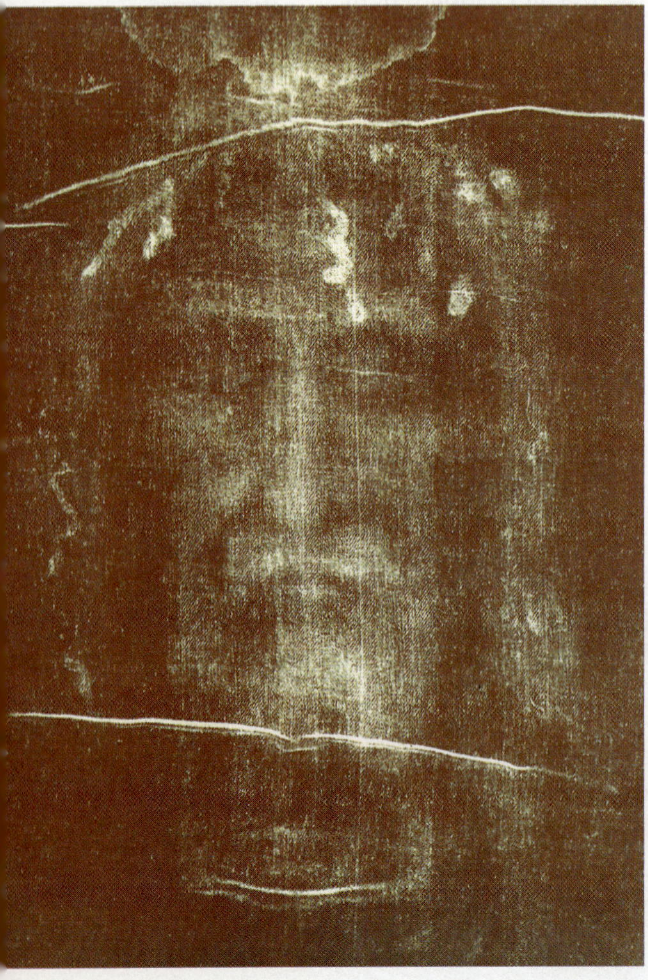

■ Negativo del volto dell'uomo della Sindone, lenzuolo che, secondo i credenti, avvolse il corpo di Gesù dopo la sua morte e reca impressa l'immagine del suo volto.

5.2 L'aspetto esteriore

Di Gesù non abbiamo una descrizione precisa. Dalla testimonianza dei Vangeli, tuttavia, apprendiamo alcuni elementi che riguardano l'aspetto esteriore di Gesù.

- **Vestiva** abbastanza bene, **come un ebreo osservante**: portava, infatti, una veste con delle nappe, come prescritto dalla Legge (Dt 22,12). La tunica, che indossava a diretto contatto con la pelle, era di un certo pregio: era intessuta infatti tutta di un pezzo, senza cuciture (Gv 19,23).
- Aveva un certo **vigore fisico**: si alzava all'alba e spesso passava la notte in preghiera; di giorno percorreva lunghi tratti a piedi, incontrando folle di persone che non respingeva mai, continuando in ogni circostanza a insegnare loro con voce forte e autorevole. In più di un'occasione, tuttavia, i Vangeli riportano che, come un qualsiasi uomo, era stanco e aveva fame o sete.
- I suoi **occhi** guardavano in profondità e trasmettevano tutta l'intensità del suo interesse per l'interlocutore.
- Doveva avere un **portamento** che invitava a profondo rispetto: in più di un'occasione venne chiamato "signore" e "maestro" e lui stesso dichiarava di accettare questi titoli (Gv 13,13).

5.3 Una personalità affascinante

Molti, tra coloro che incontrarono Gesù, furono segnati da questo evento: doveva trattarsi quindi di una persona affascinante. Dalla testimonianza dei Vangeli emergono alcuni tratti della sua personalità.

- Mostrava una grande **chiarezza di idee**.
- Era un **buon osservatore della realtà umana** che lo circondava.
- Aveva una **forte volontà**: si comportava da vero capo che sa che cosa è meglio fare e non esita a proporlo a chi gli sta vicino; sapeva vincere esitazioni, debolezze e paure.
- Era un uomo **libero**, sia di fronte ai parenti e a chi voleva influenzare la sua missione sia di fronte agli oppositori, anche i più potenti. Il suo parlare era sempre franco.
- Sapeva come comportarsi **in tutte le circostanze**: frequentava con la stessa spontaneità le persone più umili e quelle più ricche e distinte (dai pescatori ai capi delle sinagoghe ai centurioni romani).
- Viveva ospite dei suoi amici (Pietro, Lazzaro e le sue sorelle), ma accettava l'ospitalità di **personaggi discutibili** (esattori delle tasse, collaboratori dei romani).
- Non temeva di **mostrare i propri sentimenti**: esternava la propria compassione per tutti i sofferenti (arrivò anche a piangere in pubblico, come gli accadde di fronte alla tomba dell'amico Lazzaro, Gv 11,35); sapeva partecipare con gioia piena a un banchetto o a una festa (c'era chi lo criticava dicendo che era "un mangione e un beone", Mt 11,19); sapeva entusiasmarsi per i successi della propria missione (come quando "esultò di gioia nello Spirito Santo" rendendo lode al Padre, Lc 10,21); manifestava, quando era necessario, anche la propria collera (come quando "si mise a scacciare quelli che vendevano e quelli che compravano nel tempio", Mc 11,15-16).
- Aveva molto vivo il senso dell'**amicizia** (chiamava "amici" anche i suoi discepoli: "Non vi chiamo più servi, perché il servo non sa quello che fa il suo padrone; ma vi ho chiamato amici, perché tutto ciò che ho udito dal Padre mio l'ho fatto conoscere a voi", Gv 15,15).
- Era **gentile e comprensivo con le donne**, anche con quelle giudicate male dai benpensanti.
- Provava **tenerezza verso i bambini**, sentimento non così comune, al tempo (Lc 18,15-16).

■ Tiziano Vecellio, *La moneta del tributo*, 1516 circa, Dresda, Gemaldegalerie. ***Gesù sapeva come comportarsi nelle circostanze più diverse.***

■ Giotto, *La cacciata dei mercanti dal Tempio*, 1303-05, Padova, Cappella degli Scrovegni. ***Gesù sapeva mostrare i propri sentimenti.***

La Cappella degli Scrovegni dalla Parola all'immagine

L'immagine

In questo quadro, intitolato *il Cristo tra i bambini* (1908), il pittore polacco Witold Wojtkiewicz dà un'interpretazione particolare dell'episodio narrato da Luca (18,15-16).

■ W. Wojtkiewicz, ***Il Cristo tra i bambini***, 1908, Varsavia, Muzeum Narodowe.

Leggi l'immagine

1. Secondo te, la scelta dei colori vuole trasmettere un'idea di pace o di tormento?
2. Qual è l'atteggiamento di Gesù? Qual è la sua posizione nel quadro?
3. Quali altri personaggi puoi individuare? Qual è il loro atteggiamento?
4. I personaggi sono vestiti con abiti realistici oppure rispecchiano la moda contemporanea al pittore?

Documenti

1. La figura di Gesù nel cinema

- Gesù bambino contro gli idoli
- Epifania: teofania e manifestazione della Trinità
- I travisamenti sulla figura di Gesù Cristo

Chiave di lettura

Il personaggio di Gesù appassiona il grande pubblico; per questo sono stati realizzati molti film sulla sua figura. Ne ricordiamo qualcuno.

***Il re dei re* di Nicholas Ray (1961)**
Al di là della vicenda biografica, si propone una lettura "politica" della vita di Cristo, con il discepolo Giuda che cerca di coinvolgerlo in una cospirazione contro l'ingiusto dominio romano.

***Il vangelo secondo Matteo* di Pier Paolo Pasolini (1964)**
Il poeta e regista italiano dedica a Gesù un film girato con attori non professionisti e ambientato nella campagna meridionale, per offrire al pubblico l'immagine della "quotidianità" dell'uomo di Nazaret. Il testo del Vangelo di Matteo è seguito con assoluta fedeltà.

***La più grande storia mai raccontata* di George Stevens (1965)**
Si tratta di un kolossal hollywoodiano con un cast di attori celebri, destinato a impressionare il pubblico con l'immagine di Gesù "eroe".

***Jesus Christ Superstar* di Norman Jewison (1973)**
Versione cinematografica di un celebre musical, è interamente cantato, senza dialoghi. A un Gesù ormai diretto verso Gerusalemme per la sua passione e morte si contrappongono, con le loro umane debolezze e con i loro dubbi, i discepoli, Giuda, la Maddalena. Non compare la figura di Maria e Gesù non compie nessun miracolo (unico caso, tra tutti i film su Gesù).

***L'inchiesta* di Damiano Damiani (1986)**
L'imperatore Tiberio ordina un'inchiesta per scoprire chi abbia nascosto il cadavere di Gesù; la razionalità e il pragmatismo romano si scontrano con la novità della fede cristiana.

***L'ultima tentazione di Cristo* di Martin Scorsese (1988)**
È un film-scandalo: sulla croce Cristo è tentato di tradire la sua missione e di scegliere una vita "normale" da padre di famiglia accanto a una donna, la Maddalena, innamorata di lui.

***La passione di Cristo* di Mel Gibson (2004)**
Accompagnato da accese polemiche, il film ricostruisce gli ultimi giorni della vita di Cristo: mai era stata rappresentata con tale violenza la serie di sofferenze patite ingiustamente da Gesù per mano dei suoi nemici. I dialoghi sono stati registrati in aramaico e in latino, con sottotitoli nelle lingue moderne.

Documenti

L'attività

1. Perché, secondo te, Gesù continua a essere un personaggio così interessante?
2. Metti a confronto il ritratto di Gesù che emerge dai film citati con quello che abbiamo delineato nel capitolo.
3. Cerca altri film su Gesù, guardali e analizzali, preparando delle schede filmiche.

Il papiro Bodmer XIV-XV, il testimone più antico dei testi di Luca e Giovanni

2. Discipline in aiuto del credente

Chiave di lettura

Storia e archeologia aiutano a comprendere meglio il contesto in cui visse Gesù.

L'archeologia può dare agli esegeti nuovi elementi di comprensione storica di ciò che nei Vangeli è sfumato o sottinteso. È sbagliato pensare che l'archeologia possa "dimostrare" la Bibbia o che, al contrario, possa provare che si tratta di un mito. Oggi l'archeologia rivela soprattutto quello di cui non parlano i testi. Questi prendono sempre un po' le distanze dai luoghi in cui si inseriscono, mentre l'archeologia tiene conto soprattutto dei monumenti.
Per due terzi la Bibbia è un libro storico. Accostandoci alla storia, certamente si è obbligati a porsi le domande dello storico: la verosimiglianza, il grado di storicità, le fonti... A venti secoli di distanza dagli avvenimenti, la storia resta fondamentale ed è ancora interessantissimo confrontarci con i suoi dati e con quello che può dirci del contesto in cui si colloca il testo.
C'è stato tutto un lavoro storico sul contesto ebraico al tempo di Gesù. Lo storico ci insegna che l'ebraismo era più complesso di quanto si pensasse. C'erano correnti diverse e antagoniste. Così, il cristianesimo nascente si inserisce in quell'ebraismo del primo secolo: in armonia con alcune correnti e opposto ad altre. In quest'ambito lo storico e l'esegeta sono venuti in aiuto del credente.

A. M. Brogi, in "Avvenire", 13 marzo 2003

L'attività

1. Che cos'è l'esegesi? Per rispondere, aiutati con il dizionario.
2. L'archeologia e l'esegesi hanno campi di lavoro differenti: quali?
3. L'archeologia può confermare la Bibbia? Oppure può smentirla? In fondo, però, la Bibbia ha bisogno di essere confermata dall'archeologia?
4. Forse, gli uomini e le donne del Duemila sono diventati un po' troppo scettici riguardo alla storicità della Bibbia; secondo te, i dubbi sulla verità della Bibbia nascono da un genuino interesse scientifico oppure dal desiderio di screditare tutto quello che è legato alla religione? Discutine con i compagni.

■ Scavi archeologici presso la cima dell'Herodium, una delle ville-fortezza fatte costruire da Erode il Grande. *L'archeologia può essere d'aiuto a comprendere il contesto in cui visse Gesù.*

3. I "fratelli" di Cristo

– Gesù dodicenne al Tempio
– Il luogo del Battesimo di Gesù

Chiave di lettura

La scoperta dell'iscrizione aramaica "Giacomo, figlio di Giuseppe, fratello di Gesù", incisa sul lato di un'urna funeraria databile nel I sec. d.C., ha fatto riemergere alcune domande (Gesù ebbe dei fratelli?), che non intaccano però l'immagine di Gesù.

Antica questione dibattuta è questa sui "fratelli e sorelle" di Gesù. Nel Vangelo di Matteo si legge questa domanda ironica dei Nazaretani: "Non è costui il figlio del falegname? E sua madre non si chiama Maria? E i suoi fratelli Giacomo, Giuseppe, Simone e Giuda? E le sue sorelle non stanno tutte tra noi?" (13,55-56). Abbiamo, quindi, anche i dati anagrafici di alcuni di loro, e una fonte esterna com'è l'opera *Antichità giudaiche* dello storico ebreo contemporaneo Giuseppe Flavio menziona Giacomo, "fratello di Gesù, detto il Cristo" (XX, 200). [...]

Il vocabolo greco usato dagli evangelisti è *adelphós* e di per sé indica il "fratello di sangue", anche se poi dalla prima cristianità verrà applicato ai credenti in Cristo, sulla scia delle stesse parole di Gesù presenti nel nostro brano: "Chiunque fa la volontà del Padre mio che è nei cieli, egli è per me fratello, sorella e madre" (Matteo 12,50). Tuttavia, è necessario risalire al mondo semitico e al fondo linguistico e sociale sotteso ai Vangeli, in particolare a quello di Matteo. Ora, in aramaico – così come in ebraico – c'è un termine (*'aha'/'ah*) che designa sia il fratello sia il cugino sia il nipote sia l'alleato. [...]

Nel contesto socio-culturale giudaico di Gesù, il termine "fratello" non ha, quindi, un senso univoco come nel greco, ove si ha un altro vocabolo per indicare il "cugino" (*anepsiós*). Ora, un antico apocrifo come il Protovangelo di Giacomo (II secolo) ha considerato questi "fratelli" in realtà come "fratellastri" perché in quello scritto, al momento del matrimonio con Maria, Giuseppe confessa: "Ho figli e sono vecchio" (9,2). C'è, però, un'altra considerazione più significativa e fondata. L'espressione "fratelli del Signore" nel Nuovo Testamento (Atti 1,14; 1Corinzi 9,5) designa in realtà un gruppo specifico, quello dei giudeo-cristiani legati al clan parentale nazaretano di Gesù. Essi costituirono una sorta di comunità a sé stante, dotata di una tale autorevolezza da imporre come primo "vescovo" di Gerusalemme proprio quel "fratello di Gesù" Giacomo citato anche dallo storico Giuseppe Flavio.

Ora, nel nostro brano matteano, Cristo sembra ridimensionare i loro privilegi, riducendoli all'ambito più generale, meno "carnale" e più spirituale, della fedeltà alla volontà del Signore. Peraltro, essi non sono mai chiamati, come Gesù, "figli di Maria". In questa luce, più che a una classificazione "genealogica", l'espressione "fratelli e sorelle di Gesù" mirerebbe a designare un gruppo della Chiesa delle origini, che si faceva forte del suo legame parentale-clanico con Gesù di Nazaret, come spesso accadeva (e accade) nel Vicino Oriente (e non solo).

G. Ravasi, in "Famiglia cristiana", 03 maggio 2012

L'attività

1 Come procede lo studioso della Bibbia nel valutare il contenuto della testimonianza archeologica?

2 A quale conclusione giunge l'autore, rispetto alla definizione "fratelli e sorelle di Gesù"?

3 Sulla figura di Gesù si fanno anche affermazioni avventate, che a volte alimentano romanzi e film. Qual è, secondo te, l'atteggiamento corretto di uno studioso?

4. Gesù e la società del suo tempo

Chiave di lettura

Gesù capovolge la gerarchia sociale del suo tempo.

In un ambiente in cui ciascuno è vincolato alle proprie origini etniche, sociali, religiose, familiari, Gesù chiede a coloro che vogliono seguirlo di cominciare spezzando questi legami. Com'era avvenuto per l'uguaglianza di tutti gli esseri umani, è una rivoluzione di cui oggi non si valuta correttamente la portata. Le società dell'antichità erano basate sull'autorità della tradizione, sul primato del gruppo sull'individuo. Continua a essere una caratteristica di tutte le società tradizionali. Il fatto è che Gesù intende emancipare l'individuo dal gruppo, a cominciare dai legami più forti, quelli familiari. Come abbiamo visto, lui stesso si è liberato della propria famiglia e del proprio clan ed esige che i suoi discepoli facciano altrettanto: "Chi ama il padre o la madre più di me non è degno di me; chi ama il figlio o la figlia più di me non è degno di me" (Mt 10,37; Lc 14,26). Egli non esita nemmeno a criticare alcuni insegnamenti della tradizione, chiamando ogni credente a operare un discernimento critico. Nel suo discorso della montagna (Mt 5-7), su alcuni aspetti Gesù si oppone alla legge degli antichi o all'interpretazione che ne viene data e non ha parole abbastanza dure contro l'ipocrisia religiosa. Egli sostituisce la legge del taglione con quella della mano tesa e all'amore del prossimo aggiunge quello del nemico. Inoltre, denuncia l'ostentazione esibita dai religiosi ed esorta, invece, alla preghiera personale.
Gesù capovolge radicalmente la gerarchia sociale. Si è anche rivolto in primo luogo alle "persone di condizione modesta", che la cultura del tempo, sia quella giudaica sia quella greco romana, considerava refrattarie ai discorsi teorici, incapaci di apprendere autonomamente le vie della saggezza, come invece sarebbero state in grado di fare le classi più colte, a cui appartenevano i sacerdoti, i dottori della Legge o i notabili. Per lui, invece, non vi sono "persone di condizione modesta": esistono solo persone capaci, al di là della loro condizione sociale, di scegliere la retta via. Dato che ciascuno è in grado di discernere, egli chiede di sostituire agli imperativi delle regole religiose prestabilite la responsabilizzazione dell'individuo: "Non quello che entra nella bocca rende impuro l'uomo " (Mt 15,11) afferma Gesù, opponendo le rigide leggi della purezza alimentare a quelle, ancora più vincolanti, di un'etica personale. La legge di Gesù trascende le norme religiose e sociali, per dare maggiore spazio a un richiamo alla coscienza individuale.

F. Lenoir, *Cristo filosofo*, Garzanti, Milano 2009

L'attività

1. Che cosa significa che Gesù intende "emancipare l'individuo dal gruppo"? Quale portata ha questo atteggiamento, all'interno della società ebraica?
2. Secondo Gesù, ha importanza appartenere a un ceto sociale elevato? Fra quali persone scegli i suoi discepoli?
3. Oggi la chiamata di Gesù è individuale o tende a collocare l'individuo all'interno di un gruppo? Rifletti e confrontati con i compagni.

Verifica

Verifica le parole-chiave

Sulla base dei contenuti svolti nell'unità, spiega con una breve definizione il significato delle "parole-chiave" indicate nell'elenco che segue. In classe o anche individualmente si possono aggiungere altre parole-chiave a quelle proposte.

Palestina

....

....

Farisei

....

....

Vangelo/Vangeli

....

....

Esseni

....

....

Zeloti

....

....

Sadducei

....

....

Leggi, rifletti e lavora

1. Escludendo i Vangeli, elenca quali fonti esistono a proposito di Gesù e riassumi, per ciascuna, le informazioni che si possono raccogliere.

2. Costruisci una sorta di "carta di identità" di Gesù, eventualmente corredandola di un'immagine scelta fra le opere d'arte che preferisci.

Nome: ....
Padre legale: ....
Madre: ....
Luogo di nascita: ....
Data di nascita: ....
Residenza: ....
Stato civile: ....
Professione: ....
Segni particolari: ....

3. Lavorando insieme ai compagni (è consigliabile dividere la classe in gruppi), elabora una presentazione dove, sullo sfondo della Palestina geografica, saranno inserite le caratteristiche sociali e politiche del tempo di Gesù (per esempio, la suddivisione dei territori, le influenze politiche, i nomi dei gruppi religiosi...).

4. Divisi in gruppi, date una definizione dell'espressione "spirito indipendente", indicando poi se e come si può attribuire a Gesù. In seguito, indicate alcune altre caratteristiche della personalità di Gesù, così come emerge dalle fonti incontrate.
Mettete poi in comune i risultati dei diversi gruppi, dando il via a una discussione in classe per l'elaborazione di un documento condiviso sulla personalità di Gesù.

La mappa

Ecco di nuovo alcune parole-chiave incontrate durante lo svolgimento dell'unità.

Costruisci una mappa, mettendo in relazione tra loro i concetti. Puoi lavorare da solo oppure in gruppo.

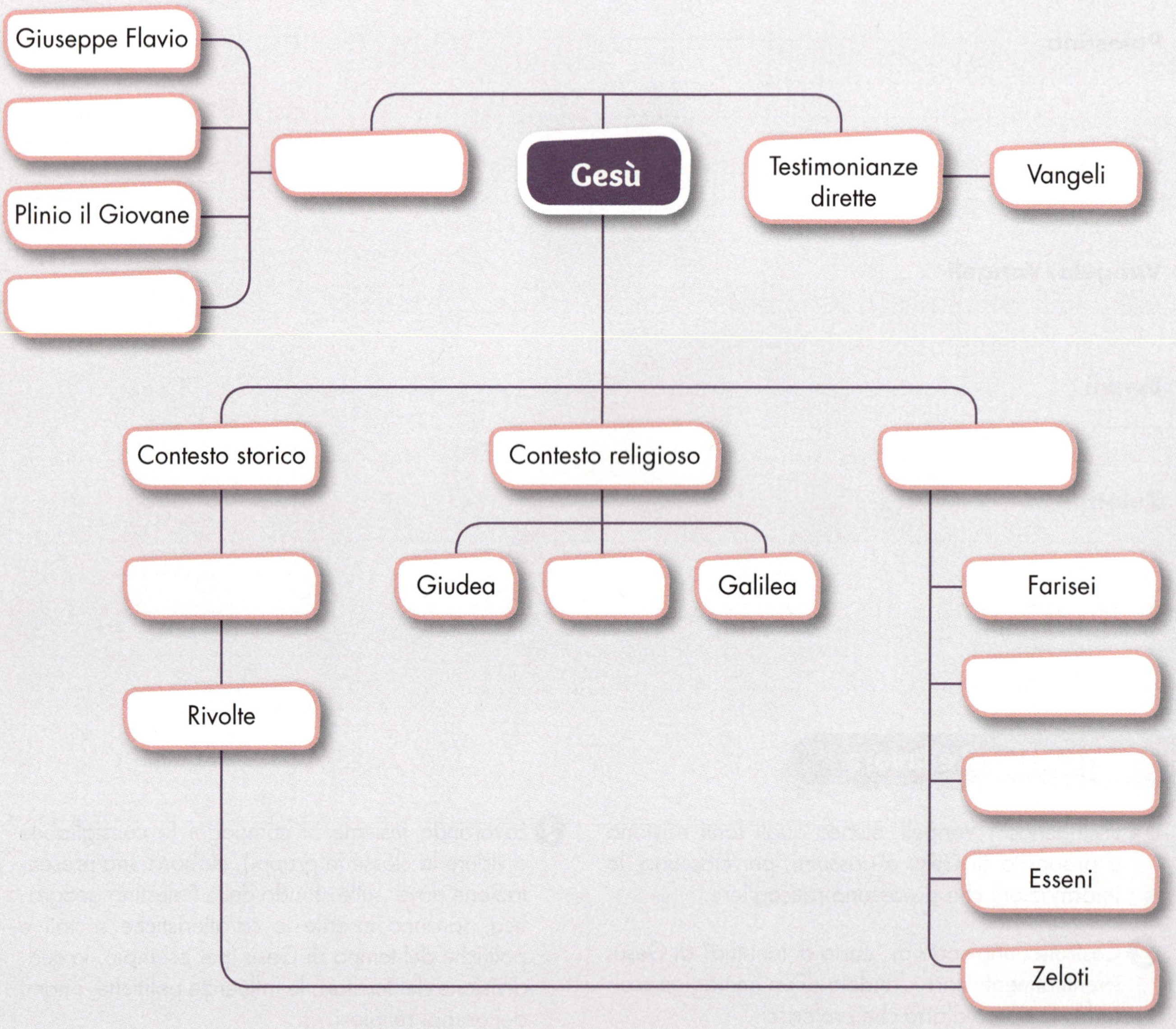

Samaria — Svetonio — Testimonianze indirette — Contesto sociale — Tacito — Scribi — Dominazione romana — Sadducei

Unità 2

L'annuncio di Gesù

Vorremmo riflettere sul fatto che…

- **Durante la vita pubblica, di cui abbiamo una ricca testimonianza nei Vangeli, Gesù si dedicò all'attività di maestro itinerante.**
- **Egli insegnava con un linguaggio efficace e autorevole. Le sue parole erano spesso accompagnate da segni prodigiosi, i miracoli.**
- **L'insegnamento di Gesù in parte confermava la tradizione di Israele e in parte la rinnovava profondamente.**

■ J.-J. Tissot, *Il "Padre nostro"*, 1886-94, New York, Brooklyn Museum.

1. Maestro "con autorità"

Gli apostoli: la Parola, l'arte, la tradizione

L'autocoscienza di Gesù e il senso della sua missione

I contemporanei di Gesù conoscevano diverse figure di "maestro (rabbi) della Legge (Torah)". Si trattava di personaggi autorevoli, stimati per la loro saggezza ed esperienza, profondi conoscitori delle Sacre Scritture e delle tradizioni orali, che commentavano la Legge e la applicavano ai casi della vita quotidiana.
Spesso accadeva che intorno a uno di loro si radunassero dei discepoli, desiderosi di diventare a loro volta esperti e guide di Israele sulla via della fede. I maestri più importanti fondavano delle vere e proprie scuole, dove venivano ammessi i discepoli che dimostravano di esserne degni.
Gesù fu un maestro originale, che seppe distinguersi dagli altri maestri:

- egli non scelse una dimora fissa per il suo magistero, ma continuò a **viaggiare** per raggiungere quante più persone gli fosse possibile; gran parte della sua attività si svolse in Galilea, ma egli più volte si recò a Gerusalemme e non mancò di andare anche in Samaria e in quelle terre di confine abitate da genti non ebree;
- Gesù si rivolgeva **a tutti**, senza distinzione; tutti potevano incontrarlo nei luoghi dove vivevano, nelle piazze, nelle sinagoghe, nelle case private dei ricchi e dei poveri, in riva al lago, nel Tempio di Gerusalemme, nelle città e nelle campagne;
- l'evangelista Marco scrive che coloro che lo ascoltavano "erano stupiti del suo insegnamento: egli infatti insegnava loro come uno che ha autorità, e non come gli scribi" (Mc 1,22). Gesù doveva essere, dunque, un maestro particolarmente affascinante, capace di coinvolgere le persone. Insegnava con passione, si assumeva la personale responsabilità di ciò che diceva e commentava le Scritture in modo **autorevole**, senza troppo richiamarsi all'autorità di altri maestri. Proprio per questo alcuni suoi insegnamenti stupivano e scandalizzavano, suscitando discussioni anche accese.

■ F. von Uhde, ***Lasciate che i piccoli vengano a me***, 1884, Lipsia, Museum der Bildenden Kunste. ***Gesù era un maestro autorevole.***

2. L'annuncio: il Regno di Dio è vicino

Gesù era un ebreo: condivideva quindi con il suo popolo la fede nel Dio di Abramo e di Mosè, il creatore del cielo e della terra che era intervenuto nella storia per liberare il suo popolo e guidarlo sulla via del bene e della vita. In questo senso il suo insegnamento non faceva che confermare la tradizione di Israele. Del resto lo stesso Gesù affermò con chiarezza: "Non crediate che io sia venuto ad abolire la Legge o i Profeti; non sono venuto ad abolire, ma a dare pieno compimento" (Mt 5,17).
Nel solco della tradizione, Gesù introduce però un elemento di novità. Egli annuncia in molti modi e con parole chiare: "Il tempo è compiuto e il regno di Dio è vicino" (Mc 1,15). All'annuncio seguiva un pressante invito: "Convertitevi e credete nel Vangelo" (Mc 1,15).
Ma che cosa voleva dire Gesù con queste parole? E come "suonavano" alle orecchie dei suoi interlocutori?
Anzitutto bisogna ricordare che l'espressione "Regno di Dio" era ben chiara agli israeliti. Essi, infatti, attendevano il Regno di Dio: si trattava di quel momento finale in cui si sarebbero compiute finalmente le promesse di bene e di giustizia fatte da JHWH al suo popolo. Gesù predicava e faceva vedere con i suoi gesti miracolosi che **quel tempo era ormai prossimo**, anzi, si realizzava con lui e riguardava ogni persona. Dire, come faceva Gesù, "il Regno di Dio è vicino" significava annunciare che il Dio di Israele era di nuovo presente in mezzo agli uomini e agiva in loro favore. In concreto, chi seguiva Gesù vedeva, come vedremo, gli storpi camminare, i malati guarire...
Dove c'era Gesù, dove lui passava, si verificava una situazione nuova, buona.
Di fronte alla novità di questo evento, Gesù **invitava a un rinnovamento della propria vita**, a un cambiamento di mentalità. Chiedeva di fare come l'uomo della parabola, il quale, scoperto un tesoro nascosto in un campo, corre pieno di entusiasmo a vendere tutto quello che ha, per acquistare quel campo e cominciare una nuova vita (Mt 13,44).

■ P. von Cornelius, ***Le vergini sagge e le vergini stolte***, 1813, Düsseldorf, Kunstmuseum. ***Gesù invita a essere pronti alla venuta del Regno di Dio.***

3. L'attenzione alla concreta realtà umana: le parabole

La vita di Cristo nei capolavori dell'arte: Predicazione

■ W.J. Webbe, *La pecora smarrita*, 1864, Manchester, City Art Galleries. ***Questa parabola dimostra che Dio ama ciascuno dei suoi figli.***

Moltissimi insegnamenti di Gesù furono da Lui trasmessi attraverso esempi tratti dalla vita quotidiana, le **parabole**.
Parlare per mezzo di parabole non era una cosa di per sé straordinaria. Al tempo di Gesù, infatti, era un modo abbastanza comune di insegnare, in quanto era ritenuto particolarmente efficace. Si trattava di collegare avvenimenti semplici, della vita di tutti i giorni, a insegnamenti importanti, stimolando una riflessione personale nell'ascoltatore. Nel racconto ricorrevano alcune caratteristiche ben riconoscibili: il paragone iniziale, la mancanza di riferimenti di tempo e di luogo precisi... così l'ascoltatore comprendeva immediatamente che si trattava di una parabola, che la sua attenzione doveva andare al di là dell'esempio utilizzato dal maestro, alla ricerca di una verità sottintesa.
Gesù, dunque, parlando per parabole, impartisce un insegnamento molto semplice e concreto, comprensibile da tutti e non solo da poche menti raffinate. Vuole piuttosto entrare in comunicazione con **il maggior numero di persone**. Questo fu possibile a Gesù grazie anche alle sue straordinarie doti di comunicatore: era vissuto, infatti, tra la gente per molti anni e sapeva dunque come farsi comprendere da tutti, partendo dalla realtà concreta vissuta dai propri ascoltatori.

Le parabole

■ Pittura murale bulgara che ritrae la parabola del ricco e del povero Lazzaro, con la quale Gesù ricorda di fare buon uso delle ricchezze e anche di prepararsi ai tempi nuovi.

Parabole

Il nome parabola deriva dal greco *parabolé*, che significa "accostamento". È la traduzione dell'ebraico *mashal* ("similitudine, proverbio, indovinello").

Le parabole di Gesù

	MATTEO	MARCO	LUCA
la lucerna sotto il moggio	5,15	4,21	8,16; 11,33
la casa sulla roccia e sulla sabbia	7,24-27		6,47-48
stoffa grezza o nuova su un abito vecchio	9,16	2,21	5,36
vino nuovo in otri vecchi	9,17	2,22	5,37-38
il seminatore	13,3-8	4,3-8	8,5-8
il grano e la zizzania	13,24-30		
il granello di senape	13,31-32	4,30-32	13,18-19
il lievito	13,33		13,20-21
il tesoro nascosto	13,44		
la perla di grande valore	13,45-46		
la rete gettata in mare	13,47-48		
la pecora smarrita	18,12-13		15,4-6
il servo spietato	18,23-34		
gli operai nella vigna	20,1-15		
i due figli	21,28-31		
i vignaioli perfidi	21,33-41	12,1-9	20,9-16
l'invito a una festa di nozze e l'uomo senza l'abito nuziale	22,2-14		
l'albero di fico come annunciatore dell'estate	24,32	13,28	21,29-30
le dieci vergini	25,1-13		
i talenti (Matteo); i denari (Luca)	25,14-30		19,12-27
la semina e la mietitura		4,26-29	
creditori e debitori			7,41-43
il buon samaritano			10,30-37
l'amico nel bisogno			11,5-8
il ricco stolto			12,16-21
i servi vigilanti	24,43-51	13,33-36	12,35-40
il fattore fedele			12,42-48
il fico sterile			13,6-9
posti d'onore a un banchetto di matrimonio			14,7-14
il grande banchetto e gli invitati riluttanti			14,16-24
il prezzo del discepolato			14,28-33
la moneta persa e ritrovata			15,8-9
il padre misericordioso			15,11-32
il fattore disonesto			16,1-8
l'uomo ricco e il povero Lazzaro			16,19-31
il padrone e il suo servo			17,7-9
il giudice disonesto e la vedova importunata			18,2-5
il fariseo e il pubblicano			18,10-14

4. La salvezza realizzata: i miracoli

La vita di Cristo nei capolavori dell'arte: Miracoli

Alle parole Gesù univa spesso dei gesti prodigiosi: sono quelli che chiamiamo **miracoli** (spesso guarigioni inspiegabili, ma non solo).

Essi rivelano:

- la **sensibilità di Gesù** alla sofferenza umana e la sua disponibilità a chi gli chiede aiuto, manifestando la sua fiducia in lui;
- il suo particolare **legame con Dio**, che attraverso il gesto miracoloso ne conferma l'insegnamento;
- l'atteggiamento di **misericordia** e di **amore di Dio verso gli uomini**, la sua sollecitudine verso i loro bisogni, la preoccupazione per la loro salvezza.

Ma soprattutto, i gesti prodigiosi di Gesù mostrano che dove c'è lui **la salvezza si realizza** concretamente: gli storpi camminano, i ciechi vedono, i malati guariscono, i morti resuscitano. I miracoli, dunque, aprono gli occhi di quanti seguono Gesù sul mistero della sua persona, sono segni indicatori della bella novità che Gesù porta nella storia degli uomini: arriva il Regno di Dio.

I miracoli

■ Duccio di Boninsegna, ***Guarigione del cieco nato***, 1308-11, Londra, National Gallery.

Miracoli

La parola miracolo deriva dal verbo latino *mirari*, "meravigliarsi, stupirsi". Il miracolo è un gesto di potenza attraverso cui Dio dà un segno agli uomini, i quali rimangono – appunto – stupiti.

■ E.L. Long, ***Resurrezione della figlia di Giairo***, 1889, Bath and North East Somerset Council, Victoria Art Gallery.

I miracoli di Gesù

	MATTEO	MARCO	LUCA	GIOVANNI
GUARIGIONI				
un lebbroso	8,2-3	1,40-42	5,12-13	
un servo di centurione	8,5-13		7,1-10	
la suocera di Pietro	8,14-15	1,30-31	4,38-39	
due indemoniati di Gadara (Matteo); un indemoniato geraseno (Marco e Luca)	8,28-34	5,1-15	8,27-35	
il paralitico	9,2-7	2,3-12	5,18-25	
la donna affetta da emorragie	9,20-22	5,25-34	8,43-48	
due ciechi	9,27-31			
l’uomo muto e posseduto	9,32-33		11,14	
l’uomo dalla mano paralizzata	12,10-13	3,1-5	6,6-10	
il cieco muto e posseduto	12,22			
la figlia della donna cananea	15,22-28	7,24-30		
il ragazzo epilettico	17,14-18	9,17-27	9,38-42	
i due ciechi di Gerico (Bartimeo e un altro cieco)	20,29-34	10,46-52	18,35-43	
l’uomo sordomuto		7,32-35		
l’ossesso della sinagoga		1,23-26	4,33-35	
il cieco di Betsaida		8,22-25		
la donna curva			13,11-13	
l’uomo idropico			14,2-4	
i dieci lebbrosi			17,11-19	
l’orecchio del servo del sommo sacerdote			22,50-51	
il figlio di un ufficiale di Cafarnao				4,46-53
il malato della piscina di Betzatà				5,2-9
il cieco nato				9,1-7
MIRACOLI SULLA NATURA				
la tempesta sedata	8,23-27	4,37-41	8,22-25	
Gesù cammina sulle acque	14,25	6,48		6,19
moltiplicazione dei pani	14,15-21	6,35-44	9,12-17	6,5-13
seconda moltiplicazione dei pani	15,32-38	8,1-9		
la moneta nella bocca del pesce	17,24-27			
la maledizione del fico	21,19	11,13-14; 20		
la pesca miracolosa			5,1-7	
la trasformazione dell’acqua in vino				2,1-11
un’altra pesca miracolosa				21,1-11
LA RISURREZIONE DEI MORTI				
la figlia di Giairo	9,18-19; 23-25	5,22-24; 38-42	8,41-42; 49-55	
il figlio della vedova di Nain			7,11-15	
Lazzaro				11,1-44

5. La misericordia di Dio e l'universalità della salvezza

Al decalogo, le "dieci parole" del monte Sinai, consegnate dal Signore a Mosè durante il percorso nel deserto verso la Terra promessa, si era aggiunta nei secoli una lunga serie di prescrizioni morali e rituali, di cui i farisei e i dottori del Tempio si consideravano custodi. In Israele **la Legge di Dio** sembrava essere diventata **un criterio di distinzione e separazione**: l'umanità veniva divisa tra coloro che la ignoravano perché Dio non li aveva ritenuti degni di riceverla (i "pagani"), coloro che la conoscevano ma la trascuravano (i figli di Israele colpevoli di diversi peccati) e coloro che la seguivano fedelmente e potevano essere considerati giusti.

In quest'ottica JHWH appariva, nell'insegnamento di molti maestri contemporanei di Gesù, unicamente come un giudice (giusto) dell'osservanza della Legge: insomma, Egli era presentato soltanto come **il Dio della Torah**.

Diversamente dalla mentalità legalistica dei farisei, in cui prevaleva il rispetto della norma sulle esigenze dell'uomo, Gesù cominciò a praticare un atteggiamento di **accoglienza e attenzione per tutti**, particolarmente nei confronti dei peccatori. Egli non condannava, ma rivolgeva a ogni persona il suo appello: lasciarsi amare da un Dio che, prima ancora di essere un giudice, è un **Padre misericordioso**.

L'annuncio di Gesù era caratterizzato da una forte ispirazione universalistica. Egli non escludeva nessuno; anzi, attirandosi l'ostilità di molti maestri della fede, sembrava addirittura prediligere ladri, esattori delle tasse (i "pubblicani", che collaboravano con i dominatori romani), prostitute ("In verità io vi dico: i pubblicani e le prostitute vi passano avanti nel regno di Dio", Mt 21,31). Inoltre dialogava con i **samaritani** (considerati eretici e veri e propri nemici dai giudei) e persino con i pagani (anche ufficiali romani).

■ Caravaggio, ***Vocazione di San Matteo***, 1599-1600, Roma, San Luigi dei Francesi, cappella Contarelli. ***Matteo era un pubblicano, ma Gesù lo chiamò tra i suoi discepoli.***

Samaritani

Erano gli abitanti della regione della Samaria. Essi riconoscevano come libri sacri soltanto i primi cinque libri della Bibbia (Torah) e aspettavano l'arrivo di un nuovo Mosè. Inoltre ritenevano che il luogo prescelto da Dio per i sacrifici fosse non il Tempio di Gerusalemme ma il tempio costruito da loro sul monte Garizim (che si trovava, appunto, in Samaria). Per i giudei, i samaritani si erano allontanati dalla "vera fede" dopo la morte di Salomone, quando il regno si divise in due.

6. Gesù e il Padre

Padre nostro che sei nei cieli,
sia santificato il tuo nome,
venga il tuo regno,
sia fatta la tua volontà,
come in cielo così in terra.
Dacci oggi il nostro pane quotidiano,
e rimetti a noi i nostri debiti
come anche noi li rimettiamo ai nostri debitori,
e non abbandonarci alla tentazione,
ma liberaci dal male.
(Mt 6,9-13)

■ M. Schongauer, *Gesù in preghiera*, 1485, Collezione privata.

In diverse occasioni Gesù parla di Dio. Lo presenta, per esempio, come il pastore buono, che conosce tutte le sue pecore e che non si rassegna ad averne perduta nemmeno una (Mt 18,12-14).
Ma soprattutto lo rivela come **Padre**, un padre che ama tutti con un amore gratuito, privilegiando i poveri e chi sa di non avere meriti particolari. È come il padre che accoglie con gioia e con una grande festa il figlio che torna a casa pentito dopo essersene andato, anni prima, sbattendo la porta (Lc 15,11-32), che si rallegra di ritrovare chi si era perduto, pronto a rinnovare la sua amicizia e la sua fiducia. Gesù stesso si rivolgeva a Dio chiamandolo "Padre" e chiedeva ai suoi amici di fare altrettanto: ai suoi discepoli insegnò infatti la preghiera che conosciamo come *Padre nostro.*
Per Israele non era una novità rivolgersi a Dio con l'appellativo di "padre". Ogni "giusto" poteva infatti ritenere di "avere Dio per padre", come insegnavano le Scritture; inoltre l'espressione "figlio di Dio" era usata come appellativo del popolo di Israele o anche del re, suo rappresentante. C'è però qualcosa di diverso nelle parole di Gesù e nel suo modo di rivolgersi a Dio e di esserne "figlio".
Anzitutto Gesù si rivolge al Padre con una **familiarità unica**. Nella preghiera del *Padre nostro* viene usata l'espressione aramaica *abbà*, la stessa usata dai figli ancora bambini per rivolgersi al padre: è un'espressione confidenziale, quasi irriverente per la mentalità ebraica del tempo.
Gesù poi usa spesso l'espressione "Padre mio", accostandola a "Padre vostro", quasi a sottolineare un **rapporto assolutamente unico** tra lui e Dio, un rapporto caldo e affettuoso, di **ubbidienza** ("Il mio cibo è fare la volontà di colui che mi ha mandato e compiere la sua opera", Gv 4,34), ma anche di **affidamento** totale ("Non sia fatta la mia, ma la tua volontà", Lc 22,42; "Padre, nelle tue mani consegno il mio spirito", Lc 23,46). Gesù ha un rapporto intimo e totale con il Padre. Con Lui Gesù **si identifica**, fino a dire: "Chi ha visto me, ha visto il Padre" (Gv 14,9) e ancora: "Tutto è stato dato a me dal Padre mio; nessuno conosce il Figlio se non il Padre, e nessuno conosce il Padre se non il Figlio e colui al quale il Figlio vorrà rivelarlo" (Mt 11,27).
A questo Padre Gesù invita ogni uomo ad abbandonarsi con fiducia.

7. Un nuovo programma di vita

Beati i poveri in spirito, / perché di essi è il regno dei cieli.
Beati quelli che sono nel pianto, / perché saranno consolati.
Beati i miti, / perché avranno in eredità la terra.
Beati quelli che hanno fame e sete della giustizia, / perché saranno saziati.
Beati i misericordiosi, / perché troveranno misericordia.
Beati i puri di cuore, / perché vedranno Dio.
Beati gli operatori di pace, / perché saranno chiamati figli di Dio.
Beati i perseguitati per la giustizia, / perché di essi è il regno dei cieli.
Beati voi quando vi insulteranno, vi perseguiteranno e, mentendo, diranno ogni sorta di male contro di voi per causa mia. Rallegratevi ed esultate, perché grande è la vostra ricompensa nei cieli. Così infatti perseguitarono i profeti che furono prima di voi.
(Mt 5,3-12)

Gesù insegna un nuovo stile di vita: quello di uomini e donne che si affidano totalmente a Dio. Questo atteggiamento porta a una rivoluzione nella mentalità e nei valori: quella rivoluzione descritta nel **discorso delle beatitudini** (Mt 5,3-12). Il fatto decisivo è quello di **affidare la propria vita a Dio**, Padre misericordioso e provvidente. Questo, infatti, dà il coraggio di rinunciare alla ricchezza come ideale più alto da raggiungere, alla violenza come legge dei rapporti umani, all'ingiustizia come metodo per affermare il proprio potere, al giudizio sugli altri, al vizio in ogni sua forma.

Il Padre buono chiede però di affidarsi davvero a Lui, non a parole, ma con tutta la vita: "Non chiunque mi dice: 'Signore, Signore', entrerà nel regno dei cieli, ma colui che fa la volontà del Padre mio che è nei cieli" (Mt 7,21). Proprio come fa Gesù: è lui, infatti, l'esempio da seguire, l'uomo delle beatitudini.

■ Beati i misericordiosi...

8. Il Regno è Gesù

Gesù non si limita ad annunciare il Regno di Dio, cioè l'amore di Dio per gli uomini, come un profeta o un semplice maestro che interpreta le Scritture antiche, ma afferma che l'avvento di questo Regno è legato alla sua persona.
Ai discepoli di Giovanni il Battista, accorsi a vedere se la persona che Giovanni indicava fosse veramente il Cristo, il **Messia** che Israele stava aspettando, Gesù rivolge un invito preciso: "Venite e vedrete" (Gv 1,39).
Infatti è lui a mostrare il Regno, in parole e opere, cioè attraverso i suoi insegnamenti autorevoli e i suoi gesti miracolosi. E per questo può portare se stesso come esempio ("Vi ho dato un esempio, infatti, perché anche voi facciate come io ho fatto a voi", Gv 13,15; "imparate da me, che sono mite e umile di cuore", Mt 11,29).
Mentre prosegue la sua attività di maestro itinerante e di guaritore, dunque, Gesù propone se stesso come **Salvatore** e come via per giungere alla piena comunione con Dio. Dice infatti: "Voi mi chiamate il Maestro e il Signore, e dite bene, perché lo sono" (Gv 13,13) e soprattutto: "Io sono la via, la verità e la vita" (Gv 14,6). E quando Pietro, il primo dei discepoli, alla domanda di Gesù stesso che chiede: "Ma voi, chi dite che io sia?" risponde: "Tu sei il Cristo, il Figlio del Dio vivente" (Mt 16,15-16), Gesù conferma questa sorprendente risposta. L'avvento del Regno, dunque, che si concretizza nella presenza di Gesù tra gli uomini, **è la risposta all'attesa messianica del popolo di Israele**.

Messia

In ebraico *Mashiah* era "l'unto", cioè colui che era consacrato da Dio per una missione, per mezzo dell'unzione con l'olio santo (in pratica, venivano unti re e sacerdoti). Presso gli ebrei si fece viva l'attesa del Messia inviato da Dio inteso come liberatore politico e religioso. Gesù, anche se disse al Sommo Sacerdote di essere il Messia (Luca 22,67; Marco 14,61-62), non volle mai presentarsi come liberatore politico. La parola Messia corrisponde al greco *Christós*.

■ Mosaico del Duomo di Cefalù, che raffigura Cristo Salvatore Pantocratore ("Onnipotente").

L'immagine

L'immagine raffigura un miracolo compiuto da Gesù: la resurrezione dell'amico Lazzaro.

K. Isakson, *Resurrezione di Lazzaro*, 1921, Stoccolma, Moderna Museet.

Leggi l'immagine

1. In che posizione si trova Gesù nel dipinto? Perché l'autore l'ha messo in questa posizione?
2. Chi sono le figure alle sue spalle? Per rispondere, puoi rileggere il Vangelo di Luca 11,1-44.
3. Com'è l'ambiente intorno a Gesù? Riesci a distinguere qualche elemento? Quale?
4. Le figure sono ritratte in modo particolareggiato oppure in modo indefinito?

1. Gesù, il solo maestro

Il ritratto di Gesù maestro

Chiave di lettura

Gesù, a differenza dei profeti, non si presenta come portavoce di Dio, ma parla in prima persona, parlando con autorità.

Contrariamente al giudaismo, costruito dalla lunga storia del popolo ebreo arricchita con le rivelazioni profetiche narrate nella Bibbia, il cristianesimo è fondato sulla sola figura di Gesù. Il legame tra Gesù e la chiesa nata l'indomani della sua Passione è stato, fin dall'origine, di una tale evidenza che i suoi fedeli sono stati immediatamente definiti discepoli della persona di Cristo, "cristiani": secondo gli Atti degli Apostoli, scritti dai trenta ai sessant'anni dopo la sua morte, sono stati chiamati per la prima volta così ad Antiochia (At 11,26).

Prima di Gesù nessun profeta giudeo aveva caratterizzato una comunità al punto da trasmetterle il proprio nome. Bisogna dire che tutti questi profeti parlavano a nome di Jahvè, dietro al quale si annullavano, presentandosi come portavoce di Dio che, per loro tramite, si rivolgeva al suo popolo. La novità risiede nel fatto che, a differenza di coloro che l'hanno preceduto, Gesù parla in prima persona. Egli usa d'autorità espressioni come "io", "vi dico", punteggia le sue parole con l'ebraico *amen* o "in verità", singolo e talvolta ripetuto (*amen amen* occorre in 25 passi del Vangelo di Giovanni), per infondere maggior peso all'autorità del suo "vi dico". E non esita a far piazza pulita degli insegnamenti di coloro che l'hanno preceduto [...].

Gesù si presenta come "il solo maestro" (Mt 23,10), l'unico mediatore: "Io sono la via, la verità e la vita. Nessuno viene al Padre se non per mezzo di me" (Gv 14,6). Quanto ai miracoli compiuti, non sono altro che l'espressione concreta del suo potere salvifico: la guarigione esteriore, infatti, è il riflesso di una guarigione più importante, la liberazione interiore, procurata a coloro che vengono a lui per la sola azione della fede e della conversione del cuore, indipendentemente dai riti e dalle istituzioni, come il Tempio, del quale Gesù sottolinea a più riprese la degenerazione.

F. Lenoir, *Cristo filosofo*, Garzanti, Milano 2009

L'attività

1. Qual è la differenza fondamentale fra Gesù e i profeti che l'hanno preceduto?
2. In che senso il legame tra Gesù e i suoi seguaci si rende evidente fin dall'inizio della Chiesa?
3. I miracoli sono un segno esteriore di guarigione interiore: che cosa significa quest'affermazione?

Documenti

2. La parabola nella tradizione ebraica

La parabola del buon samaritano

Chiave di lettura

L'insegnamento attraverso le parabole era tipico della tradizione ebraica: anche in questo caso, dunque, Gesù rimane all'interno della propria tradizione.

La parabola è essenzialmente un paragone sviluppato sotto forma di storia. Non vuole tanto insegnare, quanto far riflettere gli uditori sul loro comportamento; vuol condurli a portare un giudizio su se stessi per cambiare quel comportamento. Poiché in genere non si è buoni giudici di se stessi, la parabola ci conduce a farlo senza che ce ne accorgiamo.
Davide, per esempio aveva peccato prendendosi la moglie del suo ufficiale Uria e facendo uccidere quest'ultimo. Il profeta Natan, incaricato di fargli prendere coscienza di questo peccato, gli racconta allora una storia verosimile, quella di un ricco proprietario che ha rubato a un povero l'unica pecora che aveva. Davide esclama: "Quest'uomo merita la morte!", dando così senza rendersene conto, un giudizio su se stesso. Natan può concludere: "Quell'uomo sei tu!" (2Sam 12,1-15).
La parabola è dunque un paragone semplice. I particolari della storia hanno la sola funzione di renderla verosimile in due fasi: "come... così" ("Come quell'uomo ha peccato rubando la pecora al povero, così anche tu Davide...").

E. Charpentier, *Per leggere il Nuovo Testamento*, Borla, Roma 1992

L'attività

1 Le parabole di Gesù sono semplici sentenze, enunciazioni oppure eventi, qualcosa che accade e provoca cambiamenti nella storia?

2 Le parabole di Gesù sono in grado di provocare una risposta nel senso di accoglienza o rifiuto del messaggio che trasmettono; esse aiutano, quindi, a esprimere giudizi? In che modo?

3 Ancora oggi le parabole di Gesù sono in grado di indurre un cambiamento in chi le ascolta oppure vengono ridotte a contenuto teologico o insegnamento morale? Rifletti e discuti con i compagni.

3. Il "parlare in parabole" di Gesù

Chiave di lettura

Parlare per mezzo di parabole era un modo che Gesù usava da un lato per essere compreso facilmente, dall'altro per velare di mistero la sua predicazione e stimolare gli ascoltatori a meditare, se non a comprendere immediatamente il suo insegnamento.

Gesù parlava in parabole. Basta scorrere le pagine dei Vangeli per averne la prova. E dobbiamo presumere che non lo facesse raramente, a giudicare dal numero di parabole che gli evangelisti ci hanno trasmesso. Alcuni passi inducono addirittura a pensare che Gesù non parlasse alla gente in altro modo che in parabole. Si ha l'impressione che Gesù considerasse questo modo di esprimersi come il più adeguato alla capacità di compren-

sione degli ascoltatori e quindi il più adatto a trasmettere efficacemente il suo messaggio Una cosa, in ogni caso, è opportuno precisare sin d'ora: quella che affrontiamo non è semplicemente una questione esegetica. La posta in gioco è ben più alta. Dietro la domanda: "Perché Gesù parlava in parabole", sta infatti una questione attualissima e gravissima: quella del "linguaggio religioso", del come parlare adeguatamente di Dio oggi. Il mondo occidentale sente fortemente questa fatica. Spesso il linguaggio usato per parlare di Dio è stentato e fiacco, a volte imbarazzato, a volte generico; si formulano giudizi che, alla luce del Vangelo, risultano perlomeno inadeguati. Da qui il bisogno di approfondire, di mettersi alla scuola di Gesù, di lasciarsi guidare da lui alla ricerca di un linguaggio capace di "dire Dio". [...]
Più volte Gesù parlò in modo allusivo ed enigmatico, "non apertamente", attraverso il velo delle similitudini: egli diceva e non diceva, svelava e nascondeva, manifestava e occultava. Questo è precisamente il punto che ci interessa: perché Gesù usava un simile linguaggio? Perché non era più esplicito, non diceva apertamente e accuratamente tutto quello che sapeva? Potrà sembrare strano, ma per annunciare autenticamente il Vangelo è necessario in qualche misura velarlo.
La constatazione che Gesù non facesse seguire alle parabole la spiegazione (solo i discepoli ne erano in alcuni casi beneficiati, ma sempre in privato) ci impedisce di considerare le parabole strumenti didattici, esempi che conducono l'ascoltatore a un insegnamento espresso poi in termini più concettuali. La parabola di Gesù non sfocia in una spiegazione piana ed esplicita, magari introdotta dalla formula: "Questo racconto ci insegna che...".
La parabola di Gesù mantiene tutta la sua carica di enigmaticità, lascia all'ascoltatore il compito di comprenderla, lo interpella e lo costringe a interrogarsi, lo coinvolge in prima persona e lo impegna alla ricerca del senso. L'esortazione che spesso risuona infatti è la seguente: "Chi ha orecchie per intendere, intenda", cioè "chi è in grado di capire, cerchi di capire". Gesù racconta parabole non certo obbedendo a schemi prefissati ma, al contrario, sull'onda della sua emozione interiore, sospinto dal bisogno di comunicare il mistero di Dio a coloro che gli stanno davanti.
[...] Quando consideriamo le circostanze in cui Gesù racconta le parabole, ci accorgiamo di quanto egli sia attento ai suoi uditori.
Da un lato, dunque, le parabole sono un vero insegnamento; esse parlano di Dio, della sua opera, delle conseguenze per la vita degli uomini, della risposta che Dio si attende; dall'altro, le parabole sono un atto di cortesia, di rispetto della libertà degli uomini, di condiscendenza, quasi di tenerezza. Gesù è un vero maestro anche per questo. Egli conosce il cuore degli uomini e perciò non ha fretta, sa adeguarsi al passo dell'ascoltatore, accetta anche che questi faccia fatica a capire, attende che si ricreda e che riveda alcune posizioni. Intanto si ingegna di offrire un insegnamento che per lo meno susciti degli interrogativi, che faccia breccia in cuori induriti e che dia un orientamento sicuro ai cuori incerti e smarriti; un insegnamento, insomma, che permetta di compiere un primo passo e disponga a un cammino successivo. I ritmi della conoscenza che proviene dalla fede sono lenti. Per questo la rivelazione va anche nascosta, velata. La libertà dell'uomo non è in grado di reggere tutto il peso della rivelazione di Dio.

C.M. Martini, *Le sorprese del linguaggio di Gesù*, in "Avvenire", 28 febbraio 2011

■ Nelle parabole si parla del buon pastore e della pecora smarrita, immagini vicine all'immaginario degli ascoltatori di Gesù.

Documenti

L'attività

1 Perché Gesù privilegiava il linguaggio in parabole? Per quale ragione, cioè, lo preferiva al linguaggio diretto ed esplicito? Quali sono le caratteristiche specifiche di questo linguaggio? Quali sono gli obiettivi che consente di raggiungere?

2 In che senso le parabole sono "un atto di cortesia, di rispetto della libertà degli uomini, di condiscendenza, quasi di tenerezza" da parte di Gesù?

3 Se Gesù fosse vissuto ai giorni nostri e nella nostra società, avrebbe utilizzato altre parabole, altri paragoni per esprimere le stesse idee contenute nei Vangeli. Prova a riscrivere in chiave moderna, con riferimenti alla quotidianità, una delle parabole proposte qui di seguito (o un'altra a tua scelta):

- Mt 22,2-14 → parabola del banchetto nuziale;
- Lc 12,16-21 → parabola del ricco stolto;
- Lc 16,19-31 → parabola del ricco e del povero Lazzaro.

4. I miracoli ieri e oggi

Gesù era un mago?

Chiave di lettura

I miracoli sono segni del Regno di Dio che si avvicina e insieme segni anticipatori della risurrezione.

L'immagine di Gesù taumaturgo [cioè operatore di miracoli] si trova nei quadri riassuntivi della sua attività che scandiscono la trama narrativa del Vangelo di Marco (Mc 1,32-34; 3,7-12; 6,53-56). Di fronte a questa immagine di Gesù taumaturgo è legittimo chiedersi che senso hanno i racconti di miracolo non solo per i lettori originali di Marco, ma anche per noi oggi.

1. Tipologia di miracoli evangelici

I venti (circa) racconti di miracolo nei Vangeli possono essere distribuiti in queste tre tipologie: 1. guarigione e risuscitazione; 2. liberazione (esorcismo, liberazione dal naufragio); 3. donazione (pane, vino).

V. van Gogh, *La resurrezione di Lazzaro*, 1890, Amsterdam, Van Gogh Museum. *I miracoli sono segni anticipatori del Regno di Dio e della risurrezione di Gesù.*

2. Significato dei miracoli di Gesù

I racconti di miracolo nei Vangeli hanno un significato religioso:

– sono "segni" del regno di Dio che si è fatto vicino: solidarietà e fedeltà di Dio che libera, protegge e assiste (Mt 12,28 / Lc 11,20);

– sono segni anticipatori della risurrezione, come piena e definitiva vittoria sul male e sulla morte (= nuova creazione), secondo questa scansione: creazione – esodo – segni del Regno di Dio – risurrezione (= nuova creazione). Nell'Antico Testamento sono raccontate le azioni potenti di Dio per mezzo delle quali egli salva, libera, protegge e guida il suo popolo e rivela il suo disegno di salvezza universale. I miracoli sono "segni" e "potenze" attraverso i quali Dio si rivela come creatore e salvatore, fedele e solidale. Nell'ambiente greco-romano presso i santuari dedicati ad Asklépios (Esculapio) si trovano ex-voto in cui si raccontano le guarigioni dei malati (Pergamo, Epidauro, Cos). Alcuni episodi prodigiosi sono attribuiti a personaggi "saggi" come Apollonio di Tiana (I secolo d.C.).

3. I miracoli di Gesù oggi

Di fronte ai miracoli di Gesù, il lettore attuale dei Vangeli reagisce in modo ambivalente. Da una parte è portato a rigettare il miracolo, in nome di una visione del mondo dove il miracolo è considerato un fenomeno fantastico, assurdo e inutile. Dall'altra è attirato dall'idea di vedere nel miracolo una manifestazione "evidente" di Dio, per fondare o sostenere la sua fede. Nella storia della cultura si è avuta un'evoluzione nel modo di considerare l'evento o il fenomeno chiamato "miracolo". L'idea che il miracolo, in forza dell'intervento straordinario di Dio, sarebbe una sospensione della legge di natura, è estranea alla tradizione religiosa biblica in cui si collocano i Vangeli. D'altra parte in una visione dinamica del mondo, la cosiddetta "legge di natura" non è altro che una possibile interpretazione di alcuni fenomeni che si susseguono con regolarità. Si tratta di un'ipotesi provvisoria, convenzionale e utile per organizzare il lavoro e la vita umana sul pianeta. Prima dell'apparizione della "vita" sulla terra non esistevano le leggi biologiche. Il dinamismo della vita era aperto a tutte le possibilità. Perché anche ora non potrebbe essere aperto ad altre possibilità che non rientrano negli abituali schemi di interpretazione? Per la tradizione evangelica i miracoli di Gesù sono segni anticipatori del Regno di Dio e della nuova creazione. Ma essi restano oscuri ed enigmatici per quanti vorrebbero controllare l'agire sovrano di Dio. Ai farisei, che gli chiedono un segno evidente "dal cielo" – da Dio – Gesù risponde che nessun segno sarà dato a questa generazione incredula come quella del deserto (cf. Mc 8,11-12). Infatti i prodigi intesi come spettacolo del divino possono essere compiuti anche dai falsi profeti e dagli pseudo-messia. Il regno di Dio non è un sogno o un'utopia, proprio perché ha la sua anticipazione e garanzia in Gesù morto e risorto. I miracoli evangelici legano saldamente Gesù risorto alla vicenda umana, segnata dal bisogno, dalla paura, dalla malattia e dalla morte. La vittoria definitiva di Gesù sulla morte inizia nella periferia di un'umanità malata, affamata e impaurita. Questo è il "lieto messaggio" che sostiene l'impegno attivo dei credenti, per anticipare nei gesti di liberazione e di giustizia il Regno di Dio.

R. Fabris, *Gesù taumaturgo ed esorcista*, Atti dell'incontro tenuto a Ferrara, Parrocchia dell'Immacolata, 25 novembre 2009

L'attività

1. Leggi il brano della moltiplicazione dei pani, come è riportato in tutti e quattro i Vangeli (Mt 14,15-21; Mc 6,35-44; Lc 9,12-17; Gv 6,5-13). Individua le differenze tra i vari testi e il senso di tale miracolo nelle quattro diverse versioni.
2. L'atteggiamento dell'uomo di oggi di fronte al miracolo: facile creduloneria, rifiuto o disponibilità all'accettazione almeno in linea di principio? Quale tra queste posizioni è la più condivisa nel tuo gruppo classe? Perché?
3. Qualcuno ha detto : "Se uno vuol credere, non ha bisogno dei miracoli; se uno non vuol credere, non bastano tutti i miracoli di questo mondo per convincerlo". Tu che ne pensi?

5. Dio "padre" nel testo biblico

- Un Dio che è "Padre" ma anche "Madre"
- Ma i cristiani sono gente "felice"?
- Gandhi e Gesù

Chiave di lettura

Nei testi biblici Dio non è chiamato mai "madre" per ragioni storiche e culturali.

Rimane infine ancora la domanda: Dio non è anche madre? Il paragone dell'amore di Dio con l'amore di una madre esiste: "Come una madre consola un figlio, così io vi consolerò (Is 66,13). "Si dimentica forse una donna del suo bambino, così da non commuoversi per il figlio delle sue viscere? Anche se ci fosse una donna che si dimenticasse, io invece non ti dimenticherò mai" (Is 49,15). In modo particolarmente toccante appare il mistero dell'amore materno di Dio nella parola ebraica *rahamin*, che originariamente significa "grembo materno", ma poi diventa il termine per il *con*-patire di Dio con l'uomo, per la misericordia di Dio. Nell'Antico Testamento, organi del corpo umano vengono spesso impiegati per indicare atteggiamenti fondamentali dell'uomo o anche i sentimenti di Dio, così come "cuore" o "cervello" sono ancora oggi impiegati per esprimere qualche aspetto della nostra esistenza. In questo modo l'Antico Testamento illustra gli atteggiamenti fondamentali dell'esistenza non con termini astratti, ma con il linguaggio di immagini tratte dal corpo. Il grembo materno è l'espressione più concreta dell'intimo intreccio di due esistenze e delle attenzioni verso la creatura debole e dipendente che, in corpo e anima, è totalmente custodita nel grembo della madre. Il linguaggio figurato del corpo ci offre così una comprensione dei sentimenti di Dio per l'uomo più profonda di quanto permetterebbe un qualsiasi linguaggio concettuale.

Se nel linguaggio plasmato a partire dalla corporeità dell'uomo l'amore della madre appare inscritto nell'immagine di Dio, è tuttavia anche vero che Dio non viene mai qualificato né invocato come madre, sia nell'Antico sia nel Nuovo Testamento. "Madre" nella Bibbia è un'immagine ma non un titolo di Dio. Perché? Solo tastoni possiamo cercare di comprenderlo. Naturalmente Dio non è né uomo né donna, ma appunto Dio, il Creatore dell'uomo e della donna. Le divinità-madri, che circondavano il popolo d'Israele come anche la Chiesa del Nuovo Testamento, mostravano un'immagine del rapporto tra Dio e mondo decisamente antitetica rispetto all'immagine biblica di Dio. [...] L'immagine del padre era ed è adatta a esprimere l'alterità tra Creatore e creatura, la sovranità del suo atto creativo. Solo mediante l'esclusione delle divinità-madri l'Antico Testamento poteva portare a maturità la sua immagine di Dio, la pura trascendenza di Dio.

Benedetto XVI, *Gesù di Nazaret* (Prima parte), Rizzoli, Milano 2007

■ Guercino, *Il ritorno del figliol prodigo*, 1651, Wloclawek, Museo diocesiano. *Con la parabola del padre misericordioso, Gesù sottolinea il grande amore di Dio padre verso tutti i suoi figli.*

L'attività

1. In che senso l'immagine figurata del grembo materno permette di comprendere immediatamente la natura dei rapporti fra Dio e l'uomo?
2. Perché nella Bibbia "madre" non ricorre mai come titolo di Dio?
3. A quali divinità-madri fa riferimento Benedetto XVI? Lavorando in gruppo, compi una breve ricerca sulle divinità-madri dell'antichità.

Verifica

Verifica le parole-chiave

Sulla base dei contenuti svolti nell'unità, spiega con una breve definizione il significato delle "parole-chiave" indicate nell'elenco che segue. In classe o anche individualmente si possono aggiungere altre parole-chiave a quelle proposte.

Parabole ....

....

Miracoli ....

....

Regno di Dio ....

....

Padre ....

....

Beatitudini ....

....

Messia ....

....

Leggi, rifletti e lavora

1 *Maestro, profeta, guru, predicatore, mago*… indica quale di questi termini, secondo te, può indicare meglio la figura di Gesù, spiegandone il motivo.
I risultati individuali possono servire come base per l'elaborazione di un "profilo" condiviso.

2 Indica in che cosa consiste la predicazione di Gesù, usando come traccia le domande che seguono.
Che cosa annuncia Gesù? A chi? In che modo? Che parole usa? Che gesti usa?
Alla fine, formula una tua definizione di "Regno di Dio".

3 Dividete la classe in tanti gruppi quante sono le beatitudini; ogni gruppo elaborerà una scheda in cui indicherà degli esempi coerenti con la beatitudine proposta e degli esempi che vanno nella direzione opposta. Gli esempi devono essere relativi a personaggi, situazioni ecc. noti a tutti o che possono essere resi noti mediante una breve descrizione. Alla fine ogni gruppo, tramite un portavoce, condividerà con la classe la riflessione fatta.

4 Felicità è parola sempre di moda. Molto spesso è il "cavallo di battaglia" della pubblicità, che abbina il raggiungimento della felicità all'acquisto di determinati prodotti. Ne parlano in tanti e ciascuno sembra averne la "ricetta" in tasca. Rifletti e rispondi.

a. Che cosa è per te la felicità? Con quale immagine potresti definirla?
b. Quali sono i valori che caratterizzano la felicità?
c. Che cosa devi fare, secondo le indicazioni dei mass media, per essere felice?
d. Credi che la felicità sia un sogno a portata di mano per te? Come pensi di realizzarlo?
e. Conosci persone realmente felici? Perché pensi che lo siano? Come vivono?
f. La felicità comporta necessariamente la rinuncia? A che cosa sei disposto a rinunciare per essere felice?
g. Qual è la "formula" della felicità annunciata da Gesù? Ti convince o la trovi fuori moda e senza senso? E, se ti piace, pensi di poterla seguire? In che modo?

La mappa

Ecco di nuovo alcune parole-chiave incontrate durante lo svolgimento dell'unità.

Costruisci una mappa, mettendo in relazione tra loro i concetti. Puoi lavorare da solo oppure in gruppo.

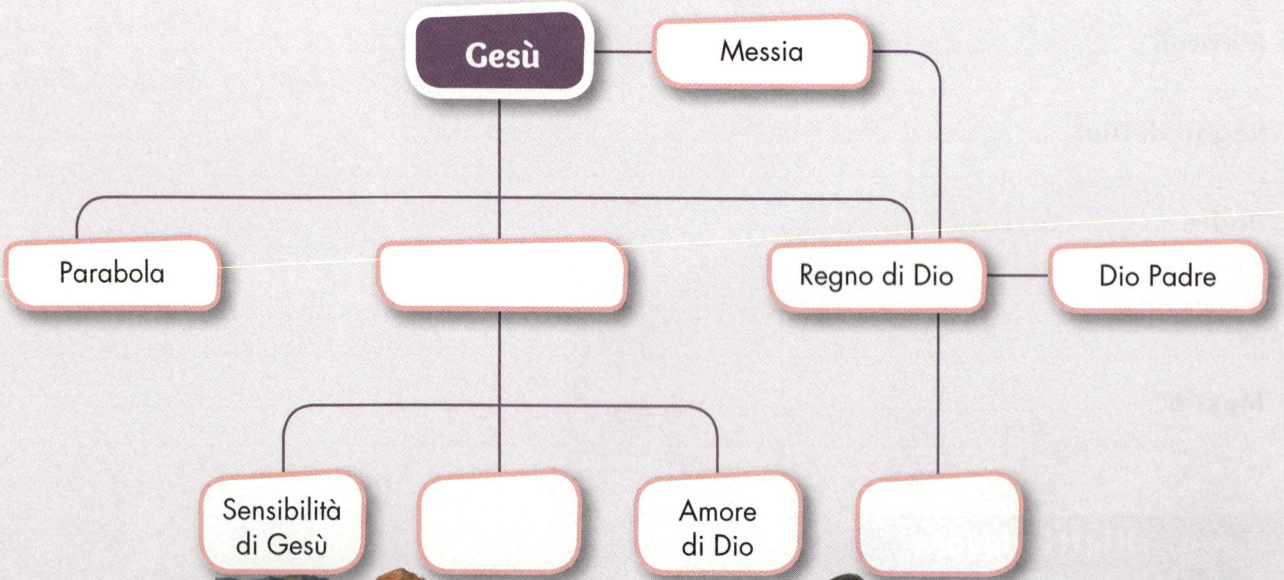

J. von Führich, *La pesca miracolosa*, XIX secolo, Collezione privata.

Legame con Dio – Miracoli – Beatitudini

La morte e la risurrezione di Gesù

Vorremmo riflettere sul fatto che…

- **L'attività di insegnamento e di guarigione attirò a Gesù molte ostilità.**
- **Egli era consapevole di andare incontro alla morte e presentò se stesso e la propria vita come offerta d'amore "per molti".**
- **Alla morte di Gesù in croce seguì, secondo la testimonianza dagli apostoli, la sua risurrezione.**

■ D. Velazquez, *Cristo crocifisso* (particolare), 1631-32, Madrid, Museo del Prado.

1. Un personaggio sempre più scomodo

Anche raccontando episodi diversi, i quattro Vangeli concordano su un punto: l'attività di Gesù e il suo annuncio del Regno di Dio gli procurarono crescenti **incomprensioni** e **ostilità**. Egli faceva riferimento sempre alla tradizione e alle Scritture, ma offriva una luce nuova per comprenderle. Gesù si presentava sempre più come punto di riferimento per chiunque volesse conoscere Dio e la sua volontà sugli uomini e sulla storia. In particolare, alcune sue affermazioni e alcuni suoi atteggiamenti crearono scandalo in molti difensori della fede tradizionale.

- Egli diceva: "Io sono la luce del mondo" (Gv 8,12). Insegnava: "Se uno osserva la mia parola, non vedrà la morte in eterno" (Gv 8,51). Insisteva, in polemica con i farisei e i dottori della Legge, nell'affermare: "Se io glorificassi me stesso, la mia gloria sarebbe nulla. Chi mi glorifica è il Padre mio, del quale voi dite: 'È nostro Dio!', e non lo conoscete. Io invece lo conosco" (Gv 8,54-55). Infine associava alla sua persona ogni possibilità di salvezza: "Io sono la risurrezione e la vita; chi crede in me, anche se muore, vivrà; chiunque vive e crede in me, non morirà in eterno" (Gv 11,25-26).
- Un gesto importante viene testimoniato da tutti i Vangeli. Giunto a Gerusalemme, Gesù affermò di sentirsi investito dell'autorità di **difendere il vero culto religioso**. Così racconta Matteo: "Gesù entrò nel tempio e scacciò tutti quelli che nel tempio vendevano e compravano; rovesciò i tavoli dei cambiamonete e le sedie dei venditori di colombe e disse loro: 'Sta scritto: La mia casa sarà chiamata casa di preghiera. Voi invece ne fate un covo di ladri' " (Mt 21,12-13).
- Il suo giudizio sui capi religiosi del suo tempo divenne **sempre più severo**. Egli insegnava così: "Sulla cattedra di Mosè si sono seduti gli scribi e i farisei. Praticate e osservate tutto ciò che vi dicono, ma non agite secondo le loro opere, perché essi dicono e non fanno. Legano infatti fardelli pesanti e difficili da portare e li pongono sulle spalle della gente, ma essi non vogliono muoverli neppure con un dito. Tutte le loro opere le fanno per essere ammirati dalla gente" (Mt 23,2-5).

■ Cecco del Caravaggio, ***Cacciata dei mercanti dal Tempio***, 1610-15, Berlino, Staatliche Museen, Germäldegaleue.

La condanna di Gesù sembra senza appello: "Guai a voi, scribi e farisei ipocriti, che pagate la decima sulla menta, sull'anéto e sul cumìno, e trasgredite le prescrizioni più gravi della Legge: la giustizia, la misericordia e la fedeltà" (Mt 23,23).

› Anche **l'atteggiamento della gente comune verso Gesù suscitava perplessità e allarme** nei difensori dell'ordine costituito, perché egli era sempre più amato dalle folle. Giovanni ricorda che il giorno in cui Gesù sfamò miracolosamente una grande folla, la gente diceva: "Questi è davvero il profeta, colui che viene nel mondo!" e "venivano a prenderlo per farlo re" (Gv 6,14-15). Nel giorno del suo ultimo ingresso a Gerusalemme, la folla lo acclamava dicendo: "Benedetto colui che viene, il re, nel nome del Signore!" (Lc 19,38). E dopo che Gesù ebbe compiuto un miracolo che suscitò una forte impressione, la risurrezione dell'amico Lazzaro, morto da quattro giorni, "molti dei Giudei [...], alla vista di quel che egli aveva compiuto, credettero in Lui" (Gv 11,45).

■ Miniatura medievale che raffigura l'ingresso di Gesù a Gerusalemme, acclamato dalla folla.

2. La decisione di uccidere Gesù

I nemici di Gesù ritenevano di avere diversi validi motivi per considerare inevitabile la sua eliminazione.

2.1 La motivazione politica

L'evangelista Giovanni riporta quella che potrebbe essere considerata una motivazione di tipo **politico**. Dopo la risurrezione dell'amico Lazzaro dalla morte, che suscita molto entusiasmo tra la gente e aumenta la fama di Gesù, i sommi sacerdoti e i farisei cominciano seriamente a preoccuparsi: "Allora i capi dei sacerdoti e i farisei riunirono il sinedrio e dissero: 'Che cosa facciamo? Quest'uomo compie molti segni. Se lo lasciamo continuare così, tutti crederanno in lui, verranno i romani e distruggeranno il nostro tempio e la nostra nazione'. Ma uno di loro, Caifa, che era sommo sacerdote quell'anno, disse loro: 'Voi non capite nulla! Non vi rendete conto che è conveniente per voi che un solo uomo muoia per il popolo, e non vada in rovina la nazione intera!' " (Gv 11,47-50). In questo passo si nota, tra l'altro, una **non usuale intesa tra farisei e sacerdoti** del Tempio, di solito divisi su argomenti sia religiosi sia politici: entrambi vedono in Gesù un pericolo per la sopravvivenza del popolo e della nazione.

2.2 La motivazione religiosa

Nella decisione di eliminare il maestro di Nazaret più forte e radicata fu però la motivazione di tipo **religioso**. Farisei e scribi rimproveravano a Gesù non solo o non tanto il suo agire in nome di Dio, ma **il suo proporsi come Dio stesso**. Lo si nota ogni volta che Gesù afferma, per esempio, di poter perdonare i peccati di un uomo. In questi casi la reazione è immediata, come racconta l'evangelista Marco:

■ Il sommo sacerdote Caifa si straccia le vesti, scandalizzato per le affermazioni di Gesù (dipinto del XIV secolo, Siena, Duomo). *I nemici di Gesù decisero di eliminarlo per motivi sia politici sia religiosi.*

"Erano seduti là alcuni scribi e pensavano in cuor loro: 'Perché costui parla così? Bestemmia! Chi può perdonare i peccati, se non Dio solo?' " (Mc 2,6-7).

La stessa dura reazione aveva luogo ogni volta che Gesù operava una guarigione nel giorno di **sabato**, che la Legge riservava al riposo assoluto e alla sola preghiera. Dopo che egli ebbe guarito un uomo con la mano paralizzata proprio di sabato, avvenne che "i farisei uscirono subito [dalla sinagoga] con gli erodiani e tennero consiglio contro di lui per farlo morire" (Mc 3,6); una volta in cui Gesù e i suoi discepoli si misero a raccogliere spighe di sabato, "i farisei gli dicevano: 'Guarda! Perché fanno in giorno di sabato quello che non è lecito?' " (Mc 2,24). Gesù veniva spesso criticato, soprattutto dai farisei e dagli scribi: "Perché mangia e beve insieme ai pubblicani e ai peccatori?" (Mc 2,16); "Perché noi [i discepoli di Giovanni] e i farisei digiuniamo molte volte, mentre i tuoi discepoli non digiunano?" (Mt 9,14); "Gli scribi, che erano scesi da Gerusalemme, dicevano: 'Costui è posseduto da Beelzebùl e scaccia i demòni per mezzo del capo dei demòni' " (Mc 3,22); "Noi sappiamo che quest'uomo è un peccatore!" (Gv 9,24); "Ora sappiamo che sei indemoniato. Abramo è morto, come anche i profeti, e tu dici: 'Se uno osserva la mia parola, non sperimenterà la morte in eterno'. Sei tu più grande del nostro padre Abramo, che è morto? Anche i profeti sono morti. Chi credi di essere?' " (Gv 8,52-53). Insomma, secondo alcuni Gesù **rischiava di mettere in pericolo la fede di Israele**, l'osservanza della Torah.

3. Gesù e l'esito della sua missione

- L'"uomo dei dolori" di Isaia
- Perché la passione di Gesù?

Gesù era consapevole che il suo appello alla conversione e a un radicale cambiamento di mentalità non poteva essere facilmente accolto dai suoi uditori. Egli non si spaventava nemmeno dell'ostilità che incontrò durante il proprio insegnamento. Gli evangelisti concordano nell'affermare che **Gesù non si faceva illusioni** circa l'esito finale della propria missione. In più occasioni mostrò di essere consapevole che sarebbe andato incontro, a Gerusalemme, nella città santa, alla "resa dei conti": "Poi prese con sé i Dodici e disse loro: 'Ecco, noi saliamo a Gerusalemme, e si compirà tutto ciò che fu scritto dai profeti riguardo al Figlio dell'uomo: verrà infatti consegnato ai pagani, verrà deriso e insultato, lo copriranno di sputi e, dopo averlo flagellato, lo uccideranno' " (Lc 18,31-33).

Per Gesù, **lo scontro con i suoi "nemici" era non solo inevitabile, ma anche necessario**, perché proprio in questo scontro si sarebbe pienamente rivelata la sua fiducia nel Padre e compiuta la sua missione, il suo annuncio di salvezza per tutti gli uomini. Il progetto di amore di Dio, il Padre, per ogni uomo, non temeva la morte: anzi, l'avrebbe vinta. Gesù stupiva i suoi discepoli con queste parole: "Voi sapete che i governanti delle nazioni dominano su di esse e i capi le opprimono. Tra voi non sarà così; ma chi vuole diventare grande tra voi, sarà vostro servitore e chi

vuole essere il primo tra voi, sarà vostro schiavo. Come il Figlio dell'uomo, che non è venuto per farsi servire, ma per servire e dare la propria vita in riscatto per molti" (Mt 20,25-28).
L'insegnamento di Gesù, per quanto sorprendente, è chiaro: la via della vita, il "segreto" per la vita piena è l'**amore**, perché Dio stesso, il Padre, è amore misericordioso verso tutti, un amore così grande che non teme la persecuzione e la morte. Gesù invita a guardare il proprio esempio, la propria vita, totalmente dedicata agli altri, come offerta, "sacrificio" di salvezza. Così l'evangelista Giovanni riassume il messaggio di Gesù: "Questo è il mio comandamento: che vi amiate gli uni gli altri come io ho amato voi. Nessuno ha un amore più grande di questo: dare la sua vita per i propri amici" (Gv 15,12-13).

4. L'ultima cena con i discepoli

La vita di Cristo nei capolavori dell'arte: L'ultima cena

Giovedì Santo, il dono dell'Eucarestia

Il momento solenne in cui Gesù spiega con parole e gesti di particolare intensità il significato della propria missione è quello dell'ultima cena con i suoi discepoli, a Gerusalemme, alla vigilia del suo arresto e della sua passione. Sono questi gli avvenimenti centrali raccontati nei Vangeli, avvenimenti che in quel momento sconvolsero i discepoli di Gesù e che furono da loro ripensati e compresi soltanto dopo, quando l'annuncio della risurrezione di Gesù illuminò di una luce nuova e speciale gli avvenimenti vissuti.
Si era nel periodo della celebrazione della Pasqua ebraica. Mentre le autorità si preparavano ad arrestare Gesù, di nascosto dalla folla, egli, giunto a Gerusalemme per l'ultima volta, si preparava a celebrare la festa con i propri discepoli.
Nella cena pasquale gli ebrei celebravano – e celebrano ancora oggi – il ricordo della liberazione dalla schiavitù in Egitto e quindi l'amore di Dio nei loro confronti. Lo facevano – e lo fanno tuttora – seguendo un rituale antichissimo, descritto con meticolosità nella Bibbia. Anche quella volta Gesù e i suoi discepoli lo rispettano fedelmente, ma durante il rito della Pasqua, il Maestro, con alcuni gesti e con le sue parole, dà un **significato nuovo** all'antica cena.

■ S. Dalì, *L'ultima cena*, 1955, Washington, National Gallery of Art.

L'Eucaristia

L'evangelista Luca racconta che Gesù, durante la cena, "prese il pane, rese grazie, lo spezzò e lo diede loro dicendo: 'Questo è il mio corpo, che è dato per voi; fate questo in memoria di me'. E, dopo aver cenato, fece lo stesso con il calice dicendo: 'Questo calice è la nuova alleanza nel mio sangue, che è versato per voi' " (Lc 22,19-20). Che cosa significano questi gesti e queste parole?

- Gesù **associa il pane e il vino** al proprio corpo e al proprio sangue, cioè **alla sua persona**. Il pane spezzato e il vino versato alludono alla sua morte, che è un dono per l'umanità. Egli parla di sé e della sua vita, della sua missione, come di un'offerta totale.
- Gesù **associa se stesso, il suo sangue, all'alleanza**, cioè al patto di amore e di amicizia perenne tra JHWH e il suo popolo. L'immagine richiama il patto del Sinai, quando Mosè e gli israeliti suggellarono l'alleanza con JHWH con il sangue delle vittime immolate (Es 24,4-8). Ora è il sangue di Gesù che "lega", che sancisce un'alleanza nuova: quella antica è ripresa e, in un certo senso, rinforzata.
- Gesù invita i discepoli a **unirsi al pasto**: "Prendete, mangiate... bevetene" (Mt 26,26-27). È un invito rivolto a tutti i suoi discepoli, con i quali il Maestro vuole condividere la sua vita e l'offerta totale di sé: come dal pane mangiato deriva la forza per vivere, così dalla condivisione della vita di Gesù viene agli uomini la forza di una vita nuova e piena. Un unico pane spezzato, condiviso da tutti i commensali, significa poi la loro unione **in una sola comunità**: mangiare quel pane, che è Gesù, inaugura **un nuovo popolo e una nuova unione tra gli uomini**.
- Gesù infine chiede ai discepoli di **ripetere il suo gesto**: "fate questo in memoria di me" (Lc 22,19). Da allora in poi, i cristiani si riuniscono per ubbidire a questo comando e ripetere i gesti e le parole di Gesù, facendo memoria del suo sacrificio, della sua offerta "per molti", in attesa della salvezza eterna. È la celebrazione della **Messa**, che ripropone la **cena del Signore** o **frazione del pane** o **Eucaristia**. Subito dopo la morte e la risurrezione di Gesù, gli apostoli e i primi cristiani cominciarono a riunirsi tra loro ripetendo con cura i gesti e le parole dell'ultima cena. Ed è così ancora oggi.

Eucaristia

Il termine deriva dal greco *eucharistía*, che significa "rendimento di grazie, ringraziamento". Esso ricorda le benedizioni ebraiche, soprattutto durante il pasto, che proclamano le grandi opere di Dio; anche Gesù, nell'ultima cena, comincia con il rendere grazie al Padre. In ambito cristiano il vocabolo compare verso la fine del I secolo, nelle Epistole di Sant'Ignazio, e diventerà ben presto il termine corrente per indicare la celebrazione della cena del Signore.

In memoria di me

Quello che chiede Gesù con le parole "fate questo in memoria di me" non è un semplice ricordo di sé e dei suoi gesti. Piuttosto la parola "memoria" allude alla Pasqua, che era "memoriale" della liberazione degli ebrei dalla schiavitù in Egitto: non un semplice ricordo psicologico o interiore, ma un atto ripetuto per rendere nuovamente vivo e presente l'intervento di salvezza di Dio, suscitare la gratitudine del popolo e impegnare Dio stesso a rinnovare la propria azione di salvezza. Così è per l'ultima cena. "Quando la Chiesa celebra l'Eucaristia – scrive il *Catechismo della Chiesa cattolica* (1364) – fa memoria della pasqua di Cristo, e questa diviene presente: il sacrificio che Cristo ha offerto una volta per tutte sulla croce rimane sempre attuale".

■ Leonardo da Vinci, *Ultima cena* (particolare), 1491-97, Milano, Refettorio del convento di Santa Maria delle Grazie.

5. La condanna alla morte di croce e la sepoltura

Dopo l'ultima cena con i discepoli, raccontano i Vangeli, Gesù viene tradito da Giuda, uno dei Dodici: viene arrestato dalle guardie al servizio del Tempio, mentre si trovava, di notte, a pregare in un luogo a poca distanza da Gerusalemme, nel giardino detto Getsèmani.

Gesù viene poi portato davanti al tribunale ebraico, il **sinedrio**, dove subisce un processo sommario e dove, di fronte alle accuse, sceglie il silenzio. Solo alla domanda diretta del sommo sacerdote: " 'Ti scongiuro, per il Dio vivente, di dirci se sei tu il Cristo, il Figlio di Dio'. 'Tu l'hai detto' gli rispose Gesù" (Mt 26, 63-64) e cita antiche profezie che parlano di lui, dopo la sua morte: "D'ora innanzi vedrete il Figlio dell'uomo seduto alla destra della Potenza e venire sulle nubi del cielo" (Mt 26,64). Di fronte a questa dichiarazione il consiglio decreta la colpevolezza di Gesù, dicendo che è un bestemmiatore, che si fa uguale a Dio e, per questo, merita la morte.

- La vita di Cristo nei capolavori dell'arte: Cattura di Gesù
- La vita di Cristo nei capolavori dell'arte: Processo e martirio

Dal Getsemani al Gallicantu

Tutti i Vangeli concordano nel dire che Gesù viene poi condotto davanti al governatore romano, **Ponzio Pilato**. A proposito della condotta di Pilato, essi affermano che il governatore fece una serie di tentativi per evitare a Gesù quella condanna a morte che solo l'autorità romana poteva imporre.

Sono interessanti alcune frasi, presenti nel Vangelo di Giovanni, che Gesù avrebbe pronunciato di fronte al rappresentante dell'Impero romano in Palestina: "Il mio regno non è di questo mondo. [...] Tu lo dici: io sono re. Per questo io sono nato e per questo sono venuto nel mondo: per dare testimonianza alla verità. Chiunque è dalla verità, ascolta la mia voce" (Gv 18,36-37). Gesù conferma quindi il proprio atteggiamento di fronte alla persecuzione: mitezza e fiducia nel Padre, insieme a fermezza nell'affermare la verità della propria missione.

Dopo aver fatto flagellare Gesù, di fronte all'insistenza della folla che chiedeva la sua morte, Pilato lo consegna ai soldati perché sia crocifisso, cioè subisca la morte riservata ai peggiori delinquenti.

■ N. Ge, *Che cos'è la verità? Cristo e Pilato*, 1890, Mosca, Galleria Tret'jakov.

Sinedrio

Il sinedrio (che deriva dal greco *synédrion*, "assemblea, consiglio") era l'istituzione più importante per gli ebrei. Presieduto dal sommo sacerdote, era formato da 71 membri, scelti tra i sommi sacerdoti destituiti, tra gli anziani appartenenti alle famiglie più abbienti di Gerusalemme e tra gli scribi. Il sinedrio aveva il compito di amministrare la vita religiosa, giuridica ed economica degli ebrei e a tale scopo aveva alle sue dipendenze un proprio corpo di polizia; inoltre poteva emettere sentenze di morte, che tuttavia dovevano essere approvate e confermate dai romani.

Le tappe della passione di Gesù secondo il Vangelo di Marco

E, mentre mangiavano, prese il pane e recitò la benedizione, lo spezzò e lo diede loro, dicendo: "Prendete, questo è il mio corpo". Poi prese un calice e rese grazie, lo diede loro e ne bevvero tutti. E disse loro: "Questo è il mio sangue dell'alleanza, che è versato per molti. In verità io vi dico che non berrò mai più del frutto della vite fino al giorno in cui lo berrò nuovo, nel regno di Dio". (Mc 14,22-25)

Giunsero a un podere chiamato Getsèmani ed egli disse ai suoi discepoli: "Sedetevi qui, mentre io prego". Poi, andato un po' innanzi, si gettò a terra e pregava che, se fosse possibile, passasse via da lui quell'ora. E diceva: "Abbà, Padre! Tutto è possibile a te, allontana da me questo calice! Però non ciò che voglio io, ma ciò che vuoi tu". (Mc 14,32; 35-36)

E subito, mentre ancora egli parlava, arrivò Giuda, uno dei Dodici, e con lui una folla con spade e bastoni, mandata dai capi dei sacerdoti, dagli scribi e dagli anziani. Il traditore aveva dato loro un segno convenuto, dicendo: "Quello che bacerò, è lui; arrestatelo e conducetelo via sotto buona scorta". Appena giunto, gli si avvicinò e disse: "Rabbì" e lo baciò. Quelli gli misero le mani addosso e lo arrestarono. (Mc 14,43-46)

Il sommo sacerdote, alzatosi in mezzo all'assemblea, interrogò Gesù dicendo: "Non rispondi nulla? Che cosa testimoniano costoro contro di te?". Ma egli taceva e non rispondeva nulla. Di nuovo il sommo sacerdote lo interrogò dicendogli: "Sei tu il Cristo, il Figlio di Dio benedetto?". Gesù rispose: "Io lo sono!" [...]. Allora il sommo sacerdote, stracciandosi le vesti, disse: "Che bisogno abbiamo ancora di testimoni? Avete udito la bestemmia; che ve ne pare?". Tutti sentenziarono che era reo di morte. (Mc 14,60-64)

A ogni festa, egli era solito rimettere in libertà per loro un carcerato, a loro richiesta. Un tale, chiamato Barabba, si trovava in carcere insieme ai ribelli che nella rivolta avevano commesso un omicidio. La folla, che si era radunata, cominciò a chiedere ciò che egli era solito concedere. Pilato, volendo dare soddisfazione alla folla, rimise in libertà per loro Barabba e, dopo aver fatto flagellare Gesù, lo consegnò perché fosse crocifisso. (Mc 15,6-8; 15)

Costrinsero a portare la sua croce un tale che passava, un certo Simone di Cirene, che veniva dalla campagna, padre di Alessandro e di Rufo. Condussero Gesù al luogo del Gòlgota, che significa "Luogo del cranio". (Mc 15,21-22)

Erano le nove del mattino quando lo crocifissero. La scritta con il motivo della sua condanna diceva: "Il re dei Giudei". Con lui crocifissero anche due ladroni, uno a destra e uno alla sua sinistra. (Mc 15,25-27)

Quando fu mezzogiorno, si fece buio su tutta la terra fino alle tre del pomeriggio. Alle tre, Gesù gridò a gran voce: "Eloì, Eloì, lemà sabactàni?" , che significa: " Dio mio, Dio mio, perché mi hai abbandonato?". Udendo questo, alcuni dei presenti dicevano: "Ecco, chiama Elia!". Uno corse a inzuppare di aceto una spugna, la fissò su una canna e gli dava da bere, dicendo: "Aspettate, vediamo se viene Elia a farlo scendere". Ma Gesù, dando un forte grido, spirò. (Mc 15,33-37)

Venuta ormai la sera, poiché era la Parasceve, cioè la vigilia del sabato, Giuseppe d'Arimatea, membro autorevole del sinedrio, che aspettava anch'egli il regno di Dio, con coraggio andò da Pilato e chiese il corpo di Gesù. Pilato si meravigliò che fosse già morto e, chiamato il centurione, gli domandò se era morto da tempo. Informato dal centurione, concesse la salma a Giuseppe. Egli allora, comprato un lenzuolo, lo depose dalla croce, lo avvolse con il lenzuolo e lo mise in un sepolcro scavato nella roccia. Poi fece rotolare una pietra all'entrata del sepolcro. (Mc 15,42-46)

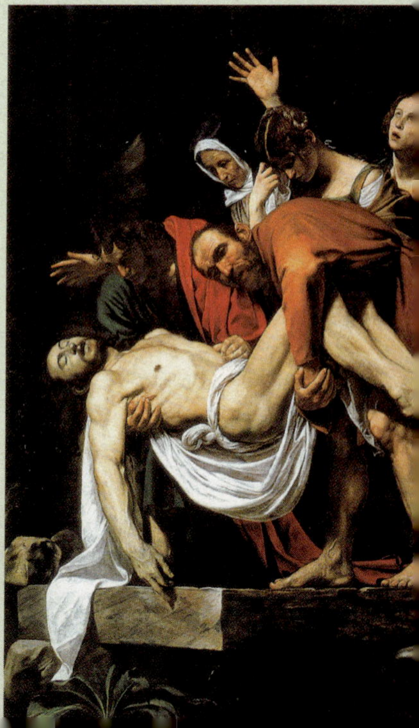

■ Caravaggio, ***Deposizione,*** 1602-04, Città del Vaticano, Pinacoteca Vaticana.

Gesù venne crocifisso fuori dalla città, su un'altura chiamata **Golgota** o **Calvario**. Con lui, quel giorno – gli studiosi hanno dubbi circa la data, che potrebbe essere il 14 o il 15 del mese di Nisan del calendario ebraico (rapportato al nostro sarebbe il 7 o l'8 aprile) dell'anno 30 o 31 della nostra era – furono crocifissi anche due "ladroni".

I Vangeli raccontano che la morte di Gesù – un fatto inequivocabile, avvenuto "alle tre del pomeriggio" – fu accompagnata da segni imponenti (si possono leggere sempre nel Vangelo di Marco 15,33 ss. o in Matteo 27,45 ss. e Luca 23,44 ss.): quando Gesù venne crocifisso, "si fece buio su tutta la terra"; nel momento della morte il velo del Tempio si squarciò, la terra tremò. Secondo Marco, il centurione romano (e quindi un pagano) che si trovava sul posto, visto morire Gesù, esclamò: "Veramente quest'uomo era Figlio di Dio!".

Dopo la morte, il corpo di Gesù fu deposto in un sepolcro poco distante dal luogo della crocifissione, un sepolcro nuovo, di proprietà di **Giuseppe di Arimatea**, autorevole membro del sinedrio. A costui Pilato diede il permesso di seppellire Gesù, solo dopo una breve inchiesta, per appurare che Gesù fosse veramente morto, poiché si stupiva che l'agonia fosse durata così poco: chiesta conferma al centurione, Pilato acconsentì a far togliere il condannato dalla croce.

■ W.H. Johnson, *Monte Calvario*, 1944 ca, Washington, Smithsonian American Art Museum.

La vita di Cristo nei capolavori dell'arte: Crocifissione e morte

La morte in croce

La croce era uno strumento di morte usato comunemente nell'Impero romano, con il quale si sottoponeva il condannato (in genere gli schiavi e i ribelli) a una terribile tortura; era ritenuto un supplizio talmente umiliante, che non poteva essere inflitto ai cittadini romani. Due pali di legno formavano una "T". Il condannato portava fino al luogo del supplizio il legno trasversale, al quale sarebbe stato inchiodato, legato con corde e poi issato sul legno verticale, già piantato nel terreno. Anche i piedi erano inchiodati e legati al palo. Esposto così al sole e agli scherni dei passanti, il condannato poteva morire anche molte ore dopo essere stato sollevato, per la perdita di sangue dalle ferite e per asfissia: con il passare del tempo, infatti, faceva sempre più fatica a restare diritto e a respirare normalmente. Spesso, dopo un lungo periodo di tortura, i condannati ricevevano il colpo di grazia: venivano loro spezzate le gambe (cosa che accelerava il soffocamento, perché i condannati non riuscivano più a sollevarsi per far allargare la cassa toracica) o veniva inferto loro un colpo di lancia.

6. Gesù sulla croce

Il giorno della Croce

La vita di Gesù terminava con un tragico rifiuto da parte delle autorità religiose e di quelle politiche del suo tempo e con l'abbandono, nella delusione, da parte dei suoi: "Allora tutti i discepoli lo abbandonarono e fuggirono" (Mt 26,56).

Egli aveva confidato fino alla fine nel Padre che aveva annunciato e servito. Sulla croce, secondo le testimonianze dei Vangeli, lo invocò con un drammatico grido che è la sua ultima accorata preghiera: "Dio mio, Dio mio, perché mi hai abbandonato?" (Mt 27,46); ma disse anche: "Padre, nelle tue mani consegno il mio spirito" (Lc 23,46) e "È compiuto!" (Gv 19,30), alludendo alla sua missione.

■ A. Mantegna, *Crocifissione* (particolare), 1457-59, Parigi, Musée du Louvre. ***Ai piedi della croce si vedono Maria e Giovanni, il discepolo prediletto, al quale Gesù affida la madre.***

Non mancò neppure l'occasione per gli ultimi gesti d'amore:

- il **perdono** nei confronti dei persecutori: "Padre, perdona loro perché non sanno quello che fanno" (Lc 23,34);
- l'**accoglienza** nei confronti di un uomo condannato come lui, ma **capace di pentimento** e di richiesta di aiuto: "In verità io ti dico: oggi con me sarai nel paradiso" (Lc 23,43);
- l'**affidamento della madre al discepolo prediletto** e di questi alla madre: "Gesù allora, vedendo la madre e accanto a lei il discepolo che egli amava, disse alla madre: 'Donna, ecco tuo figlio!'. Poi disse al discepolo: 'Ecco tua madre!'. E da quell'ora il discepolo l'accolse con sé" (Gv 19,26-27).

■ Piero della Francesca, *Resurrezione* (particolare), 1463-65 circa, Sansepolcro, Museo civico.

7. La "buona notizia": Gesù è risorto

Il primo giorno della settimana, Maria di Màgdala si recò al sepolcro di mattino, quando era ancora buio, e vide che la pietra era stata tolta dal sepolcro. Corse allora e andò da Simon Pietro e dall'altro discepolo, quello che Gesù amava, e disse loro: "Hanno portato via il Signore dal sepolcro e non sappiamo dove l'hanno posto!". Pietro allora uscì insieme all'altro discepolo e si recarono al sepolcro. Correvano insieme tutti e due, ma l'altro discepolo corse più veloce di Pietro e giunse per primo al sepolcro. Si chinò, vide i teli posati là, ma non entrò. Giunse intanto anche Simon Pietro, che lo seguiva, ed entrò nel sepolcro e osservò i teli posati là, e il sudario – che era stato sul suo capo – non posato là con i teli, ma avvolto in un

luogo a parte. Allora entrò anche l'altro discepolo, che era giunto per primo al sepolcro, e vide e credette. Infatti non avevano ancora compreso la Scrittura, che cioè egli doveva risorgere dai morti. I discepoli perciò se ne tornarono di nuovo a casa.
(Gv 20,1-10)

La vita di Cristo nei capolavori dell'arte: Resurrezione

- Il mattino di Pasqua, speranza senza limiti
- Il trionfo della luce, davanti alla tomba vuota

I Vangeli sono particolarmente accurati nel raccontare la passione e la morte di Gesù. Ma non si fermano qui. La "buona notizia", il Vangelo dei cristiani, infatti, comincia "dopo": quel Gesù, morto sulla croce, **è risorto** ed è vivo.
Questo è l'annuncio di Pasqua, della Pasqua cristiana, che è il passaggio di Gesù dalla morte alla vita, la sua risurrezione. E come Gesù è risorto dai morti – questo dicevano gli apostoli e ripetono, da allora fino a oggi, i cristiani – così sarà anche per tutti gli uomini che credono in lui.
Dopo la morte e dopo la sepoltura di Gesù, dopo la disperazione e la delusione che certamente dovettero provare i discepoli e i suoi amici in quei giorni tragici a Gerusalemme, succede l'inaspettato, un fatto straordinario: Gesù risorge dalla morte. Racconta l'evangelista Giovanni (20,1-10) che la prima a vedere la tomba vuota fu una donna, Maria di Magdala. Lei corse a chiamare Pietro e un altro discepolo (probabilmente lo stesso Giovanni), i quali si recarono anche loro al sepolcro, costatando che di Gesù erano rimaste soltanto le bende e il sudario. Tornati a casa, essi cominciarono ad annunciare la risurrezione di Gesù.

Secondo i racconti dei Vangeli, nelle settimane successive alla morte e risurrezione di Gesù **i discepoli incontrarono più volte il loro Maestro** vivo, il Risorto. È lui che li manda "in tutto il mondo" (Mc 16,15) ad annunciare la buona notizia.
Proprio la risurrezione dalla morte, cioè la vittoria sulla debolezza profonda dell'uomo, sul suo limite, è il segno definitivo che Gesù è veramente il Cristo, il Figlio di Dio, come egli aveva predicato durante la sua vita pubblica. È il segno che la sua via – "Io sono la via, la verità e la vita" aveva detto – è quella giusta, da seguire, che il Regno di Dio, annunciato, si compie.
Comincia da questo evento la nuova vita della comunità dei suoi discepoli.

Jacopo da Ponte (Bassano), *La cena in Emmaus*, 1538 ca, Cittadella, Chiesa parrocchiale. *L'incontro con i discepoli lungo la strada per Emmaus è una delle apparizioni di Gesù dopo la risurrezione.*

L'immagine

L'immagine mostra Gesù mentre lascia il pretorio dopo la sentenza di Pilato.

G. Doré, *Cristo mentre lascia il pretorio* (particolare), 1866, Nantes, Musée des Beaux-Arts.

Leggi l'immagine

1 Dove si concentra la luce dell'immagine?
2 Perché, secondo te, l'autore ha concentrato lì la luce?
3 Il personaggio di Gesù ti pare isolato dagli altri personaggi?
4 Quale elemento fa capire il supplizio a cui verrà sottoposto?
5. Gesù sembra camminare in direzione del suo supplizio. Com'è l'espressione del suo volto?

1. Il processo e la condanna

Gesù, personaggio scomodo

Documenti

Chiave di lettura

Il processo e la condanna di Gesù sono emblemi di una "giustizia ingiusta", che non si preoccupa di accertare la verità, ma cede a ragioni diverse.

[Gesù] scelse il "luogo" [della morte]: la travagliata Palestina, stretta tra autorità giudaiche e romane, con ben diverse normative (il diritto ebraico era quanto mai complesso, commisto com'era con questioni religiose). Scelse anche il "modo" della morte. Non un trapasso per vecchiaia né una morte traumatica per mano d'un uomo. Scelse la morte "in croce" comminata all'esito di un "processo". Anzi di due processi: uno religioso dinanzi al Sinedrio e l'altro civile dinanzi al governatore. Non si sottrasse Gesù – tradito da un discepolo, pentitosi per denaro (proprio come oggi!) – alle imperfette leggi degli uomini: accettò il "processo" e "volle" essere giudicato, pur sapendo quale sentenza sarebbe stata pronunziata e quale atroce morte avrebbe subito. Non rifiutò cioè la "giustizia" dei tribunali: dette a Cesare quello ch'era di Cesare, affermando, in definitiva, il primato, in terra, della giustizia degli uomini, anche se il Vangelo evidenzia la sua "ingiustizia"! Lui, innocente, e due "ladri" sulla croce; perfino un omicida... libero! Una "giustizia" palesemente ingiusta!

Non rileva accertare se i due processi furono o meno legittimi, rituali, esenti o meno da vizi procedimentali. Tanto interessa solo chi abbia a cuore un concetto di giustizia "formale", secondo cui è giusta la sentenza se è rispettosa delle leggi processuali. Né ovviamente rileva se le "responsabilità" di quei processi siano prevalentemente o esclusivamente ebree o romane.

Importa invece il "giudizio" espresso al suo termine: la sentenza. E fu quella innegabilmente una sentenza ingiusta. Ed è per questo che ancora oggi, a venti secoli, "quel processo" tormenta le nostre coscienze! Ingiusta perché ha tradito il principio del "*suum cuique tribuere*", avendo condannato Gesù anche se era innocente. Ingiusta perché contraria alla verità, non tanto perché il processo sia stato affetto da vizi. Perché non ogni processo viziato porta a una sentenza ingiusta, sì come non ogni processo esente da vizi porta a una sentenza giusta. Allorché Gesù rispose a Caifa d'essere "figlio di Dio", disse – e non poté non dire – il vero. Però non fu creduto, non gli si volle credere ("I sommi sacerdoti e gli scribi cercavano di impadronirsi di Gesù con inganno per ucciderlo"), nonostante le sue tante "opere", i molteplici "segni" della sua attività pregnante d'amore, che avrebbero dovuto far riflettere tutti i sinedrini (e non solo Giuseppe d'Arimatea e Nicodemo). E fu – pur innocente – condannato per bestemmia (reato religioso).

E allorché Pilato ebbe a interrogare Gesù e si rese conto della sua innocenza per il (diverso) capo d'imputazione per il quale gli era stato presentato ("abbiamo trovato costui che sobillava il nostro popolo, proibiva di pagare tributi a Cesare e diceva di essere il Cristo re"; Lc 23,2), del tutto privo di fondamento tanto da ammettere "non trovo in lui nessuna colpa", non fu conseguente, ma clamorosamente si lasciò condizionare dalla "piazza" (astutamente strumentalizzata dagli invidiosi sommi sacerdoti) e dalla ragion di stato (il timore di essere accusato da Roma e rischiare di essere rimosso dall'incarico). E pronunziò – tradendo il dovere d'essere giudice imparziale – la condanna a morte. È un potere che ha sacrificato la giustizia barattandola con il consenso d'una folla che rifiutava di conoscere i fatti, perché le bastava solo una vittima sacrificale; e non importava se la condanna a morte toccava a un innocente e – nel previsto scambio di prigionieri per la festa della Pasqua ("volete che vi lasci libero il re dei giudei?") – premiava l'assassino Barabba, che veniva così liberato. Furono quindi due sentenze ingiuste, soprattutto se pienamente rituali, suggellate dal "popolo".

La Sapienza ha voluto affidare alla storia un messaggio, direi una lezione di rito penale che tante, troppe volte si preferisce obliare: lo scopo d'un processo penale, di ogni processo anzi (che è già una pena!) è quello di giungere a una sentenza emessa da un giudice terzo, effettivamente indipendente, che sia conforme a "verità". Accertare la verità – nel pieno rispetto dei diritti inviolabili dell'uomo, primo dei quali quello della dignità – su un fatto/reato che si assume commesso: quella materiale e non già quella meramente formale, che non soddisfa, non può soddisfare le coscienze e che mina la credibilità nella giustizia, supremo anelito d'ogni uomo. Occorre ricordare sempre che Cristo venne condannato ingiustamente perché il gran sinedrio – invidioso – tradì la verità e Pilato tradì – assecondando la folla (il "popolo") – anche il suo dovere di giudice imparziale.

In definitiva la Sapienza ha voluto lasciarci, attraverso i Vangeli, la testimonianza di un clamoroso "errore giudiziario". E vuole che venga rammentato nei secoli, affinché uomini di buona volontà operino perché emerga sempre la verità sull'errore, la giustizia sull'ingiustizia, il primato della dignità dell'uomo sulla barbarie. Ancora oggi quel processo suona tragicamente a monito non solo per i pubblici ministeri, per i difensori, per i giudici e direi per i mass media, ma per ognuno di noi facente parte – tutti! – di quella indistinta "piazza" assetata di giustizia sommaria che, priva di carità, fa trasparire invidie, gelosie, rivalse. Quanti "cristi" sono ancora oggi ingiustamente privati della libertà (per giudici a volte sbrigativi, a volte prevenuti perché convinti "paladini/missionari" d'un ordine sociale – quale, poi? – da affermare), processati e forse anche condannati per una giustizia che ricerca consensi e non la "verità", per soddisfare una piazza che invoca una giustizia esemplare? Quanti ingiustamente percorrono la via crucis del processo, dileggiati, umiliati (spesso unitamente alle loro famiglie), distrutti nel corpo e nello spirito, nella solitudine più nera, senza incontrare neppure un cireneo o quanto meno una Veronica che compia un gesto di solidarietà? Quanti, come Cristo, giungono al limite della sofferenza fino a dolersi "Dio mio, Dio mio, perché m'hai abbandonato?" Tendere finalmente a un processo "giusto" che sia rispettoso non solo di formali regole di un crudele gioco tra parti contrapposte (accusa e difesa), ma pure della dignità dell'uomo – senza coazioni anche psicologiche – e che quindi, con "amore", si sforzi nella ricerca della verità. Una "verità" che sia l'obiettivo primario della difesa e dell'accusa e ancor più del giudice. Altrimenti "quella sentenza" – paradigmaticamente – peserà sempre più sulle nostre coscienze.

C. Copani in "Avvenire ", 30 giugno 1995

L'attività

1 "Rispose Gesù [a Pilato]: 'Tu lo dici: io sono re. Per questo io sono nato e per questo sono venuto nel mondo: per dare testimonianza alla verità' " (Gv 18,37). Che significato ha l'affermazione di Gesù? In che senso egli è re?

2 Quali furono le ragioni che indussero il sinedrio a far arrestare Gesù e a perseguire tenacemente la sua condanna a morte? Quali invece le motivazioni di Pilato?

3 L'autore dell'articolo propone un confronto tra il processo a Gesù con quello di tanti "poveri cristi" di oggi. In che senso?

2. Pasqua, bisogna credere l'incredibile

– Risuscitato il terzo giorno
– L'immagine sulla Sindone
– Dalla pianta di lino al tessuto sindonico e alla sua composizione chimica

Documenti

Chiave di lettura

Nella Pasqua, nel sacrificio e nella risurrezione di Gesù si ha la paradossale vittoria dell'amore sulla morte, amore che ancora oggi i cristiani possono e devono testimoniare.

Al cuore della fede cristiana vi è questo credere a un "incredibile": come credere che quel cadavere è risorto? E che quella risurrezione di Gesù di Nazaret possa manifestare i suoi effetti vivificanti su altri esseri umani e ancora oggi?
I Vangeli, ben consapevoli di questa difficoltà, testimoniano concordemente la fatica di quanti avevano seguito Gesù sulle strade di Galilea e di Giudea, fino a Gerusalemme, a pervenire alla fede nella risurrezione.
Scandalosa era già la morte violenta, ignominiosa di un Messia, ma ancor più scandalosa è la risurrezione del Messia morto in croce. Non solo, ma questo paradosso della fede cristiana suona ancor più incomprensibile per il fatto che la fede nella risurrezione è altra cosa dalla convinzione dell'immortalità. Credere alla risurrezione, infatti, implica il credere alla morte, il prendere sul serio la concretezza del cadavere di Gesù deposto nel sepolcro, ma anche l'assumere la propria morte, la morte di ciascuno e leggerla non come ultima, bensì come penultima parola su cui si erge vittorioso l'amore, cioè il Cristo risorto.
Quali elementi della fede cristiana possono interessare il non cristiano, chi non ha la fede in Dio e in Gesù Cristo? Il cristiano, infatti, crede che Gesù è stato risuscitato da Dio,

ma perché? Perché Gesù era suo figlio, certo, ma più in profondità ancora perché Gesù ha saputo come uomo, in una condizione umanissima, vivere l'amore fino all'estremo, fino a "raccontare il Dio che è amore". Quell'amore vissuto concretamente e quotidianamente da Gesù con tutti quelli che incontrava – amici e nemici, giusti e peccatori, intelligenti e insipienti – quell'amore che è rimasto intatto anche nella sofferenza, nella persecuzione, nella prova, quell'amore che non si fermava davanti all'avversario e all'omicida, quell'amore non poteva andare perduto. Il duello, sempre presente nelle nostre vite, tra morte e amore, nella vita di Gesù è stato un duello in cui l'amore ha vinto la morte e il male. Per questo Gesù è risorto, perché neanche l'oceano del male e della morte può spegnere l'amore vissuto. Un messaggio così, come può non interessare anche chi non crede in Gesù? L'amore riguarda tutti gli esseri umani! Ma questo messaggio così forte e liberante è affidato alla povertà dei cristiani. Vi è un passaggio nel racconto della passione fatto dall'evangelista Giovanni che ci rimanda alla responsabilità decisiva che i discepoli di Gesù hanno nell'annunciare la "buona notizia" dell'amore più forte dell'odio. Di fronte al sommo sacerdote che lo interroga "riguardo ai suoi discepoli e alla sua dottrina", Gesù risponde di aver sempre "parlato al mondo apertamente" e conclude: "Perché interroghi me? Interroga quelli che hanno ascoltato ciò che ho detto loro. Ecco, essi sanno le cose che ho detto". Ancora oggi quanti non condividono la fede cristiana hanno una via maestra per conoscerla: interrogare i discepoli di Gesù. E questi ultimi hanno la responsabilità di una testimonianza credibile di quanto hanno visto e udito nelle proprie vite. Per il cristiano allora, soprattutto nel momento in cui celebra la Pasqua del suo Signore, non vi è spazio per fughe, evasioni o spiritualismi, ma l'esigenza di vivere la risurrezione nell'esistenza, nell'oggi della storia, facendo sì che la fede pasquale diventi manifesta ed efficace già ora e qui. Sì, i credenti devono mostrare che la vita è più forte della morte e devono farlo nel costruire comunità in cui il "noi" si fa carico di ciascuno e l' "io" rinuncia a prevaricare, nel perdonare senza chiedere il contraccambio, nella gioia profonda che permane anche nelle situazioni di sofferenza e di persecuzione, nella compassione per ogni creatura, soprattutto per gli ultimi e i sofferenti, nella giustizia che porta a operare la liberazione dalle situazioni di morte in cui giacciono tanti esseri umani, nell'accettare di spendere la propria vita per gli altri, nel dare la vita liberamente e per amore, fino a pregare per gli stessi assassini, come tanti testimoni hanno fatto, ancora ai nostri giorni. Paradosso, certo, la risurrezione. Ma, proprio per questo, può essere narrato in modo credibile solo da altri paradossi, da quell'amore folle che arriva ad abbracciare perfino il nemico. Il cuore della fede cristiana è esattamente questo: credere l'incredibile, amare chi non è amabile, sperare contro ogni speranza. Sì, fede, speranza e carità sono possibili in ogni condizione, anche la più sofferta, se si crede alla risurrezione.

E. Bianchi in "La Stampa", 24 aprile 2011

L'attività

1 Perché l'autore afferma che il cuore della fede in Cristo significa credere nell'incredibile?

2 Che cosa significa per il cristiano di oggi credere nella risurrezione?

3 La fede cristiana considera la risurrezione come la vittoria sulla morte. Una tale speranza può cambiare qualche cosa nel cuore e nelle azioni delle persone? Che cosa e in che modo?

3. Il crocifisso per un ebreo

– La risurrezione di Gesù
– Dalla risurrezione all'annuncio del Vangelo

Chiave di lettura

Un giornalista ebreo (Gad Lerner) si interroga sul crocifisso e sul significato della morte di Cristo in croce.

Vivendo felicemente fra i cristiani, fin da bambino mi sono dovuto confrontare ogni giorno con l'immagine del Gesù crocifisso cui si rivolgevano le preghiere dei compagni di scuola.

Gli arti deformati dal supplizio, il sangue intorno ai chiodi, la nudità piagata, la corona di spine provocavano in me un turbamento e uno sconcerto che si potrebbe tradurre in una domanda: come è possibile che la più diffusa religione del pianeta, la fede cristiana dell'amore e della misericordia, assuma come simbolo un tale orribile strumento di tortura? Oggi so che un'obiezione simile veniva avanzata dai pagani per irridere alle prime comunità cristiane (*cruces iam non sunt adorandae sed subendae*). A sua volta il Corano rifiuta l'idea stessa della crocifissione di Gesù, affermando che un uomo reso simile a lui l'avrebbe sostituito sul Calvario, perché il Signore non poteva consentirne il martirio. Ma nel giorno in cui i cristiani piangono la morte di Dio è forse lecito riproporsi senza irrisione la domanda su quel simbolo inquietante, adorato da un terzo della popolazione mondiale. Se non altro perché la croce ha assunto centralità nel culto solo tre secoli dopo la morte di Gesù e assai più tardiva e controversa sarebbe stata la raffigurazione del crocefisso: dapprima con gli occhi aperti, divino e vincente sulla sofferenza (come permane nell'ortodossia); solo poi umiliato e derelitto, con gli occhi chiusi dell'uomo che muore. Mi si conceda allora la reminiscenza infantile di certi venerdì santi in cui la televisione cominciava ad amplificare l'enigma di un lutto esibito talora perfino in forme macabre: processioni di incappucciati, penitenti volontari con le schiene e le gambe insanguinate, rappresentazioni iperrealistiche dell'agonia di Gesù. Come negare, pur con il dovuto rispetto per la fede, l'effetto vagamente minaccioso che tali manifestazioni potevano esercitare? Forse perché al già terribile dramma della pubblica esecuzione commemorata si sommava implicita l'accusa di deicidio, non ancora contraddetta dal Concilio Vaticano II.

Un mio coetaneo ebreo, Stefano Caviglia, ha raccontato di recente su "Sette" che per tutta la durata delle preghiere mattutine la maestra gli imponeva di stare con le braccia allargate, a simulare il gesto della crocifissione. Acqua passata, per fortuna.

Ma tuttora chi osserva dall'esterno il ciclo della Pasqua cristiana ha la sensazione che il venerdì della morte di Dio prevalga nella devozione popolare sulla domenica della sua resurrezione. L'esaltazione del dolore pare sommergere l'idea stessa della redenzione che pure dovrebbe scaturirne. La crocifissione viene celebrata così come esperienza umana. Non a caso gli artisti solo di rado si sono cimentati col Gesù redivivo accanto al sepolcro vuoto o col Gesù dell'Ascensione. Prevale nell'iconografia un Gesù sempre più uomo agonizzante sulla croce. Allo stesso modo i fedeli, con lo scorrere dei secoli, si ispirano a un Gesù sempre più uomo.

M. Denis, *Crocifissione*, 1890-1895, Collezione privata.

E allora, di fronte a quello che rischia di configurarsi nella devozione popolare come l'ultimo sacrificio umano, viene da chiedersi se, così concepita, la passione di Gesù non contraddica la Genesi. Forse che il Signore non aveva fermato la mano di Abramo, pronto a sacrificargli l'unico figlio Isacco? Non aveva imposto il superamento dei sacrifici umani? D'accordo, furono gli uomini, e non certo Dio, a condannare Gesù. Ma poteva Egli desiderare che un uomo, il Cristo debole e sofferente dell'iconografia cattolica del secondo millennio, si immolasse sulla croce? Una Pasqua incentrata sul venerdì santo è una Pasqua che celebra piuttosto il dolore umano che non l'onnipotenza divina. Forse di qui trae origine il turbamento suscitato non dalla dottrina cristiana, ma dalle forme devozionali che storicamente ha assunto.
Come è noto, la croce sarebbe divenuta emblema fondamentale della fede cristiana e dell'impero romano nel 340, per opera di Costantino. È allora che s'impone come simbolo universale di una religione destinata a diffondersi nei cinque continenti e a proporsi come civiltà mondiale.
Il sacro legno diviene cioè al tempo stesso oggetto di adorazione e vessillo alternativo. Un simbolo d'amore supremo impiegato però anche in battaglia contro altri popoli, altre fedi, altre civiltà. Non è fuori luogo ricordare l'ambivalenza della croce proprio nel giorno in cui si celebra il suo significato originario. Tale ambivalenza, infatti, racchiude in sé il dolore del mondo, il bene e il male supremi. Per questo nel venerdì santo hanno potuto convivere preghiera appassionata e minacciosa inquietudine.

G. Lerner-V. Messori, in "Corriere della sera", 13 aprile 2001

■ Il volto sofferente di Gesù come appare nel film *La passione di Cristo*.

L'attività

1. La persona di Gesù si presta a interpretazioni contrastanti. Perché l'autore si chiede se la morte di Gesù in croce non contraddica la Genesi?
2. Concordi con l'autore, quando afferma che la devozione popolare (vie crucis viventi ecc.) del venerdì santo prevale sulla gioia che deve scaturire dalla Pasqua di resurrezione? Perché?
3. Che cosa intende l'autore, quando afferma che il crocifisso è insieme oggetto di adorazione e vessillo alternativo?

Verifica

Verifica le parole-chiave

Sulla base dei contenuti svolti nell'unità, spiega con una breve definizione il significato delle "parole-chiave" indicate nell'elenco che segue. In classe o anche individualmente si possono aggiungere altre parole-chiave a quelle proposte.

Sinedrio ....

....

Incomprensione ....

....

Ultima cena ....

....

Eucaristia ....

....

Passione ....

....

Croce ....

....

Risurrezione ....

....

Buona notizia ....

....

Leggi, rifletti e lavora

1. Divisi in gruppi, ricostruite le ultime vicende della vita di Gesù, seguendo alcune domande come traccia.
   a. Come è morto Gesù?
   b. Quali furono i motivi (veri e sostenuti dagli accusatori) della sua condanna?
   c. Era davvero un personaggio scomodo? Per chi?
   d. Sapreste descrivere brevemente gli avvenimenti immediatamente precedenti la morte di Gesù, a Gerusalemme?

   Il lavoro dei gruppi, condiviso in classe, servirà all'elaborazione di una presentazione in PowerPoint sulla passione e morte di Gesù.

2. "Gesù è risorto": questo è l'annuncio dei cristiani. Ma che cosa vuole dire? Che cosa raccontano i Vangeli?

3. Commenta l'affermazione di san Paolo: "Ma se Cristo non è risorto, vuota allora è la nostra predicazione, vuota anche la vostra fede. Se noi abbiamo avuto speranza in Cristo soltanto per questa vita, siamo da commiserare più di tutti gli uomini" (1Cor 15,14.19).

4. Per i cristiani la croce, patibolo e strumento di morte, è invece un segno di salvezza: spiega con una breve riflessione scritta quest'affermazione.

5. Pensa ai luoghi della vita quotidiana in cui vedi esposta la croce e il crocifisso (forse ce n'è uno anche nella tua aula). Avviate in classe una discussione sul significato e sull'importanza della presenza di questo simbolo a scuola e nei luoghi pubblici. Perché c'è? Che cosa rappresenta?

La mappa

Ecco di nuovo alcune parole-chiave incontrate durante lo svolgimento dell'unità.

Costruisci una mappa, mettendo in relazione tra loro i concetti. Puoi lavorare da solo oppure in gruppo.

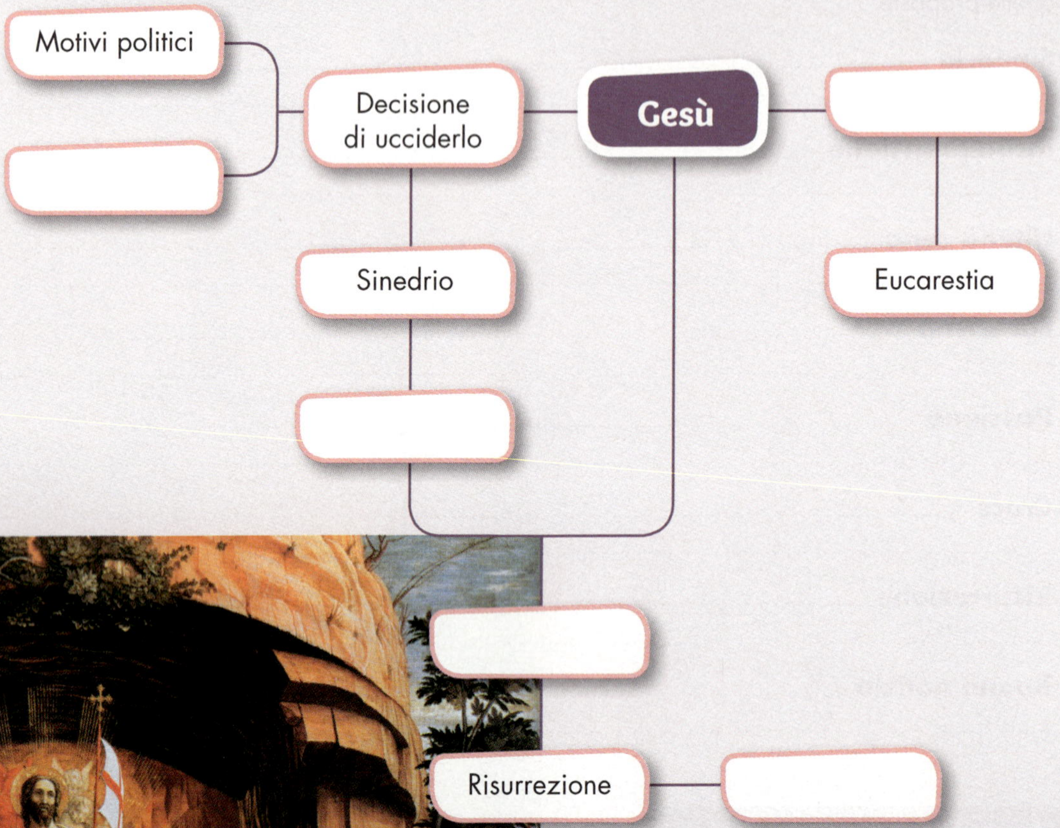

A. Mantagna, *Resurrezione di Cristo*, 1457-59, Tours, Musée des Beaux-Arts.

Ultima cena – Crocifissione – Motivi religiosi – Pilato – Buona notizia

Competenze alla prova

Leggi, rifletti e lavora

1 Una vita donata per gli altri: l'affermazione riassume, semplificando, il grande esempio di Gesù nella storia degli uomini. A partire da quest'affermazione, costruisci una sorta di "mappa della vita di Gesù", facendo partire da questo nucleo diversi episodi che in qualche modo rendono più chiaro e tangibile il concetto espresso. Per questi episodi dovrai trovare semplicemente un "titolo" significativo.

2 Insieme ai compagni, prepara una presentazione che metta insieme le "mappe della vita di Gesù" elaborate da ciascuno.

3 Scegliete uno degli episodi che avete individuato e preparate una rappresentazione teatrale, cercando di coinvolgere tutti gli studenti. Ciascuno dovrà scegliere il compito che preferisce: chi scrive i dialoghi e la sceneggiatura, chi aiuta a preparare i costumi, chi preferisce recitare...

4 Ricerca la storia di una persona che, in un passato più o meno lontano, si sia ispirata manifestamente a Gesù. Nell'introduzione alla ricerca, spiega i motivi per cui hai scelto quella persona e in che modo ha messo in pratica l'insegnamento di Gesù.

5 "La gente segue Cristo, lo ascolta, perché Gesù parla e agisce in modo nuovo, con l'autorità di chi è autentico e coerente, di chi parla e agisce con verità, di chi dona la speranza che viene da Dio, di chi è rivelazione del Volto di un Dio che è amore" (papa Francesco, *Corpus Domini* 2013). Commenta la frase del papa, spiegandone puntualmente i riferimenti e citando le fonti: come parla e agisce Gesù? Quale è stata la sua "coerenza" e come si è manifestata? Quale speranza offre agli uomini? Che cosa significa che Dio è amore?

6 *La Pietà* di Michelangelo, *L'Ultima cena* di Leonardo, *Il bacio di Giuda* di Giotto... sono solo tre fra un'infinità di opere d'arte ispirate a Gesù e alla sua vicenda. Sceglìne una, descrivila e analizzala. Puoi anche proporre un'altra opera a tua scelta.

Film da vedere

- *7 km da Gerusalemme* di C. Malaponti, 2006
- *I giardini dell'Eden* di A. D'Alatri, 1998
- *Io sono con te* di G. Chiesa, 2010
- *I colori della passione* di L. Majewski, 2011

ORIENTAMENTI... verso gli indirizzi

1. Informatica e telecomunicazioni

Lo studio su Gesù mette in evidenza come al cuore della sua esperienza ci sia la necessità di comunicare. Gesù lo fa attraverso le parole e i gesti: insegna e attrae a sé, è attento a farsi capire, usando spesso un linguaggio ed esempi vicini ai suoi interlocutori (si pensi, per esempio, all'uso delle parabole).
Attualizzando la necessità del comunicare, potrebbe essere interessante immaginare quali strumenti potrebbe usare oggi Gesù per annunciare il suo messaggio, individuando in primo luogo il messaggio da trasmettere, poi indicando quali strumenti e tecnologie usare, prospettando uno schema adeguato di sviluppo della comunicazione.
Può essere istruttivo provare a progettare un sito web su Gesù, tenendo conto di vita, parabole, miracoli, annuncio, morte e resurrezione...

2. Trasporti e logistica

Gesù era un predicatore itinerante e così i suoi discepoli, cui raccomandava di non portare con sé né borsa né sandali (cf Lc 10,4). Si è mosso per tutta la Palestina, con il suo gruppo di discepoli, fermandosi di volta in volta nei villaggi.
Immaginando quali necessità logistiche potevano avere Gesù e i discepoli e considerando gli itinerari seguiti da Gesù, si può ipotizzare un viaggio, soffermandosi sulle tappe e sull'"attrezzatura", sulle soste e sugli approvvigionamenti necessari per un piccolo gruppo di persone in viaggio nella Palestina al tempo di Gesù.

La Chiesa e i mezzi di comunicazione

NUCLEO

4 La Chiesa: il cristianesimo nella storia

Gesù si avvicinò e disse loro: "A me è stato dato ogni potere in cielo e sulla terra. Andate dunque e fate discepoli tutti i popoli, battezzandoli nel nome del Padre e del Figlio e dello Spirito Santo, insegnando loro a osservare tutto ciò che vi ho comandato. Ed ecco, io sono con voi tutti i giorni, fino alla fine del mondo".

(Mt 28,18-20)

Papa Francesco.

Che cosa ci proponiamo

La fede in Gesù Cristo morto e risorto, la memoria dei suoi insegnamenti, l'impegno per annunciarli a tutti e la volontà di metterli in pratica sono i fondamenti della vita della comunità dei "cristiani" che prende il nome di "**Chiesa**". Gesù stesso aveva scelto un gruppo di discepoli e conduceva con loro una vita di condivisione. Dopo la sua morte e risurrezione, secondo le testimonianze dei Vangeli e del libro Atti degli apostoli, Gesù risorto apparve più volte ai suoi discepoli, affidando loro il compito di annunciare a tutti, ovunque, il suo Vangelo, a compimento delle speranze di ogni uomo e di ogni donna. Da questo gruppo di inviati (**apostoli**) nacquero le prime comunità di cristiani.
In questo quarto nucleo tematico cercheremo di comprendere le caratteristiche della **Chiesa**.
Ci soffermeremo sui valori essenziali della comunità ecclesiale: l'ascolto della Parola, la celebrazione di alcuni "gesti di salvezza" (i sacramenti), la condivisione dei beni e la vita fraterna.
Infine prenderemo in considerazione alcune vicende storiche che hanno segnato il percorso ormai bimillenario della Chiesa e, soprattutto, approfondiremo il ruolo che la Chiesa svolge ancora oggi nel mondo.

Conoscenze e abilità

Questo nucleo affronta temi e propone attività che aiutano a raggiungere, in parte o del tutto, la conquista di alcune **conoscenze** e **abilità** suggerite nelle indicazioni nazionali. In particolare:

- permette di conoscere e comprendere l'origine e la natura della Chiesa, individuando le forme principali del suo agire nel mondo: annuncio, sacramenti, carità;
- aiuta a riconoscere gli eventi principali della storia della Chiesa e i loro effetti nella nascita e nello sviluppo della cultura europea;
- abilita a leggere i segni del cristianesimo nell'arte e nella tradizione culturale;
- consente di conoscere gli elementi principali di storia del cristianesimo fino all'epoca moderna e i loro effetti per la nascita e lo sviluppo della cultura europea;
- introduce all'ecumenismo e al dialogo interreligioso;
- permette di confrontarsi con la testimonianza cristiana offerta da alcune figure significative del passato e del presente;
- presenta il Concilio ecumenico Vaticano II come evento fondamentale per la vita della Chiesa nel mondo contemporaneo;
- introduce il Magistero su aspetti della realtà sociale, economica, tecnologica.

Competenze... in costruzione

- Valutare il contributo sempre attuale della tradizione cristiana allo sviluppo della civiltà umana [...].
- Valutare la dimensione religiosa della vita umana a partire dalla conoscenza della Bibbia e della persona di Gesù Cristo, riconoscendo il senso e il significato del linguaggio religioso cristiano.
- Sviluppare un maturo senso critico e un personale progetto di vita, riflettendo sulla propria identità nel confronto con il messaggio cristiano [...].
- Cogliere la presenza e l'incidenza del cristianesimo nelle trasformazioni storiche prodotte dalla cultura umanistica, scientifica e tecnologica.

Unità 1

Dai discepoli di Gesù alla comunità apostolica

■ M. Basaiti, ***Vocazione dei figli di Zebedeo***, 1510, Venezia, Gallerie dell'Accademia.

Vorremmo riflettere sul fatto che…

- **Gesù raccolse intorno a sé un gruppo di discepoli scelti da lui, i Dodici.**
- **Dopo la morte e la risurrezione, Gesù apparve ai suoi discepoli e li inviò nel mondo come apostoli, testimoni e annunciatori della "buona notizia".**
- **Intorno agli apostoli si radunò, progressivamente, una comunità di credenti, uomini e donne, che condividevano la stessa fede in Gesù Cristo e lo stesso stile di vita.**

1. I Dodici

Gli apostoli: la Parola, l'arte, la tradizione.

Gesù, intanto, con i suoi discepoli si ritirò presso il mare e lo seguì molta folla dalla Galilea. Dalla Giudea e da Gerusalemme, dall'Idumea e da oltre il Giordano e dalle parti di Tiro e Sidone, una grande folla, sentendo quanto faceva, andò da lui.
(Mc 3,7-8)

Salì poi sul monte, chiamò a sé quelli che voleva ed essi andarono da lui. Ne costituì Dodici – che chiamò apostoli –, perché stessero con lui e per mandarli a predicare con il potere di scacciare i demòni. Costituì dunque i Dodici: Simone, al quale impose il nome di Pietro, poi Giacomo, figlio di Zebedeo, e Giovanni fratello di Giacomo, ai quali diede il nome di Boanèrghes, cioè "figli del tuono"; e Andrea, Filippo, Bartolomeo, Matteo, Tommaso, Giacomo, figlio di Alfeo, Taddeo, Simone il Cananeo e Giuda Iscariota, il quale poi lo tradì.
(Mc 3,13-19)

I Vangeli (per esempio Mc 3,7-8) affermano che Gesù era spesso circondato dalla folla per via della sua fama di guaritore e di maestro saggio. Egli, tuttavia, non si accontentava di essere oggetto di generiche curiosità e speranze: Gesù desiderava suscitare negli uomini e nelle donne che incontrava un'adesione totale al suo messaggio e alla sua persona. Per questo lanciava un appello alla conversione ("Convertitevi e credete nel Vangelo", Mc 1,15) e chiedeva di prendere una posizione pro o contro il suo insegnamento ("Non chiunque mi dice: 'Signore, Signore', entrerà nel regno dei cieli, ma colui che fa la volontà del Padre mio che è nei cieli", Mt 7,21).
Come ci racconta l'evangelista Marco (3,13-19), Gesù, fra tutti coloro che lo seguivano, scelse in particolare **dodici discepoli**. Il numero ha un significato **simbolico**: dodici infatti erano le tribù degli ebrei e il fatto di chiamare, da parte di Gesù, proprio dodici discepoli indica la sua volontà di creare **un popolo nuovo**, un nuovo Israele, il popolo che aspettava la realizzazione delle promesse di JHWH.
Lo scopo della chiamata è triplice:

- i Dodici dovranno "**stare con lui**" (cioè condividere la sua vita);
- verranno mandati a **predicare**;
- avranno il potere di **vincere il male**, come il Maestro.

Essi accompagneranno Gesù nella sua missione fino al momento della persecuzione, dell'arresto e della condanna, quando, come è narrato nei Vangeli, quasi tutti scapparono senza far nulla per salvare Gesù dalla morte.
I Dodici riceveranno l'incarico di una nuova missione dopo la risurrezione di Gesù: da quel momento in particolare verranno chiamati "**apostoli**", cioè "inviati" a predicare il Vangelo in tutto il mondo.

Apostoli

Il termine **apostolo** deriva dal greco e significa "colui che è mandato". Infatti gli apostoli furono inviati da Gesù risorto per essere suoi testimoni nel mondo. Sono considerati apostoli i Dodici, compreso Giuda Iscariota; dopo il suo tradimento e la sua morte, il suo posto sarà preso da Mattia, eletto dalla prima comunità cristiana. Anche Paolo si definisce apostolo, pur non essendo uno dei Dodici. Anche a lui, però, è apparso Gesù Risorto e lo ha inviato alla missione.

2. Testimoni in virtù dello Spirito Santo

La Pentecoste

Mentre stava compiendosi il giorno della Pentecoste, si trovavano tutti insieme nello stesso luogo. Venne all'improvviso dal cielo un fragore, quasi un vento che si abbatte impetuoso, e riempì tutta la casa dove stavano. Apparvero loro lingue come di fuoco, che si dividevano, e si posarono su ciascuno di loro, e tutti furono colmati di Spirito Santo e cominciarono a parlare in altre lingue, nel modo in cui lo Spirito dava loro il potere di esprimersi.

(At 2,1-4)

■ Tiziano Vecellio, ***Pentecoste***, 1546, Venezia, Santa Maria della Salute.

Dopo il momento del dolore e della dispersione, i discepoli ricevettero l'annuncio della risurrezione di Gesù e incontrarono più volte il Risorto. A quel punto l'amicizia e la loro fede nel Maestro che avevano seguito sulle strade della Palestina ripresero vigore. Crebbe in loro la certezza di essere stati partecipi di un evento straordinario: il Maestro crocifisso e risorto era veramente il Figlio di Dio e il salvatore del mondo.
Ma la vera svolta nella loro consapevolezza di credenti e di inviati avvenne in seguito a un evento straordinario, di natura spirituale: come viene raccontato nel libro degli Atti degli apostoli (2,1-4), cinquanta giorni dopo la Pasqua, durante la festa ebraica della **Pentecoste**, i Dodici (con Mattia al posto di Giuda, il traditore morto suicida) ricevettero lo Spirito Santo. Questo è considerato il giorno in cui **nacque la Chiesa**, perché quel giorno gli apostoli entrarono in comunione piena con Cristo, partecipando del suo stesso Spirito.

Pentecoste

In greco questa parola vuol dire "cinquantesimo (giorno)". Si tratta di una festa ebraica, celebrata sette settimane dopo la Pasqua, che ricorda la consegna della Legge a Mosè e la conclusione dell'alleanza sul monte Sinai; i cristiani la celebrano cinquanta giorni dopo la Pasqua, ricordando il dono iniziale dello Spirito Santo alla Chiesa nascente.

Quello stesso giorno, sempre secondo la narrazione degli Atti degli apostoli (2,22-36), Pietro tenne il suo primo discorso missionario, formulando in maniera sintetica ed efficace l'annuncio cristiano.
Al racconto di questo episodio, l'autore degli Atti (2,37-41) fa seguire la descrizione degli inizi della diffusione e della crescita della Chiesa cristiana, narrando della conversione e del battesimo di circa tremila persone. Nella

comunità degli apostoli e di quanti si univano a loro proseguiva così la missione di Gesù e si diffondeva nel mondo la forza dell'amore di Cristo e la speranza di ottenere, in lui, la vita eterna.

Uomini d'Israele, ascoltate queste parole: Gesù di Nàzaret – uomo accreditato da Dio presso di voi per mezzo di miracoli, prodigi e segni, che Dio stesso fece tra voi per opera sua, come voi sapete bene –, consegnato a voi secondo il prestabilito disegno e la prescienza di Dio, voi, per mano di pagani, l'avete crocifisso e l'avete ucciso. Ora Dio lo ha risuscitato, liberandolo dai dolori della morte, perché non era possibile che questa lo tenesse in suo potere. [...] Questo Gesù, Dio lo ha risuscitato e noi tutti ne siamo testimoni. Innalzato dunque alla destra di Dio e dopo aver ricevuto dal Padre lo Spirito Santo promesso, lo ha effuso, come voi stessi potete vedere e udire. [...] Sappia dunque con certezza tutta la casa d'Israele che Dio ha costituito Signore e Cristo quel Gesù che voi avete crocifisso.
(At 2,22-36)

All'udire queste cose si sentirono trafiggere il cuore e dissero a Pietro e agli altri apostoli: "Che cosa dobbiamo fare, fratelli?". E Pietro disse loro: "Convertitevi e ciascuno di voi si faccia battezzare nel nome di Gesù Cristo, per il perdono dei vostri peccati, e riceverete il dono dello Spirito Santo. Per voi infatti è la promessa e per i vostri figli e per tutti quelli che sono lontani, quanti ne chiamerà il Signore Dio nostro". Con molte altre parole rendeva testimonianza e li esortava: "Salvatevi da questa generazione perversa!". Allora coloro che accolsero la sua parola furono battezzati e quel giorno furono aggiunte circa tremila persone.
(At 2,37-41)

Giotto, ***Pentecoste,*** 1306-12, Londra, National Gallery.

Lo Spirito Santo

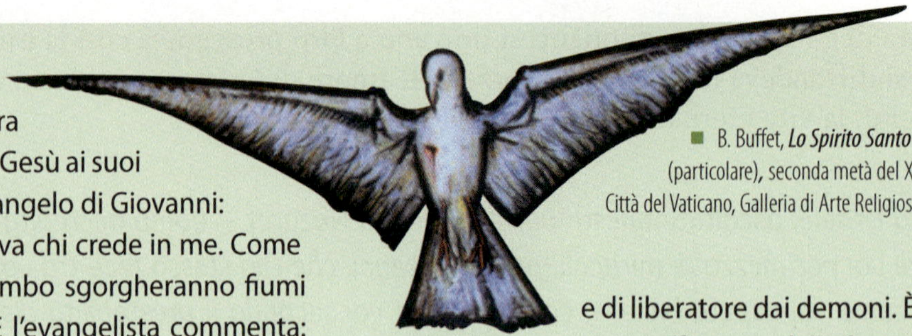

■ B. Buffet, *Lo Spirito Santo* (particolare), seconda metà del XX secolo, Città del Vaticano, Galleria di Arte Religiosa Moderna.

Il "dono dello Spirito Santo" era stato più volte annunciato da Gesù ai suoi discepoli. Così Egli dice nel Vangelo di Giovanni: "Chi ha sete venga a me e beva chi crede in me. Come dice la Scrittura: Dal suo grembo sgorgheranno fiumi di acqua viva" (Gv 7,37-38). E l'evangelista commenta: "Questo egli disse dello Spirito che avrebbero ricevuto i credenti in lui: infatti non vi era ancora lo Spirito, perché Gesù non era ancora stato glorificato" (Gv 7,39). Giovanni insiste molto sul fatto che lo Spirito Santo è un dono che viene dato agli uomini grazie al sacrificio di Gesù e dopo la sua risurrezione. A questo proposito Gesù dichiara: "Ma io vi dico la verità: è bene per voi che io me ne vada, perché, se non me ne vado, non verrà a voi il Paràclito; se invece me ne vado, lo manderò a voi" (Gv 16,7; "Paràclito" è termine usato per indicare lo Spirito Santo e può significare sia "consolatore" sia "avvocato, difensore, protettore").

Lo Spirito Santo, secondo l'insegnamento di Gesù, svolgerà nel credente due funzioni: lo rafforzerà nella fede contro ogni timore e lo renderà capace di comprendere la verità a proposito di Gesù, del suo insegnamento, dei suoi rapporti con il Padre celeste: "Ma il Paràclito, lo Spirito Santo che il Padre manderà nel mio nome, lui vi insegnerà ogni cosa e vi ricorderà tutto ciò che io vi ho detto" (Gv 14,26).

La conoscenza di questo dono di Dio si preciserà progressivamente, nella concezione cristiana. Si comprenderà, infatti, che:

- lo Spirito **era già presente nelle Scritture del popolo ebreo**, come una "forza" che Dio inviava su alcuni uomini da Lui investiti del compito di guidare il suo popolo (come i re) o di annunciare la sua Parola (come i profeti);
- proprio come i profeti erano giunti ad annunciare, lo Spirito sarebbe stato donato **a tutto il popolo**: "Vi darò un cuore nuovo, metterò dentro di voi uno spirito nuovo, toglierò da voi il cuore di pietra e vi darò un cuore di carne. Porrò il mio spirito dentro di voi e vi farò vivere secondo le mie leggi e vi farò osservare e mettere in pratica le mie norme" (Ez 36,26-27);
- lo Spirito **dimorava in Gesù di Nazaret** ed era la fonte della sua saggezza e della sua potenza di guaritore e di liberatore dai demoni. È quanto viene affermato dalla formula usata da Pietro nel suo discorso: "Dio consacrò in Spirito Santo e potenza Gesù di Nazaret" (At 10,38);
- lo Spirito, promesso da Gesù ai suoi discepoli, diventa in loro **fonte della fede e principio di vita nuova**. Significative, a questo proposito, sono tre affermazioni di san Paolo: "Nessuno può dire: 'Gesù è Signore!', se non sotto l'azione dello Spirito Santo" (1Cor 12,3); "Voi però non siete sotto il dominio della carne, ma dello Spirito, dal momento che lo Spirito di Dio abita in voi" (Rm 8,9); "Se lo Spirito di Dio, che ha risuscitato Gesù dai morti, abita in voi, colui che ha risuscitato Cristo dai morti darà la vita anche ai vostri corpi mortali per mezzo del suo Spirito che abita in voi" (Rm 8,11).

Con la comprensione dello Spirito, come presenza di Dio stesso nel cuore del credente, si precisa l'immagine cristiana di Dio, unico ma in tre persone: il Padre, il Figlio e lo Spirito Santo (Trinità).

■ La Trinità in una miniatura del XV secolo.

3. La comunità degli Atti

3.1 La legge dell'amore

La moltitudine di coloro che erano diventati credenti aveva un cuore solo e un'anima sola e nessuno considerava sua proprietà quello che gli apparteneva, ma fra loro tutto era comune. Con grande forza gli apostoli davano testimonianza della risurrezione del Signore Gesù e tutti godevano di grande favore. Nessuno infatti tra loro era bisognoso, perché quanti possedevano campi o case li vendevano, portavano il ricavato di ciò che era stato venduto e lo deponevano ai piedi degli apostoli; poi veniva distribuito a ciascuno secondo il suo bisogno.
(At 4,32-35)

Negli Atti degli apostoli a più riprese viene descritta la vita della prima comunità cristiana. Nel racconto di Luca (4,32-35) spicca il senso di forte **solidarietà** che unisce tra loro i credenti: l'aiuto reciproco e il sostegno ai bisognosi caratterizzano infatti la prima comunità, favorendo il diffondersi del messaggio cristiano. In questo modo i cristiani cercavano di mettere in pratica lo spirito delle Beatitudini, predicate da Gesù, e la "legge dell'amore", da lui insegnata e seguita con coerenza. La Chiesa, nella sua lunga storia, dalle origini fino a oggi, ha sempre considerato **lo spirito di servizio** e **la condivisione fraterna dei beni** come valori fondanti.

3.2 L'ascolto della Parola

Erano perseveranti nell'insegnamento degli apostoli e nella comunione, nello spezzare il pane e nelle preghiere.
(At 2,42)

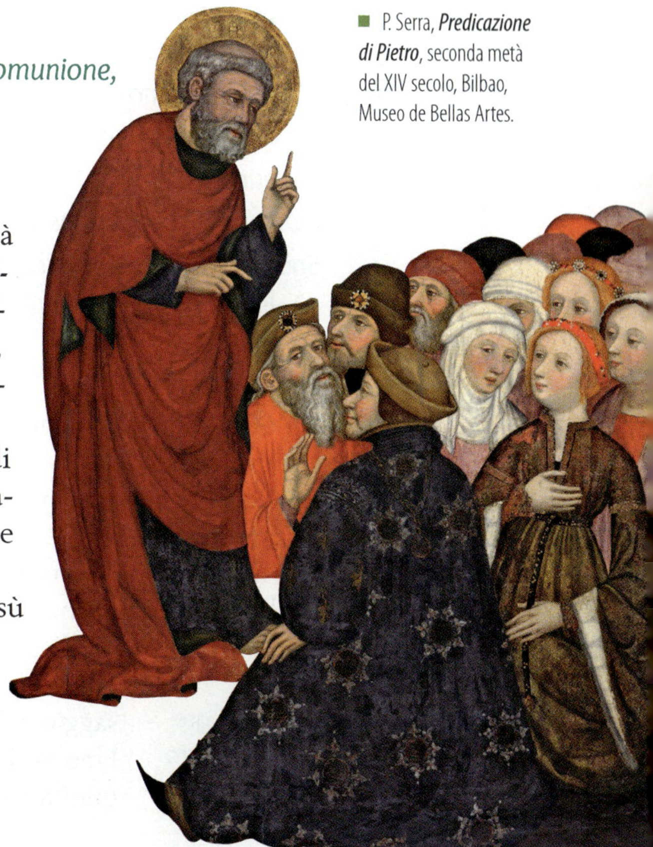

P. Serra, ***Predicazione di Pietro***, seconda metà del XIV secolo, Bilbao, Museo de Bellas Artes.

Un altro elemento qualificante della vita della comunità cristiana era rappresentato dal frequente **ascolto dell'insegnamento degli apostoli** (At 2,42). Questo "insegnamento", che presto sarebbe stato raccolto nei testi dei Vangeli, era costituito in particolare dalle testimonianze a proposito della vita, della morte e della risurrezione di Gesù.
In questo nuovo insegnamento, tutti i testi della fede di Israele (quello che noi conosciamo come "Antico Testamento") vengono riferiti a Gesù: è lui il Messia atteso e annunciato dai profeti.
Le testimonianze sulla vita, l'opera, la risurrezione di Gesù raccolte nei Vangeli e nei testi del Nuovo Testamento così come le Scritture di Israele (l'Antico Testamento) costituiscono, ancora oggi, l'insieme della "Parola di Dio" su cui si fondano l'insegnamento e la dottrina della Chiesa.

3.3 La celebrazione dei sacramenti

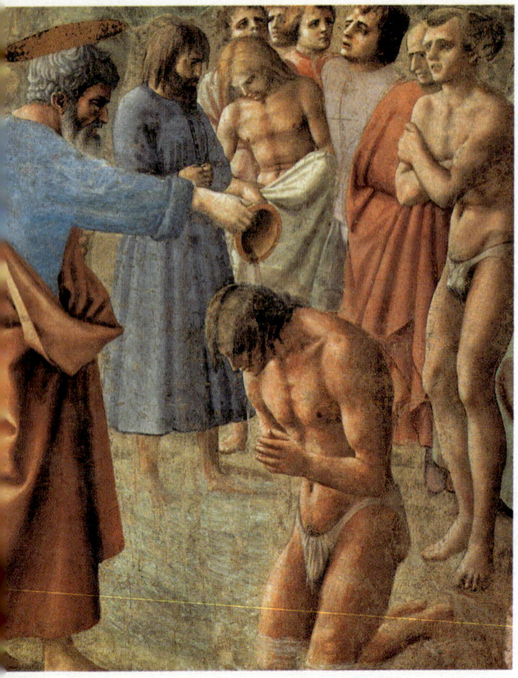

■ Masaccio, ***Il battesimo dei neofiti*** (particolare), 1425-26, Firenze, Santa Maria del Carmine, Cappella Brancacci.

Il terzo elemento che caratterizza la vita della Chiesa viene indicato, negli Atti (2,42), come lo "**spezzare il pane**". Con questa espressione i cristiani cominciarono a indicare quello che diventerà il loro rito più importante: come Gesù, celebrando la Pasqua per l'ultima volta, aveva spezzato e distribuito il pane e poi il vino in segno di sacrificio per gli uomini e di nuova comunione, così i cristiani, ritrovandosi, ripetevano i suoi gesti e le sue parole, per rendere di nuovo attuale il dono di Gesù all'umanità e rinnovare la sua presenza in mezzo ai suoi amici.

Questo rito non era l'unico gesto carico di significato e considerato fondamentale dai cristiani, per trasformare la loro vita a immagine di quella di Gesù. Un altro "segno" era il rito del **battesimo**, con il quale i neoconvertiti entravano a far parte della comunità dei "figli di Dio".

Presto i cristiani considerarono come segni speciali dell'amore di Dio per gli uomini anche altri riti: i cosiddetti "**sacramenti**", che caratterizzano la concezione cristiana della vita costantemente accompagnata dall'amore provvidente di Dio in Gesù Cristo.

3.4 I ministeri

In quei giorni, aumentando il numero dei discepoli, quelli di lingua greca mormorarono contro quelli di lingua ebraica perché, nell'assistenza quotidiana, venivano trascurate le loro vedove. Allora i Dodici convocarono il gruppo dei discepoli e dissero: "Non è giusto che noi lasciamo da parte la parola di Dio per servire alle mense. Dunque, fratelli, cercate fra voi sette uomini di buona reputazione, pieni di Spirito e di sapienza, ai quali affideremo questo incarico. Noi, invece, ci dedicheremo alla preghiera e al servizio della Parola". Piacque questa proposta a tutto il gruppo e scelsero Stefano, uomo pieno di fede e di Spirito Santo, Filippo, Pròcoro, Nicànore, Timone, Parmenàs e Nicola, un prosèlito di Antiòchia. Li presentarono agli apostoli e, dopo aver pregato, imposero loro le mani.

(At 6,1-6)

Un altro elemento fondamentale della comunità cristiana riguarda la sua organizzazione.

La Chiesa è fondata sulla testimonianza e sull'insegnamento degli **apostoli**: a loro è riconosciuta l'autorevolezza di chi ha conosciuto il Signore Gesù e, guidato dallo Spirito santo, ne ha interpretato il messaggio e la volontà, ricevendo da Gesù stesso il compito di annunciare il Vangelo. Così anche Paolo, che pure non era tra i Dodici e non aveva vissuto con Gesù, può definirsi apostolo, perché Gesù stesso gli è apparso e lo ha esortato a portare il suo messaggio agli uomini.

Una seconda figura che incontriamo nella Chiesa delle origini è quella dei **diaconi**. Il brano degli Atti che ci parla di loro (6,1-6) è

Diaconi

Il temine diacono deriva dal greco e significa "servitore" (in questo caso, della comunità).

I sacramenti

I sacramenti sono segni speciali attraverso i quali, secondo la fede cristiana, è Dio che interviene nella vita dell'uomo, attraverso il suo Spirito. Essi sono i segni visibili di una realtà invisibile, non percepibile dai sensi.
Nel corso dei secoli la Chiesa cattolica ha riconosciuto sette sacramenti e li ha riferiti all'esplicita volontà di Gesù. Essi sono: il **battesimo**, la **confermazione**, l'**eucaristia**, la **riconciliazione** (o confessione), l'**unzione dei malati**, il **matrimonio**, l'**ordine**.
Leggiamo quanto ci dice il **Catechismo della Chiesa cattolica** a proposito del battesimo e dell'eucaristia.

Il battesimo

Il battesimo costituisce la nascita alla vita nuova in Cristo. Secondo la volontà del Signore esso è necessario per la salvezza, come la Chiesa stessa, nella quale il battesimo introduce.
Il rito essenziale del battesimo consiste nell'immergere nell'acqua il candidato o nel versargli dell'acqua sul capo, mentre si pronuncia l'invocazione della Santissima Trinità, ossia del Padre e del Figlio e dello Spirito Santo.
Il frutto del battesimo, o grazia battesimale, è una realtà ricca che comporta: la remissione del peccato originale e di tutti i peccati personali; la nascita alla vita nuova mediante la quale l'uomo diventa figlio adottivo del Padre, membro di Cristo, tempio dello Spirito Santo. Per ciò stesso il battezzato è incorporato alla Chiesa, corpo di Cristo, e reso partecipe del sacerdozio di Cristo. (nn. 1277-1279)

Nel battesimo moderno di solito si versa dell'acqua sulla testa del battezzando.

L'eucaristia

"I segni essenziali del sacramento eucaristico sono il pane di grano e il vino della vite..."

La celebrazione eucaristica comporta sempre: la proclamazione della Parola di Dio, l'azione di grazie a Dio Padre per tutti i suoi benefici, soprattutto per il dono del suo Figlio, la consacrazione del pane e del vino e la partecipazione al banchetto liturgico mediante la recezione del Corpo e del Sangue del Signore. Questi elementi costituiscono un solo e medesimo atto di culto.
L'eucaristia è così il memoriale della Pasqua di Cristo, cioè dell'opera della salvezza compiuta per mezzo della vita, della morte e della risurrezione di Cristo, opera che viene resa presente dall'azione liturgica.
È Cristo stesso, Sommo ed eterno Sacerdote della Nuova Alleanza, che, agendo attraverso il ministero dei sacerdoti, offre il sacrificio eucaristico. Ed è ancora lo stesso Cristo, realmente presente sotto le specie del pane e del vino, l'offerta del sacrificio eucaristico. [...]
I segni essenziali del sacramento eucaristico sono il pane di grano e il vino della vite, sui quali viene invocata la benedizione dello Spirito Santo e il sacerdote pronunzia le parole della consacrazione dette da Gesù durante l'ultima cena: "Questo è il mio Corpo dato per voi [...]. Questo è il calice del mio Sangue". (nn. 1408-1412)

Il termine "sacramento" è associato all'intera realtà della Chiesa, che il Concilio Vaticano II definisce "sacramento di salvezza". Questa definizione sottolinea come la comunità dei cristiani, pur con tutti i suoi limiti, legati alla natura umana, sia il segno visibile e concreto dell'amore di Dio per tutte le persone, della sua azione costante per la salvezza di ognuno e di tutto il mondo.

molto interessante e ci consente di cogliere le dinamiche di una comunità che si amplia e si diversifica al suo interno. Vediamo alcuni dettagli.

- Si presenta nella comunità la necessità di provvedere a un **servizio** (detto anche **ministero**): l'organizzazione dell'assistenza ai più poveri, tra i quali particolarmente bisognose, all'epoca, erano le vedove.
- I dodici **apostoli** si riservano due servizi fondamentali, tra loro connessi: **la guida della preghiera** della comunità (e, in particolare, il momento della "frazione del pane") e **l'insegnamento della Parola di Dio**.
- Vengono quindi **scelti sette diaconi**, uomini di provata fede e pieni di Spirito Santo, ben noti alla comunità.
- Su questi uomini gli apostoli "imposero le mani" dopo aver pregato, cioè dopo aver invocato su di loro lo Spirito. Questo gesto di investitura e di consacrazione fa comprendere come l'origine di ogni ministero, nella comunità cristiana, **venga da Dio**.

Con il diffondersi del messaggio cristiano, in molte città dell'Impero romano vennero nominati, a capo di ogni comunità, dei **vescovi**, la cui autorità era fondata sul fatto di essere i successori degli apostoli. Essi avranno come aiutanti dei **presbiteri**. È questa, ancora oggi, la struttura fondamentale della Chiesa.

Ministero

La parola deriva dal latino e indica un incarico che si deve portare a termine. Nella Chiesa ci sono tanti "ministeri", ai quali provvedono persone diverse. Unico, però, è il fine comune: l'annuncio del Vangelo.

Vescovi

La parola vescovo deriva dal greco *epíscopos*, che significa "colui che guarda da sopra"; il vescovo è colui che guida la comunità.

Presbiteri

Il termine presbitero deriva dal greco e significa "più anziano". Evidentemente i primi collaboratori dei vescovi erano persone di una certa età: nel mondo antico, infatti, l'anzianità era anche garanzia di autorevolezza e di saggezza. Presbitero è sinonimo di "prete" (che deriva dal corrispondente termine del latino tardo). Oggi è sinonimo anche di "sacerdote", termine che solo successivamente è entrato nell'uso cristiano, in quanto indicava il ministro di un culto religioso pagano.

I responsabili dell'odierna comunità ecclesiale

Anche nella Chiesa di oggi i vescovi, in quanto successori degli apostoli, sono i responsabili delle comunità cristiane locali (chiamate **diocesi**) e con i loro collaboratori (presbiteri e diaconi) ne sono le guide spirituali.

Anche nella Chiesa cattolica attuale il ruolo dei **presbiteri** o **sacerdoti** o **preti** è quello di collaborare strettamente con il vescovo, in accordo con lui nel compito di guida della comunità, di annuncio e testimonianza del Vangelo, nella celebrazione dei sacramenti, e in particolare dell'eucaristia.

Nella Chiesa cattolica attuale il ruolo del **diacono** è quello di coadiutore del sacerdote; egli si occupa del servizio e dell'organizzazione della comunità.

Il successore di Pietro nella Chiesa cattolica attuale è il **papa**. Come Pietro è vescovo di Roma e gli viene riconosciuto il compito di presiedere il collegio dei vescovi per essere segno e fondamento dell'unità della fede e della comunione dei vescovi tra loro e di tutta la Chiesa.

Papa Francesco con i vescovi della Toscana. *Il papa presiede il collegio dei vescovi.*

4. La Chiesa "una, santa, cattolica e apostolica"

Leggendo i primi capitoli degli Atti degli apostoli, abbiamo potuto individuare le caratteristiche essenziali che definiscono l'identità della Chiesa. Vediamole.

- È la comunità di coloro che, partecipi di un unico Spirito Santo, ricevuto nel battesimo, aderiscono liberamente al Vangelo di Gesù Cristo e affidano a lui la propria vita.
- È fondata sulla Parola e sulla testimonianza e l'insegnamento degli apostoli, scelti da Gesù e guidati dallo Spirito Santo.
- Si basa su alcuni "pilastri" fondamentali: la legge dell'amore e della solidarietà reciproca, nei confronti di tutti; la fedeltà all'insegnamento degli apostoli; la celebrazione che rinnova alcuni "gesti" di Gesù che portano salvezza.
- È unita intorno ai vescovi, i successori degli apostoli, che hanno il compito di tenere viva la testimonianza originaria e custodire l'unità di tutti i credenti intorno al Vangelo di Gesù Cristo.
- È costantemente impegnata nell'opera di evangelizzazione inaugurata da Gesù stesso e proseguita dagli apostoli e dai loro successori. Ogni cristiano, in particolare, si sente investito del compito di offrire al mondo una credibile testimonianza della propria fede e della propria speranza.

Sono gli elementi che, in sintesi, vengono proclamati dai cristiani quando, nella loro professione di fede, parlano di una Chiesa che è "una, santa, cattolica e apostolica":

- **una**, perché ha un solo fondatore, Gesù; ha un solo Spirito che la anima e in essa tutti condividono una sola fede;
- **santa**, perché è animata dallo stesso Spirito di Dio ed è costantemente chiamata a rendere manifesta agli uomini la legge dell'amore e l'armonia che proviene dall'amore stesso che lega tra loro il Padre, il Figlio e lo Spirito Santo;
- **cattolica**, perché è "universale", accoglie cioè uomini e donne di ogni continente e di ogni condizione sociale;
- **apostolica**, perché è fondata sull'insegnamento degli apostoli e "inviata" anche oggi agli uomini di tutto il mondo per una missione di annuncio, di accoglienza e di pace.

La Chiesa è una, santa, cattolica, apostolica.

L'immagine

Il pittore contemporaneo Stefano Di Stasio immagina così la Pentecoste.

■ S. Di Stasio, *Pentecoste,* 1998.

Leggi l'immagine

1. Da che cosa è segnalata la presenza dello Spirito Santo? Osserva bene il quadro per rispondere.
2. Chi è la donna al centro dell'immagine? Quale colore ha scelto il pittore per i suoi abiti? Perché?
3. Pensi che una rappresentazione del genere sia più o meno efficace di quelle dei pittori viste nel paragrafo 2 di questa unità? Perché?
4. Tu come rappresenteresti la Pentecoste?

Documenti

1. La Pentecoste e il dono dello Spirito Santo

Chiave di lettura

Il Catechismo della Chiesa cattolica definisce la Pentecoste insistendo sul dono dello Spirito Santo agli uomini.

Il giorno di Pentecoste (al termine delle sette settimane pasquali), la Pasqua di Cristo si compie nell'effusione dello Spirito Santo, che è manifestato, donato e comunicato come Persona divina: dalla sua pienezza Cristo Signore effonde a profusione lo Spirito.
La missione di Cristo e dello Spirito Santo si compie nella Chiesa, corpo di Cristo e tempio dello Spirito Santo. Questa missione congiunta associa ormai i seguaci di Cristo alla sua comunione con il Padre nello Spirito Santo: lo Spirito prepara gli uomini, li previene con la sua grazia per attirarli a Cristo. Manifesta loro il Signore risorto, ricorda loro la sua parola, apre il loro spirito all'intelligenza della sua morte e risurrezione. Rende loro presente il mistero di Cristo, soprattutto nell'Eucaristia, al fine di riconciliarli e di metterli in comunione con Dio perché portino "molto frutto".

Catechismo della Chiesa cattolica, nn. 731; 737

Lo Spirito santo è dono di Dio agli uomini.

L'attività

1 Qual è il dono di Dio agli uomini nel giorno di Pentecoste?
2 Come viene definita la Chiesa? Spiega queste espressioni con parole tue.
3 Confronta le tue spiegazioni con quelle dei compagni.

– I Dodici
– Lo Spirito Santo, Dio da ricordare

2. La *Didachè*, documento sulla Chiesa delle origini

Chiave di lettura

La *Didachè* è un testo importante che descrive le prime comunità cristiane e la loro organizzazione liturgica.

Il maggior numero di informazioni liturgiche sul cristianesimo dei primissimi tempi ci è trasmesso in un'opera intitolata *Didachè*, in greco, cioè *Dottrina* o *Insegnamento* (dei dodici apostoli).
La *Didachè* si può considerare il più venerando e antico catechismo cristiano, essendo stata scritta solo una sessantina di anni dopo la morte di Cristo (passi di essa si trovano infatti nella Lettera di Barnaba, scritta verso l'anno 97 della nostra era).
L'opera anonima presenta infatti tratti di grande antichità e si è giunti, per questo, a

datarla anche verso la metà del secolo I, facendone addirittura un testo più antico degli stessi Vangeli sinottici. [...]

Per quanto riguarda l'autore della *Didachè*, il suo nome e la sua nazionalità ci sono sconosciuti, ma quasi con certezza deve trattarsi di un cristiano convertitosi dal giudaismo; egli infatti computa i giorni della settimana al modo ebraico e usa molti ebraismi nello scrivere in greco.

Circa il luogo ove la *Didachè* sarebbe stata scritta, si pensa possa essere la Palestina o la Siria [...].

Il contenuto dottrinale della *Didachè* si raccoglie intorno a due argomenti principali, la Chiesa e i sacramenti, e la trattazione si conclude con un accenno alla consumazione dei secoli, ritenuta prossima.

La parola "Chiesa" sta talvolta a indicare l'adunanza dei fedeli raccolti per la preghiera, ma più spesso significa l'insieme del fedeli che, sparsi nei quattro angoli della terra, saranno un giorno riuniti nel regno di Dio (Did. 9, 4; 10, 5).

Dei sacramenti vengono menzionati il battesimo, l'eucaristia e la penitenza: a meno di cinquant'anni dacché Cristo aveva fondato la Chiesa, si era già costituito un cerimoniale che essenzialmente è ancora quello dei nostri giorni.

Il battesimo doveva essere preceduto da una istruzione morale e da un digiuno di uno o due giorni da parte del catecumeno[1] e, se possibile, da un digiuno anche del ministro e di altre persone. La materia del battesimo è l'acqua, la forma è espressa dalle parole: "Nel nome del Padre e del Figlio e dello Spirito Santo" (Did. 7, 3). Il battesimo si amministrava ordinariamente per immersione, ma se ciò non era possibile, si ricorreva alla infusione.

Ripetuti sono gli accenni nella *Didachè* alla eucaristia. Le prime generazioni cristiane si riunivano alla domenica per spezzare il pane (*fractio panis* in latino) e per fare il rendimento di grazie (*eucharistia*): con queste due espressioni si indicava il sacrificio eucaristico. In seguito, con il termine eucaristia si indicarono gli elementi con cui si rendevano grazie a Dio e cioè il pane e il vino trasformati nel corpo e nel sangue di Cristo. All'eucaristia potevano partecipare i soli battezzati, i quali erano tenuti a recitare delle particolari preghiere prima e dopo la comunione.

La penitenza è ricordata due volte: "Nell'assemblea farai la confessione dei tuoi peccati e non ti recherai alla preghiera in cattiva coscienza" (Did. 4, 14); "nel giorno del Signore, riuniti, spezzate il pane e rendete le grazie dopo aver confessato i vostri peccati, affinché il vostro sacrificio sia puro" (Did. 14, 1).

Grande rilievo è dato nella *Didachè* alla scelta che l'uomo deve fare tra le due vie: quella che conduce al peccato e alla morte e quella invece che conduce alla vita. Parlando della via della vita, vengono descritti i vari doveri dell'uomo, tutti basati sul grande precetto della carità verso Dio e verso il prossimo.

Questi cenni danno un'idea dell'importanza che per la storia del cristianesimo e per la luce interiore di ogni anima ha questo breve trattato, giunto provvidenzialmente sino a noi: esso ci offre un autentico, anche se incompleto quadro della vita di quelle prime generazioni cristiane ancora commosse per la dipartita del Figlio dell'Uomo e ardenti del desiderio di rivederlo "venire insieme con tutti gli eletti sopra le nubi del cielo" (Did. 16, 7).

a cura dei monaci dell'Abbazia Nostra Signora della Trinità
– Monte Monastero, Morfasso (PC)

1. catecumeno: chi sta per ricevere il battesimo e quindi riceve un'adeguata istruzione religiosa.

L'attività

1 Che cos'è la *Didachè* e qual è la sua importanza?

2 Dalla *Didachè* possiamo trarre un'immagine dello spirito e dell'organizzazione della comunità cristiana primitiva? Qual era?

3 Nella *Didachè* quali atteggiamenti vengono richiesti ai credenti? Su quale grande precetto si basavano?

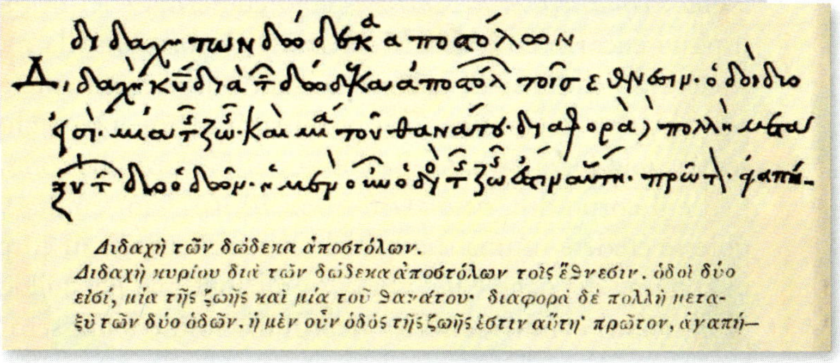

■ Facsimile delle prime righe del codice H54, che contiene la *Didachè*, e trascrizione in lettere greche correnti.

3. La Chiesa primitiva

– La Chiesa delle origini: un commento ad Atti 2,42
– Diventare cristiani nell'antichità: il catecumenato

Chiave di lettura

Lo storico Charles Freeman sottolinea gli elementi di continuità fra la tradizione ebraica e la Chiesa delle origini, anche se i cristiani elaborarono via via rituali propri.

I primi "cristiani" frequentavano il Tempio e celebravano festività quali la Pentecoste, elaborando, però, nello stesso tempo, cerimoniali autonomi. Negli *Atti* (2,38-41) si riferisce del battesimo dei convertiti. Il concetto di purificazione era intrinseco al rituale ebraico e la purificazione era prescritta in svariate occasioni, dopo aver toccato un cadavere o nella preparazione di un sacrificio, per esempio. Il battesimo cristiano differiva dalla purificazione ebraica perché era un rito di ammissione unico e definitivo alla comunità dei cristiani. Il battesimo di Gesù per opera di Giovanni il Battista funse da modello; sebbene, probabilmente, il battesimo sia stato posto in risalto dagli scrittori dei Vangeli perché rafforzava la pratica alla quale avevano occasione di assistere nella Chiesa primitiva. Come il ministero di Gesù era stato inaugurato dal battesimo per opera di Giovanni, così gli iniziati vennero accolti nella comunità tramite l'acqua; richiamandosi anche qui, probabilmente, a un precedente ebraico che prevedeva l'immersione totale del battezzando. I primi racconti associano il battesimo anche alla risurrezione di Gesù dai morti. Paolo parlerà, per esempio, di cristiani battezzati nel Cristo Gesù e nella sua morte (*Romani* 6,3).

Il secondo rituale importante fu un pasto commemorativo, l'eucaristia, che in greco significa "ringraziamento". Il rito del pasto in comune in contesto religioso è ricorrente nel mondo antico e, certamente, il miracolo dei pani e dei pesci può essere visto in questo contesto (come del resto suggerisce la sua frequente rappresentazione nell'arte cristiana primitiva). Nell' "ultima cena", come narrata nei Vangeli, il lettore greco riconoscerebbe immediatamente il maestro attorniato dagli allievi più affezionati (come del resto traspare in certe raffigurazioni dell'arte primitiva delle catacombe). Pasti consumati in memoria dei defunti sono altresì rintracciabili nelle culture greca ed ebraica. La *Regola della comunità* di Qumran prescrive: "Quando apparecchieranno il tavolo per mangiare o il mosto per bere, il sacerdote stenderà la sua mano per primo per benedire il pane e il mosto". Data l'importanza di questi pasti, era assai grande l'umiliazione di chiunque ne fosse escluso intenzionalmente. Come lascia intendere Paolo parlando dei Corinzi che recalcitrano, la minaccia dell'esclusione era un'arma cui si poteva ricorrere per rafforzare la coesione del gruppo (*I Corinzi*, capitolo 5).

Nella *Prima lettera ai Corinzi*, Polo conferma che, negli anni Cinquanta del I secolo, il pasto eucaristico è rituale consolidato e basato sulla memoria di Gesù. La cerimonia si celebra nelle case di coloro che sono sufficientemente abbienti da fornire uno spazio per un pasto in comune. Dai primissimi tempi appare che il Cristo era considerato presente come forza vivente. Paolo dice ai Corinzi che sono "in comunione con il sangue [...] e il corpo di Cristo" (*I Corinzi* 10,16). Ciò sembra suggerire che la congregazione potesse credere in una sua qualche trasformazione in corpo spirituale mediante il pasto in comune del pane e del vino. È probabile che nei colloqui che seguivano l'eucaristia i partecipanti condividessero i ricordi di Gesù e tentassero una qualche valutazione della sua missione e della sua morte; proprio come il pasto della Pasqua ebraica prevedeva, tradizionalmente, i racconti di episodi dell'esodo. Se i partecipanti erano analfabeti, i loro ricordi potevano essere messi per iscritto dagli scribi, ma non è stato conservato alcun testo dell'epoca. Questa potrebbe essere la genesi dei racconti del Vangelo e una possibile spiegazione dello spazio notevole riservato dai Vangeli alla Passione. La morte di Gesù era una liberazione che ricordava quella dalla schiavitù in Egitto commemorata nella Pasqua ebraica. Queste cerimonie si affiancavano alle preghiere, agli inni e alle invocazioni del Cristo, cui accennano le lettere di Paolo.

C. Freeman, *Il cristianesimo primitivo*, Einaudi, Torino 2010

■ Andrea del Verrocchio e Leonardo da Vinci, ***Battesimo di Cristo***, 1475-78 circa, Firenze, Galleria degli Uffizi. ***Il battesimo di Gesù servì da modello per il battesimo dei primi cristiani.***

L'attività

1 In che cosa il battesimo cristiano era simile ai riti di purificazione ebraici? E in che cosa era diverso?

2 In che senso si può affermare che l'eucaristia prosegue una tradizione ben radicata tanto nella cultura ebraica quanto in quella greca?

3 Qual è l'importanza delle celebrazioni eucaristiche nella formazione dei Vangeli?

4. La "carta d'identità" dei primi cristiani

La celebrazione dell'eucarestia

Chiave di lettura

Nella *Lettera a Diogneto*, uno scrittore sconosciuto del II-III secolo mostra agli interlocutori romani la particolarità dei cristiani ma anche la loro condotta di vita esemplare.

I cristiani né per regione né per voce né per costumi sono da distinguere dagli altri uomini. Infatti, non abitano città proprie né usano un gergo che si differenzia né conducono un genere di vita speciale. La loro dottrina non è nella scoperta del pensiero di uomini multiformi né essi aderiscono a una corrente filosofica umana, come fanno gli altri. Vivendo in città greche e barbare, come a ciascuno è capitato, e adeguandosi ai costumi del luogo nel vestito, nel cibo e nel resto, testimoniano un metodo di vita sociale mirabile e indubbiamente paradossale. Vivono nella loro patria, ma come forestieri; partecipano a tutto come cittadini e da tutto sono distaccati come stranieri. Ogni patria straniera è patria loro, e ogni patria è straniera. Si sposano come tutti e generano figli, ma non gettano i neonati. Mettono in comune la mensa, ma non il letto. Sono nella carne, ma non vivono secondo la carne. Dimorano nella terra, ma hanno la loro cittadinanza nel cielo. Obbediscono alle leggi stabilite, e con la loro vita superano le leggi. Amano tutti, e da tutti vengono perseguitati. Non sono conosciuti, e vengono condannati. Sono uccisi, e riprendono a vivere. Sono poveri, e fanno ricchi molti; mancano di tutto, e di tutto abbondano. Sono disprezzati, e nei disprezzi hanno gloria. Sono oltraggiati e proclamati giusti. Sono ingiuriati e benedicono; sono maltrattati e onorano. Facendo del bene vengono puniti come malfattori; condannati gioiscono come se ricevessero la vita. Dai giudei sono combattuti come stranieri, e dai greci perseguitati, e coloro che li odiano non saprebbero dire il motivo dell'odio.

A dirla in breve, come è l'anima nel corpo, così nel mondo sono i cristiani. L'anima è diffusa in tutte le parti del corpo e i cristiani nelle città della terra. L'anima abita nel corpo, ma non è del corpo; i cristiani abitano nel mondo, ma non sono del mondo. L'anima invisibile è racchiusa in un corpo visibile; i cristiani si vedono nel mondo, ma la loro religione è invisibile. La carne odia l'anima e la combatte pur non avendo ricevuto ingiuria, perché impedisce di prendersi dei piaceri; il mondo, che pur non ha avuto ingiustizia dai cristiani, li odia perché si oppongono ai piaceri. L'anima ama la carne che la odia e le membra; anche i cristiani amano coloro che li odiano. L'anima è racchiusa nel corpo, ma essa sostiene il corpo; anche i cristiani sono nel mondo come in una prigione, ma essi sostengono il mondo. L'anima immortale abita in una dimora mortale; anche i cristiani vivono come stranieri tra le cose che si corrompono, aspettando l'incorruttibilità nei cieli. Maltrattata nei cibi e nelle bevande, l'anima si raffina; anche i cristiani, maltrattati, ogni giorno più si moltiplicano. Dio li ha messi in un posto tale che a essi non è lecito abbandonare.

Lettera a Diogneto, V-VI

L'attività

1 Ti proponiamo di scrivere una lettera a un moderno Diogneto, rispondendo alle domande: "Chi sono i cristiani? Che cosa li distingue dal resto dell'umanità?".

2 Confronta la lettera a Diogneto con quanto hai scritto, riportando quali "qualità cristiane" mancano allo stile di vita dei cristiani di oggi (ed eventualmente quali mancano nella lettera, che non vuole essere esaustiva).

5. La Chiesa come responsabile del Vangelo

Gesù e la Chiesa

Chiave di lettura

Il cardinale Danneels, arcivescovo di Malines-Bruxelles, sottolinea l'importanza della Chiesa come legame tra Gesù e i credenti.

La Chiesa è responsabile del Vangelo. Senza la Chiesa, oggi non potremmo più né leggerlo né ascoltarlo. Gesù non ha mai scritto niente. Avrebbe potuto lui stesso lasciarci un insegnamento che sarebbe finito in una biblioteca, ma ha preferito scegliersi alcuni discepoli, che a loro volta hanno suscitato altri discepoli: è la Chiesa ed è lei che ha messo per iscritto le parole di Gesù. Senza la Chiesa, non parleremmo più di lui, se non forse come parliamo di Alessandro Magno o di Giulio Cesare. Senza la Chiesa, Gesù non sarebbe che un semplice ricordo. Quindi, senza la Chiesa, non ci sarebbe nessun sacramento: battesimo, eucaristia... La Chiesa fa sì che oggi Gesù possa ancora essere annunciato e che noi possiamo riceverlo.

I. Driessen (a cura di), *Dio, a che serve? Il cardinal Godfried Danneels dialoga con i giovani sulla vita e sulla fede*, Edizioni Paoline, Milano 2004

Benedetto XVI con il Vangelo. *La Chiesa è responsabile del Vangelo.*

L'attività

1. Qual è l'importanza della Chiesa oggi, rispetto al Vangelo?
2. Oggi molte persone mettono in dubbio l'importanza della Chiesa. Secondo te, c'è modo di credere senza andare in Chiesa? Discutine con i compagni.

6. L'unico popolo di Dio è universale

La Chiesa è cattolica

Chiave di lettura

Il Concilio Vaticano II ribadisce con forza l'universalità della Chiesa.

Tutti gli uomini sono chiamati a formare il popolo di Dio. Perciò questo popolo, pur restando uno e unico, si deve estendere a tutto il mondo e a tutti i secoli, affinché si adempia l'intenzione della volontà di Dio, il quale in principio creò la natura umana una e volle infine radunare insieme i suoi figli dispersi (cfr. Gv 11,52). A questo scopo Dio mandò il Figlio suo, al quale conferì il dominio di tutte le cose (cfr. Eb 1,2), perché fosse maestro, re e sacerdote di tutti, capo del nuovo e universale popolo dei figli di Dio. Per questo infine Dio mandò lo Spirito del Figlio suo, Signore e vivificatore, il quale per tutta la Chiesa e per tutti e singoli i credenti è principio di associazione e di unità, nell'insegnamento degli apostoli e nella comunione fraterna, nella frazione del pane e nelle preghiere (cfr. At 2,42).

In tutte quindi le nazioni della terra è radicato un solo popolo di Dio, poiché di mezzo a tutte le stirpi egli prende i cittadini del suo regno non terreno ma celeste. E infatti tutti i fedeli sparsi per il mondo sono in comunione con gli altri nello Spirito Santo, e così "chi sta in Roma sa che gli Indi sono sue membra". Siccome dunque il regno di Cristo non è di questo mondo (cfr. Gv 18,36), la Chiesa, cioè il popolo di Dio, introducendo questo regno nulla sottrae al bene temporale di qualsiasi popolo, ma al contrario favorisce e accoglie tutte le ricchezze, le risorse e le forme di vita dei popoli in ciò che esse hanno di buono e accogliendole le purifica, le consolida ed eleva. Essa si ricorda infatti di dover far opera di raccolta con quel Re, al quale sono state date in eredità le genti (cfr. Sal 2,8), e nella cui città queste portano i loro doni e offerte (cfr. Sal 71 [72],10; Is 60,4-7). Questo carattere di universalità, che adorna e distingue il popolo di Dio, è dono dello stesso Signore, e con esso la Chiesa cattolica efficacemente e senza soste tende a ricapitolare tutta l'umanità, con tutti i suoi beni, in Cristo capo, nell'unità dello Spirito di lui.

In virtù di questa cattolicità, le singole parti portano i propri doni alle altre parti e a tutta la Chiesa, in modo che il tutto e le singole parti si accrescono per uno scambio mutuo universale e per uno sforzo comune verso la pienezza nell'unità. Ne consegue che il popolo di Dio non solo si raccoglie da diversi popoli, ma nel suo stesso interno si compone di funzioni diverse. Poiché fra i suoi membri c'è diversità sia per ufficio, essendo alcuni impegnati nel sacro ministero per il bene dei loro fratelli, sia per la condizione e modo di vita, dato che molti nello stato religioso, tendendo alla santità per una via più stretta, sono un esempio stimolante per i loro fratelli. Così pure esistono legittimamente in seno alla comunione della Chiesa, le Chiese particolari, con proprie tradizioni, rimanendo però integro il primato della cattedra di Pietro, la quale presiede alla comunione universale di carità, tutela le varietà legittime e insieme veglia affinché ciò che è particolare, non solo non pregiudichi l'unità, ma piuttosto la serva.

Concilio Vaticano II, *Lumen Gentium*, n. 13

L'attività

1. Quali popoli sono chiamati a essere parte del popolo di Dio?
2. Questo elemento è diverso da ciò che succedeva per il popolo ebraico dell'Antico Testamento? In che senso?
3. La cattolicità significa cancellazione delle peculiarità di ogni popolo?

■ *Il popolo di Dio è universale.*

Verifica

Verifica le parole-chiave

Sulla base dei contenuti svolti nell'unità, spiega con una breve definizione il significato delle "parole-chiave" indicate nell'elenco che segue. In classe o anche individualmente si possono aggiungere altre parole-chiave a quelle proposte.

Apostoli

....

....

Spirito Santo

....

....

Pentecoste

....

....

Diaconi

....

....

Vescovi

....

....

Sacramenti

....

....

Leggi, rifletti e lavora

1. Considera nei Vangeli la chiamata dei Dodici. Leggi i testi, poi rispondi alle seguenti domande.
   1. Chi sono i Dodici?
   2. Quali sono i loro compiti?
   3. Qual è il significato simbolico del numero 12?

2. Pietro è riconosciuto come il capo degli apostoli. Cerca nei Vangeli, con l'aiuto dell'insegnante, i brani che mostrano l'importanza particolare della figura di Pietro.

3. Il 13 marzo 2013 è stato eletto papa Francesco, che si è presentato al mondo, dalla loggia della Basilica vaticana, descrivendosi come "vescovo di Roma". In quella occasione non ha usato per se stesso il termine "papa". Quale significato ha una simile presentazione?

4. Lavora in gruppo con i compagni: ogni gruppo sceglie un apostolo e raccoglie tutte le informazioni a disposizione sulla sua figura, sia durante la vita insieme a Gesù sia dopo. Elaborate una presentazione in PowerPoint da mostrare alla classe.

5. Comunione di vita, preghiera e ascolto della Parola, celebrazione dei sacramenti, amore vicendevole: sono le caratteristiche della vita della prima comunità cristiana. Con una riflessione scritta e, successivamente, attraverso una discussione in classe, paragona le caratteristiche della prima Chiesa a quelle della Chiesa di oggi.

La mappa

Ecco di nuovo alcune parole-chiave incontrate durante lo svolgimento dell'unità.

Costruisci una mappa, mettendo in relazione tra loro i concetti. Puoi lavorare da solo oppure in gruppo.

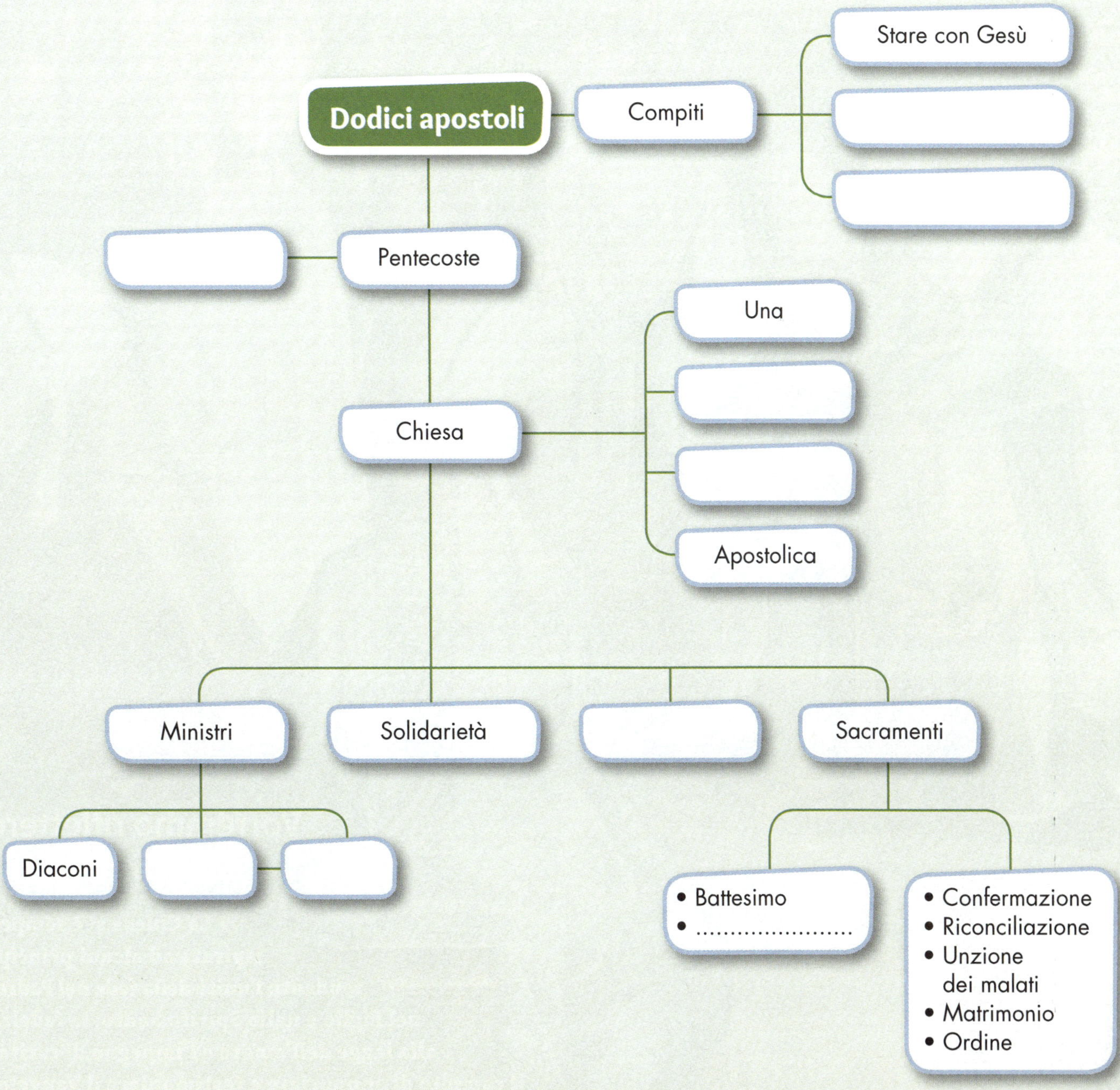

Cattolica – Spirito Santo – Predicare – Santa – Eucaristia – Vescovi – Ascolto della Parola – Vincere il male – Presbiteri

Unità 2

La Chiesa nella storia

■ C. Nebbia, *Il secondo concilio di Costantinopoli del 533*, 1587-90 ca, Città del Vaticano, Biblioteca Vaticana.

Vorremmo riflettere sul fatto che…

- **La Chiesa si è sempre ispirata ad alcuni principi fondanti: l'unità della fede nel Padre, nel Figlio e nello Spirito Santo; la fedeltà alla legge dell'amore e l'impegno di carità; il compito di annunciare e testimoniare il Vangelo.**
- **Nel corso della sua storia la Chiesa si è misurata con culture e sensibilità diverse, cercando di adeguarsi, ma senza snaturarsi.**
- **La Chiesa si presenta al XXI secolo consapevole della necessità di affrontare le nuove sfide di un mondo in sempre più rapido cambiamento.**

1. La diffusione del cristianesimo

L'annuncio cristiano si diffuse subito con grande rapidità nel mondo antico. I primi cristiani, animati da un forte spirito di testimonianza, seppero creare comunità sempre più strutturate in tutte le principali città dell'Impero romano.

Saulo (o **Paolo**, come egli chiama se stesso, usando il nome romano) **di Tarso**, vissuto tra il 5-7 d.C e il 64-67 d.C., fu uno dei protagonisti di questa esaltante stagione di evangelizzazione. Giudeo con cittadinanza romana, educato secondo la rigida disciplina farisaica, dapprima fu persecutore convinto dei cristiani, ma intorno al 35 d.C. si convertì improvvisamente. Da quel momento egli cominciò a percorrere, solo o con alcuni compagni, le principali città delle province orientali dell'Impero e della Grecia, fondando una serie di importanti comunità cristiane oppure fornendo sostegno a quelle esistenti: ad Antiochia, a Efeso, ad Atene, a Corinto, a Roma.

– Gli apostoli: la Parola, l'arte, la tradizione – Paolo
– **Cartina**: I viaggi missionari di Paolo

Inizialmente, Paolo si rivolgeva alle comunità degli ebrei, presenti in tutti i più importanti centri urbani, ai quali annunciava che le profezie antiche si erano realizzate in Gesù. Cominciò, però, presto a rivolgersi con convinzione ai **gentili**, cioè alle genti di ogni nazionalità e credo religioso: il cristianesimo cominciava a diventare una religione universale.

■ I viaggi di Paolo.

Paolo nell'iconografia cristiana

La vicenda di Saulo di Tarso

Gli Atti degli apostoli raccontano che Saulo era un giovane persecutore dei cristiani: sotto i suoi occhi avvenne la lapidazione del primo martire, Stefano (At 7,58); fremeva "minaccia e strage contro i discepoli del Signore", al punto di farsi dare l'autorizzazione dal sommo sacerdote per recarsi a Damasco, città della Siria a nord di Gerusalemme, ad arrestare cristiani (9,1-2).

Durante il viaggio, però, Saulo venne accecato da una luce abbagliante che lo fece cadere da cavallo, mentre una voce gli chiedeva: "Saulo, Saulo, perché mi perseguiti?" (9,3-4). Era Gesù risorto, che lo invitava a convertirsi. Paolo stesso racconterà la propria esperienza nelle **lettere** (per esempio, Gal 1,11 ss.) che, numerose, egli scriverà alle comunità cristiane da lui fondate.

Arrestato a Gerusalemme con l'accusa di aver violato la Legge, Paolo, in quanto cittadino romano, chiese di essere giudicato a Roma. Giunto nella capitale, visse in "libertà vigilata" per due anni, durante i quali annunciò instancabilmente il Vangelo. Venne poi messo a morte, probabilmente nell'anno 67 d.C., mentre era imperatore Nerone. Essendo un cittadino romano, a Paolo non fu riservata un'esecuzione infamante (come invece accadde a Pietro, ucciso durante la stessa persecuzione e crocifisso a testa in giù): infatti fu decapitato.

2. Dalle persecuzioni alla religione di stato

Testa di bronzo dell'imperatore Costantino, 330-340 ca, Roma, Palazzo dei Conservatori.

Fino al 65 d.C. circa, il potere imperiale romano (tradizionalmente tollerante verso le diverse religioni diffuse nell'Impero) considerava i cristiani semplicemente una setta giudaica, anche se particolarmente empia e pericolosa.
Con il crescente diffondersi del nuovo credo, abbracciato sia da persone appartenenti alle classi sociali più elevate sia da gente del popolo e persino da schiavi, il cristianesimo cominciò a essere considerato una minaccia per la stabilità e l'unità dell'Impero e i suoi fedeli vennero più volte duramente perseguitati.
Lo storico greco **Eusebio di Cesarea** (265-circa 340) affermava che i cristiani venivano perseguitati per le loro idee di fratellanza e uguaglianza e per il loro rifiuto di rendere culto all'imperatore, cosa che li differenziava dai cittadini romani. In alcuni casi, il crescente numero di convertiti e l'organizzazione stessa delle comunità attirarono anche la cupidigia di uomini di potere, interessati a impadronirsi dei beni che appartenevano ai cristiani.
Tradizionalmente vengono identificate **dieci fasi di persecuzione** nei confronti dei cristiani, ciascuna con caratteristiche diverse: vi furono persecuzioni generali, altre regionali, a volte furono colpite solo le gerarchie (in particolare i vescovi), altre volte i credenti in modo indiscriminato.
Di fatto, ogni tentativo di cancellare con la violenza il cristianesimo si rivelò inutile: molti, anzi, finirono per ammirare il coraggio con cui i cristiani sapevano affrontare la morte, dimostrando di avere davvero una grande fede in Gesù Cristo crocifisso e poi risorto.
Nell'anno 313 d.C. l'imperatore romano **Costantino** promulgò un editto che metteva fine alle persecuzioni nei confronti dei cristiani: si stabiliva infatti che al cristianesimo e alle altre religioni sarebbe stata assicurata **piena libertà di culto**; ai cristiani, inoltre, veniva restituito ogni bene precedentemente confiscato.
L'imperatore intraprese, da quel momento, una politica di sostegno e poi di intervento nella vita della Chiesa. Egli giunse al punto da convocare e presiedere a **Nicea**, nel 325, l'assemblea dei vescovi cristiani (il **concilio**), per discutere di problemi di fede e di disciplina: autorità politica imperiale e autorità religiosa venivano pericolosamente confuse.
Questo tipo di rapporto tra potere politico e vita ecclesiale ebbe la sua massima affermazione con l'editto promulgato dall'imperatore **Teodosio** a Tessalonica, nel 380 d.C.: il culto cristiano diveniva l'unica religione consentita nell'Impero e il potere politico si proponeva definitivamente come il difensore della fede.

E.R. Thirion, *Trionfo della fede, i martiri cristiani al tempo di Nerone,* seconda metà XIX secolo, Collezione privata.

Concilio

Assemblea composta dai vescovi, in cui vengono trattate questioni relative alla fede, al culto, alla disciplina di vita dei credenti.

Le dieci grandi persecuzioni

■ Ritratto di Nerone, 59-64 d.C., Roma, Museo Palatino.

IMPERATORE	ANNO	CARATTERISTICHE	PRINCIPALI MARTIRI
Nerone	64-68	i cristiani vengono incolpati dell'incendio di Roma	Pietro; Paolo
Domiziano	95	l'imperatore esige il culto della propria persona	il cugino dell'imperatore, Flavio Clemente, e sua moglie, Flavia Placidia
Traiano	106	viene vietato ai cristiani di costituire associazioni private	Simeone, vescovo di Gerusalemme; Ignazio di Antiochia; forse Clemente papa
Marco Aurelio	166-177	la religione cristiana è considerata una stoltezza di visionari	Giustino e compagni; Fotino vescovo; Blandina
Settimio Severo	199-204	viene vietato agli ebrei e ai pagani di passare alla religione cristiana	Leonida di Alessandria; Perpetua e Felicita
Massimino Trace	235-238	i cristiani vengono considerati responsabili dell'ira delle divinità, a causa della quale si sarebbero verificati terremoti in Cappadocia e nel Ponto	Ponziano papa; Ippolito
Decio	250-251	i cristiani vengono considerati i nemici più pericolosi dello stato romano, che è quasi in rovina	Cornelio papa; Lucio papa
Valeriano	257-259	viene data ai cristiani la colpa della crisi economica dello stato	Sisto papa; Lorenzo; Cipriano; Fruttuoso
Aureliano	275	viene rafforzato il culto agli dei e si perseguita chi non professa la religione di stato	
Diocleziano	303-305	qualsiasi diritto civile viene tolto ai cristiani, che sono incolpati di una serie di incendi scoppiati a Roma	la legione tebana; Agnese; Lucia; Marco e Marcelliano

■ Moneta d'oro con l'immagine dell'imperatore Diocleziano.

3. Una storia di difficili rapporti tra Chiesa e potere politico

■ Miniatura francese che ritrae l'incoronazione di Carlo Magno da parte di Leone III, Parigi, Bibliothèque de l'Arsenal.

3.1 Le lotte per la supremazia

La diffusione e il successo del cristianesimo in tutta Europa fecero assumere alla Chiesa un importante ruolo culturale, sociale e politico, con tutti i vantaggi e i pericoli di questa situazione. Durante il Medioevo, infatti, l'autorità politica e quella spirituale furono spesso alleate (e in parte confuse).

L'episodio più emblematico dell'alleanza tra potere temporale e spirituale è l'incoronazione, nella notte di Natale dell'anno 800, di **Carlo Magno** come imperatore d'Occidente da parte del papa **Leone III**. Il sovrano infatti si presentava ai sudditi come fedele alleato della Chiesa, mentre questa gli garantiva la legittimità divina del suo potere.

Nei secoli successivi, gli imperatori e poi i sovrani nazionali continuarono a mantenere il loro potere con l'appoggio della Chiesa, in cambio però di una crescente ingerenza nella vita della Chiesa stessa: era l'autorità laica, per esempio, ad assegnare cariche ecclesiastiche e questo faceva sì che non sempre fossero i motivi spirituali a determinare la scelta. A questo stato di cose si oppose, nel 1075, papa **Gregorio VII**, aprendo così un contenzioso con l'imperatore **Enrico IV**.

Nei secoli successivi il confronto e il contrasto tra il potere spirituale e il **potere temporale** portarono la Chiesa al tentativo di affermare la propria supremazia: nel 1302, papa **Bonifacio VIII** affermava la superiorità del potere spirituale sul quello temporale. Ma l'affermazione che il potere imperiale derivava dalla Chiesa non poteva imporsi, per le aspirazioni sempre più autonomiste dei sovrani europei.

Potere temporale

È il potere che si riferisce alla vita terrena, in contrapposizione al potere che si esercita nella sfera spirituale.

■ E. Schwoiser, *Enrico IV a Canossa*, 1862, Monaco di Baviera, Maximilianeum. *Enrico IV fu scomunicato da papa Gregorio VII e dovette umiliarsi stando al freddo tre giorni e tre notti a Canossa, in attesa che il papa lo ricevesse, allo scopo di far revocare la scomunica.*

3.2 Dalle donazioni allo Stato della Chiesa

Per opera prima degli imperatori del Sacro Romano Impero e poi dei principi medievali, la Chiesa si arricchì di un notevole patrimonio, costituito da donazioni (case, terreni, castelli...) e destinato all'assistenza dei poveri, alla cura dei malati, all'organizzazione di scuole e università e al mantenimento del clero. Purtroppo l'insieme dei **benefici ecclesiastici** (che riguardava sia le diocesi sia i monasteri) determinava, spesso, corruzione, avidità e rilassamento nella disciplina spirituale e nell'impegno di carità. Inoltre, i beni ecclesiastici provocavano anche l'avidità dei principi, suscitando nuovi contrasti e lo scandalo di molti sinceri credenti nel Vangelo.

Durante il secolo XIII si costituì lo **Stato della Chiesa**, che durerà fino al **1870**. I papi governarono per secoli un vero e proprio stato, che comprendeva i territori delle attuali regioni del Lazio, dell'Umbria, delle Marche e di parte dell'Emilia. Anche l'esistenza di questo potere suscitò frequenti contestazioni da parte di chi riteneva che la Chiesa fosse stata chiamata a una missione spirituale e universale e non destinata al compito di essere una potenza tra le altre.

■ Truppe piemontesi entrano in Roma a Porta Pia nel 1870: è la fine dello Stato della Chiesa.

La Chiesa e la Rivoluzione francese

Con l'epoca moderna si giunse a una crescente ostilità del potere politico nei confronti del potere della Chiesa. Ricordiamo a questo proposito le vicende della Rivoluzione francese.

Nel 1790 l'Assemblea costituente, instaurata in Francia dopo lo scoppio della Rivoluzione contro il regime monarchico di Luigi XVI, proclamò la *Costituzione civile del clero*, la quale stabiliva che i vescovi e i parroci dovessero essere eletti dall'autorità civile: considerati funzionari pubblici, sarebbero stati stipendiati dallo stato e dovevano pertanto giurare fedeltà alle sue leggi. Gli ecclesiastici che si rifiutarono di prestare giuramento furono perseguitati duramente: vennero mandati in esilio o condannati a morte insieme ai fedeli che li avevano protetti. I beni della Chiesa (comprese molte opere di carità) furono incamerati dallo stato.

■ L. Duveau, *Una messa nel mare*, 1793, Rennes, Musée des beaux arts. ***Durante la Rivoluzione francese la Messa spesso veniva celebrata clandestinamente.***

3.3 Chiesa e potere politico dal Novecento a oggi

Momenti di aperta ostilità nei confronti del potere della Chiesa e della sua influenza sulla cultura e sulla società si ripeterono a più riprese dalla fine del Settecento in poi.
Nel secolo scorso, il Novecento, si verificarono aperte persecuzioni anche nel cuore del vecchio continente da parte dei regimi comunisti e atei, nell'Europa dell'Est e in Russia, o del regime nazista in Germania.
Oggi la Chiesa, continuando un cammino intrapreso in particolare nella seconda metà dell'Ottocento, si presenta agli uomini e alle società contemporanei spogliata della sua autorità temporale, con sempre meno potere politico, ma progressivamente più ricca di quell'**autorità morale e spirituale** che la vede ancora oggi svolgere la sua missione con il rispetto di tutte le società in ogni continente.
Anche oggi, tuttavia, esistono nel mondo situazioni in cui i cristiani e la Chiesa vengono perseguitati e impediti nell'esercizio della fede, in particolare in alcune zone dell'Africa e dell'Asia. Si tratta di un problema che preoccupa grandemente la Chiesa, impegnata a chiedere in ogni luogo **libertà** per se stessa e rispetto per la possibilità di ogni uomo e di ogni donna di seguire la propria religione, di non essere discriminato a causa della propria fede. Per esempio, tra le moltissime iniziative in questa direzione, ha avuto grande risalto la preghiera durante la Giornata mondiale della gioventù di Madrid, nel 2011, con papa Benedetto XVI, dedicata proprio alle persecuzioni a causa della fede.
I temi della libertà religiosa e delle persecuzioni sono oggi particolarmente sentiti. Dai dati raccolti dall'organizzazione "Aiuto alla Chiesa che soffre" (ACS), risulta che nel 2013 sono ben 123 i paesi nel mondo in cui si verificano forme di persecuzione religiosa e tre casi di discriminazione su quattro (il 75% del totale) riguardano i cristiani.
Proprio in occasione dei 1700 anni dall'Editto di Costantino lo stesso papa Francesco ha lanciato un appello affinché "sia ovunque rispettato il diritto all'espressione pubblica della propria fede e sia accolto senza pregiudizi il contributo che il cristianesimo continua a offrire alla cultura e alla società del nostro tempo".

■ Chiesa cristiana nigeriana dopo un attentato subito nel giugno 2012. *Ancora oggi nel mondo i cristiani sono perseguitati.*

4. La progressiva definizione delle convinzioni di fede

4.1 Il concilio di Gerusalemme

Allora si riunirono gli apostoli e gli anziani per esaminare questo problema.
Sorta una grande discussione, Pietro si alzò e disse loro: "Fratelli, voi sapete che, già da molto tempo, Dio in mezzo a voi ha scelto che per bocca mia le nazioni ascoltino la parola del Vangelo e vengano alla fede.
E Dio, che conosce i cuori, ha dato testimonianza in loro favore, concedendo anche a loro lo Spirito santo, come a noi; e non ha fatto alcuna discriminazione tra noi e loro, purificando i loro cuori con la fede. Ora dunque, perché tentate Dio, imponendo sul collo dei discepoli un giogo che né i nostri padri né noi siamo stati in grado di portare? Noi invece crediamo che per la grazia del Signore Gesù siamo salvati, così come loro".
Tutta l'assemblea tacque e stettero ad ascoltare Bàrnaba e Paolo che riferivano quali grandi segni e prodigi Dio aveva compiuto tra le nazioni per mezzo loro.
Quando essi ebbero finito di parlare, Giacomo prese la parola e disse: "Fratelli, ascoltatemi. Simone ha riferito come fin da principio Dio ha voluto scegliere dalle genti un popolo per il suo nome.
Per questo io ritengo che non si debbano importunare quelli che dalle nazioni si convertono a Dio, ma solo che si ordini loro di astenersi dalla contaminazione con gli idoli, dalle unioni illegittime, dagli **animali soffocati** *e dal sangue. Fin dai tempi antichi, infatti, Mosè ha chi lo predica in ogni città, poiché viene letto ogni sabato nelle sinagoghe".*
Agli apostoli e agli anziani, con tutta la Chiesa, parve bene allora di scegliere alcuni di loro e di inviarli ad Antiòchia insieme a Paolo e Bàrnaba: Giuda, chiamato Barsabba, e Sila, uomini di grande autorità tra i fratelli. E inviarono tramite loro questo scritto: "Gli apostoli e gli anziani, vostri fratelli, ai fratelli di Antiòchia, di Siria e di Cilìcia, che provengono dai pagani, salute! Abbiamo saputo che alcuni di noi, ai quali non avevamo dato nessun incarico, sono venuti a turbarvi con discorsi che hanno sconvolto i vostri animi. Ci è parso bene perciò, tutti d'accordo, di scegliere alcune persone e inviarle a voi insieme ai nostri carissimi Bàrnaba e Paolo, uomini che hanno rischiato la loro vita per il nome del nostro Signore Gesù Cristo. Abbiamo dunque mandato Giuda e Sila, che vi riferiranno anch'essi, a voce, queste stesse cose. È parso bene, infatti, allo Spirito santo e a noi, di non imporvi altro obbligo al di fuori di queste cose necessarie: astenersi dalle carni offerte agli idoli, dal sangue, dagli animali soffocati e dalle unioni illegittime. Farete cosa buona a stare lontani da queste cose. State bene!".
(At 15,6-14; 19-29)

Animali soffocati

L'espressione fa riferimento all'uso di offrire sacrifici di animali alla divinità, usanza diffusa presso tutti i popoli antichi, compreso quello ebraico. Il cristianesimo, invece, prevede che non si compiano questi sacrifici.

Quando gli apostoli cominciarono ad annunciare la risurrezione di Gesù prima a Gerusalemme e nelle altre città della Palestina, poi ad Antiochia e nel resto dell'Asia Minore, si presentò molto presto una questione decisiva: la testimonianza che Gesù era il Figlio di Dio, annunciato dai profeti e venuto nel mondo per la salvezza degli uomini era riservata ai soli discendenti del popolo ebraico? E nel caso di conversioni di pagani (greci, romani e di altri popoli ancora) era necessario che essi dessero prima una prova di aver aderito alla religione ebraica?
Negli Atti degli apostoli (15,5) si racconta che, secondo alcuni membri della prima comunità cristiana (formata in prevalenza di ebrei convertiti), il cristianesimo doveva essere considerato come una setta dell'ebraismo, anche se la più autentica. Inoltre essi ponevano in discussione la destinazione universale dell'annuncio del Vangelo. Per affrontare la questione fu convocata a **Gerusalemme** una solenne riunione: fu, di fatto, **il primo concilio**, che determinò l'apertura della fede cristiana ai pagani senza imporre loro le regole degli ebrei (At 15,6-14; 19-21). Le sole condizioni per entrare nella comunità dei cristiani erano la fede in Gesù Cristo e il battesimo.
Il metodo di quell'assemblea, che si svolse nel 49-50 d.C. è particolarmente interessante: una discussione insieme, tra apostoli e anziani, poi la parola decisiva degli apostoli e di Pietro; infine una decisione comune, addirittura scritta, che fosse norma per tutti.

4.2 Una storia di concili

Durante tutta la storia della Chiesa vi furono numerosi concili, sia regionali (cioè con il convenire dei vescovi di una determinata area geografica) sia ecumenici (cioè tali da rappresentare l'intera Chiesa universale: per questo qui vengono prese decisioni vincolanti per tutti i cristiani).
Fin dal primo concilio generale, quello di Gerusalemme, emerse in modo evidente il **ruolo di Pietro**, il capo degli apostoli: a lui spettava il compito di favorire la discussione e poi di garantire l'unità di tutti intorno alle decisioni prese insieme. Con questa struttura, i concili furono e sono tuttora uno strumento attraverso il quale la Chiesa approfondisce le proprie convinzioni e rinnova il proprio impegno di carità e testimo-

■ C. Nebbia, *Il concilio di Nicea*, 1587-90 ca, Città del Vaticano, Biblioteca Vaticana.

nianza e, nello stesso tempo, garantisce, in comunione con il papa, l'unità dei cristiani.

Tra i primi concili ecumenici ve ne furono alcuni di particolare importanza: quelli di **Nicea** (325), **Costantinopoli** (381), **Efeso** (431), **Calcedonia** (451), dove fu approfondito e messo a fuoco il credo cristiano a proposito della natura di Dio Padre, Figlio e Spirito Santo, e anche della speranza cristiana nella salvezza. Alcuni appartenenti alla Chiesa, infatti, sostenevano teorie diverse, talvolta in contrasto tra loro, poi giudicate incompatibili con l'insegnamento di Gesù e degli apostoli: alcuni, per esempio, negavano la natura divina di Gesù; altri la divinità dello Spirito Santo; altri ancora che Dio fosse composto di tre persone divine della stessa natura. Di fronte a queste interpretazioni scorrette (dette **eresie**), che minacciavano pesantemente l'unità della Chiesa, i concili affermarono con autorità i punti fondamentali della fede cristiana.

Nei secoli successivi vi furono altri importanti concili. Essi furono segnati, quasi sempre, dalla necessità di riaffermare l'unità della Chiesa di fronte a pericolose divisioni. Ecco alcuni esempi.

› Nel concilio di **Basilea** (celebrato successivamente nelle sedi di Basilea, Ferrara e Firenze tra il 1437 e il 1439) si cercò (ma inutilmente) di superare lo **scisma** che separa ancora oggi la Chiesa cristiana d'Oriente e quella d'Occidente e che esamineremo nel capitolo seguente. Questa grave frattura tra i cristiani è cominciata ufficialmente nel 1054 e riguarda soprattutto questioni di organizzazione della Chiesa e problemi, ma non fondamentali, di interpretazione della fede trinitaria.

Eresie

La parola eresia, dal greco *haíresis* (= scelta), indica una dottrina che rifiuta una verità della fede, in contraddizione con la verità rivelata da Dio, di cui la Chiesa è garante e custode.

Scisma

Deriva dal greco *schízein* (= dividere) e indica una "rottura" dell'unità all'interno di una comunità; nel cristianesimo indica una rottura profonda con la Chiesa di Roma.

■ *Il concilio di Costantinopoli*, miniatura dalle *Omelie* di Gregorio Nazianzeno, XI secolo, Parigi, Bibliothèque Nationale.

■ Pinturicchio, *Papa Pio II in viaggio verso il concilio di Basilea* (particolare), 1502-07 ca, Siena, Libreria Piccolomini.

Il Concilio di Trento

■ *Una sessione del Concilio di Trento*, 1630, Berlino, Deutsches Historisches Museum.

- Nel concilio di **Trento** (1545-1563) furono respinte le dottrine sostenute da Lutero e da altri riformatori a proposito della Sacra Scrittura, della salvezza, dei sacramenti (lo vedremo nel prossimo capitolo). Purtroppo anche questo concilio non riuscì nel suo intento di riconfermare l'unità della Chiesa, anche se diede un nuovo impulso all'impegno di evangelizzazione di una cristianità davvero bisognosa di riforme.
- Il concilio ecumenico **Vaticano II** (1962-1965) fu convocato per trovare vie nuove per l'annuncio del Vangelo nel mondo di oggi. Di questo, però, parleremo nella terza unità.

Il credo cristiano

La comunità cristiana avvertì molto presto la necessità di definire, nella formula di un "credo", le verità essenziali della propria fede.

Il credo degli apostoli

La sua formula riassume la fede degli apostoli: si può dire che rappresenti il più antico catechismo, poi perfezionato e meglio sistemato dai successivi concili della Chiesa. Veniva usato nelle celebrazioni battesimali della prima Chiesa di Roma, la Chiesa di Pietro; tuttora viene recitato durante alcune celebrazioni. Questo è il testo:
Io credo in Dio, Padre onnipotente, creatore del cielo e della terra. E in Gesù Cristo, Suo unico Figlio, nostro Signore, il quale fu concepito di Spirito santo, nacque da Maria Vergine, patì sotto Ponzio Pilato, fu crocifisso, morì e fu sepolto; discese agli inferi; il terzo giorno risuscitò da morte; salì al cielo, siede alla destra di Dio Padre onnipotente; di là verrà a giudicare i vivi e i morti. Credo nello Spirito santo, la santa Chiesa cattolica, la comunione dei santi, la remissione dei peccati, la risurrezione della carne, la vita eterna. Amen.

Il "simbolo" niceno-costantinopolitano

Il credo degli apostoli venne precisato e ampliato durante i concili di Nicea (325) e Costantinopoli (381). Per questo è anche chiamato "simbolo" (dal greco *symbállo*, che significa "mettere insieme", nel senso di una formula che "mette insieme", in modo sintetico le verità fondamentali della fede) niceno-costantinopolitano. Esso è tuttora proclamato durante la celebrazione dell'eucaristia dai cristiani, che così fanno la loro professione di fede e di unità. Questo è il testo:
Credo in un solo Dio, Padre onnipotente, Creatore del cielo e della terra, di tutte le cose visibili e invisibili. Credo in un solo Signore, Gesù Cristo, unigenito Figlio di Dio, nato dal Padre prima di tutti i secoli: Dio da Dio, Luce da Luce, Dio vero da Dio vero, generato, non creato, della stessa sostanza del Padre; per mezzo di Lui tutte le cose sono state create. Per noi uomini e per la nostra salvezza discese dal cielo, e per opera dello Spirito santo si è incarnato nel seno della Vergine Maria e si è fatto uomo. Fu crocifisso per noi sotto Ponzio Pilato, morì e fu sepolto. Il terzo giorno è risuscitato, secondo le Scritture, è salito al cielo, siede alla destra del Padre. E di nuovo verrà nella gloria, per giudicare i vivi e i morti, e il suo regno non avrà fine. Credo nello Spirito Santo, che è Signore e dà la vita, e procede dal Padre e dal Figlio. Con il Padre e il Figlio è adorato e glorificato, e ha parlato per mezzo dei profeti.
Credo la Chiesa, una santa cattolica e apostolica. Professo un solo battesimo per il perdono dei peccati. Aspetto la risurrezione dei morti e la vita del mondo che verrà. Amen.

5. La Chiesa, una e divisa

Nonostante sia sempre stata molto viva la preoccupazione dei cristiani per conservare la loro unità, talvolta, nel corso della storia, le differenze e i motivi di separazione hanno prevalso sulla fede comune. Possiamo dunque parlare di un **unico cristianesimo**, basato sulla fede in Gesù Cristo Figlio di Dio e salvatore del mondo, diviso però **in diverse confessioni**: quella **cattolica**, quella **ortodossa**, quella **riformata** e quella **anglicana**. Le comunità cristiane si differenziano tra loro sia per la "confessione", cioè la professione di fede, sia per quanto concerne il modo di interpretare e vivere il cristianesimo. Le principali differenze dottrinali si hanno tra le Chiese cattolica e ortodossa da una parte e le Chiese luterane e riformate dall'altra (che conoscono una grande pluralità di espressioni al loro interno).

5.1 Le Chiese ortodosse

Definizione – Con il termine "ortodossia" (dal greco *orthodoxía*, che significa, letteralmente, "convinzione, opinione corretta") si indicano le Chiese dell'Europa sud-orientale, del mondo slavo e del Medio Oriente, che si definiscono "**autocefale**" (cioè "ciascuna fa capo a sé"), perché non riconoscono un'autorità centrale cha ha il primato su tutti (come il papa per i cattolici). Ciascuna di esse ha un'autorità suprema, il **patriarca**. I patriarcati più importanti sono quello di **Costantinopoli** e **Mosca**, ma sono autonomi e autorevoli anche il patriarcato di Romania e quello di Serbia.

Motivi di separazione – La separazione tra la Chiesa cattolica e le Chiese ortodosse risale ufficialmente al **1054**, quando il papa Leone IX e il patriarca di Costantinopoli Michele Cerulario **si scomunicarono** a vicenda (una scomunica revocata nel 1965 dal papa Paolo VI e dal patriarca di Costantinopoli Atenagora). I motivi della separazione sono in realtà di antica data: tradizioni storiche diverse (l'Impero romano d'Oriente sopravvisse nove secoli a quello d'Occiden-

■ Processione di vescovi e sacerdoti ortodossi.

Scomunicare

Il termine deriva dal latino *excommunicare*, che significa "escludere dalla comunione". La scomunica è la più grave delle pene (più propriamente delle censure) date dalla Chiesa in seguito a un peccato grave e può essere inflitta solo a persone fisiche. Lo scomunicato non può partecipare come ministro a nessun atto di culto pubblico; non può celebrare né ricevere i sacramenti; non può esercitare uffici o ministeri ecclesiastici. Lo scopo della scomunica è spingere il colpevole al pentimento e alla richiesta di perdono alla legittima autorità; in tal caso, la scomunica cessa mediante assoluzione.

■ L'incontro fra papa Paolo VI e il patriarca di Costantinopoli Atenagora.

te), riti diversi e una diversa interpretazione dei rapporti tra le comunità cristiane; inoltre gli ortodossi interpretarono come un'ingiustificata novità rispetto al Credo fissato a Nicea-Costantinopoli l'introduzione (avvenuta nel 794) della formula "e dal Figlio" a proposito dello Spirito Santo (il credo cattolico afferma infatti che lo Spirito Santo "procede dal Padre e dal Figlio", mentre la formula precedente recitava "procede dal Padre attraverso il Figlio").

Motivi di comunione – Dal punto di vista della fede, gli ortodossi hanno quasi tutto in comune con i cattolici, salvo il primato del papa e la questione dello Spirito Santo sopra accennata. Quasi identica è la fede professata nel simbolo di Nicea e Costantinopoli, è identica la serie di libri della Bibbia considerati ispirati, sono uguali i sacramenti e il principio della successione apostolica dei vescovi. C'è uniformità anche a proposito della venerazione per Maria e del culto dei santi.

■ P. Saenredam, *Interno della Chiesa di San Giovanni a Utrecht*, 1645, Utrecht, Centraal Museum. *L'interno delle chiese protestanti è spoglio e semplice.*

5.2 Le Chiese protestanti, riformate e anglicane

Definizione – Le Chiese nate nel XVI secolo dai movimenti di contestazione e di riforma della Chiesa di Roma, accusata di essersi allontanata dai fondamenti della fede cristiana e di aver ceduto alle tentazioni della ricchezza e del potere, sono molte.

Nel 1529 i principi e le città tedesche che avevano aderito alla **Riforma**, ispirata alle dottrine di **Martin Lutero** (1483-1546), esposero all'imperatore Carlo V il loro formale disaccordo con i suoi tentativi di ridurli, anche con la forza, all'unica fede cattolica romana. Poiché il documento presentato in quell'occasione comincia con la parola *protestamur* (cioè "dichiariamo solennemente"), le Chiese di ispirazione luterana furono anche dette "**protestanti**".

Altre ancora sono quelle **riformate**, nate dalla fusione fra i seguaci di **Giovanni Calvino** (1509-1564) e quelli di **Ulrich Zwingli** (1484-1531).

Infine, con lo scisma dalla Chiesa romana, voluto dal re d'Inghilterra **Enrico VIII** (1491-1547), si stabilì l'autonomia della

Il primato di Pietro

"Tu sei Pietro e su questa pietra edificherò la mia Chiesa": quest'affermazione di Gesù riportata nel Vangelo di Matteo (16,18) richiama il ruolo particolare attribuito a Pietro nella comunità dei cristiani. Dalle testimonianze evangeliche e da quelle relative ai primi secoli della Chiesa emerge un particolare riconoscimento a Pietro, il "primo" e capo degli apostoli, e, in seguito, una posizione preminente della Chiesa romana, fondata da Pietro e retta dai suoi successori.

Sul primato di Pietro e della Chiesa romana si è discusso a lungo nella storia della cristianità. Per i cattolici il successore di Pietro, vescovo di Roma e papa, che ha potere di giurisdizione su tutta la comunità cristiana, rappresenta e fonda l'unità visibile della Chiesa universale. Il suo è un potere di servizio e di guida, in stretta comunione con gli altri vescovi della Chiesa. Il primato del papa e della Chiesa di Roma è fra i temi in discussione tra le diverse confessioni cristiane.

Chiesa inglese (detta quindi "**anglicana**") dalla comunione cattolica. I suoi successori aderiranno poi ai princìpi delle Chiese riformate.

Motivi di separazione – Sinteticamente possiamo dire che i princìpi per i quali protestanti e riformati si differenziano dalla Chiesa cattolica sono quattro:

- la forte sottolineatura della dipendenza della libertà umana dall'aiuto di Dio (cioè dalla sua **grazia**), per poter compiere il bene e ottenere la **salvezza**; secondo i protestanti, l'unico modo che l'uomo ha per avvicinarsi a Dio e ottenere il perdono dei propri peccati è la **fede**, perché le opere buone o le pratiche di devozione proposte dalla tradizione cristiana non potrebbero mai colmare il divario che c'è tra la tendenza dell'uomo al male e il bene a cui Dio lo chiama;
- protestanti e riformati assegnano un ruolo di autorità, a proposito della comprensione della fede cristiana, alla **sola Scrittura ispirata**, che ciascun credente può leggere e interpretare con un **libero esame** (i cattolici, invece, continuano ad assegnare un ruolo decisivo alla lettura della Bibbia tenendo conto anche del contributo della Tradizione della Chiesa, così da evitare letture personali e isolate);
- le Chiese riformate **non riconoscono il ruolo decisivo dell'organizzazione gerarchica** della Chiesa cattolica: non accettano l'autorità del papa e relativizzano fortemente quella dei vescovi e dei pastori (all'interno del protestantesimo, però, e in particolare nelle Chiese luterane, i vescovi hanno ancora un ruolo significativo);
- per i protestanti e i riformati i sacramenti sono solo due: **battesimo** ed **eucaristia**. Per quanto riguarda quest'ultimo, essi negano però la dottrina cattolica per cui l'ostia e il vino si trasformano realmente nel corpo e sangue di Cristo; i riformati, in particolare, arrivano a sostenere che l'eucaristia è solo un rito simbolico che ricorda il sacrificio di Gesù.

Libero esame

Nel linguaggio teologico indica l'interpretazione personale della Sacra Scrittura, senza ricorrere all'insegnamento della Chiesa. I riformatori lo ritenevano possibile grazie all'assistenza personale dello Spirito santo, che garantisce la corretta interpretazione dei testi sacri.

Cartina: Martin Lutero e le vicende della Riforma

Martin Lutero e le vicende della Riforma

Motivi di comunione – Protestanti, riformati e anglicani sono accumunati ai cattolici dal fatto di credere in un **Dio unico** e in **Gesù** Cristo, suo Figlio, morto e risorto per la salvezza di tutti gli uomini.

Sono comuni anche le **Scritture**, per quanto alcuni protestanti escludano alcuni libri dell'Antico Testamento, perché non fanno parte della Bibbia ebraica.

Molto forte in tutti i cristiani – cattolici, ortodossi, protestanti, riformati, anglicani – è la concezione dell'efficacia della **preghiera** e la necessità dell'**impegno personale** per il miglioramento del mondo a immagine della volontà di Dio.

H. Holbein il Giovane, ***Ritratto di Enrico VIII***, 1539-40, Roma, Galleria Nazionale d'Arte Antica, Palazzo Barberini. *Enrico VIII si pose a capo della Chiesa anglicana, indipendente da quella cattolica romana.*

6. La Chiesa e l'impegno di carità

Gesù aveva lasciato ai suoi discepoli il comandamento dell'amore: la Chiesa l'ha fatto proprio, impegnandosi nella carità lungo tutta la sua storia.

Padri della Chiesa

Sono scrittori e pensatori cristiani che si occuparono di "tradurre" la fede cristiana in termini comprensibili alla cultura del loro tempo. In diversi casi difesero anche l'ortodossia della dottrina dalle eresie che si stavano diffondendo. Tra i più noti padri della Chiesa possiamo ricordare in Occidente Ambrogio, Girolamo, Agostino, Gregorio Magno e in Oriente Basilio, Gregorio Nazianzeno, Giovanni Crisostomo.

■ *Ambrogio e un fedele* (particolare), fine XIV secolo, Milano, San Lorenzo Maggiore, Tomba dei Robbiani. *Ambrogio è uno dei padri della Chiesa.*

6.1 La carità nella Chiesa dei primi secoli

Gli Atti degli apostoli testimoniano la carità e la generosità nei confronti dei più deboli, praticate dalle prime comunità cristiane al tempo degli apostoli: come abbiamo visto, il diaconato nacque proprio per assolvere meglio a questa esigenza.

D'altro canto, i primi **padri della Chiesa** si interrogarono sulla liceità, per i cristiani, di possedere ricchezze. Essi arrivarono a concludere che esse hanno una funzione sociale: sono un dono di Dio, utile ad alleviare la povertà e le sofferenze che i cristiani incontrano intorno a loro.

Nel I secolo, a Roma, tra i primi papi (per esempio Clemente o Evaristo) era forte la preoccupazione per l'organizzazione della carità. Essi incaricarono notai e diaconi di registrare accuratamente i bisogni di ogni quartiere della città e di riferire poi alle comunità cristiane, che venivano così sollecitate alla raccolta di aiuti, sotto forma di offerte ordinarie (in occasione di ogni celebrazione comunitaria) o straordinarie (donativi, eredità, cessione alla Chiesa di beni immobili...).

Le categorie dei poveri maggiormente assistite nei primi quattro secoli di vita cristiana erano: le **vedove** e gli **orfani** (ai quali nessuno riconosceva speciali diritti e assistenza), i **malati** e gli **inabili** al lavoro, i **condannati** alle carceri o ai lavori forzati nelle miniere, i **prigionieri di guerra** (per i quali era necessario pagare un riscatto), gli **schiavi** (dei quali la Chiesa predicava la dignità umana e sosteneva la necessità di alleviare il lavoro), i **viaggiatori** e i **forestieri**, specialmente cristiani in viaggio o per motivi personali o per la predicazione del Vangelo. Papa Cornelio (251-253) cita nei suoi atti circa 5000 poveri romani che venivano assistiti dalla Chiesa per mezzo delle offerte dei fedeli. Papa Leone Magno (440-461) scriveva: "Astenersi dal cibo senza corrispondere il ricavato in elemosina è avarizia, non carità".

I pagani si meravigliavano della generosità cristiana e attribuivano a essa la simpatia di cui il nuovo credo godeva tra la gente. I vescovi, inoltre, divennero autorità riconosciute in ciascuna città anche grazie a questo costante impegno.

■ Affresco che illustra l'ospitalità data ai viaggiatori come opera di misericordia, XIII secolo, Lérida, Cattedrale della Seu Vella. *Fin dalle origini i cristiani si distinguevano per l'aiuto dato ai viaggiatori e ai forestieri.*

6.2 L'attività caritativa della Chiesa medievale

Durante le invasioni barbariche, i vescovi riuscirono a difendere i diritti dei più deboli in molte circostanze, guadagnandosi il rispetto dei nuovi dominatori.
Crollato l'Impero d'Occidente, furono proprio le autorità religiose a organizzare l'assistenza per i poveri e gli sbandati. Nel frattempo, intorno ai **monasteri** rifioriva la produzione agricola e l'artigianato e si organizzavano strutture per accogliere malati e mendicanti.
Con il consolidarsi dell'Impero di Carlo Magno dopo l'800, la Chiesa rafforzò il proprio patrimonio, usandolo anche a protezione dei più deboli (orfani, malati ecc.) e in soccorso delle vittime delle numerose epidemie, carestie, guerre e scorrerie di pirati. Per esempio, a partire dal 787 furono fondati a Milano e a Lucca **istituti che accoglievano i bambini abbandonati** e così a Siena e a Roma nell'898.
Non mancarono tuttavia numerosi **abusi** e un generale rilassamento dei costumi: a richiamare la Chiesa alla primitiva povertà evangelica e all'uso corretto dei beni sorsero diverse figure, tra cui spicca, nel XII secolo, quella di **san Francesco d'Assisi**.
Tra il XII e il XV secolo sorsero nei Comuni italiani e nelle libere città del nord Europa le **corporazioni dei mestieri**, che si occupavano anche di assistenza, ponendosi sotto la protezione di un **santo protettore** e di una confraternita dedita alla **carità** attiva e operosa.
In questi secoli la Chiesa si rinnovò grazie a nuovi **ordini religiosi** (francescani, domenicani, trinitari, mercenari, ospedalieri), dediti sia alla predicazione sia all'azione di sostegno ai più poveri. Erano attive anche le **confraternite di laici**, che fondarono ospedali per gli incurabili, ricoveri per malati di mente, ospizi per ciechi.

■ La Torhalle (portale d'ingresso) del monastero carolingio di Lorsch, 764-774. *Carlo Magno fece costruire numerosi monasteri, che gli servivano anche per controllare meglio il territorio dell'impero.*

■ Miniatura che ritrae l'interno di una farmacia, 1440 ca, Bologna, Biblioteca Universitaria. *I medici e gli speziali (farmacisti) erano riuniti in una sola corporazione, posta sotto la protezione della Madonna.*

San Francesco d'Assisi

Francesco, figlio di un ricco mercante, nacque ad Assisi nel 1181 o 1182. Trascorse una giovinezza spensierata e partecipò come cavaliere alla guerra tra Assisi e Perugia. Dopo che fu ferito, iniziò per lui un periodo di ripensamento sulla sua vita, che culminò nella visione davanti al crocifisso della chiesa diroccata di San Damiano e nella conversione.

Francesco abbandonò dunque il lusso della casa paterna per vivere in povertà secondo l'insegnamento di Cristo e predicare il Vangelo con la parola e con l'esempio. Non volle chiudersi in un monastero, bensì visse nelle città in mezzo ai poveri, agli emarginati, ai lebbrosi, curando i malati e consolando gli infelici. Ai suoi seguaci ("frati", cioè "fratelli") diede il nome di "minori", derivandolo dal modo in cui venivano definiti i cittadini più poveri.

L'entusiasmo suscitato dalla sua predicazione e dal suo stile di vita moltiplicarono in breve le file dei seguaci di Francesco: non mancarono fra questi anche alcune donne, che furono raccolte in comunità sotto la guida di una giovane di Assisi, **Chiara**, che da tempo seguiva con interesse la predicazione del "Poverello".

Francesco si recò anche in Oriente, arrivando ad annunciare il Vangelo al sultano al-Malik al-Kamil, il quale gli consentì di visitare i luoghi santi della Palestina.

Tornato in Italia, organizzò i suoi frati secondo una regola più complessa e articolata, che fu solennemente approvata da papa Onorio III: la *Regula Bullata*.

Nel 1224 ricevette sulle mani, sui piedi e sul costato le stimmate e, pur cieco e malato, compose (1225) il *Cantico delle creature*, un ringraziamento a Dio per il creato che è anche una delle prime testimonianze della letteratura italiana.

Francesco morì alla Porziuncola, una cappellina presso Assisi, in estrema povertà, nel 1226.

San Francesco d'Assisi

■ G. Bellini, *San Francesco nel deserto* (o *San Francesco in estasi*), 1475-78 ca, New York, The Frick Collection.

■ Caravaggio, *San Francesco riceve le stimmate* (o *San Francesco in estasi*), 1594-95, Hartford, Wadsworth Atheneum.

6.3 La carità cristiana tra Cinquecento e Seicento

Nel Cinquecento la Chiesa ritrovò nuovo slancio caritativo: nel **concilio di Trento** (1545-1563), convocato per rispondere alle istanze del protestantesimo, si riaffermò che "i vescovi erano tenuti ad avere cura paterna dei poveri e di tutti i bisognosi". Sorsero nuove istituzioni: ricoveri per anziani e malati, per orfani, per carcerati; si diffusero i "Monti di pietà", per raccogliere e far fruttare fondi per l'assistenza.
A favore dei poveri prestarono la loro opera nuove famiglie religiose, come i **Fatebenefratelli** di san **Giovanni di Dio** (1495-1550), i **Crociferi** (o **Camilliani**) di san **Camillo de Lellis** (1550-1614), i **Barnabiti** di sant'**Antonio Zaccaria** (1502-1539), i **Teatini** di san **Gaetano da Thiene** (1480-1547). Su tutti spicca l'opera di san **Vincenzo de' Paoli** (1581-1660), fondatore delle **Figlie della Carità** con santa **Luisa de Marillac** (1591-1660) e ispiratore di altre famiglie religiose dedite all'assistenza.
Molto importante per l'annuncio della fede e la testimonianza della carità fu l'opera della **Compagnia di Gesù**, l'ordine fondato da sant'**Ignazio di Loyola** (1491-1556).

Sant'Ignazio di Loyola

■ Autore ignoto, *Ignazio di Loyola riceve dal papa Paolo III l'approvazione della costituzione della Compagnia di Gesù*, Roma, Sacrestia della Chiesa del Gesù.

Ignazio nacque nel 1491 nelle province basche della Spagna. Diplomatico e ufficiale, rimase ferito nel 1521 nell'assedio di Pamplona e, durante la lunga degenza che ne seguì, maturò la conversione, optando per una vita al servizio della Chiesa. Dopo la guarigione, visse in solitudine, preghiera e penitenza per più di un anno e in questo periodo scrisse gli *Esercizi spirituali*.
Recatosi a Parigi per completare gli studi, Ignazio raccolse attorno a sé una decina di compagni. Ebbe allora un'intuizione feconda: fondare un ordine religioso libero dalle osservanze di tipo monastico, interamente dedito all'apostolato, con un superiore generale eletto a vita che dirige l'attività di tutti i suoi religiosi e nomina tutti i superiori, legato da un vincolo speciale di obbedienza al papa (oltre a essere sottoposto ai voti consueti di povertà, castità e obbedienza). Era la **Compagnia di Gesù**, che incontrò moltissime adesioni: alla morte del suo fondatore (1556) era giunta in Paraguay, in India e in Giappone e costituiva uno dei capisaldi del rinnovamento della Chiesa cattolica.

6.4 L'impegno della carità della Chiesa moderna

Chiusa la parentesi dell'Illuminismo e della Rivoluzione francese, che, mobilitando forze in senso anticlericale, finirono con il travolgere anche le opere della carità cristiana, le società europee continuarono ad avvalersi dell'opera infaticabile di molti, religiosi e laici, impegnati per quei poveri che il mondo spesso non sa o non vuole aiutare.

Il secolo XIX conobbe illustri figure di cristiani dediti alla carità: il beato **Federico Ozanam** (1813-1853), il quale fu l'ispiratore delle **Conferenze di san Vincenzo de' Paoli**, oggi presenti in più di ottanta nazioni, che si occupano dell'assistenza spirituale ed economica dei più poveri; san **Giuseppe Benedetto Cottolengo** (1786-1842), che nel 1828 diede vita alla **Piccola Casa della Divina Provvidenza**, per l'assistenza degli orfani, degli ammalati, dei minorati fisici e mentali; san **Giovanni Bosco** (1815-1888), che fu il fondatore dei **Salesiani** e delle **Figlie di Maria Ausiliatrice**, per l'educazione dei ragazzi e dei giovani.

Di fronte al sorgere della questione operaia, di problemi di giustizia e umanità del lavoro, la Chiesa sul finire dell'Ottocento ha dato avvio a quello che è stato definito **Magistero sociale**. Chiara è stata la sua presa di posizione per la **condivisione dei beni e del lavoro**, la difesa della **dignità umana** da ogni ingiustizia, la **lotta contro la povertà**, per realizzare le condizioni per uno sviluppo integrale della persona umana.

Anche nel Novecento l'impegno nella carità da parte della Chiesa non è venuto meno: ricordiamo l'esempio di **Madre Teresa** (1910-1997), che a Calcutta, con le **Missionarie della carità**, da lei fondate, spese la propria vita nell'assistenza dei moribondi.

Le congregazioni e le istituzioni che ancora oggi si impegnano nell'assistenza a tutti i bisognosi, in ogni parte del mondo, sono moltissime. Ogni nuova necessità trova una risposta: emigrati, profughi, disoccupati, terremotati continuano a incontrare cristiani che si dedicano ad alleviare le loro sofferenze e a promuovere il pieno riconoscimento di ogni persona umana.

■ Ritratto di san Giuseppe Cottolengo.

Magistero sociale

Il Magistero in senso lato (dal latino *magisterium*, "insegnamento") è la funzione di insegnamento esercitata dalla Chiesa (nelle figure del papa e dei vescovi), per consentire una corretta interpretazione e trasmissione del messaggio di Gesù.

Il Magistero sociale indica l'insegnamento della Chiesa su questioni di natura sociale. L'inizio dell'insegnamento della Chiesa sulla vita sociale si fa risalire all'enciclica (cioè una lettera ufficiale scritta in latino, promulgata dal papa su questioni di fede o di morale) di papa Leone XIII ***Rerum novarum*** del 1891. La Chiesa ha poi proseguito nella riflessione con molti pronunciamenti, ricchi di proposte e prospettive. Tra i documenti di due degli ultimi papi, si possono ricordare, per esempio, l'enciclica ***Populorum progressio*** di Paolo VI del 1967, la ***Sollicitudo rei socialis*** di Giovanni Paolo II del 1987 e la ***Centesimus annus*** di Giovanni Paolo II del 1991.

Al centro del Magistero sociale ci sono tre punti cardine, sempre sostenuti dalla Chiesa: il primato e la dignità inviolabile della persona umana, il principio di solidarietà e quello di sussidiarietà.

San Giovanni Bosco

Giovanni Bosco

Giovanni Bosco nacque ai Becchi di Castelnuovo d'Asti nel 1815, da una semplice famiglia di contadini. La madre, Margherita, lo educò per prima alla fede cristiana.

Ordinato sacerdote a Torino nel 1841, si dedicò all'educazione dei ragazzi, specialmente dei più poveri, abbandonati alla strada e spesso a un futuro di miseria e di delinquenza.

Nel 1841 fondò una prima scuola di catechismo, di lettura e di scrittura; nel 1846 diede inizio a corsi serali e costruì piccoli laboratori artigianali di falegnameria, stamperia, calzoleria, dove i ragazzi imparavano un mestiere.

Nel 1859 papa Pio IX approvò ufficialmente la costituzione della Società salesiana da lui fondata (il nome deriva da un santo dell'inizio del XVIII secolo, Francesco di Sales), che ebbe in brevissimo tempo grande diffusione non solo a Torino ma anche in Italia.

Don Bosco nel 1875 inviò i primi salesiani in America latina, perché svolgessero apostolato presso gli emigrati. Poi, l'attività missionaria salesiana si diffuse in Asia, in Australia, in Africa.

Nel 1872 ai salesiani si affiancarono, per l'educazione delle ragazze, le Figlie di Maria Ausiliatrice.

Don Bosco si spense a Torino nel 1888. Fu beatificato nel 1929 e dichiarato santo nel 1934.

Madre Teresa di Calcutta

Anjeza Gonxha Bojaxhiu nacque il 26 agosto 1910 a Skopje, in Albania, da una famiglia originaria del Kosovo.

Morì a Calcutta il 5 settembre 1997, dopo una vita dedicata al servizio dei più poveri, come suora e fondatrice della congregazione religiosa delle Missionarie della Carità. Proprio il suo impegno tra le vittime della povertà di Calcutta – e in particolare tra i moribondi – l'ha resa una delle persone più famose al mondo. Ha vinto il Premio Nobel per la Pace nel 1979, e il 19 ottobre 2003 è stata proclamata beata da papa Giovanni Paolo II.

Madre Teresa, con la propria testimonianza di vita e con le sue parole, ha difeso fortissimamente il valore della vita umana, impegnandosi direttamente per dare dignità ai moribondi e per combattere l'aborto.

Nel 1987 divenne presidentessa onoraria dei Movimenti per la Vita di tutto il mondo. Diceva spesso di essere solo "una matita" nelle mani di Dio, per sottolineare l'affidamento totale e la fiducia nel Padre, che compie ogni bene.

7. La Chiesa e l'impegno missionario

– La mia vita in Amazzonia
– Missionari con Pauline Marie Jaricot

Cartina: Il rinnovamento promosso dai nuovi ordini monastici

Il primo compito della Chiesa è quello di annunciare il Vangelo di Gesù, la "buona notizia" della salvezza: la "missione" è dunque l'anima e il motore della Chiesa. Per questo l'annuncio cristiano, nei secoli, è stato portato in ogni luogo e a ogni popolo.

7.1 La prima diffusione del cristianesimo

Abbiamo già accennato all'attività di testimonianza e di predicazione degli apostoli e dei loro collaboratori. Abbiamo anche conosciuto la figura di Paolo e le numerose comunità cristiane da lui fondate. Poi abbiamo visto che il cristianesimo ha saputo diffondersi, con la sua carica di novità, nella gran parte delle città dell'Impero romano, trasformando a poco a poco la cultura e la società e resistendo anche alle più dure persecuzioni.

Anche dopo IV e V secolo, epoca del radicamento della nuova fede come religione ufficiale, continuò lo slancio missionario. Il cristianesimo continuò a penetrare in nuove aree geografiche, non appena un minimo di tolleranza e di accettazione dell'opera dei missionari lo consentivano.

Al crollo dell'Impero romano d'Occidente (476 d.C.), i regni barbarici che si instaurarono nell'Europa, ormai disgregata, ebbero come punto di riferimento spirituale la fede che aveva unificato l'Impero: goti, visigoti, franchi, longobardi **si convertirono progressivamente** al cristianesimo.

■ Anonimo lombardo, *San Patrizio resuscita un morto*, XV secolo, Colzate, Chiesa di San Patrizio.

7.2 Lo slancio missionario del movimento monastico

Già negli ultimi secoli dell'Impero, contemporaneamente alla progressiva decadenza delle istituzioni politiche e alla crescente insicurezza delle campagne e delle province, aveva cominciato a diffondersi il **movimento monastico**. Dal 275 d.C., infatti, per opera di **Antonio**, un eremita egiziano, uomini e donne di particolare sensibilità spirituale avevano fondato comunità dedite alla preghiera e fondate sulla rinuncia dei beni materiali.

In seguito, in Occidente, i monasteri che si ispiravano alla Regola fondata da san **Benedetto** (480-547), diffusi un po' ovunque, divennero punti di riferimento spirituali e culturali per la rinascita dell'Europa.

Furono monaci anche alcuni dei più importanti missionari che rivolsero la loro attività di evangelizzazione verso nuove popolazioni. Ricordiamo in Occidente, presso i popoli sassoni e germanici, l'opera di san **Patrizio** (385 circa-461), detto "apostolo dell'Irlanda", e quella di san **Bonifacio** (672/3-754), "apostolo della Germania"; mentre in Oriente, presso i popoli slavi, si distinsero i santi **Cirillo e Metodio** (attivi dall'862), i quali inventarono anche un alfabeto, il "cirillico", tuttora in uso, per tradurre in lingua slava le Sacre Scritture.

San Benedetto da Norcia

Benedetto nacque a Norcia, in Umbria, verso il 480 d.C. Studente a Roma, constatò di persona lo stato di grave decadenza in cui versava l'antica capitale dell'Impero: disgustato dai vizi della città, se ne allontanò per condurre vita eremitica.

I monaci di Vicovaro gli chiesero di assumere la guida del loro monastero, ma, giudicando eccessive l'autorità e la disciplina instaurate da Benedetto, tentarono di avvelenarlo. Ritiratosi nella zona di Subiaco, si trovò ben presto attorniato da un gruppo di seguaci, che organizzò dunque secondo una nuova forma di vita monastica: dodici monasteri, ciascuno con dodici monaci, sotto la sua supervisione. I monaci riuniti intorno a Benedetto si chiamarono **Benedettini**.

Amareggiato e preoccupato dall'invidia e dalla gelosia del prete Fiorenzo che abitava nei paraggi, si ritirò con i suoi monaci a **Montecassino**, dove fondò, nel 529, un monastero destinato a diventare il più celebre in Europa. Là scrisse la **Regola** per i suoi monaci e là avvenne la sua morte, verso il 547.

Nel 1947, Pio XII lo chiamò "Padre dell'Europa" e il 24 ottobre 1964, in coincidenza con la consacrazione della basilica di Montecassino, ricostruita dopo la distruzione della seconda guerra mondiale, Paolo VI lo ha proclamato "patrono d'Europa".

La Regola benedettina

Composta da un prologo e da 73 capitoli, la Regola è incentrata su due cardini fondamentali: la **preghiera** e il **lavoro** (*Ora et labora*, "Prega e lavora" è il motto benedettino).

La preghiera ha il primato ed è continua, di giorno e di notte, celebrata coralmente negli uffici cantati più volte al giorno; in essa è compresa la lettura della Bibbia.

L'importanza attribuita al lavoro manuale rappresentò una novità assoluta per l'epoca: la mentalità dell'aristocrazia imperiale romana, infatti, lo giudicava degradante rispetto alle attività intellettuali; Benedetto, invece, lo riabilitò come mezzo di avvicinamento a Dio, attribuendogli la stessa importanza della vita contemplativa.

Un altro aspetto fondamentale della Regola sta nell'aver sancito in modo inequivocabile l'autorità dell'abate. Nel monastero egli doveva essere considerato come un padre, cui tutta la famiglia monastica era legata da amore, rispetto, sottomissione. A lui spettava la gestione equilibrata delle risorse e l'assegnazione dei compiti e delle mansioni di ciascuno, in modo commisurato alle capacità individuali.

Ogni monaco doveva essere umile e obbediente, non era permessa alcuna forma di proprietà personale e vigeva la regola del silenzio.

Spinello Aretino, ***Storie di San Benedetto*** (particolare), 1387-88, Firenze, Sacrestia della Basilica di San Miniato al Monte.

7.3 Le missioni extraeuropee

Dopo un lungo periodo di consolidamento in Europa e di scontri con la religione musulmana (in espansione dalla fine dell'VIII secolo), lo slancio missionario della Chiesa riprese vigore a partire dal XV secolo, con la scoperta delle Americhe.
Già nel 1493 alcuni missionari francescani accompagnavano Cristoforo Colombo nel suo secondo viaggio verso l'America meridionale. Nei decenni successivi, **missionari francescani** e **domenicani** giungeranno nelle diverse regioni via via colonizzate dalla Spagna e dal Portogallo. Purtroppo essi furono a volte testimoni consenzienti di una terribile opera di conquista, con massacri e riduzione in schiavitù delle popolazioni indigene, alle quali doveva essere annunciato il Vangelo. Alcuni religiosi, tuttavia, come il domenicano **Bartolomé de Las Casas** (1484-1566), seppero denunciare gli abusi degli europei e cercarono di porvi rimedio. Altri, come i gesuiti impegnati nella predicazione a sud dell'attuale Brasile, crearono, a partire dal 1609, delle *reducciones*, cioè comunità autonome di indigeni, libere dal dominio dei proprietari terrieri bianchi.
Numerosi missionari si diressero anche verso l'Estremo Oriente, spesso a prezzo della vita. Fra tutti, ricordiamo san **Francesco Saverio** (1506-1552), attivo in India e Giappone, e la lungimirante, anche se quasi isolata, attività missionaria di padre **Matteo Ricci** (1552-1610), in Cina.
La Chiesa, costretta a difendersi da contestazioni sempre più forti, che le venivano mosse dal mondo culturale e politico, non interruppe mai, nel XVIII e XIX secolo, il suo impegno di testimonianza verso tutti i popoli del mondo, spinta dalla convinzione che il Vangelo di Gesù è per tutti gli uomini. Alle soglie della nostra era si segnalarono dunque nuove figure di missionari impegnati verso l'ultima frontiera: l'Africa. Ricordiamo qui, in particolare, l'opera di **Daniele Comboni** (1831-1881).

Statua di Daniele Comboni eretta a Verona.

D. Rivera, ***Bartolomé de las Casas difende gli indios contro i conquistadores*** (particolare tratto da una scena del ciclo ***Storia del Messico***), 1929-31, Città del Messico, Palacio Nacional.

L'immagine

Nell'immagine puoi vedere la conversione di San Paolo dipinta dal Caravaggio.

Caravaggio, *Conversione di San Paolo*, 1600-01, Roma, Collezione Odescalchi.

Leggi l'immagine

1. Su quale personaggio si concentra la luce? Questo corrisponde al racconto di Atti 9?
2. Chi è il personaggio in alto a destra, con le braccia tese?
3. Caravaggio dipinse un'altra versione del medesimo soggetto. Cercala ed evidenza somiglianze e differenze rispetto a questa.

Documenti

1. Gesù appare a Paolo

- San Paolo ad Atene
- I messaggio delle lettere della prigionia di Paolo
- La basilica di San Paolo fuori le Mura

Chiave di lettura

Benedetto XVI ricostruisce l'apparizione di Gesù a Paolo, inizio della sua missione di evangelizzazione.

Secondo tutti e tre i racconti degli Atti degli apostoli sulla conversione di Paolo, l'incontro con Cristo risorto risulta composto di due elementi: una luce "più splendente del sole" (26,13) e, insieme, una voce che "in lingua ebraica" (v. 14) parla a Saulo. Mentre il primo racconto riferisce che gli accompagnatori sentirono la voce, "ma non videro nessuno" (9,7), nel secondo racconto si legge inversamente: essi "videro la luce, ma non udirono la voce di colui che mi parlava" (22,9). Il terzo racconto dice dei compagni di viaggio soltanto che tutti, come Saulo, caddero a terra (cfr 26,14).
Una cosa è chiara: la percezione da parte degli accompagnatori fu diversa da quella di Saulo; solo lui fu il destinatario diretto di un messaggio che significava una missione; anche i compagni tuttavia divennero in qualche modo testimoni di un evento straordinario. Per il vero destinatario, Saulo-Paolo, i due elementi vanno insieme: la luce splendente, che può ricordare la vicenda del Tabor [...] e poi la parola nella quale Gesù si identifica con la Chiesa perseguitata e, al tempo stesso, affida a Saulo una missione. Mentre il primo e il secondo racconto, per quanto riguarda la missione, inviano Saulo a Damasco dove gli sarebbero stati rivelati i particolari, nel terzo racconto viene comunicata una parola dettagliata e molto concreta sulla sua missione: "Alzati e sta' in piedi; io ti sono apparso infatti per costituirti ministro e testimone di quelle cose che hai visto di me e di quelle per cui ti apparirò. Ti libererò dal popolo e dalle nazioni, a cui ti mando per aprire i loro occhi, perché si convertano dalle tenebre alla luce e dal potere di Satana a Dio, e ottengano il perdono dai peccati e l'eredità, in mezzo a coloro che sono stati santificati per la fede in me" (At 26,16ss).
Nonostante tutte le differenze fra i tre racconti, diventa tuttavia evidente che l'apparizione (la luce) e la parola vanno insieme. Il Risorto, la cui essenza è luce, parla quale uomo con Paolo nella lingua di lui. La sua parola è, da un lato, un'autoidentificazione che al contempo significa identificazione con la Chiesa perseguitata e, dall'altro, è una missione il cui contenuto si sarebbe ulteriormente manifestato in seguito.

Benedetto XVI, *Gesù di Nazaret*
(Seconda parte), Libreria Editrice Vaticana,
Città del Vaticano 2011

A. Ardente, ***Caduta di san Paolo da cavallo*** (particolare), 1580, Torino, Oratorio della Compagnia di San Paolo.

L'attività

1 Leggi i tre racconti completi della chiamata di Saulo-Paolo (At 9, 1-8; 22,6-11; 26,12-18) ed evidenzia somiglianze e differenze.

2 Perché la percezione di Saulo fu diversa da quella di coloro che lo accompagnavano?

2. I martiri

– I cristiani e l'Impero romano
– Costantino e la libertà di culto
– Il sogno di Costantino

Chiave di lettura

Durante le persecuzioni molti cristiani affrontarono la morte per testimoniare la loro fede: erano i martiri.

In origine *marturos* e *marturion* significavano, rispettivamente, "testimone" e "testimonianza" e, nel greco classico, oltre che in contesto processuale, erano utilizzati per descrivere vari generi di osservatore. Nei Vangeli, martiri sono coloro che testimoniano, per averle viste con i loro occhi, le sofferenze di Gesù sulla croce e la sua risurrezione. Solamente nel II secolo d.C., *marturos* diventa chi è pronto a morire per la propria fede. C'erano, ovviamente, precedenti di Greci e Romani morti per la loro fede. Gli stessi cristiani non avevano difficoltà ad ammettere che Socrate, condannato a morte da una giuria ateniese nel 399 a.C., fosse una specie di martire. La sua ostinazione a parlare liberamente aveva urtato i suoi concittadini e il racconto platonico della sua morte diventò molto popolare. Ci furono poi grandi personaggi romani, come per esempio lo strenuo repubblicano Catone, che preferì togliersi la vita piuttosto che vivere sotto quella che riteneva la dittatura di Giulio Cesare; o il filosofo stoico Seneca che, a sua volta, preferì uccidersi piuttosto che continuare a vivere sotto Nerone. In entrambi i casi, però, nulla lascia intendere che credessero in una miglior vita dopo la morte. Semplicemente, preferirono morire che vivere sotto il tallone di una tirannia insopportabile.
A esercitare un'influenza più diretta sui cristiani, e certamente sulle modalità narrative del martirio, potrebbero essere stati i "martiri" maccabei. Il greco Antioco IV, re seleucide, entrò in Gerusalemme negli anni Sessanta del II secolo a.C. e lanciò una campagna di persecuzione dei giudei, costringendoli, tra l'altro, a mangiare carne di maiale. Le vicende di Eleazar, "uno dei capi scribi", e dei sette fratelli sono narrate in IV Maccabei, apocrifo[1] databile al II secolo d.C., i cui martìri sono assai simili a quelli dei testi cristiani. Arresto degli accusati, processo, ingiunzione di cibarsi di carne di maiale, torture perché si rifiutano, esecuzione. I fratelli parlano di una risurrezione a nuova vita [...].
Il martirio cristiano aveva tuttavia un elemento di unicità. A quanto sembra, nessun martire pagano avrebbe cercato la morte come invece fecero interi gruppi di cristiani che, secondo alcuni racconti, quasi supplicarono i magistrati di condannarli a morte. [...] Tertulliano, massimo sostenitore del martirio, afferma che, se i martiri pagani erano pronti a sacrificare la vita per falsi ideali, è lecito aspettarsi che i cristiani ne siano ancor più vogliosi, perché muoiono per la verità. Ciò nondimeno, la ragione di questo deside-

1. **apocrifo:** scritto considerato non autentico.

rio di martirio rimane oscura. Per molti, la devozione a Cristo significa condividerne il sacrificio sulla croce. Un'identificazione di tipo personale con Cristo e le sue sofferenze, forse resa più intensa dall'esperienza di assumerne il corpo e il sangue nell'eucaristia; una situazione assai diversa da quella dei Maccabei di infrangere la Legge. [...]
[Si tratta di] un entusiasmo che riflette anche il potere di attrazione della vita ultraterrena. Il martirio sarebbe stato impensabile senza la certezza dell'esistenza di un mondo pronto ad accogliere trionfalmente i martiri.

C. Freeman, *Il cristianesimo primitivo*, Einaudi, Torino 2010

L'attività

1 Quali esempi di martiri dell'antichità cita l'autore?

2 Perché, invece, i martiri cristiani erano differenti?

3 In tutta la storia della Chiesa ci furono martiri, cioè persone che testimoniarono la propria fede perdendo la vita. Lavorando in gruppo con i compagni, compi una ricerca su alcuni martiri cristiani dei nostri tempi e condividi i risultati con la classe.

■ D. Morelli, *Corpi dei martiri cristiani portati dagli angeli in cielo*, 1855, Napoli, Museo e Gallerie Nazionali di Capodimonte.

3. Una Chiesa ancora oggi perseguitata

Il testamento di Shahbaz Bhatti

Chiave di lettura

I cristiani sono perseguitati anche oggi. Accade in Pakistan, Iran, Arabia Saudita, Algeria. Sudan, Egitto... È un attacco pesante, che ha radici forti e non risparmia nessuno.

■ Yousef Nedarkhani, pastore iraniano condannato a morte per la sua fede cristiana.

Padre Yousef Nedarkhani, 34 anni, una bella moglie, due bambini di 9 e 8 anni, è un pastore evangelico. Iraniano. Oggi dovrebbe comparire ancora una volta in tribunale del suo paese, dove un giudice potrebbe confermare la sentenza di impiccagione per apostasia, condanna che gli era già stata comminata ma poi sospesa dal tribunale supremo iraniano. Nella cittadina settentrionale di Rasht, sul Mar Caspio, un giudice tornerà a chiedere a padre Yousef se è pentito di aver abbandonato l'Islam, se è pronto a ritornare alla religione dei suoi. Ma l'avvocato di Nadarkhani conosce già la risposta: ha detto che il giovane pastore ha rifiutato, e lo farà ancora. "Pentirsi vuol dire tornare indietro, ma dove dovrei tornare? Alla blasfemia di cui mi nutrivo prima della mia fede in Cristo?" aveva risposto con sfida il religioso durante l'udienza di domenica scorsa. Quando il giudice aveva insistito, chiedendogli semplicemente di abbracciare "la religione dei suoi genitori", padre Yousef aveva insistito secco "non posso". La vera storia di padre Yousef Nadarkhani non è solo una vicenda giudiziaria emblematica, una contesa in cui gli esecutori legali della Repubblica islamica prendono di mira i cristiani iraniani. Anche questa è figlia dello scontro fra religioni, culture, ideologie e comportamenti: ma all'essenza è anche la battaglia di un cittadino diverso, di una famiglia convinta e devota a qualcosa di differente dal potere dominante. Il suo avvocato, Mohammad Ali Dadjah, spiega che il giudice, seguendo una interpretazione iraniana della *sharia*, la legge islamica, dovrà chiedere tre volte, in tre sedute diverse, di abbandonare Cristo per rientrare nella *umma* dell'Islam. Ma padre Yousef non vuole tradire Cristo e neppure se stesso. L'*iter* legale prevede che, in caso di nuova condanna a morte, l'avvocato possa provare ancora a fare ricorso alla corte suprema iraniana. Ma, se il tribunale rigettasse la possibilità del nuovo ricorso, già da domani in teoria il pastore evangelista potrebbe essere pronto per la pena di morte. Padre Nadarkhani si era convertito al cristianesimo a 19 anni; di recente era diventato pastore di un gruppo cristiano evangelico che fa capo a una serie di chiese-famiglia, comunità in cui il culto cristiano viene custodito nel privato delle abitazioni. Fu arrestato per la prima volta nell'ottobre 2009 perché aveva rifiutato di insegnare l'Islam ai bambini cristiani nelle scuole iraniane. Era già stato condannato a morte per impiccagione un anno fa, verdetto che sembrava esser stato ribaltato in appello da una sentenza del tribunale supremo. Ma poi si è capito che la sentenza prevedeva che l'imputato rinnegasse appunto il suo credo, una scelta del tipo "pentiti o muori".

Anche se membro di una chiesa diversa da quella di Roma, padre Yousef sarà evocato nelle discussioni che quattro parlamentari iraniani avranno in questi giorni in Vaticano: i quattro sono ayatollah membri del Majlis di Teheran, deputati e leader religiosi con cui papa Benedetto ha deciso di continuare il dialogo anche per difendere i cristiani in Iran.

V. Nigro, in "La Repubblica", 28 settembre 2011

L'attività

1. Che cosa pensi del comportamento di padre Yousef? Tu che cosa faresti al posto suo?
2. Davanti ai martiri cristiani rapiti, feriti o assassinati, davanti ai missionari e alle missionarie sempre più in pericolo di vita di cui sono piene la pagine dei giornali in questi giorni, davanti al calvario dei cristiani in Iraq, ridotti ormai a un terzo, vittime delle violenze, intimiditi dalle minacce, costretti a scappare dalle loro case, l'Europa e l'Occidente in generale dovrebbero rimanere muti? Oppure esiste un dovere dell'Occidente di proteggere i cristiani, siano essi autoctoni o missionari, in quanto sente che il cristianesimo è legato alla propria stessa identità e che, lasciando a se stessi i missionari, l'Occidente lascia a se stessi anche i propri valori? Discutine in classe.

4. La Chiesa e la ricchezza

Chiave di lettura

Nel corso dei secoli la Chiesa non sempre ha mantenuto fede all'impegno di povertà e questo ha determinato lotte di tipo politico. È importante, invece, mantenere fede all'insegnamento di Gesù anche su questo punto.

Se le beatitudini sono esegesi di Gesù, esse sono anche indicazioni di via ai cristiani, alla Chiesa. Hanno proclamato con profezia i padri conciliari nella costituzione *Lumen Gentium*: "Come Cristo ha compiuto la salvezza attraverso la povertà e le persecuzioni, così pure la Chiesa è chiamata a percorrere la stessa via". Non può essere diversamente, anche se oggi su questo tema si registra un silenzio lungo, pesante, quasi che questa fosse un'indicazione inattuale, che non si vuole ascoltare. Si parla di evangelizzazione o di nuova evangelizzazione in modo ossessivo e si dimentica che la prima missione vissuta e proclamata da Gesù è stata quella di farsi povero per incontrare i poveri e portare loro la buona notizia, il Vangelo! Ora, va detto con chiarezza: una *Chiesa per i poveri*, cioè una Chiesa che pensa ai poveri non è mai stata gravemente contraddetta lungo i secoli. Sempre la Chiesa ha pensato ai poveri per aiutarli, per sostenerli, per fare loro del bene e alleviare i loro bisogni; sempre è stata organizzata la carità nella Chiesa perché secondo le parole di Gesù "i poveri li abbiamo sempre con noi" (cfr. Mc 14,7; Mt 26,11; Gv 12,8).
A questo fine la Chiesa ha spesso cercato di avere molte ricchezze, di possedere molto a fin di bene: questo però non solo è insufficiente, ma è una grave contraddizione verso la povertà secondo il Vangelo. Basti ricordare in proposito l'inquietante parola rivolta da Satana a Gesù durante le tentazioni nel deserto: "Il diavolo lo condusse in alto, gli mostrò in un istante tutti i regni della terra e gli disse: 'Ti darò tutto questo potere e la loro glo-

ria, perché a me è stata data e io la do a chi voglio. Perciò, se ti prostrerai in adorazione dinanzi a me, tutto sarà tuo' " (Lc 4,5-7). Chi dunque accumula ricchezze, anche a fin di bene, è un amministratore del demonio, lo sappia o meno.

No, la Chiesa prima di essere Chiesa per i poveri, se vuole essere coerente con "i sentimenti che furono in Cristo Gesù" (Fil 2,5) deve essere *Chiesa povera e serva*. Come Gesù si fece povero, così faccia la Chiesa, e allora sarà veramente assemblea dei poveri del Signore, assemblea di santi che lo attendono e lo narrano con i loro comportamenti. Una Chiesa povera: non una Chiesa che senza adesione alla realtà, in una visione utopistica, rinuncia a usare i mezzi economici e si rinchiude su se stessa in un pauperismo che la soffoca, ma una Chiesa che sa discernere i mezzi da utilizzare e sa verificare che siano al servizio dell'evangelizzazione; non una Chiesa che vive la povertà in senso legalistico, ma una Chiesa che sa assumere la povertà di Gesù come stile comunitario.

In sintesi, la prima beatitudine spinge la Chiesa e ogni cristiano a chiedersi: *in che cosa metto, in che cosa mettiamo la fiducia*? In Gesù Cristo, nel regno di Dio, oppure in noi stessi, nei mezzi potenti, nell'organizzazione da noi costruita, nei beni posseduti e nell'essere *domini*, dominatori in questo mondo (cfr. Mc 10,42; Mt 20,25)? Di più, il problema non è solo di ordine etico, ma anche di ordine rivelativo: quale Dio noi cristiani raccontiamo agli uomini? Come può Dio regnare su di noi se regnano, cioè sono imperanti, dominanti, decisivi nel nostro vivere altri dei, come la ricchezza e il potere?

La Chiesa dunque può conoscere la beatitudine che è data dal vedersi affidare il regno di Dio "A voi è affidato il mistero del regno di Dio" (Mc 4,11) solo se percorre la via di Cristo, solo se è una Chiesa povera. E solo una Chiesa povera sarà autenticamente a servizio dei poveri; solo una Chiesa povera, una Chiesa di poveri, sarà la sposa bella (cfr. Ef 5,27) che nella sua povertà attende lo Sposo, il Signore Gesù e, insieme allo Spirito, gli grida: "Vieni, Signore Gesù, vieni presto! *Maràna tha*!" (cfr. Ap 22,17.20; ICor 16,22).

E. Bianchi, *Le vie della felicità*, Rizzoli, Milano 2010

■ J.-J. Tissot, ***Gesù portato sulla cima del Tempio***, 1886-94, New York, Brooklyn Museum. ***Anche Gesù fu tentato dal diavolo, che gli promise ricchezze e potere.***

L'attività

1. Per quale fine nei secoli la Chiesa ha accumulato ricchezze?
2. Qual è il messaggio di Gesù in fatto di ricchezza?
3. Credi che sia possibile, nel mondo di oggi, seguire l'insegnamento di Gesù e scegliere la via della povertà, che è opposta a quello che sembra suggerire l'etica moderna, tutta volta al successo e alla ricchezza come simboli dell'affermazione personale? Quale tipo di insegnamento senti più vicino a te? Perché?

Documenti

5. La Chiesa ortodossa

– Il Credo e la questione "procede dal Padre e dal Figlio"
– Il rito della penitenza nella Chiesa bizantina
– L'iconostasi nella Chiesa bizantina

Chiave di lettura

Lo scisma d'Oriente: origine e caratteristiche dei contrasti fra Occidente e Oriente.

I manuali di storia di questa parte del mondo lo chiamano "scisma d'Oriente" e gli attribuiscono una data precisa, il 1054. Ma erano almeno due secoli che la Chiesa di Roma e quella di Costantinopoli litigavano e gli "orientali" respingono con sdegno l'idea che siano stati loro a staccarsi dagli altri: loro, i cristiani rimasti aderenti alla tradizione e ai canoni dei primi sette concili, sono l'espressione della "Giusta fede" o, per dirla in greco, dell'"ortodossia".

La divisione, sancita da reciproci anatemi[1] all'inizio del secondo millennio, si esprime sostanzialmente nel rifiuto da parte della Chiesa d'Oriente di riconoscere al papa un primato che non sia di tipo puramente onorifico, dovutogli solo in quanto vescovo della capitale dell'impero. Al vescovo di Roma non sono, cioè, riconosciuti né poteri giurisdizionali nelle vicende delle altre diocesi né poteri di indirizzo dottrinale particolari, l'unica autorità della Chiesa esprimendosi nei concili e nei sinodi, a imitazione di quello che facevano gli apostoli nel primo secolo.

La spaccatura affonda però le sue radici nella divisione del mondo di quell'epoca, che portò alla separazione tra Impero romano d'Oriente e d'Occidente, nella contrapposizione politica tra Roma e Costantinopoli ("nuova Roma"), nella differenza fra la tradizione culturale greca e quella latina, nelle crescenti differenze liturgiche e disciplinari (per esempio: l'uso del pane non lievitato per l'eucarestia in Occidente, i preti sposati in Oriente). La controversia sul primato del vescovo di Roma, cominciata già tra il quinto e il sesto secolo, esplode nell'863 con il maldestro intervento di Roma nella contesa ecclesiastica intorno alla figura di Fozio[2]. Un intervento che parve a Costantinopoli sintomo chiaro della "volontà di dominio" e delle "tendenze monarchiche" del papa.

Al problema del primato si unì la questione teologica nata con la decisione occidentale di affermare nella professione di fede che lo Spirito Santo "procede dal Padre e dal figlio". È la famosa aggiunta di quel *Filioque* al Credo, che è ancora oggi il problema teologico più importante tra le due Chiese.

1. anatemi: nella Chiesa l'anatema è una sorta di maledizione diretta contro persone ritenute eretiche; spesso è usato come equivalente di "scomunica" (esclusione di qualcuno dalla comunità dei fedeli a causa di gravi infrazioni alla dottrina e/o alla morale).

2. Fozio: patriarca di Costantinopoli, si scontrò ripetutamente con il papa per questioni politiche e dottrinali.

■ B.E. Murillo, *Immacolata concezione*, 1678, Madrid, Museo Nacional del Prado. ***Fra le questioni aperte tra cattolici e ortodossi c'è il dogma dell'Immacolata concezione di Maria.***

Nei secoli successivi si susseguirono tentativi di riunione, suggeriti anche dalla debolezza dell'imperatore di Costantinopoli, tutti naufragati. L'ultimo fu fatto nel concilio di Firenze (1439). I documenti, fortemente contestati, finirono nel nulla con la caduta di Costantinopoli in mano ai Turchi e la separazione, ormai anche fisica, della Chiesa latina e della Chiesa greca. Esistono anche altre questioni aperte, come il dogma[3] dell'infallibilità papale (l'infallibilità appartiene alla Chiesa, dicono gli ortodossi); il dogma dell'Immacolata concezione di Maria; l'esistenza del Purgatorio. Anche se si riuscisse a superare tutti questi problemi, resterebbe comunque una differenza qualitativa di fondo che si è approfondita nel corso dei secoli: la disponibilità della tradizione ecclesiastica occidentale alla riforma e al rinnovamento, contrapposta alla granitica fedeltà alla tradizione dei primi secoli che forma la ragion d'essere dell'ortodossia.

in "La Repubblica", 31 maggio 2005

3. **dogma:** affermazione ufficiale su una verità di fede che deriva da una rivelazione di Dio.

L'attività

1. Che cosa significa il termine "ortodossia"?
2. Quali sono le più evidenti differenze tra i cristiani cattolici e quelli ortodossi?
3. Si può affermare che la separazione fra Chiesa d'Occidente e Chiesa d'Oriente sia stata improvvisa? Perché?

6. Il primato di Pietro

I centri del primato e la successione di Pietro nella Chiesa ortodossa

Chiave di lettura

Il primato di Pietro risale al Gesù storico? Sulla base di un'analisi lessicale attenta, parrebbe di poter rispondere di sì.

Due premesse sono necessarie. Anzitutto bisogna ribadire che i Vangeli non sono verbali delle parole di Gesù né saggi storici: essi riferiscono, sì, ma interpretano il dato o il detto in chiave teologico-pastorale. L'altra nota riguarda Matteo: egli è l'evangelista più attento alla dimensione ecclesiale, tant'è vero che è l'unico a usare qui (16,18) e in un altro passo (18,17) il vocabolo *ekklesìa*, termine ignorato dagli altri evangelisti, e che perciò può essere frutto della sua "redazione" del detto di Gesù.
Ecco il passo: "Tu sei Pietro e su questa pietra edificherò la mia Chiesa e le porte dell'Ade non prevarranno contro di essa. A te darò le chiavi del regno dei cieli e tutto ciò che legherai sulla terra sarà legato nei cieli e tutto ciò che scioglierai sulla terra sarà sciolto nei cieli" (Mt 16,18-19). Siamo in presenza di un pronunciamento fittizio della Chiesa delle origini messo artificiosamente in bocca a Gesù per giustificare "legalmente" e con formulazione "ecclesiastica" il primato petrino? Oppure si ha un'elaborazione [...] di impronta ecclesiale ma sulla sostanza di un detto del Gesù storico?

Entrambe le ipotesi hanno avuto sostenitori agguerriti. Vorrei soltanto far notare un dato incontrovertibile che, a mio avviso, criticamente favorisce la seconda ipotesi.
Il passo rivela un indubbio retroterra semitico, vincolandosi non al linguaggio giuridico greco-romano contemporaneo o ecclesiastico posteriore, ma a quello biblico-giudaico: questo giustifica almeno una presunzione di antichità del testo.
C'è il nome aramaico *Kepha*, "pietra", attribuito a Simone, che non esige nell'originale della frase il mutamento di genere come accade in greco (*Pétros/pétra*): perché proprio usato da Paolo in modo prevalente, il nome suggerisce un'origine più direttamente "gesuanica".
La formula "porte dell'Ade" è l'ellenizzazione dell'ebraico "porte della morte", ampiamente attestato dalla letteratura biblica e giudaica.
L'immagine delle "chiavi" è simbolo biblico di autorità e responsabilità: famoso è il passo di Isaia 22,22 su un cambio di potere ai vertici del regno di Ezechia con la sostituzione di un visir.
Notiamo inoltre che nel contesto (Mt 16,17) si ha la formula "carne e sangue", che è squisitamente semitica, per indicare la realtà caduca dell'umanità.
Ma veniamo al binomio giuridico "legare e sciogliere" (ripreso anche in Matteo 18,18 per l'intero collegio apostolico). Alla sua base c'è un comune uso linguistico giudaico-rabbinico, ampiamente attestato: *'asar* e *shera'* in aramaico (in ebraico *'asar* e *hitir*) indicano l'infliggere e l'annullare una scomunica dalla sinagoga, ma hanno anche un valore più "magisteriale" che disciplinare, perché possono valere per un "proibire e permettere",

J.-A.-D. Ingres, ***Gesù consegna a Pietro le chiavi del Paradiso***, 1820, Montauban, Musée Ingres.

indicando un comportamento secondo la legge interpretata dall'autorità. Nel Documento esseno di Damasco, ad esempio, il responsabile può "sciogliere tutti i vincoli che legano" i membri della sua comunità (CD 13,10). Lo storico giudaico Giuseppe Flavio riconosceva che nel I secolo a.C. i farisei avevano "la possibilità di sciogliere e di legare", *lyein* e *desmein*, dato che egli scrive in greco (*Guerra Giudaica* I, S, 2, n. 111). Il binomio è ripreso dal quarto Vangelo per il collegio apostolico, con la variante sinonimica *afiemi* / *kratein*, "rimettere e convalidare" i peccati (Gv 20,23). Lo stesso evangelista ha una pagina rilevante, anche se posteriore a quella di Matteo, su una responsabilità pastorale specifica di Pietro (21,15-17).

È indubbio che per i Vangeli la figura di Pietro riveste un primato: ad esempio, è il primo nella lista dei Dodici ed è il nome più citato in tutto il Nuovo Testamento dopo quello di Gesù. Tutto questo non può che essere riportato a una scelta del Gesù storico. Sulla definizione più puntuale di questo primato, il passo matteano offre un'indicazione chiara; certo, può essere stata formulata sulla base della primitiva prassi ecclesiale, ma essa si radica in un detto forse aramaico dello stesso Gesù, che assegna a Pietro un compito delegato che – come s'è detto – non è solo disciplinare, ma di insegnamento autorevole e di salvezza.

G. Ravasi, in "Vita Pastorale", giugno 2005

L'attività

1 Su quali elementi lessicali si basa l'analisi dell'autore, rispetto al passo di Matteo 16,18-19? Riprendili brevemente e spiegali.

2 Quale compito affida Gesù a Pietro?

3 La Chiesa afferma che il papa, successore di Pietro, ha il compito di insegnare la fede ed essere capo della Chiesa. Che valore può avere e che limiti può presentare questa visione gerarchica della Chiesa? Discutine in classe con i compagni.

7. Lutero e la riforma della Chiesa oggi

- Lutero e l'eresia evangelica
- Riforma cattolica e formazione del clero

Chiave di lettura

Benedetto XVI in visita in Germania apre un possibile dialogo con la Chiesa riformata.

La premessa è la Dieta di Worms, 18 aprile 1521, davanti all'imperatore Carlo V: "Qui sto. Non posso fare altrimenti. Che Dio mi aiuti. Amen". Il monaco agostiniano Martin Lutero, scomunicato da Leone X il 3 gennaio, ha 37 anni e non ritratta le sue tesi, gli bastano poche parole [...] per cambiare la storia dell'Europa. E adesso il primo papa tedesco dopo la Riforma sta lì, nella chiesa dell'ex convento degli agostiniani dove Lutero si formò dal 1505 al 1511, seduto davanti ai protestanti della chiesa evangelica, "per me, come vescovo di Roma, è un momento emozionante incontrarvi qui, accanto all'altare

dove il giovane monaco disse la prima messa". Ed è un omaggio storico, quello di Benedetto XVI, che di Lutero elogia "la passione profonda, molla della sua vita e dell'intero suo cammino" per "la questione su Dio", aggiunge che "il suo pensiero, l'intera sua spiritualità era del tutto cristocentrica", spiega che "la sua scottante domanda: come mi trovo davanti a Dio?" deve "diventare di nuovo, e certo in forma nuova, anche la nostra domanda". È una lunga giornata, la seconda di Benedetto XVI in patria. [...] Certo di ieri rimarrà il gesto ecumenico al convento. Musiche di Mendelssohn e Bach, preghiere, la donna vescovo Ilse Junkermann che dà il benvenuto e in prima fila, a sorpresa, il presidente (cattolico) Christian Wulff e la cancelliera (evangelica) Angela Merkel che elogia "questo momento molto bello, un riconoscimento dell'ecumenismo" e insieme il discorso di Ratzinger al Bundestag: "Ha indicato la strada al nostro agire quotidiano".
Quello con i luterani, tuttavia, resta un confronto non facile. Se era impensabile che il papa togliesse la scomunica a Lutero, come alcuni speravano, il pastore Nikolaus Schneider apprezza l'omaggio ("È una rivalutazione della sua figura"), ma si rammarica per la mancanza di "gesti concreti": aveva chiesto al papa che le famiglie con cattolici e protestanti potessero fare la comunione assieme. Si vedrà. Intanto Benedetto XVI ha invitato a guardare "a ciò che abbiamo in comune", ma è stato netto: "Si è parlato di un dono ecumenico dell'ospite. Ma questo è un fraintendimento politico della fede e dell'ecumenismo". Perché non è come un compromesso fra stati, "la fede non è qualcosa che concordiamo". Piuttosto, ha concluso, "noi cristiani dobbiamo difendere la dignità inviolabile dell'uomo, dal concepimento alla morte, nelle questioni della diagnosi preimpiantatoria fino all'eutanasia".

G.G. Vecchi, in "Corriere della Sera", 24 settembre 2011

■ *Ritratto di Martin Lutero* (particolare), 1525, Basilea, Kunstmuseum.

L'attività

1. Perché Benedetto XVI afferma che la fede di Lutero è un esempio per i tutti i cristiani?
2. Le divisioni tra i cristiani sono solamente una conseguenza storica di errori, contrasti e incomprensioni oppure sono segno di una molteplicità della stessa fede in Cristo?
3. Nel processo di divisone tra i cristiani hanno influito anche fattori di tipo sociale, culturale e politico?

8. Il Magistero sociale: la dignità della persona

La carità di Cristo ci sprona

Chiave di lettura

Leone XIII nella *Rerum novarum* parla per la prima volta esplicitamente della dignità della persona, che va sempre tutelata, anche quando si parla di lavoro; questo concetto è ripreso da Giovanni Paolo II nelle sue numerose encicliche a tema sociale.

La vita di quaggiù, benché buona e desiderabile, non è il fine per cui noi siamo stati creati, ma via e mezzo a perfezionare la vita dello spirito con la cognizione del vero e con la pratica del bene. Lo spirito è quello che porta scolpita in sé l'immagine e la somiglianza divina, ed in cui risiede quella superiorità in virtù della quale fu imposto all'uomo di signoreggiare le creature inferiori, e di far servire all'utilità sua le terre tutte ed i mari. Riempite la terra e rendetela a voi soggetta: signoreggiate i pesci del mare e gli uccelli dell'aria e tutti gli animali che si muovono sopra la terra. In questo tutti gli uomini sono uguali, né esistono differenze tra ricchi e poveri, padroni e servi, monarchi e sudditi, perché lo stesso è il Signore di tutti. A nessuno è lecito violare impunemente la dignità dell'uomo, di cui Dio stesso dispone con grande riverenza, né attraversargli la via a quel perfezionamento che è ordinato all'acquisto della vita eterna. Che anzi, neanche di sua libera elezione potrebbe l'uomo rinunziare ad esser trattato secondo la sua natura, ed accettare la schiavitù dello spirito, perché non si tratta di diritti dei quali sia libero l'esercizio, bensì di doveri verso Dio assolutamente inviolabili.

Leone XIII, *Rerum novarum*, 32

L'uomo deve soggiogare la terra, la deve dominare, perché come "immagine di Dio" è una persona, cioè un essere soggettivo capace di agire in modo programmato e razionale, capace di decidere di sé e tendente a realizzare se stesso. Come persona, l'uomo è quindi soggetto del lavoro. Come persona egli lavora, compie varie azioni appartenenti al processo del lavoro; esse, indipendentemente dal loro contenuto oggettivo, devono servire tutte alla realizzazione della sua umanità, al compimento della vocazione a essere persona, che gli è propria a motivo della stessa umanità.

Giovanni Paolo II, *Laborem exercens*, 6

L'attività

1 Il lavoro, in qualche modo, fa parte del piano di Dio per l'uomo, che deve soggiogare la terra. Spiega quest'affermazione.

2 Secondo la *Rerum novarum*, esistono differenze fra gli uomini? Perché?

3 Perché, secondo te, la Chiesa ha ribadito più volte la dignità della persona, a proposito del lavoro?

9. Senza lavoro non c'è dignità

– La Chiesa e la giustizia sociale
– Impronte di una Chiesa che vive e ama

Chiave di lettura

Papa Francesco afferma con forza l'importanza del lavoro per la dignità della persona.

Con questo incontro desidero soprattutto esprimervi la mia vicinanza, specialmente alle situazioni di sofferenza: a tanti giovani disoccupati, alle persone in cassa-integrazione o precarie, agli imprenditori e commercianti che fanno fatica ad andare avanti. È una realtà che conosco bene per l'esperienza avuta in Argentina. Io non l'ho conosciuta, ma la mia famiglia sì: mio papà, giovane, è andato in Argentina pieno di illusioni a "farsi l'America". E ha sofferto la terribile crisi degli anni trenta. Hanno perso tutto! Non c'era lavoro! E io ho sentito, nella mia infanzia, parlare di questo tempo, a casa... Io non l'ho visto, non ero ancora nato, ma ho sentito dentro casa questa sofferenza, parlare di questa sofferenza. Conosco bene questo! Ma devo dirvi: "Coraggio!". Ma anche sono cosciente che devo fare tutto da parte mia, perché questa parola "coraggio" non sia una bella parola di passaggio! Non sia soltanto un sorriso di impiegato cordiale, un impiegato della Chiesa che viene e vi dice: "Coraggio!". No! Questo non lo voglio! Io vorrei che questo coraggio venga da dentro e mi spinga a fare di tutto come Pastore, come uomo. Dobbiamo affrontare con solidarietà, fra voi – anche fra noi –, tutti con solidarietà e intelligenza questa sfida storica.

Questa è la seconda città che visito in Italia. È curioso: tutte e due – la prima e questa – sono isole. Nella prima ho visto la sofferenza di tanta gente che cerca, rischiando la vita, dignità, pane, salute: il mondo dei rifugiati. E ho visto la risposta di quella città, che – essendo isola – non ha voluto isolarsi e riceve quello, lo fa suo; ci dà un esempio di accoglienza: sofferenza e risposta positiva. Qui, in questa seconda città, isola che visito, anche qui trovo sofferenza. Una sofferenza che uno di voi ha detto che "ti indebolisce e finisce per rubarti la speranza". Una sofferenza – la mancanza di lavoro – che ti porta – scusatemi se sono un po' forte, ma dico la verità – a sentirti senza dignità! Dove non c'è lavoro, manca la dignità! E questo non è un problema della Sardegna soltanto – ma c'è forte qui! – non è un problema soltanto dell'Italia o di alcuni paesi di Europa, è la conseguenza di una scelta mondiale,

■ A. Rossi, ***I minatori***, 1887, Collezione privata.
Lavoro vuol dire dignità, anche nei momenti difficili.

di un sistema economico che porta a questa tragedia; un sistema economico che ha al centro un idolo, che si chiama denaro.
Dio ha voluto che al centro del mondo non sia un idolo, sia l'uomo, l'uomo e la donna, che portino avanti, col proprio lavoro, il mondo. Ma adesso, in questo sistema senza etica, al centro c'è un idolo e il mondo è diventato idolatra di questo "dio-denaro". Comandano i soldi! Comanda il denaro! Comandano tutte queste cose che servono a lui, a questo idolo. E cosa succede? Per difendere questo idolo si ammucchiano tutti al centro e cadono gli estremi, cadono gli anziani perché in questo mondo non c'è posto per loro! Alcuni parlano di questa abitudine di "eutanasia nascosta", di non curarli, di non averli in conto... "Sì, lasciamo perdere..." E cadono i giovani che non trovano il lavoro e la loro dignità. Ma pensa, in un mondo dove i giovani – due generazioni di giovani – non hanno lavoro. Non ha futuro questo mondo. Perché? Perché loro non hanno dignità! È difficile avere dignità senza lavorare. Questa è la vostra sofferenza qui. Questa è la preghiera che voi di là gridavate: "Lavoro", "Lavoro", "Lavoro". È una preghiera necessaria. Lavoro vuol dire dignità, lavoro vuol dire portare il pane a casa, lavoro vuol dire amare! Per difendere questo sistema economico idolatrico si istaura la "cultura dello scarto": si scartano i nonni e si scartano i giovani. E noi dobbiamo dire "no" a questa "cultura dello scarto". Noi dobbiamo dire: "Vogliamo un sistema giusto! un sistema che ci faccia andare avanti tutti". Dobbiamo dire: "Noi non vogliamo questo sistema economico globalizzato, che ci fa tanto male!". Al centro ci deve essere l'uomo e la donna, come Dio vuole, e non il denaro!

Papa Francesco, *Discorso tenuto a Cagliari il 22 settembre 2013*

L'attività

1. A chi si rivolge il papa nel suo discorso?
2. Che cosa intende dire, quando afferma "Dove non c'è lavoro, manca la dignità"? Sei d'accordo con quest'affermazione? Perché?
3. Secondo il papa, oggi al centro del mondo c'è un idolo, il denaro. Sapresti fare alcuni esempi concreti che giustifichino quest'affermazione? Confrontati con i compagni.

10. La Chiesa missionaria

- Un gesuita in Cina
- Matteo Ricci ospite dell'imperatore cinese
- Un frate... "all'inferno"
- Il bello della missione

Chiave di lettura

Il Concilio Vaticano II sottolinea l'importanza della vocazione missionaria della Chiesa: Gesù ha affidato agli apostoli il compito di annunciare la sua Parola.

Come infatti il Figlio è stato mandato dal Padre, così ha mandato egli stesso gli apostoli (cfr. Gv 20,21) dicendo: "Andate dunque e ammaestrate tutte le genti, battezzandole nel nome del Padre e del Figlio e dello Spirito Santo, insegnando loro ad osservare tutto quanto vi ho comandato. Ed ecco, io sono con voi tutti i giorni, sino alla fine del mondo" (Mt 28,18-20). E questo solenne comando di Cristo di annunziare la verità salvifica, la Chiesa l'ha ricevuto dagli apostoli per proseguirne l'adempimento sino all'ultimo confine della terra (cfr. At 1,8). Essa fa quindi sue le parole dell'apostolo: "Guai... a me se non predicassi!" (l Cor 9,16) e continua a mandare araldi[1] del Vangelo, fino a che le nuove Chiese siano pienamente costituite e continuino a loro volta l'opera di evangelizzazione. È spinta infatti dallo Spirito Santo a cooperare perché sia compiuto il piano di Dio, il quale ha costituito Cristo principio della salvezza per il mondo intero. Predicando il Vangelo, la Chiesa dispone coloro che l'ascoltano a credere e a professare la fede, li dispone al battesimo, li toglie dalla schiavitù dell'errore e li incorpora a Cristo per crescere in lui mediante la carità finché sia raggiunta la pienezza. Procura poi che quanto di buono si trova seminato nel cuore e nella mente degli uomini o nei riti e culture proprie dei popoli, non solo non vada perduto, ma sia purificato, elevato e perfezionato a gloria di Dio, confusione del demonio e felicità dell'uomo. Ad ogni discepolo di Cristo incombe il dovere di disseminare, per quanto gli è possibile, la fede. Ma se ognuno può conferire il battesimo ai credenti, è tuttavia ufficio del sacerdote di completare l'edificazione del corpo col sacrificio eucaristico, adempiendo le parole dette da Dio per mezzo del profeta: "Da dove sorge il sole fin dove tramonta, grande è il mio Nome tra le genti e in ogni luogo si offre al mio Nome un sacrificio e un'offerta pura". Così la Chiesa unisce preghiera e lavoro, affinché il mondo intero in tutto il suo essere sia trasformato in popolo di Dio, corpo mistico di Cristo e tempio dello Spirito Santo, e in Cristo, centro di tutte le cose, sia reso ogni onore e gloria al Creatore e Padre dell'universo.

Concilio Vaticano II, *Lumen gentium*, n. 17

1. **araldi:** annunciatori.

L'attività

1. A chi spetta il compito di diffondere il più possibile la fede?
2. Per chi è la salvezza, nel piano di Dio?
3. L'opera missionaria della Chiesa deve far sì che "quanto di buono si trova seminato nel cuore e nella mente degli uomini o nei riti e culture proprie dei popoli, non solo non vada perduto, ma sia purificato". Che cosa significa? Pensi che questo sia sempre stato realizzato, nel corso dei secoli?

■ Tanzio da Varallo, ***Il martirio dei beati francescani a Nagasaki***, 1597, Milano, Pinacoteca di Brera. ***Spesso i missionari cristiani subirono il martirio.***

Verifica

Verifica le parole-chiave

Sulla base dei contenuti svolti nell'unità, spiega con una breve definizione il significato delle "parole-chiave" indicate nell'elenco che segue. In classe o anche individualmente si possono aggiungere altre parole-chiave a quelle proposte.

Evangelizzazione

Persecuzioni

Credo

Confessioni

Carità

Missioni

Leggi, rifletti e lavora

1. Lavorando a gruppi, ricostruite le vicende della prima evangelizzazione: dove si sono diffusi i primi cristiani? Chi sono stati i personaggi principali dell'annuncio del Vangelo?

   In classe, condividendo il lavoro dei gruppi, si può costruire un tabellone riassuntivo, magari usando una carta geografica e indicando su di essa l'espansione delle prime comunità cristiane.

2. L'Editto di Costantino ha segnato l'ingresso ufficiale del cristianesimo nel mondo romano. Sai ricostruire alcuni momenti importanti della storia nei quali si intrecciano "potere temporale" e "potere spirituale"?

3. Il Concilio di Gerusalemme è stato il primo di una lunga serie di "assemblee" dei cristiani. Ricostruisci l'avvenimento storico e individuane le caratteristiche principali.

4. Libertà religiosa e persecuzioni: con una breve ricerca individua episodi contemporanei di discriminazione e oppressione nei confronti dei credenti e dei cristiani in particolare.

5. Chiesa e potere, Chiesa e ricchezza sono "rapporti pericolosi", perché talvolta rischiano di allontanare i cristiani dal Vangelo. Appena eletto, papa Francesco ha espresso il desiderio di "una Chiesa povera tra i poveri". Ed ecco un'altra sua esortazione, in una omelia: "Quando un prete, un vescovo va dietro ai soldi, il popolo non lo ama e quello è un segno. Ma lui stesso finisce male...". Commenta queste frasi.

La mappa

Ecco di nuovo alcune parole-chiave incontrate durante lo svolgimento dell'unità.

Costruisci una mappa, mettendo in relazione tra loro i concetti. Puoi lavorare da solo oppure in gruppo.

Scisma d'Oriente – Libertà di culto – Anglicana – Calcedonia – Magistero sociale – Trento – Costantinopoli

Unità 3

La Chiesa nel mondo contemporaneo

■ Il primo *tweet* di papa Benedetto XVI.

Vorremmo riflettere sul fatto che…

- **Il Concilio ecumenico Vaticano II ha indicato alla Chiesa la strada per rinnovarsi e riproporre il messaggio del Vangelo agli uomini contemporanei.**
- **Inserita nel mondo, con tutte le sue speranze e le sue contraddizioni, la Chiesa si impegna per l'unità dei cristiani e per il dialogo tra tutte le religioni.**
- **La Chiesa indica nella solidarietà, nella costruzione della pace e nella difesa dei diritti dell'uomo le nuove frontiere della carità.**

1. Il Concilio ecumenico Vaticano II

Una giornata al Concilio

Dopo quasi duemila anni di storia, la Chiesa si è trovata, nel XX secolo, di fronte a sfide di così grande portata da richiedere un serio sforzo di riflessione e rinnovamento: in un mondo in profonda e sempre più rapida trasformazione, tale da mettere in discussione scelte e comportamenti radicati nel passato, disorientando le persone, la Chiesa ha dovuto ripensare la propria stessa missione.

Nel 1959, tra lo stupore generale, papa **Giovanni XXIII** annunciava che presto sarebbe stato convocato un **concilio ecumenico**: scopo della solenne assemblea sarebbe stato non di contrastare qualche nuova eresia o di approfondire una qualche verità di fede, quanto piuttosto di stimolare la Chiesa a "leggere i segni dei tempi" e a confrontare le proprie verità con il mondo contemporaneo, con le sue speranze e i suoi timori.

Il Concilio ebbe inizio l'11 ottobre 1962: vi parteciparono più di 2500 vescovi cattolici provenienti da tutti i continenti (ve ne erano, per esempio, più di 700 che giungevano dall'Asia e dall'Africa) e oltre 50 "osservatori" di altre confessioni cristiane. Alla morte di Giovanni XXIII, nel giugno del 1963, il Concilio fu sospeso per alcuni mesi e portato a termine negli anni successivi, fino al 1965, sotto la guida di papa **Paolo VI**.

Tre erano gli obiettivi fondamentali:

- l'approfondimento della visione che la Chiesa ha **di se stessa** e **della propria missione**;
- l'impegno sempre maggiore per il **dialogo** tra le diverse confessioni cristiane, al fine di ricostituire **l'unità** dell'unica Chiesa di Cristo;
- la capacità di dialogo con il **mondo contemporaneo**.

Una seduta del Concilio Vaticano II.

1.1 Il Concilio, la Chiesa e la missione

Tutti gli uomini sono chiamati a formare il popolo di Dio. Perciò questo popolo, pur restando uno e unico, si deve estendere a tutto il mondo e a tutti i secoli, affinché si adempia l'intenzione della volontà di Dio, il quale in principio creò la natura umana una e volle infine radunare insieme i suoi figli dispersi [...]. In tutte quindi le nazioni della terra è radicato un solo popolo di Dio, poiché di mezzo a tutte le stirpi egli prende i cittadini del suo regno non terreno ma celeste. E infatti tutti i fedeli sparsi per il mondo sono in comunione con gli altri nello Spirito Santo.

(Concilio Vaticano II, *Lumen gentium*, n. 13)

Papa Giovanni XXIII presiede l'apertura del Concilio Vaticano II.

Nella costituzione dogmatica *Lumen gentium*, il Concilio rifletteva sulla Chiesa: essa viene definita "corpo di Cristo", per indicare il suo aspetto spirituale, e "popolo di Dio" (*Lumen gentium*, n. 13), per dire la sua dimensione storica e la missione, che tutti i credenti condividono, di annunciare il Vangelo e di portare tutti gli uomini a Cristo. Veniva così superata una visione gerarchica della Chiesa, quasi che essa fosse costituita quasi esclusivamente dal clero, dai vescovi e dal papa. Veniva invece riaffermato un principio fondamentale: tutti i battezzati sono parte viva e fondamentale della Chiesa e sono chiamati alla santità.
Il Concilio afferma inoltre che i cristiani **laici** (cioè non appartenenti al clero) hanno una parte loro propria e assolutamente necessaria nella missione della Chiesa (*Apostolicam actuositatem*, n. 13). Avviene così che i sacerdoti e i vescovi sono chiamati non a sostituire i laici nel loro impegno di apostolato, ma a favorirlo e stimolarlo (*Lumen gentium*, n. 18).

L'apostolato dell'ambiente sociale, cioè l'impegno nel permeare di spirito cristiano la mentalità e i costumi, le leggi e le strutture della comunità in cui uno vive, è un compito e un obbligo talmente proprio dei laici, che nessun altro può mai debitamente compierlo al loro posto. In questo campo i laici possono esercitare l'apostolato del simile verso il simile. Qui completano la testimonianza della vita con la testimonianza della parola. Qui nel campo del lavoro, della professione, dello studio, dell'abitazione, del tempo libero o delle associazioni sono i più adatti ad aiutare i propri fratelli.

(Concilio Vaticano II, *Apostolicam actuositatem*, n. 13)

Papa Giovanni XXIII, che volle il Concilio Vaticano II.

Cristo Signore, per pascere e sempre più accrescere il popolo di Dio, ha stabilito nella sua Chiesa vari ministeri, che tendono al bene di tutto il corpo. I ministri infatti che sono rivestiti di sacra potestà, servono i loro fratelli, perché tutti coloro che appartengono al popolo di Dio, e perciò hanno una vera dignità cristiana, tendano liberamente e ordinatamente allo stesso fine e arrivino alla salvezza.

(Concilio Vaticano II, ***Lumen gentium***, n. 18)

■ Papa Paolo VI, che portò a termine il Concilio Vaticano II.

I documenti del Concilio Vaticano II

Il Concilio Vaticano II ha prodotto quattro Costituzioni, tre Dichiarazioni e nove Decreti; i documenti prendono il nome dalle prime due parole del testo stesso.

Le Costituzioni dogmatiche

Sono documenti che contengono insegnamenti della tradizione e del Magistero autorevole della Chiesa. Sono:

- la *Lumen gentium* (Luce delle genti) sulla Chiesa;
- la *Dei Verbum* (La Parola di Dio) sulla Divina Rivelazione.

Le Costituzioni pastorali

Sono documenti in cui la Chiesa esprime le proprie direttive su diversi problemi di pastorale. Sono:

- la *Sacrosanctum Concilium* (Il Santo Concilio) sulla liturgia;
- la *Gaudium et spes* (Gioia e speranza) sulla Chiesa nel mondo contemporaneo.

Le Dichiarazioni

Presentano la posizione della Chiesa su alcuni importanti problemi del mondo contemporaneo. Con queste dichiarazioni il Concilio intendeva aprirsi al mondo dei non credenti e dei non cristiani, per iniziare e migliorare il dialogo con tutti gli uomini e rendere più vivo l'impegno di evangelizzazione. Sono:

- la *Gravissimum educationis* (L'estrema importanza dell'educazione) sull'educazione cristiana;
- la *Nostra aetate* (Nel nostro tempo) sulle relazioni della Chiesa con le religioni non cristiane;
- la *Dignitatis humanae* (Della dignità umana) sulla libertà religiosa.

I Decreti

Sono testi rivolti ai credenti, che contengono suggerimenti e insegnamenti relativi alla vita quotidiana e all'impegno dei cristiani nei diversi contesti in cui essi si trovano a vivere e a testimoniare il Vangelo. In essi sono contenute indicazioni su come sia possibile sia per le comunità sia per i singoli credenti affrontare i problemi del mondo contemporaneo come testimoni del Vangelo. Sono:

- *Ad gentes* (Verso le genti) sull'attività missionaria della Chiesa;
- *Presbyterorum ordinis* (Dell'ordine dei preti) sul ministero e sulla vita dei sacerdoti.
- *Apostolicam actuositatem* (L'attività apostolica) sull'apostolato dei laici;
- *Optatam totius* (L'auspicato rinnovamento di tutta la Chiesa) sulla formazione dei sacerdoti;
- *Perfectae caritatis* (Della carità perfetta) sul rinnovamento della vita religiosa;
- *Christus Dominus* (Cristo Signore) sui doveri dei vescovi;
- *Unitatis redintegratio* (Il ristabilimento dell'unità) sul dialogo con le altre chiese cristiane;
- *Orientalium Ecclesiarum* (Delle Chiese Orientali) sulle Chiese cattoliche d'Oriente;
- *Inter mirifica* (Tra le meraviglie) sugli strumenti della comunicazione sociale;

1.2 Il Concilio e l'unità nella fede

Un altro fronte sul quale la Chiesa ha intrapreso un forte rinnovamento a partire dal Concilio è quello del dialogo e della collaborazione con tutte le Chiese cristiane: un movimento che va sotto il nome di **ecumenismo**.
Il Concilio Vaticano II ha approvato il decreto *Unitatis redintegratio*, nel quale si riafferma che la Chiesa deve tendere all'unità come a un bene irrinunciabile e che questo bene deve stare a cuore a tutti. Le vie dell'ecumenismo, si afferma, sono: la riforma costante della Chiesa, la conversione dei cuori secondo la legge dell'amore, l'unione nella preghiera, la reciproca conoscenza con i fratelli separati (*Unitatis redintegratio*, nn. 9 e 11) e la cooperazione (*Unitatis redintegratio*, n. 12), per il bene dell'umanità.

I cattolici debitamente preparati devono acquistare una migliore conoscenza della dottrina e della storia, della vita spirituale e liturgica, della psicologia religiosa e della cultura propria dei fratelli.
(Concilio Vaticano II, *Unitatis redintegratio*, n. 9)

Allo stesso tempo la fede cattolica va spiegata con maggior profondità ed esattezza, con un modo di esposizione e un linguaggio che possano essere compresi anche dai fratelli separati.
(Concilio Vaticano II, *Unitatis redintegratio*, n. 11)

La cooperazione di tutti i cristiani esprime vivamente l'unione già esistente tra di loro, e pone in più piena luce il volto di Cristo servo. Questa cooperazione, già attuata in non poche nazioni, va ogni giorno più perfezionata – specialmente nelle nazioni dove è in atto una evoluzione sociale o tecnica – sia facendo stimare rettamente la dignità della persona umana, sia lavorando a promuovere il bene della pace, sia applicando socialmente il Vangelo, sia facendo progredire con spirito cristiano le scienze e le arti, come pure usando rimedi d'ogni genere per venire incontro alle miserie del nostro tempo, quali sono la fame e le calamità, l'analfabetismo e l'indigenza, la mancanza di abitazioni e l'ineguale distribuzione della ricchezza.
(Concilio Vaticano II, *Unitatis redintegratio*, n. 12)

Ecumenismo

Il termine deriva dal greco *oikouméne*, parola con cui si designava tutta la terra abitata. Per secoli furono chiamati "ecumenici" i concili universali, riconosciuti da tutti i cristiani. Nel Novecento il termine è stato assunto per indicare il movimento che, nel corso della storia più recente, si prefigge lo scopo di ripristinare l'unità dei cristiani attraverso il dialogo fra tutte le Chiese.

■ Papa Giovanni Paolo II ad Assisi nel 1986, durante l'incontro con i rappresentanti delle diverse religioni del mondo. *Dopo il Concilio Vaticano II si sono compiuti moltissimi passi per il dialogo interreligioso.*

1.3 Il Concilio e le nuove frontiere della carità

Le gioie e le speranze, le tristezze e le angosce degli uomini d'oggi, dei poveri soprattutto e di tutti coloro che soffrono, sono pure le gioie e le speranze, le tristezze e le angosce dei discepoli di Cristo, e nulla vi è di genuinamente umano che non trovi eco nel loro cuore.
(Concilio Vaticano II, *Gaudium et spes*, n. 1)

Nella costituzione pastorale *Gaudium et spes* la Chiesa esprime il proprio rinnovato impegno a favore dell'uomo e dell'uomo del proprio tempo in particolare (*Gaudium et spes*, n. 1).
Il Concilio disegna un modo nuovo di stare nel mondo da parte della Chiesa: rispettando la legittima autonomia delle realtà temporali e riconoscendo il valore delle realizzazioni umane nei diversi ambienti (la famiglia, la scuola, il lavoro, la politica...).
Essa, tuttavia, non si nasconde i problemi del mondo contemporaneo, primi fra tutti quelli della fame, della miseria, dell'analfabetismo (*Gaudium et spes*, n. 4). Per risolvere queste urgenti necessità occorre che l'umanità abbia di mira il "bene comune", che deve guidare gli sforzi di uomini politici, esponenti della cultura, persone impegnate nel mondo del lavoro e dell'economia.
Al centro di tutto viene posta la difesa della **dignità della persona umana** e dei suoi inviolabili diritti (*Gaudium et spes*, nn. 26 e 27), motivo per cui viene respinta anche ogni forma di razzismo e discriminazione (*Gaudium et spes*, n. 29).
Nel documento conciliare sono infine indicati alcuni ambiti specifici in cui la Chiesa intende impegnarsi fattivamente a favore dell'uomo del proprio tempo: la difesa dei diritti umani, la valorizzazione dei rapporti sociali, la centralità della famiglia, la promozione della cultura, l'impegno per uno sviluppo economico che riguardi l'umanità intera, l'impegno politico dei laici (sia nelle singole nazioni sia a livello planetario) per garantire il raggiungimento del bene comune, **la pace che nasce dalla giustizia** (*Gaudium et spes*, n. 78).

■ *La Chiesa pone al centro di tutto la dignità della persona, respingendo ogni fornma di razzismo.*

Cresce la coscienza dell'eminente dignità della persona umana, superiore a tutte le cose e i cui diritti e doveri sono universali e inviolabili.
(Concilio Vaticano II, *Gaudium et spes*, n. 26)

Ogni genere di discriminazione circa i diritti fondamentali della persona, sia in campo sociale che culturale, in ragione del sesso, della razza, del colore, della condizione sociale, della lingua o religione, deve essere superato ed eliminato, come contrario al disegno di Dio.
(Concilio Vaticano II, *Gaudium et spes*, n. 29)

La pace non è la semplice assenza della guerra, né può ridursi unicamente a rendere stabile l'equilibrio delle forze avverse; essa non è effetto di una dispotica dominazione, ma viene con tutta esattezza definita "opera della giustizia".
(Concilio Vaticano II, *Gaudium et spes*, n. 78)

2. La Chiesa entra nel terzo millennio

2.1 Chiesa e società

■ Una suora di clausura. *Oggi si assite a un ritorno dell'interesse per la dimensione spirituale dell'esistenza*.

Con il Concilio Vaticano II la Chiesa affrontava con realismo le mutate condizioni della propria missione nel mondo. Con il passare dei decenni si è fatto sempre più evidente che tali trasformazioni non accennavano ad arrestarsi: la nostra società appare infatti ben diversa non solo da quella dei nostri nonni ma anche da quella dei nostri padri.

Oggi i valori religiosi e la pratica della religione **non sono più al centro della vita sociale**: molti uomini e donne vivono la loro vita di affetti, di lavoro, di ricerca della felicità dichiarando di non credere in una particolare religione. La nostra è una società **secolarizzata**, cioè che spesso prescinde dalle convinzioni e dalle esperienze religiose.

Nello stesso tempo, però, si assiste oggi anche a un ritorno dell'**interesse per la dimensione spirituale** dell'esistenza, che può anche esprimersi in direzioni spesso nuove e confuse. Nascono nuove sette o si tende, piuttosto, a ispirarsi ai principi di più religioni, attingendo da una specie di "supermercato del religioso", favorito dalle sempre più rapide comunicazioni tra mondi culturali un tempo molto distanti tra loro.

Quanto al cristianesimo, esso ha subìto un forte **indebolimento** nelle aree del mondo dove si è storicamente sviluppato: l'Europa, in particolare, è sempre più laica, anche se si assiste a una forte ripresa della religione cristiana nei paesi dell'Est (riemersi da sistemi totalitari di orientamento comunista, che non di rado hanno perseguitato i cristiani). Ancora molto vitali, invece, sono le Chiese cristiane del Sud del mondo, cioè in Africa e nel Sudamerica.

■ La Processione per la Virgen de la Candelaria che si tiene in febbraio a Puno, in Perù. *In Sudamerica la Chiesa è molto vitale*.

2.2 Chiese cristiane in cammino

Le Chiese cristiane fin dal 1948 avevano istituito un organismo di coordinamento, il **Consiglio Ecumenico delle Chiese** (CEC), al quale tuttavia era rimasta estranea la Chiesa cattolica.

Questa, in seguito al Concilio Vaticano II, si aprì al movimento ecumenico: il **Segretariato per l'Unità dei cristiani**, istituito nel 1960 da Giovanni XXIII, cominciò a collaborare stabilmente con il Consiglio Ecumenico delle Chiese (anche se continua a non farne parte). Oggi il Segretariato si chiama **Pontificio consiglio per la promozione dell'unità dei cristiani**, nome voluto nel 1988 da papa Giovanni Paolo II.

Numerose, inoltre, sono state negli ultimi decenni le iniziative ecumeniche promosse dalle Chiese cristiane a tutti i livelli: dai convegni teologici su tematiche fondamentali (la Chiesa e la sua natura, i sacramenti, lo studio della Bibbia), ai momenti di preghiera comune (fondamentale quello di **Assisi** del 1986, poi più volte rinnovato, anche con la partecipazione di esponenti di altre religioni mondiali), alle grandi assemblee su tematiche attuali (a Basilea nel 1989, a Seul nel 1990, a Graz nel 1997, a Sibiu nel 2007), all'elaborazione della **Carta ecumenica europea**.

In un'intervista pubblicata nel 1994, papa Giovanni Paolo II affermava con convinzione: "Bisogna che l'anno Duemila ci trovi più uniti, più disposti a imboccare il cammino di quella unità per la quale Cristo pregò la vigilia della sua Passione. Il valore di tale unità è enorme. Si tratta del futuro del mondo, del futuro del Regno di Dio nel mondo".

Giovanni Paolo II, il primate della Chiesa anglicana George Carey (a sinistra) e il metropolita ortodosso Athanasios varcano la Porta Santa della Basilica di San Paolo fuori le Mura, Roma, 18 gennaio 2000.

La Carta ecumenica europea

Un frutto dell'impegno dei cristiani verso l'unità è la Carta ecumenica europea, elaborata a partire dalla seconda Assemblea ecumenica europea, che si è tenuta a Graz, nel giugno del 1997. Dopo una lunga fase di elaborazione e discussione, la Carta è stata firmata a Strasburgo il 22 aprile del 2001 dall'allora presidente della Conferenza delle Chiese d'Europa, il metropolita ortodosso Jérémie, e dall'allora presidente del Consiglio delle conferenze episcopali europee, il cardinale cattolico Miloslav Vlk. Essa presenta in forma sintetica una serie di impegni precisi su cui convergono i cristiani d'Europa alla ricerca dell'unità visibile della Chiesa, nella consapevolezza di una nuova responsabilità dei cristiani nei confronti del continente europeo e del suo futuro, della salvaguardia del creato, del dialogo rispettoso con le altre religioni e in particolare con l'ebraismo e con l'islam.

2.3 Karol Wojtyla e la Chiesa del nuovo millennio

Nel **1978** divenne papa, con il nome di Giovanni Paolo II, il cardinale **Karol Wojtyla**, proveniente da Wadowice, in Polonia, un paese di antica tradizione cattolica. Nell'omelia tenuta in occasione della sua prima messa come pontefice, egli lanciava al mondo contemporaneo un grido programmatico: "Aprite, anzi spalancate le porte a Cristo! [...] Egli sa cosa c'è nel cuore dell'uomo. Solo lui lo sa!". E nella sua enciclica del 1979, intitolata *Redemptor hominis* (con riferimento a "Cristo, redentore dell'uomo") Giovanni Paolo II individuava nell'affermazione della **persona umana** la via maestra dell'azione della Chiesa nel mondo contemporaneo.

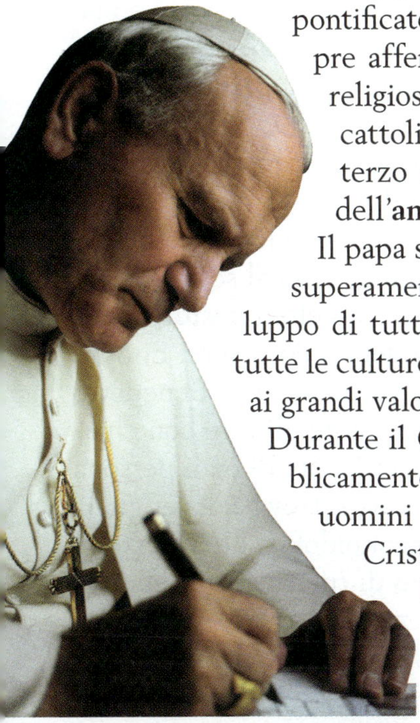

Karol Wojtyla, papa Giovanni Paolo II.

Karol Wojtyla, che ha compiuto nei suoi oltre venticinque anni di pontificato viaggi in oltre centocinquanta paesi del mondo, sempre affermando i fondamentali diritti dell'uomo (dalla libertà religiosa al diritto a una vita dignitosa) e i principi della fede cattolica, è stato il papa che ha "traghettato" la Chiesa nel terzo millennio: una Chiesa impegnata sul duplice fronte dell'**annuncio del Vangelo** di Gesù e della **promozione umana**.
Il papa stesso si è pronunciato contro tutti i totalitarismi, per il superamento delle barriere ideologiche e dei razzismi, per lo sviluppo di tutti i popoli, per il dialogo interreligioso e il rispetto di tutte le culture, per un'autentica attenzione all'educazione dei giovani ai grandi valori della vita.
Durante il Giubileo dell'anno 2000, egli ha chiesto perdono pubblicamente per tutti gli errori storici della Chiesa: comunità di uomini che cercano di essere degni della chiamata a seguire Cristo sulla via dell'amore e del sacrificio di sé per gli altri.
È il nuovo, attuale, volto della missione della Chiesa di sempre: fare dell'umanità l'unica famiglia di Dio, dove ciascuno può realizzare la propria vocazione e la propria integrale umanità.

2.4 Benedetto XVI

Giovanni Paolo II morì il 2 aprile 2005, dopo una lunga sofferenza accompagnata – si può dire – da tutto il mondo. Milioni di persone convennero a Roma per i funerali del papa polacco, amato soprattutto dai giovani e considerato da molti, fin da subito dopo la sua morte, figura esemplare di santità.
Il conclave – l'assemblea dei cardinali cui è demandato il compito di eleggere un nuovo papa – si riunì subito dopo la sepoltura di Wojtyla e il **19 aprile 2005** fu eletto papa (il 265° nella storia della Chiesa cattolica) il cardinale tedesco **Joseph Ratzinger**, che scelse il nome di Benedetto XVI. Agli occhi di molti la scelta di Ratzinger ha voluto segnare una forte **continuità**, nella guida della Chiesa, con l'insegnamento di Giovanni Paolo II. Infatti, il cardinale Ratzinger è stato per molti anni proprio il primo collaboratore di Giovanni Paolo II, in particolare per quanto riguarda la definizione della fede: era il "prefetto" della Congregazione vaticana che si occupa di questo (la Congregazione per la dottrina della fede), apprezzato teologo, fine studioso, uomo schivo e riservato.

Fin dalla sua elezione, Benedetto XVI sembrò indicare per il futuro anzitutto una forte necessità di fare "pulizia" nella Chiesa, di purificare molte questioni legate sia alla dottrina sia, soprattutto, alla testimonianza evangelica degli uomini di Chiesa, gerarchie comprese.
Benedetto XVI si è incamminato su questa strada, cercando tra l'altro di far comprendere e denunciare la svolta relativista e individualista di molta cultura contemporanea, mettendo in evidenza come questa sia in profondo contrasto con l'insegnamento di Gesù sulla dignità inviolabile della persona umana, sull'appartenenza di ogni uomo e di ogni donna a un popolo di fratelli e soprattutto sulla loro relazione profonda nei confronti di Dio Padre, vero riferimento dell'esistenza.
Dopo il "papa mediatico" – come fu Giovanni Paolo II – grande comunicatore e icona efficace della fede, Benedetto ha intrapreso una strada più "sottovoce" e nello stesso tempo forte, rigorosa, senza nulla concedere alla "mentalità del secolo" denunciata già da san Paolo nella Scrittura; ma è una svolta più apparente che sostanziale.
A segnare la **continuità**, pur nelle differenze e forse a sorpresa per molti osservatori, sono stati i **giovani**. I "papa boys" di Giovanni Paolo II, che avevano stupito il mondo con i grandi raduni e soprattutto la Giornata mondiale della gioventù del grande Giubileo del Duemila. In molti si chiedevano, con l'ascesa al soglio pontificio di Ratzinger, come proprio i giovani avrebbero accolto questo professore rigoroso e poco incline ai gesti mediatici del predecessore. Eppure proprio dai giovani è venuta una forte "investitura" per Benedetto XVI, capace evidentemente di parlare al cuore, di dire con chiarezza rinnovata le questioni cruciali per la vita di ogni persona e per chi, come i giovani in particolare, si trova a dover guardare al futuro progettandolo e ancorandolo a punti fermi.
A questo proposito, un momento di riferimento è stata la **Giornata mondiale della gioventù del 2011**, a Madrid. Quasi due milioni di giovani si sono radunati intorno al papa, in un momento di crisi europea e mondiale, in un contesto nel quale altri giovani non approvavano la presenza del papa in Spagna – paese laico e per alcuni laicista, cioè incline a escludere la religione nelle proprie scelte morali – e dal papa hanno ricevuto il mandato di animare con rinnovato entusiasmo, da cristiani, il mondo. Si è trattato di un messaggio di forte valenza religiosa e sociale, centrato sulla paternità di Dio, sulla comunione tra gli uomini e i popoli, sulla condivisione di destino dell'umanità, sulla capacità di amore e di dono di ogni persona, sull'esempio di Gesù crocifisso e risorto.

■ Joseph Ratzinger, papa Benedetto XVI, sul trono papale.

L'**11 febbraio 2013** papa Benedetto XVI ha annunciato che si sarebbe ritirato dal pontificato alla fine di quello stesso mese, a causa dell'età avanzata, che gli impediva di compiere pienamente il suo mandato.
Il gesto ha colpito la Chiesa e il mondo intero ed è stato commentato in ogni modo. Di fatto, Benedetto

XVI ha favorito, con un gesto dirompente e nuovo, una più vasta consapevolezza, nella Chiesa, del difficile momento contemporaneo, segnato, tra l'altro, dall'urgenza di una riforma delle strutture curiali e da gravi scandali come quello legato a episodi di pedofilia, con protagonisti vescovi e sacerdoti, una "piaga" che proprio Benedetto XVI ha contribuito ad affrontare con grande decisione e in modo trasparente e che tuttavia ha lasciato gravi ferite nella comunità ecclesiale.

2.5 Francesco

Il **13 marzo 2013** è stato eletto papa il cardinale argentino **Jorge Mario Bergoglio**. Non erano in molti ad aspettarsi una simile scelta da parte del conclave.
Subito l'impressione del mondo e dei cristiani è stata quella di trovarsi di fronte a un momento di forte rinnovamento e di rilancio dell'essenzialità del messaggio evangelico. Bergoglio ha scelto di chiamarsi Francesco, primo papa nella storia a riprendere il nome del santo di Assisi, colui che era stato chiamato a "rinnovare" la Chiesa.
Lo **stile semplice e diretto** del nuovo papa, alcuni gesti forti posti da subito all'attenzione di tutti – al momento di presentarsi sulla loggia della basilica di San Pietro ha fatto anzitutto pregare, ha chiesto di pregare per lui, si è definito "vescovo di Roma" e pastore in mezzo a una precisa comunità – hanno dato il via a rinnovate speranze ed entusiasmi, fuori e dentro la Chiesa, anche in chiave di dialogo ecumenico.
Dopo poche settimane, papa Francesco ha anche nominato un gruppo ristretto di cardinali che lo aiutassero nel discutere e nell'affrontare i temi importanti per il governo della Chiesa, lasciando intendere una scelta di maggiore collegialità. Insieme ha inaugurato uno stile di accoglienza, semplicità, attenzione ai poveri, che ha saputo raccogliere immediatamente l'attenzione del mondo.
Certo, lo attendono sfide impegnative, per le quali serviranno vere decisioni di governo, interventi magisteriali e scelte forti. Ma l'entusiasmo che ha da subito raccolto intorno a sé lascia intravedere una **vera nuova primavera per la Chiesa**.

■ Jorge Mario Bergoglio, papa Francesco.

Le Giornate Mondiali della Gioventù (GMG)

Vediamo un elenco di tutte le Giornate Mondiali della Gioventù.

1984 Roma: Piazza San Pietro, Domenica delle Palme (15 aprile 1984)
Grande raduno dei giovani in occasione dell'Anno Santo della Redenzione
Il papa consegna la Croce ai giovani (22 aprile 1984)

1985 Roma: Piazza San Pietro, Domenica delle Palme (31 marzo 1985)
Grande raduno dei giovani in occasione dell'Anno Internazionale della Gioventù
Il papa dedica una lettera apostolica ai giovani e alle giovani del mondo; in seguito (20 dicembre 1985) annuncia l'istituzione della Giornata Mondiale della Gioventù

1986 I Giornata Mondiale della Gioventù
Tema: "Sempre pronti a rispondere a chiunque vi domandi ragione della speranza che è in voi" (1Pt 3,15)
Celebrazione (diocesana): Domenica delle Palme (23 marzo 1986)

1987 II Giornata Mondiale della Gioventù
Tema: "Noi abbiamo conosciuto e creduto all'amore che Dio ha per noi" (1Gv 4,16)
Celebrazione (internazionale): Buenos Aires, Argentina (11-12 aprile 1987)

1988 III Giornata Mondiale della Gioventù
Tema: "Fate quello che Egli vi dirà" (Gv 2,5)
Celebrazione (diocesana): Domenica delle Palme (27 marzo 1988)

1989 IV Giornata Mondiale della Gioventù
Tema: "Io sono la via, la verità e la vita" (Gv 14,6)
Celebrazione (internazionale): Santiago de Compostela, Spagna (15-20 agosto 1989)

1990 V Giornata Mondiale della Gioventù
Tema: "Io sono la vite, voi i tralci" (Gv 15,5)
Celebrazione (diocesana): Domenica delle Palme (8 aprile 1990)

1991 VI Giornata Mondiale della Gioventù
Tema: "Avete ricevuto uno spirito da figli" (Rm 8,15)
Celebrazione (internazionale): Czestochowa, Polonia (10-15 agosto 1991)

1992 VII Giornata Mondiale della Gioventù
Tema: "Andate in tutto il mondo e predicate il Vangelo" (Mc 16,15)
Celebrazione (diocesana): Domenica delle Palme (12 aprile 1992)

1993 VIII Giornata Mondiale della Gioventù
Tema: "Io sono venuto perché abbiano la vita e l'abbiano in abbondanza" (Gv 10,10)
Celebrazione (internazionale): Denver, USA (10-15 agosto 1993)

1994 IX Giornata Mondiale della Gioventù
Tema: "Come il Padre ha mandato me, anch'io mando voi" (Gv 20,21)
Celebrazione (diocesana): Domenica delle Palme (27 marzo 1994)

1995 X Giornata Mondiale della Gioventù
Tema: "Come il Padre ha mandato me, anch'io mando voi" (Gv 20,21)
Celebrazione (internazionale): Manila, Filippine (10-15 gennaio 1995)

1996 XI Giornata Mondiale della Gioventù
Tema: "Signore, da chi andremo? Tu solo hai parole di vita eterna" (Gv 6,68)
Celebrazione (diocesana): Domenica delle Palme (31 marzo 1996)

1997 XII Giornata Mondiale della Gioventù
Tema: "Maestro, dove abiti? Venite e vedrete" (Gv 1,38-39)
Celebrazione (internazionale): Parigi, Francia (19-24 agosto 1997)

Giovanni Paolo II celebra la Messa a Manila, durante la GMG del 1995.

1998 XIII Giornata Mondiale della Gioventù
Tema: "Lo Spirito Santo vi insegnerà ogni cosa" (Gv 14,26)
Celebrazione (diocesana): Domenica delle Palme (5 aprile 1998)

1999 XIV Giornata Mondiale della Gioventù
Tema: "Il Padre vi ama" (Gv 16,27)
Celebrazione (diocesana): Domenica delle Palme (28 marzo 1999)

2000 XV Giornata Mondiale della Gioventù
Tema: "Il Verbo si fece carne e venne ad abitare in mezzo a noi" (Gv 1,14)
Celebrazione (internazionale): Roma (15-20 agosto 2000)

2001 XVI Giornata Mondiale della Gioventù
Tema: "Se qualcuno vuol venire dietro a me, rinneghi se stesso, prenda la sua croce ogni giorno e mi segua" (Lc 9,23)
Celebrazione (diocesana): Domenica delle Palme (8 aprile 2001)

2002 XVII Giornata Mondiale della Gioventù
Tema: "Voi siete il sale della terra... Voi siete la luce del mondo" (Mt 5, 13-14)
Celebrazione (internazionale): Toronto, Canada (23-28 luglio 2002)

2003 XVIII Giornata Mondiale della Gioventù
Tema: "Ecco la tua Madre!" (Gv 19,27)
Celebrazione (diocesana): Domenica delle Palme (13 aprile 2003)

2004 XIX Giornata Mondiale della Gioventù
Tema: "Vogliamo vedere Gesù" (Gv 12,21)
Celebrazione (diocesana): Domenica delle Palme (4 aprile 2004)

2005 XX Giornata Mondiale della Gioventù
Tema: "Siamo venuti per adorarlo" (Mt 2,2)
Celebrazione (internazionale): Colonia, Germania (16-21 agosto 2005)

2006 XXI Giornata Mondiale della Gioventù
Tema: "Lampada per i miei passi è la tua parola, luce sul mio cammino" (Sal 119, 105)
Celebrazione (diocesana): Domenica delle Palme (9 aprile 2006)

2007 XXII Giornata Mondiale della Gioventù
Tema: "Come io vi ho amato, così amatevi anche voi gli uni gli altri" (Gv 13, 34)
Celebrazione (diocesana): Domenica delle Palme (8 aprile 2007)

2008 XXIII Giornata Mondiale della Gioventù
Tema: "Avrete forza dallo Spirito Santo che scenderà su di voi e mi sarete testimoni" (At 1, 8)
Celebrazione (internazionale): Sydney, Australia (15-20 luglio 2008)

2009 XXIV Giornata Mondiale della Gioventù
Tema: "Abbiamo posto la nostra speranza nel Dio vivente" (1Tm 4,10)
Celebrazione (diocesana): Domenica delle Palme (5 aprile 2009)

2010 XXV Giornata Mondiale della Gioventù
Tema: "Maestro buono, che cosa devo fare per avere in eredità la vita eterna?" (Mc 10,17)
Celebrazione (diocesana): Domenica delle Palme (28 marzo 2010)

2011 XXVI Giornata Mondiale della Gioventù
Tema: "Radicati e fondati in Cristo, saldi nella fede" (cfr. Col 2,7)
Celebrazione (internazionale): Madrid, Spagna (16-21 agosto 2011)

2013 XXVII Giornata Mondiale della Gioventù
Tema: "Andate e fate discepoli tutti i popoli" (cf. Mt 28, 19)
Celebrazione (internazionale): Rio de Janeiro, Brasile (23-28 aprile 2013)

L'immagine

Questo quadro del pittore René Magritte ci sembra possa illustrare la crisi di valori dell'uomo di oggi, che spesso afferma di non credere più.

R. Magritte, ***Il principio del piacere (Ritratto di Edward James)***, 1937, Chichester, Edward James Foundation.

Leggi l'immagine

1. Pensi che l'immagine possa rendere l'idea di una perdita di valori (anche in campo religioso) e quindi di una ricerca confusa di "qualcosa"? Perché?
2. Tu vivi questo allontanamento dalla religione?
3. Pensi che la Chiesa stia compiendo passi per rinnovarsi, alle soglie del terzo millenio?

1. Perché dal Concilio Vaticano II è nata una società più moderna

Chiave di lettura

In quest'intervista realizzata da Antonio Meli, il cardinale Carlo Maria Martini spiega in che cosa consista il vero spirito del Concilio Vaticano II: la coscienza del fatto che la Chiesa è in cammino.

Non le pare che la vera chiave di lettura del Concilio Vaticano II [...] consista nel rileggere l'esperienza cristiana alla luce delle sue origini contenute nel Nuovo Testamento?

A ormai quasi cinquant'anni dalla celebrazione del Concilio Vaticano II si discute ancora sulla sua interpretazione. Io sono d'accordo con lei che si tratta, almeno in parte, di una polemica sterile, ma anche un po' inevitabile. Ricordo bene quei giorni, perché, pur non essendo membro del Concilio, vivevo a Roma al Pontificio Istituto Biblico, dove risuonavano in vari modi gli echi suscitati dalle discussioni dei vescovi. Si temeva che il Concilio promovesse alcune interpretazioni letterali o simboliche della Scrittura che sistematicamente respingevano ogni sorta di lettura storico-critica. Alcuni sostenevano addirittura che i metodi critici portassero alla perdita della fede. Di fatto molti esegeti[1] sostenevano invece un'interpretazione dei testi che nutrisse la fede, ma fosse anche attenta agli studi storico-critici. Fu grande quindi la loro gioia quando, dopo lunghe e accese discussioni, fu approvata la Costituzione Dogmatica sulla Divina Rivelazione. Ma per molti c'era un motivo di gioia ancora più grande. I documenti approvati dai Padri conciliari dimostravano nel loro insieme la volontà della Chiesa di entrare in contatto con tutti gli uomini di buona volontà e di porsi in atteggiamento di rispettoso ascolto delle voci e dei desideri di tutti. Naturalmente non è in questo entusiasmo che troviamo lo spirito del Concilio. Anche perché in quel periodo, in un'atmosfera di entusiasmo e anche con una certa ingenuità, circolavano tanti progetti per il futuro della Chiesa.

Che cosa dunque appartiene o no allo spirito del Concilio?

È opportuna la distinzione tra continuità e discontinuità della tradizione. I sostenitori di un'interpretazione rigida, che guardano con sospetto a ogni novità, non tengono ben presente che vi possono essere novità nella Chiesa. Essa è un organismo vivente, che nasce piccolo, ma nel tempo si sviluppa come un corpo umano, che cresce così da apparire come qualcosa di nuovo. Tale visione della storia della Chiesa fu sostenuta fin dal secolo V da san Vincenzo di Lerino. Egli afferma che nella Chiesa vi saranno certamente nel corso degli anni progressi anche molto vistosi. Non ci si deve spaventare di essi. Solo quando un organismo si trasforma in un altro bisognerà parlare di cambiamenti e respingerli con forza. [...]

in "Corriere della sera", 31 ottobre 2010

1. **esegeti:** un esegeta è chi studia e commenta testi oppure opere d'arte.

L'attività

1. Che cosa temevano alcuni esegeti della Bibbia quando cominciò il Concilio Vaticano II?
2. Che cosa dimostrarono i Padri conciliari?
3. La Chiesa che esce dal Concilio Vaticano II risulta essere un organismo immutabile oppure può cambiare ed evolvere? Questo è positivo o negativo?

Documenti

2. Il Concilio Vaticano II tra ieri e oggi

– Perché il Concilio?
– Il cammino della Chiesa

Chiave di lettura

Monsignor Luigi Bettazzi è il solo cardinale ancora vivente fra quelli che parteciparono al Concilio. In questa intervista di Alberto Chiara aiuta a ricostruire lo spirito del Concilio e la sua eredità per la Chiesa di oggi.

Monsignor Luigi Bettazzi ha quasi 89 anni e un invidiabile primato: ha partecipato al Concilio. [...]

Entrai in Concilio durante la seconda sessione, nell'autunno 1963, una settimana dopo esser stato consacrato vescovo ausiliare del cardinale Giacomo Lercaro, arcivescovo di Bologna. Capii allora che cos'era l'universalità della Chiesa. Incontrai, infatti, confratelli nati e cresciuti in Africa, nell'America meridionale, in Asia. Con le loro storie, con le loro culture quei vescovi rendevano il Concilio antropologicamente "ecumenico". Mi colpì, poi, il dinamismo. Emergevano idee, c'era dibattito, si maturava insieme, passo a passo. Papi compresi. I documenti scritti dalle commissioni preparatorie, presiedute da cardinali di Curia, furono sostituiti da testi elaborati dalle nuove commissioni, in cui le Conferenze episcopali avevano nominato vescovi e teologi di loro fiducia. Compresi così l'intuizione di papa Giovanni che volle indire un Concilio non "dogmatico" (per definire, cioè, nuove verità di fede [...]), ma "pastorale", nell'intento di presentare la verità di sempre in modo comprensibile e più facilmente accettabile.

Che cos'è rimasto?

La rivoluzione copernicana contenuta nella *Gaudium et spes* (non l'umanità per la Chiesa, ma la Chiesa per l'umanità) e quella della *Lumen gentium* (non i fedeli per la gerarchia, ma la gerarchia per i fedeli) stentano ad affermarsi. Mentre le altre due (il primato della parola di Dio, esplicitato nella *Dei Verbum*, e la riforma liturgica, che, grazie alla *Sacrosanctum concilium*, è più partecipata di un tempo) sono sostanzialmente riuscite. Purtroppo le esagerazioni seguite al Sessantotto permisero a quelli che erano preoccupati dei cambiamenti di dire: "Vedete che cos'è successo con il Concilio?". C'era chi a Messa pretendeva di leggere Che Guevara al posto della Scrittura... Insieme all'acqua sporca, però, si è corso e si corre il rischio di buttare via anche il bambino.

Concilio Vaticano III?

No, no. Occorre dare pienezza al Vaticano II. Carlo Maria Martini, da gesuita saggio, non parlava di un altro Concilio. Martini diceva: per argomenti di attualità, ad esempio la sessualità, la bioetica, la pastorale dei divorziati, i vescovi di tutto il mondo si preparino, vengano a Roma, stiano un mese su quel tema, si discuta e si decida con il papa. Bisognerebbe fare ogni tanto un Sinodo che però abbia il carattere del Concilio. [...]

in "Famiglia cristiana", 12 ottobre 2012

■ Monsignor Luigi Bettazzi.

L'attività

1 Quali furono i due elementi che colpirono Monsignor Bettazzi quando entrò in Concilio?

2 Quali elementi del Concilio sono vivi ancora oggi?

3 Quali, invece, non riescono ad affermarsi? Perché uno è definito "rivoluzione copernicana"?

4 Sei d'accordo con queste affermazioni? Commentale con i compagni e l'insegnante.

3. Per una vera comunione tra le Chiese cristiane

Chiave di lettura

Il cammino ecumenico non è facile: occorre cercare quello che unisce piuttosto che quello che divide.

Le difficoltà sulla via ecumenica non sono a senso unico, attraversano infatti l'intero arco delle confessioni cristiane, spesso anche all'interno delle stesse "famiglie". Ma senza dubbio il cammino compiuto sino a oggi, con gli enormi frutti che ha portato, deve restare un punto di non ritorno, anche se non è del tutto scontato, sia per difficoltà interne alle Chiese sia per un clima più generale. Una cosa però è opportuno sottolineare: alla base del cammino ecumenico è necessario riaffermare e rafforzare lo spirito che ha guidato i grandi protagonisti dell'ecumenismo sino a oggi. Questo spirito lo si può esprimere nell'attitudine a cercare ciò che unisce, piuttosto che quel che divide. Era quel che amava ripetere Giovanni XXIII e che Paolo VI riprese fino a farsene condurre a Gerusalemme per lo storico abbraccio con il patriarca ecumenico Atenagora. Esistono dunque le basi per un dialogo: "Le divisioni sono certamente contrarie a quanto aveva stabilito Gesù [...]. Tuttavia questi diversi modi di intendere e praticare la fede in Cristo possono essere in certi casi anche complementari; non è certo detto che debbano necessariamente escludersi fra loro. Occorre buona volontà per costatare quanto le varie interpretazioni e pratiche della fede possano reciprocamente contenersi e integrarsi. Bisogna stabilire anche in quale punto si situa il confine della reale divisione, al di là del quale si compromette la fede".

V. Paglia, in "Vita e pastorale", gennaio 2000

L'attività

1. Nel processo di divisione tra i cristiani hanno influito anche fattori di tipo sociale, culturale e politico?
2. Che spirito ha guidato l'ecumenismo dalle sue origini e lo guida ancora oggi?
3. Quali sono gli obiettivi che deve perseguire il processo ecumenico?
4. Pensi che sia possibile un dialogo vero fra le religioni? Su quali basi? Discutine in classe.

■ Paolo VI e Atenagora durante il loro incontro del 1967.

4. Lo "spirito di Assisi" soffia ancora

- L'importanza del dialogo ecumenico
- Dialogare ascoltando
- Religioni in dialogo: induismo e cristianesimo

Chiave di lettura

Papa Giovanni Paolo II nel 1986 promosse un grande incontro ecumenico ad Assisi, primo passo verso un processo di accettazione e pace fra le diverse religioni e i diversi popoli dle mondo.

Nell'ottobre 1986, papa Wojtyla compì un gesto inedito: riunì esponenti cristiani, ebrei, musulmani e delle grandi religioni asiatiche. Il momento era grave: incombeva la guerra fredda. Il tema della pace era strumentalizzato dall'Est comunista. Giovanni Paolo II affermò: "Mai come ora nella storia dell'umanità è divenuto a tutti evidente il legame intrinseco tra un atteggiamento autenticamente religioso e il gran bene della pace". Fu una giornata di digiuno e di preghiera. Gli esponenti delle religioni pregarono in luoghi separati. Poi si ritrovarono assieme. Era un segno. Al termine, papa Wojtyla affermò che le "visioni di pace" di quella giornata "sprigionano energie per un nuovo linguaggio di pace, per nuovi gesti di pace, gesti che spezzeranno le catene fatali delle divisioni ereditate dalla storia o generate dalle moderne ideologie".
Nel 1989, per la forza disarmata delle convinzioni, sono caduti i granitici regimi comunisti. Giovanni Paolo II aveva intuito che la "forza debole" dei credenti è una corrente profonda che pacifica e unisce. Volle che lo "spirito di Assisi" continuasse. I francescani hanno fatto molto per testimoniarlo assieme alla figura di san Francesco. La Comunità di Sant'Egidio, dal 1987, ha tenuto, anno dopo anno, incontri di preghiera e dialogo tra esponenti religiosi, a cui si sono uniti laici umanisti. È maturata una mutua conoscenza tra gente spesso separata da pregiudizi secolari.
Giovanni Paolo II ha sempre inviato un messaggio dopo il 1986: "Da allora, quasi prolungando lo 'spirito di Assisi', si è continuato a organizzare queste riunioni di preghiera e di comune riflessione e ringrazio la Comunità di Sant'Egidio per il coraggio e l'audacia con cui ha ripreso lo 'spirito di Assisi' che di anno in anno ha fatto sentire la sua forza in diverse città del mondo". Quello era "un nuovo modo di incontrarsi tra credenti di diver-

L'incontro di Assisi del 1986.

se religioni: non nella vicendevole contrapposizione e meno ancora nel muto disprezzo, ma nella ricerca di un costruttivo dialogo [...], essendo tutti consapevoli che Dio è la fonte della pace". Questo era lo "spirito di Assisi" per papa Wojtyla. Ed è divenuto una via concreta per la pace.
Sono stato colpito quando, lo scorso anno, in un quartiere di Abidjan, una grande città africana, sono scoppiati scontri tra cristiani e musulmani per l'attacco a una chiesa: il parroco, il pastore, l'imam hanno calmato la gente nel nome dello "spirito di Assisi". Il nostro mondo contemporaneo, dove gente diversa vive fianco a fianco, ha bisogno di imparare a vivere insieme. Lo "spirito di Assisi" fonda la pace e prepara la civiltà di domani: quella del vivere insieme. Il XXI secolo ha bisogno di non dimenticare lo "spirito di Assisi".

A. Riccardi, in "Jesus" 10, ottobre 2011

L'attività

1. Che cosa si intende con l'espressione "spirito di Assisi"?
2. La scommessa avviata dall'incontro di Assisi consiste nel mettere insieme in nome della fede, e non della politica o della cultura, rappresentanti di religioni e Chiese diverse. Credi che sia possibile? In che modo?
3. Oggi il concetto di pace è molto variegato ed è legato al riconoscimento dei diritti civili. Non è pace la fame, la miseria, il mancato riconoscimento di diritti della persona. Secondo lo spirito di Assisi, qual è l'unica via che occorre mettere in campo in favore della pace?

5. La Chiesa soccorre i poveri

Chiave di lettura

La Chiesa fin dalle sue origini si è basata dell'amore verso tutti gli uomini e si è occupata del soccorso da prestare alle persone meno fortunate, come ricorda papa Leone XIII già nell'enciclica *Rerum novarum*.

Ma vi è di più: la Chiesa concorre direttamente al bene dei proletari col creare e promuovere quanto può conferire al loro sollievo, e in questo tanto si è segnalata, da riscuoter l'ammirazione e gli encomi[1] degli stessi nemici. Nel cuore dei primi cristiani la carità fraterna era così potente che i più facoltosi si privavano spessissimo del proprio per soccorrere gli altri; tanto che non vi era tra loro nessun bisognoso. Ai diaconi, ordine istituito appositamente per questo, era affidato dagli apostoli l'ufficio di esercitare la quotidiana beneficenza e l'apostolo Paolo, benché gravato dalla cura di tutte le Chiese, non dubitava di intraprendere faticosi viaggi, per recare di sua mano ai cristiani poveri le elemosine da lui raccolte. Tertulliano[2] chiama depositi della pietà le offerte che si facevano spontanea-

1. **encomi:** lodi.
2. **Tertulliano:** Quinto Settimio Florente Tertulliano fu scrittore cristiano nato a Cartagine tra il 150 e il 160 e morto nel 220.

mente dai fedeli di ciascuna adunanza, perché destinate a soccorrere e dar sepoltura agli indigenti[3], sovvenire[4] i poveri orfani d'ambo i sessi, i vecchi e i naufraghi . Da lì poco a poco si formò il patrimonio, che la Chiesa guardò sempre con religiosa cura come patrimonio della povera gente. La quale anzi, con nuovi e determinati soccorsi, venne perfino liberata dalla vergogna di chiedere. Giacché, madre comune dei poveri e dei ricchi, ispirando e suscitando dappertutto l'eroismo della carità, la Chiesa creò sodalizi religiosi ed altri benèfici istituti, che non lasciarono quasi alcuna specie di miseria senza aiuto e conforto. Molti oggi, come già fecero i gentili, biasimano la Chiesa perfino di questa carità squisita, e si è creduto bene di sostituire a questa la beneficenza legale. Ma non è umana industria che possa supplire la carità cristiana, tutta consacrata al bene altrui. Ed essa non può essere se non virtù della Chiesa, perché è virtù che sgorga solamente dal cuore santissimo di Gesù Cristo: e si allontana da Gesù Cristo chi si allontana dalla Chiesa.

Leone XIII, *Rerum novarum*, 24

3. indigenti: persone molto povere.
4. sovvenire: aiutare, soccorrere.

P. Picasso, *Scienza e carità*, 1897, Barcellona, Museu Picasso. *La carità cristiana è consacarata al bene altrui.*

L'attività

1 Quali esempi fa Leone XIII, per provare l'attenzione della Chiesa per i poveri?

2 Secondo Leone XIII, è possibile sostituire la beneficenza della Chiesa con altre forme di beneficenza? Perché?

3 Tu che cosa ne pensi? Conosci persone o associazioni che aiutano i bisognosi, senza essere legate alla Chiesa?

4 Oggi la Chiesa è ancora impegnata in diversi modi con opere di aiuto ai poveri e ai bisognosi. Lavorando in gruppo con i compagni, fa' una ricerca e indica caratteristiche e scopi di alcune associazioni cattoliche che si occupano dei meno fortunati.

6. Giovanni Paolo II e la centralità della persona

Giovanni Paolo II e i giovani

Chiave di lettura

Nella sua prima enciclica, Giovanni Paolo II individua nell'affermazione della persona umana la via principale dell'azione della Chiesa nel mondo contemporaneo

La Chiesa non può abbandonare l'uomo, la cui "sorte", cioè la scelta, la chiamata, la nascita e la morte, la salvezza o la perdizione, sono in modo così stretto e indissolubile unite al Cristo. E si tratta proprio di ogni uomo su questo pianeta, in questa terra che il Creatore ha dato al primo uomo, dicendo all'uomo e alla donna: "Soggiogatela e dominatela". Ogni uomo, in tutta la sua irripetibile realtà dell'essere e dell'agire, dell'intelletto e della volontà, della coscienza e del cuore. L'uomo, nella sua singolare realtà (perché è "persona"), ha una propria storia della sua vita e, soprattutto, una propria storia della sua anima. L'uomo che, conformemente all'interiore apertura del suo spirito e insieme a tanti e così diversi bisogni del suo corpo, della sua esistenza temporale, scrive questa sua storia personale mediante numerosi legami, contatti, situazioni, strutture sociali, che lo uniscono ad altri uomini, e ciò egli fa sin dal primo momento della sua esistenza sulla terra, dal momento del suo concepimento e della sua nascita. L'uomo, nella piena verità della sua esistenza, del suo essere personale e insieme del suo essere comunitario e sociale – nell'àmbito della propria famiglia, nell'àmbito di società e di contesti tanto diversi, nell'àmbito della propria nazione, o popolo (e, forse, ancora solo del clan o tribù), nell'àmbito di tutta l'umanità – quest'uomo è la prima strada che la Chiesa deve percorrere nel compimento della sua missione: egli è la prima e fondamentale via della Chiesa, via tracciata da Cristo stesso, via che immutabilmente passa attraverso il mistero dell'Incarnazione e della Redenzione. [...]
Quest'uomo è la via della Chiesa, via che corre, in un certo modo, alla base di tutte quelle vie, per le quali deve camminare la Chiesa, perché l'uomo – ogni uomo senza eccezione alcuna – è stato redento da Cristo, perché con l'uomo – ciascun uomo senza eccezione alcuna – Cristo è in qualche modo unito, anche quando quell'uomo non è di ciò consapevole: "Cristo, per tutti morto e risorto, dà sempre all'uomo" – a ogni uomo e a tutti gli uomini – "... luce e forza per rispondere alla suprema sua vocazione".
Essendo quindi quest'uomo la via della Chiesa, via della quotidiana sua vita ed esperienza, della sua missione e fatica, la Chiesa del nostro tempo deve essere, in modo sempre nuovo, consapevole della di lui "situazione". Deve cioè essere consapevole delle sue possibilità, che prendono sempre nuovo orientamento e così si manifestano; la Chiesa deve, nello stesso tempo, essere consapevole delle minacce che si presentano all'uomo. [...]

Giovanni Paolo II, *Redemptor hominis*, 14

L'attività

1. Con quali parole Giovanni Paolo II descrive l'uomo?
2. Su che cosa deve incentrarsi l'azione della Chiesa?
3. L'uomo di cui parla questo documento non è l'essere biologico di cui parlano gli scienziati. Quale definizione condividi: quella scientifica o quella data in questo documento? Perché? Confronta le tue idee con quelle dei compagni.

7. Benedetto XVI rinuncia al papato

Benedetto XVI e la scelta di questo nome

Chiave di lettura

Con una decisione meditata e sofferta, Benedetto XVI ha rinunciato al pontificato a partire dal 28 febbraio 2013. Qui annuncia ai cardinali e al mondo la sua decisione.

Carissimi Fratelli,
vi ho convocati a questo Concistoro[1] non solo per le tre canonizzazioni, ma anche per comunicarvi una decisione di grande importanza per la vita della Chiesa. Dopo aver ripetutamente esaminato la mia coscienza davanti a Dio, sono pervenuto alla certezza che le mie forze, per l'età avanzata, non sono più adatte per esercitare in modo adeguato il ministero petrino. Sono ben consapevole che questo ministero, per la sua essenza spirituale, deve essere compiuto non solo con le opere e con le parole, ma non meno soffrendo e pregando. Tuttavia, nel mondo di oggi, soggetto a rapidi mutamenti e agitato da questioni di grande rilevanza per la vita della fede, per governare la barca di san Pietro e annunciare il Vangelo, è necessario anche il vigore sia del corpo, sia dell'animo, vigore che, negli ultimi mesi, in me è diminuito in modo tale da dover riconoscere la mia incapacità di amministrare bene il ministero a me affidato. Per questo, ben consapevole della gravità di questo atto, con piena libertà, dichiaro di rinunciare al ministero di Vescovo di Roma, Successore di San Pietro, a me affidato per mano dei Cardinali il 19 aprile 2005, in modo che, dal 28 febbraio 2013, alle ore 20,00, la sede di Roma, la sede di San Pietro, sarà vacante e dovrà essere convocato, da coloro a cui compete, il Conclave per l'elezione del nuovo Sommo Pontefice.
Carissimi Fratelli, vi ringrazio di vero cuore per tutto l'amore e il lavoro con cui avete portato con me il peso del mio ministero, e chiedo perdono per tutti i miei difetti. Ora, affidiamo la Santa Chiesa alla cura del suo Sommo Pastore, Nostro Signore Gesù Cristo, e imploriamo la sua santa Madre Maria, affinché assista con la sua bontà materna i Padri Cardinali nell'eleggere il nuovo Sommo Pontefice. Per quanto mi riguarda, anche in futuro, vorrò servire di tutto cuore, con una vita dedicata alla preghiera, la Santa Chiesa di Dio.

Benedetto XVI, *Declaratio*, 11 febbraio 2013

1. **Concistoro:** riunione solenne dei cardinali presenti a Roma, convocati dal papa.

Papa Benedetto XVI.

L'attività

1 Quali ragioni hanno spinto il papa a rinunciare alla sua carica?

2 La rinuncia al papato ha pochi precedenti nella storia della Chiesa; cerca quando avvenne e perché.

3 Quando Benedetto XVI ha annunciato di voler rinunciare al pontificato, molti hanno criticato questa scelta. Tu che cosa ne pensi? È giusto che il papa rinunci al suo mandato oppure deve mantenerlo fino alla morte? Discutine in classe con i compagni.

8. Bisogna puntare all'ecumenismo

Cristiani in Europa e per l'Europa

Chiave di lettura

Papa Francesco, incontrando i rappresentanti delle Chiese e della comunità ecclesiali e i rappresentanti di altre religioni, sottolinea l'importanza del rispetto e del dialogo.

[...] È motivo di particolare gioia incontrarmi oggi con voi, Delegati delle Chiese Ortodosse, delle Chiese Ortodosse Orientali e delle Comunità ecclesiali di Occidente. Vi ringrazio per avere voluto prendere parte alla celebrazione che ha segnato l'inizio del mio ministero di Vescovo di Roma e Successore di Pietro.

Ieri mattina, durante la Santa Messa, attraverso le vostre persone ho riconosciuto spiritualmente presenti le comunità che rappresentate. In questa manifestazione di fede mi è parso così di vivere in maniera ancor più pressante la preghiera per l'unità tra i credenti in Cristo e insieme di vederne in qualche modo prefigurata quella piena realizzazione, che dipende dal piano di Dio e dalla nostra leale collaborazione. [...]

Sì, cari fratelli e sorelle in Cristo, sentiamoci tutti intimamente uniti alla preghiera del nostro Salvatore nell'Ultima Cena, alla sua invocazione: *ut unum sint*. Chiediamo al Padre misericordioso di vivere in pienezza quella fede che abbiamo ricevuto in dono nel giorno del nostro Battesimo, e di poterne dare testimonianza libera, gioiosa e coraggiosa. Sarà questo il nostro migliore servizio alla causa dell'unità tra i cristiani, un servizio di speranza per un mondo ancora segnato da divisioni, da contrasti e da rivalità. Più saremo fedeli alla sua volontà, nei pensieri, nelle parole e nelle opere, e più cammineremo realmente e sostanzialmente verso l'unità.

Da parte mia, desidero assicurare, sulla scia dei miei Predecessori, la ferma volontà di proseguire nel cammino del dialogo ecumenico e ringrazio sin d'ora il Pontificio Consiglio per la Promozione dell'Unità dei Cristiani, per l'aiuto che continuerà ad offrire, in mio nome, per questa nobilissima causa. [...]

Ed ora mi rivolgo a voi, distinti rappresentanti del popolo ebraico, al quale ci lega uno specialissimo vincolo spirituale, dal momento che, come afferma il Concilio Vaticano II, "la Chiesa di Cristo riconosce che gli inizi della sua fede e della sua elezione si trovano già, secondo il mistero divino della salvezza, nei patriarchi, in Mosè, e nei profeti" (Decr.

Nostra aetate, 4). Vi ringrazio della vostra presenza e confido che, con l'aiuto dell'Altissimo, potremo proseguire proficuamente quel fraterno dialogo che il Concilio auspicava (cfr ibid.) e che si è effettivamente realizzato, portando non pochi frutti, specialmente nel corso degli ultimi decenni.
Saluto poi e ringrazio cordialmente tutti voi, cari amici appartenenti ad altre tradizioni religiose; innanzitutto i musulmani, che adorano il Dio unico, vivente e misericordioso, e lo invocano nella preghiera, e voi tutti. Apprezzo molto la vostra presenza: in essa vedo un segno tangibile della volontà di crescere nella stima reciproca e nella cooperazione per il bene comune dell'umanità.
La Chiesa cattolica è consapevole dell'importanza che ha la promozione dell'amicizia e del rispetto tra uomini e donne di diverse tradizioni religiose – questo voglio ripeterlo: promozione dell'amicizia e del rispetto tra uomini e donne di diverse tradizioni religiose – lo attesta anche il prezioso lavoro che svolge il Pontificio Consiglio per il Dialogo Interreligioso. Essa è ugualmente consapevole della responsabilità che tutti portiamo verso questo nostro mondo, verso l'intero creato, che dobbiamo amare e custodire. E noi possiamo fare molto per il bene di chi è più povero, di chi è debole e di chi soffre, per favorire la giustizia, per promuovere la riconciliazione, per costruire la pace.
Ma, soprattutto, dobbiamo tenere viva nel mondo la sete dell'assoluto, non permettendo che prevalga una visione della persona umana a una sola dimensione, secondo cui l'uomo si riduce a ciò che produce e a ciò che consuma: è questa una delle insidie più pericolose per il nostro tempo.
Sappiamo quanta violenza abbia prodotto nella storia recente il tentativo di eliminare Dio e il divino dall'orizzonte dell'umanità, e avvertiamo il valore di testimoniare nelle nostre società l'originaria apertura alla trascendenza che è insita nel cuore dell'uomo. In ciò, sentiamo vicini anche tutti quegli uomini e donne che, pur non riconoscendosi appartenenti ad alcuna tradizione religiosa, si sentono tuttavia in ricerca della verità, della bontà e della bellezza, questa verità, bontà e bellezza di Dio, e che sono nostri preziosi alleati nell'impegno a difesa della dignità dell'uomo, nella costruzione di una convivenza pacifica fra i popoli e nel custodire con cura il creato.

Papa Francesco, *Discorso ai rappresentanti delle Chiese e della comunità ecclesiali e i rappresentanti di altre religioni*, Roma, Sala Clementina, 20 marzo 2013

L'attività

1. Quale atteggiamento ha Francesco nei confronti dell'ecumenismo?
2. A chi va il pensiero del papa verso la fine del discorso?
3. Papa Francesco parla di "tentativi di eliminare Dio e il divino dall'orizzonte dell'umanità" avvenuti nella storia recente. A che cosa si riferisce?
4. Che cosa pensa il papa di chi, pur non appartenendo a nessuna religione, è in ricerca della verità?

Verifica

Verifica le parole-chiave

Sulla base dei contenuti svolti nell'unità, spiega con una breve definizione il significato delle "parole-chiave" indicate nell'elenco che segue. In classe o anche individualmente si possono aggiungere altre parole-chiave a quelle proposte.

Concilio Vaticano II

....

....

Popolo di Dio

....

....

Ecumenismo

....

....

Bene comune

....

....

Dignità della persona

....

....

Giovanni Paolo II

....

....

Benedetto XVI

....

....

Francesco

....

....

Leggi, rifletti e lavora

1. Compila una "radiografia" del Concilio Vaticano II: quando e dove si tenne, chi partecipò, i papi coinvolti, che cosa successe...

2. Approfondisci, con una breve ricerca, alcune parole-chiave legate al Concilio Vaticano II, come ecumenismo, dialogo, pace, missione... Condividi la tua ricerca con i compagni e create una presentazione con le parole-chiave del Concilio.

3. A proposito delle GMG, rispondi.
   1. Di che cosa si tratta?
   2. Chi le ha avviate?
   3. Quali sono stati gli appuntamenti più significativi?

4. Ricostruisci gli avvenimenti che hanno portato alle dimissioni di papa Benedetto XVI e all'elezione di papa Francesco. Esprimi anche la tua opinione sul gesto di Ratzinger.

La mappa

Ecco di nuovo alcune parole-chiave incontrate durante lo svolgimento dell'unità.

Costruisci una mappa, mettendo in relazione tra loro i concetti. Puoi lavorare da solo oppure in gruppo.

Ruolo e missione della Chiesa

Paolo VI

Concilio Vaticano II

Obiettivi

Dialogo con il mondo contemporaneo

Esiti

Ecumenismo

Giustizia

Giovanni Paolo II

Benedetto XVI

Corteo dei vescovi conciliari in piazza San Pietro.

Dignità della persona – Dialogo per l'unità – Ruolo dei laici – Giovanni XXIII – Pace – Incontro di Assisi – Francesco

Competenze alla prova

Leggi, rifletti e lavora

1. Spesso si sente dire: "Credo in Dio ma non nella Chiesa e nei preti". Tu che cosa ne pensi? Si può distinguere tra Gesù e la Chiesa? In che modo? Quali possibili motivi di "diffidenza" possono allontanare dall'esperienza della comunità cristiana?

2. Annunciare il Vangelo è il compito della Chiesa in ogni tempo. Sai riconoscere ed elencare nella storia alcuni grandi segni di questa missione?

3. La costruzioni delle grandi cattedrali non è stata solo un'opera architettonica, così come i monasteri con le comunità dei monaci non hanno significato soltanto l'inizio di un modo speciale di vivere la religiosità. In che modo, nella storia degli uomini, la religione ha portato anche la trasformazione della società? Fa' qualche esempio.

4. "È a voi, giovani e fanciulle del mondo intero, che il Concilio vuole rivolgere il suo ultimo messaggio. Perché siete voi che raccoglierete la fiaccola dalle mani dei vostri padri e vivrete nel mondo nel momento delle più gigantesche trasformazioni della sua storia. Siete voi che, raccogliendo il meglio dell'esempio e dell'insegnamento dei vostri genitori e dei vostri maestri, formerete la società di domani: voi vi salverete o perirete con essa". Così si rivolgeva ai giovani papa Paolo VI l'8 dicembre 1965, a conclusione del Concilio Vaticano II. La Chiesa, spiegava il papa, ha cercato con il Concilio di ringiovanire il proprio volto, per meglio testimoniare Gesù, "è desiderosa che la società che voi vi accingete a costruire rispetti la dignità, la libertà, il diritto delle persone: e queste persone siete voi".
A partire dal messaggio di Paolo VI, esprimi le tue riflessioni sulla capacità della Chiesa di parlare davvero ai giovani.

Film da vedere

- *Il grande silenzio* di P. Gröning, 2005
- *Uomini di Dio* di X. Beauvois, 2010
- *Il cammino per Santiago* di E. Estevez, 2010
- *L'ultima cima* di J.M. Cotelo, 2010

ORIENTAMENTI... verso gli indirizzi

1. Amministrazione, finanza e marketing

La diffusione e l'organizzazione della Chiesa nella storia ha comportato la nascita di strutture che potessero tradurre nella società la preoccupazione per l'uomo in ogni suo ambito di vita. Sono nati istituti di carità, opere di istruzione e di soccorso, scuole e istituti di credito, ospedali e monti di pietà.
Con attenzione agli studi economici, si può approfondire l'origine degli istituti di credito, raccogliendo elementi comuni e differenze rispetto alle banche moderne.
Si può poi sviluppare la riflessione su orientamenti e comportamenti economici, anche in considerazione delle tendenze e delle sensibilità attuali (Banca etica, etica del denaro...), raccogliendo ed esaminando esempi di realtà operanti sul territorio in cui si trova la scuola.
Allo stesso modo (e con attenzione agli studi nell'ambito dei servizi), si può analizzare lo sviluppo delle associazioni di mutuo soccorso e riflettere sulle origini dello Stato sociale.

2. Grafica e comunicazione

Un logo curato, slogan efficaci, messaggi chiari, gesti forti... Si consiglia di fermarsi e riflettere sul successo delle Giornate mondiali della gioventù, "inventate" da papa Giovanni Paolo II, che ha certamente rivoluzionato il modo di comunicare della Chiesa nel mondo contemporaneo.
Con attenzione agli studi nel campo della grafica e della comunicazione, si possono raccogliere gli elementi significativi delle diverse Giornate ed esaminarli con attenzione, individuando gli aspetti di forza e quelli di debolezza.
Si potrebbe simulare la progettazione di un nuovo evento, indicando nel dettaglio le scelte da fare, disegnando loghi e progettando slogan per raggiungere il maggior numero di persone.

Il cristianesimo, il denaro e la ricchezza

NUCLEO

5 Alla ricerca del bene

Avete inteso che fu detto: Amerai il tuo prossimo e odierai il tuo nemico. Ma io vi dico: amate i vostri nemici e pregate per quelli che vi perseguitano, affinché siate figli del Padre vostro che è nei cieli; egli fa sorgere il suo sole sui cattivi e sui buoni, e fa piovere sui giusti e sugli ingiusti.

(Mt 5,43-45)

M. Kostabi, ***Interludio in Florida,*** 2005.

Che cosa ci proponiamo

L'uomo, come abbiamo visto, è un "essere in relazione": con se stesso, con gli altri, con il mondo. Ma quali sono le regole che permettono all'uomo di vivere bene le proprie relazioni? E quale contributo offre la religione cristiana alla ricerca di queste regole? In questo nucleo vogliamo affrontare queste domande.

Nella nostra indagine partiremo dalla considerazione che l'uomo è un essere **libero** e quindi **responsabile** delle proprie azioni di fronte a se stesso e agli altri. Partiremo inoltre dal suo desiderio di vivere la propria vita nel **bene**, inteso non come un principio astratto o come una vuota parola che indica solo "buoni sentimenti", ma come l'obiettivo che l'uomo si propone di raggiungere in ogni sua azione.

Esamineremo poi la prospettiva cristiana per quanto concerne il **valore della vita** e delle problematiche a esso legate.

Concluderemo infine con un richiamo alle scelte dell'adolescente, offrendo alcuni spunti, in chiave cristiana, per l'elaborazione del suo **progetto di vita**.

Conoscenze e abilità

Questo nucleo affronta temi e propone attività che aiutano a raggiungere, in parte o del tutto, la conquista di alcune **conoscenze** e **abilità** suggerite nelle Indicazioni nazionali. In particolare:

- permette di cogliere e apprezzare il valore della vita e la dignità della persona secondo la visione cristiana (diritti fondamentali, libertà di coscienza, responsabilità per il bene comune e per la pace, impegno per la giustizia sociale);
- aiuta a conoscere alcuni orientamenti della Chiesa sull'etica personale e sociale, in particolare legati al Magistero, su aspetti peculiari della realtà sociale, economica, tecnologica;
- abilita a operare scelte morali circa le problematiche suscitate dallo sviluppo scientifico-tecnologico, nel confronto con i valori cristiani, riconducendo tali problematiche a documenti biblici o religiosi che possano offrire riferimenti utili;
- consente di conoscere la concezione cristiano-cattolica della famiglia;
- permette di riconoscere il valore morale delle azioni umane, con particolare riferimento alle relazioni interpersonali, alla vita pubblica e allo sviluppo scientifico-tecnologico.

Competenze... in costruzione

- Valutare il contributo sempre attuale della tradizione cristiana allo sviluppo della civiltà umana [...].
- Valutare la dimensione religiosa della vita umana a partire dalla conoscenza della Bibbia e della persona di Gesù Cristo, riconoscendo il senso e il significato del linguaggio religioso cristiano.
- Sviluppare un maturo senso critico e un personale progetto di vita, riflettendo sulla propria identità nel confronto con il messaggio cristiano [...].
- Cogliere la presenza e l'incidenza del cristianesimo nelle trasformazioni storiche prodotte dalla cultura umanistica, scientifica e tecnologica.

Unità

1 L'uomo e la morale ebraico-cristiana

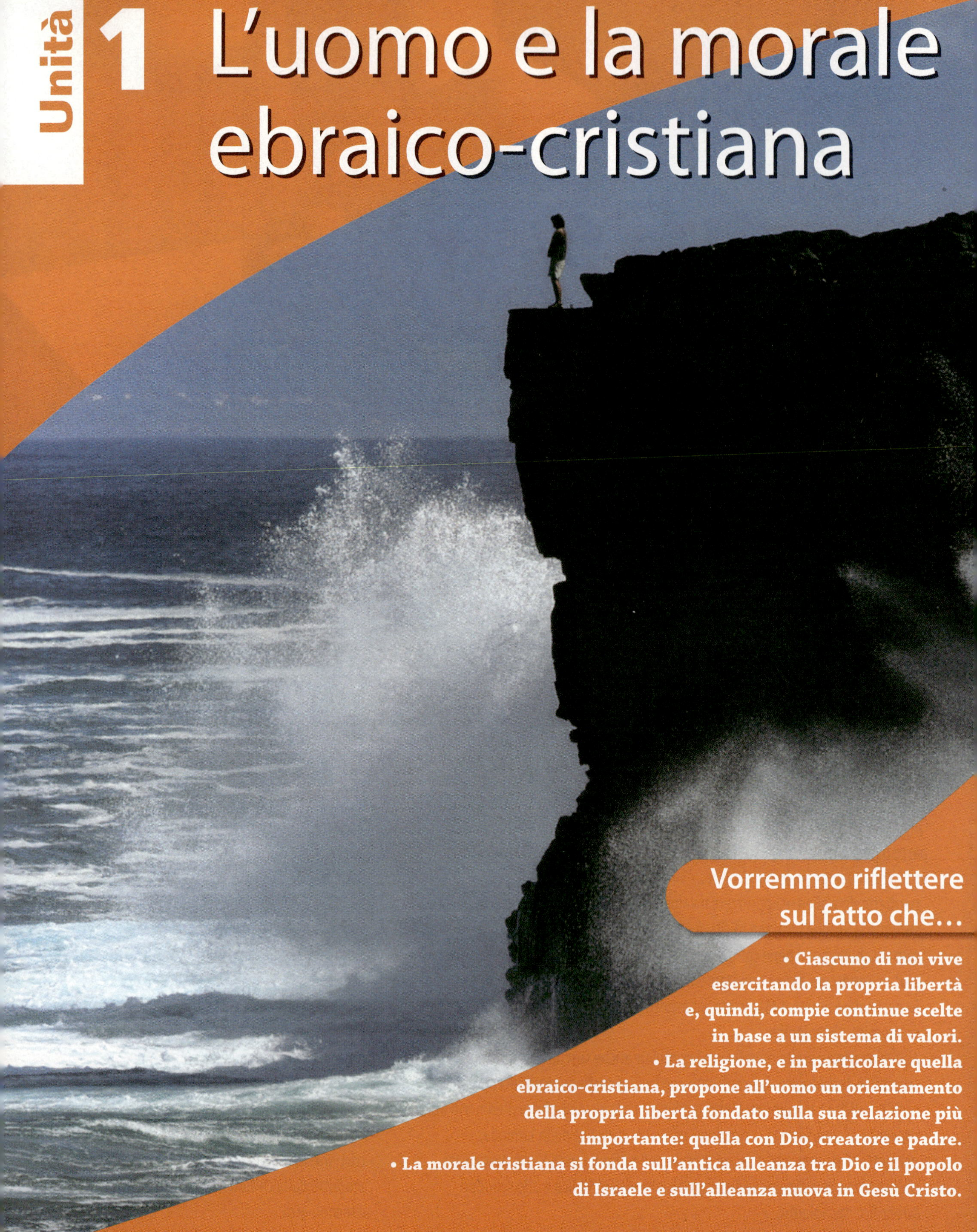

Vorremmo riflettere sul fatto che…

- Ciascuno di noi vive esercitando la propria libertà e, quindi, compie continue scelte in base a un sistema di valori.
- La religione, e in particolare quella ebraico-cristiana, propone all'uomo un orientamento della propria libertà fondato sulla sua relazione più importante: quella con Dio, creatore e padre.
- La morale cristiana si fonda sull'antica alleanza tra Dio e il popolo di Israele e sull'alleanza nuova in Gesù Cristo.

1. I fondamenti della morale

1.1 L'uomo e la coscienza

L'uomo esprime, nei confronti della realtà che lo circonda, dei **giudizi** e delle **valutazioni**. Molti dei criteri che consentono tali giudizi e valutazioni sono condivisi, alcuni addirittura li possiamo considerare universali: universalmente, per esempio, vengono condannati certi "crimini contro l'umanità" e universalmente vengono difesi alcuni diritti fondamentali dell'uomo come la vita, i beni essenziali, la libertà di coscienza e di espressione.

Il fatto che, almeno come reazione spontanea, abbiamo a cuore alcuni **valori** fondamentali ci dice che abbiamo una **coscienza morale**: distinguiamo, cioè, nelle piccole e nelle grandi cose, tra il "bene" e il "male" e imputiamo a noi stessi e agli altri la responsabilità delle azioni commesse.

La coscienza, infatti, è la capacità dell'uomo di esprimere giudizi sulla bontà o meno degli atti propri e altrui. In ciascuno di noi è quella forza che fa sentire la soddisfazione per un bene compiuto e il dispiacere per un male arrecato agli altri. La coscienza è una specie di luce interiore, che illumina le tante possibilità che ogni giorno abbiamo davanti e aiuta a scegliere tra esse. Il problema della coscienza è quello di avere luce sufficiente, cioè, fuor di metafora, di essere sufficientemente informata per potere orientare bene le scelte.

Ciascuno di noi esprime giudizi su ciò che lo circonda e sviluppa una coscienza morale.

1.2 L'uomo e la libertà

Ciascuno di noi sente come irrinunciabile il **diritto di essere libero** e difende questo diritto dalle ingerenze e dalle pressioni che gli altri potrebbero esercitare su di lui. Nello stesso tempo, noi sentiamo anche il **dovere della libertà**, nel senso che tanto più diventiamo persone adulte, tanto più ci sentiamo responsabili delle nostre azioni e siamo consapevoli di non poter imputare ad altri o di far prendere ad altri le nostre decisioni.

Nell'esercizio della nostra libertà sono coinvolte tutte le nostre facoltà: la ragione, il sentimento, la capacità di distinguere ciò che vale, la volontà. A volte noi compiamo determinate azioni, perché "sentiamo" che è giusto comportarci così; altre volte "sappiamo" che una cosa è giusta, ma non riusciamo a farla; altre volte ancora siamo consapevoli che un'azione è sbagliata, ma non riusciamo a evitarla… sono tutti momenti in cui la nostra libertà, cioè tutta la nostra **persona**, è in gioco. Sono momenti in cui siamo autenticamente esseri umani.

La nostra libertà è ovviamente **condizionata** da un insieme di circostanze che non dipendono da noi: il luogo di nascita, la nostra famiglia, persino il nostro carattere, e anche l'educazione ricevuta. Tuttavia, con il passare del tempo, lo spazio per l'affermazione della nostra capacità di iniziativa si amplia, perché l'uomo, proprio grazie alla sua libertà, sa adattarsi alle condizioni in cui vive, ma sa anche farle evolvere nel modo da lui desiderato.

In questo senso la libertà **non è mai data una volta per tutte**, ma va sempre difesa, affermata, fatta crescere. Essendo responsabili delle nostre azioni, noi siamo segnati e anche condizionati dalle conseguenze, ma siamo anche capaci di porre rimedio agli errori, magari cominciando con l'ammetterli, un'operazione non facile, ma che ci permette spesso di ricominciare da capo.

Ognuno di noi è chiamato a seguire con coerenza i valori che ha scelto.

1.3 L'uomo e i valori

Per orientarci nelle scelte concrete, ciascuno di noi fa riferimento a una serie di **valori** ai quali, nelle diverse circostanze, non intende rinunciare. Ma che cosa sono i "valori"?

Il termine "valore" sta a indicare il risultato di una valutazione. In questo senso viene usato, per esempio, nell'economia, dove diversi prodotti hanno un diverso "valore" rispetto all'uso e alla quantità degli scambi che lo riguardano.

Ma anche nel campo dei giudizi estetici vale la stessa considerazione: ciascuno di noi può apprezzare in modo diverso un brano musicale, un film, un libro, un di-

pinto, un'opera architettonica, e attribuire a ciascuna di queste espressioni umane un diverso "valore".
Quando invece parliamo di "valori" in campo morale (cioè nell'ambito delle scelte che riguardano il bene e il male), intendiamo quell'**insieme di valutazioni** – si parla appunto di "**sistema di valori**" – riguardo alla vita, all'amore, alla dignità della persona, al benessere psicologico e morale, **che diventano per noi ben altrimenti impegnative**.
In questo senso diciamo, per esempio, che il "valore" di un bene economico o di una canzone è sempre relativo, mentre il "valore" della vita umana è assoluto e chiede un rispetto e un impegno più determinati. Inoltre, a un valore morale si contrappone, in genere, un disvalore che siamo altrettanto impegnati a evitare (per esempio, all'onestà e alla sincerità si contrappongono la sopraffazione e la menzogna), mentre accanto a una canzone che per noi ha valore ce ne possono essere molte altre o non ci scandalizza che altri possano apprezzare quella canzone in modo diverso.
Intorno al mondo dei valori morali la ricerca umana è fortemente impegnata: alcuni valori sono stati conquistati e acquisiti solo dopo secoli di evoluzione della vita sociale, di sbagli, di riflessioni e di lotte (per esempio, l'uguale dignità dell'uomo e della donna o l'uguale natura umana di uomini appartenenti a etnie diverse).
Inoltre, anche se i valori morali sono fondamentali e vincolanti, **esistono diversi sistemi di valori**, in continuo dialogo e confronto tra loro: la nostra società, per esempio, condivide, su molte materie, alcuni valori che altre società interpretano in modo diverso. Tutti, però, siamo chiamati alla coerenza e ad approfondire costantemente i nostri valori, perché essi riguardano aspetti della vita troppo importanti per essere lasciati all'improvvisazione del momento o al mutare delle impressioni. Tra la nostra libertà e le scelte concrete della vita di ogni giorno, infatti, i valori (e le norme che conseguono a essi) sono come le vie lungo le quali dobbiamo orientarci, se vogliamo davvero realizzare il bene che ci sta a cuore.

■ V. Kandinsky, ***Diversi cerchi***, 1926, New York, Guggenheim Museum. ***Esistono diversi sistemi di valori***.

2. La morale nella tradizione ebraica

2.1 Il rapporto con Dio, fondamento della morale ebraica

Come abbiamo detto più volte, nel cuore della vita e della cultura del popolo di Israele c'è il suo rapporto con "il Dio di Abramo, Isacco e Giacobbe", con il Dio "liberatore dalla schiavitù dell'Egitto", il Dio che accompagna i re, che ispira i profeti e sostiene, fedele, la nazione in ogni suo passaggio storico. È il Dio che è anche all'origine del mondo, il creatore del cielo e della terra, dell'uomo e della donna, del tempo e dell'eternità.

Nella visione religiosa di Israele, dunque, **nulla è estraneo alla sfera religiosa**: ciascun erede della tradizione spirituale e culturale ebraica sente che ogni relazione con il mondo, con gli altri uomini, con i beni e la vita di ogni essere vivente trae origine e ha senso alla luce del proprio rapporto con Dio. È questo rapporto che illumina il credente anche quando si chiede qual è la decisione giusta da prendere, che cos'è il bene che deve essere ricercato. Ecco perché la narrazione biblica della liberazione di Israele dalla schiavitù in Egitto (nei libri dell'Esodo, dei Numeri, del Levitico e del Deuteronomio) contiene un patrimonio di leggi morali ricchissimo, una serie fitta di indicazioni su che cosa fare e come comportarsi nelle diverse occasioni della vita.

Nella visione religiosa di Israele, nulla è estraneo alla sfera religiosa.

Ebrei osservanti in preghiera davanti al Muro del Pianto a Gerusalemme.

2.2 Il decalogo

A fondamento della Legge ebraica ci sono le "dieci parole" (il **decalogo**) date dal Signore a Mosè sul Sinai, le Tavole della Legge, che contengono quelli che siamo abituati a chiamare "**dieci comandamenti**".
Leggendo Esodo 20,1-17 (cfr. nucleo 2, unità 2) possiamo fare una serie di considerazioni.

› Il decalogo non esaurisce tutte le possibili questioni che si porranno alla libertà dell'uomo, nel corso della sua storia. Questa raccolta di indicazioni mostra piuttosto una **direzione fondamentale**. Nella stessa Bibbia, infatti, le pagine relative a questioni morali particolari, pur essendo moltissime, a testimonianza di una costante riflessione in campo etico, non contraddicono mai le parole contenute in questo testo basilare.

› Tutto il discorso si fonda sull'idea di **alleanza** tra Dio e il suo popolo. Non a caso il primo comandamento condanna l'idolatria: Israele non dovrà mai dimenticare chi è il suo vero Dio, cioè colui che gli ha donato la vita, la libertà, la speranza in un futuro migliore. È grazie alla fede in questo Dio che ogni membro del popolo di Abramo si impegnerà per il bene e la giustizia, sapendo che questa è la via della vita vera.

› I precetti che riguardano il rispetto per la vita e per i beni degli altri oppure il rispetto per la dignità e i sentimenti degli altri o l'assoluta onestà nei rapporti sociali non sono sconosciuti agli altri popoli del mondo. Questi precetti, infatti, fanno parte della cosiddetta "**legge naturale**" e costituiscono la base dei codici legislativi di società (come quella sumerica o egizia) precedenti quella di Israele. Dio, dunque, non impone una legge che il suo popolo non riconosca giusta anche con la propria ragione e la propria esperienza.

› I comandamenti, quindi, non sono un insieme di regole imposte dall'alto e fatte rispettare in modo minaccioso. Essi rivelano all'uomo **i fondamenti della propria vita** (in particolare i primi comandamenti, che trattano il rapporto con Dio) e gli assicurano che la ricerca del bene e della giustizia troverà conferma nell'alleanza con Dio.

› Come abbiamo già accennato, questa legge dovrà essere **approfondita e applicata ai mille casi** concreti dell'esistenza: così come la fede, anche la legge morale cammina con l'uomo.

■ Mosè riceve da Dio le tavole della Legge (in alto) e presenta i comandamenti agli israeliti (in basso), miniatura dalla Grande Bibbia di Carlo Magno (*Grandval Bible*), IX secolo, Londra, British Museum.
I dieci comandamenti sono alla base della morale ebraica.

3. La morale nella tradizione cristiana

3.1 Gesù e il cuore della Legge

Gesù inaugura una nuova alleanza, che non sostituisce ma realizza pienamente quella antica: Egli, infatti, più volte fa riferimento al decalogo dell'Esodo, sintetizzandolo poi nell'unico grande **comandamento dell'amore**.
Gesù con parole chiare invita ad andare all'essenziale della legge di Mosè. Quindi non vale solo il precetto "non uccidere", ma – spiega Gesù – anche chi "si adira" con il proprio fratello sarà sottoposto a giudizio. È infatti l'atteggiamento del cuore quello che conta.
Sulla stessa linea d'onda si colloca il discorso delle **beatitudini** che leggiamo in Mt 5,3-12 (cfr. nucleo 3, unità 2). Come Mosè sul Sinai aveva ricevuto da Dio e dato al popolo di Israele la Legge, così Gesù, nuovo legislatore, sale sulla montagna e invita i discepoli a vivere il cuore della Legge, cioè a convertire il proprio cuore, superando così la semplice osservanza.
Quello che caratterizza i "beati" è, in sostanza, **la fiducia e l'abbandono totale a Dio**. L'orizzonte dell'impegno morale per il bene e la giustizia non è, allora, soltanto il soddisfacimento di un precetto per "sentirsi a posto con la coscienza", ma l'essere "figli di Dio", vederlo, amarlo, essere in piena comunione con lui. Per Gesù quello che conta, anzitutto, è la qualità del rapporto tra ciascun uomo e ciascuna donna e Dio Padre: essere "in comunione con il Padre" è la condizione che rende possibile il discernimento, cioè la scelta del bene.

■ H. Hoffmann, *Cristo e il giovane ricco*, 1889, New York, Riverside Church.

3.2 Gesù, fondamento della morale cristiana

A quel giovane che chiedeva a Gesù che cosa dovesse fare per avere la vita eterna – così racconta il Vangelo di Matteo (19,16 ss.) – Gesù risponde indicandogli anzitutto la strada della Legge: "Non ucciderai, non commetterai adulterio, non ruberai, non testimonierai il falso, onora il padre e la madre e amerai il prossimo tuo come te stesso". Dal momento che quel giovane dichiara di aver sempre rispettato i dieci comandamenti, Gesù allora si fa più esigente e gli chiede una scelta di vita, di "tagliare" con il passato ("Vendi quello che possiedi, dallo ai poveri") e infine gli fa un invito decisivo: "E vieni! Seguimi!". Il cuore della Legge è scegliere Gesù. È

lui, sono la sua vita e il suo "stile", che diventano per ogni cristiano **regola di comportamento morale**, di vita "buona".
Compito dei cristiani, che pure riconoscono e osservano la legge ebraica dei "dieci comandamenti", è dunque quello di interpretare la loro vita alla luce delle prospettive aperte dalle parole e dall'esempio di Gesù, che ha praticato l'accoglienza, l'amore, il perdono, la giustizia. Il dono dello Spirito Santo promesso ai discepoli, inoltre, servirà loro per comprendere gli insegnamenti del Maestro e per essere capaci di metterli in pratica: volontà e intelligenza del credente cercheranno così di individuare, in ogni situazione, le vie dell'amore, secondo la volontà di Dio.
Per i cristiani, quindi, la legge morale non è un insieme di precetti imposti dall'esterno, ma è **un orientamento del cuore e dell'intelligenza**, che fa sentire come comandamento interiore tutto ciò che realizza concretamente l'**amore** tra gli uomini.

3.3 Chiesa e morale

La comunità dei credenti, costituita da Gesù e rafforzata dallo Spirito Santo nella Pentecoste, ha cercato, lungo tutta la sua storia, di vivere secondo l'esempio del Maestro. Ciascun nuovo credente veniva – e viene tuttora – invitato a cambiare vita e a seguire Gesù, imitando il suo comportamento in tutte le dimensioni dell'esistenza.
In questo sforzo, mai completamente risolto, il cristiano non è solo, ma vive il suo impegno morale in comunione con gli altri credenti, aiutato dall'insegnamento degli apostoli che si tramanda nella Chiesa. Nella comunità cristiana, infatti, ha sempre avuto un ruolo decisivo il **Magistero degli apostoli** sia nell'interpretazione delle Scritture e della parola di Gesù sia nella riflessione intorno alle grandi questioni morali.
Guidati dagli apostoli, i primi cristiani vissero secondo regole che stupirono e sorpresero i contemporanei: la condivisione dei beni e l'assistenza ai poveri, il rispetto per la vita fin dal concepimento (con la proibizione dell'aborto e dell'abbandono dei neonati), la ricerca della pace e della concordia civile, il rispetto per l'uguaglianza tra tutti gli esseri umani, a qualunque popolo appartenessero.
Anche oggi nella Chiesa i **vescovi**, in comunione con il **papa**, svolgono un decisivo compito di discernimento e di orientamento, cioè aiutano tutti i cristiani a indirizzare la propria vita nel senso della realizzazione del Vangelo, in ogni circostanza.

I vescovi e i cardinali aiutano i cristiani a realizzare il Vangelo.

Ciò che caratterizza i "beati" è in primo luogo la fiducia e l'abbandono totale a Dio.

L'immagine

Nel Vangelo di Giovanni (13,1-15) si racconta che Gesù, durante l'ultima cena, lavò i piedi degli apostoli, gesto che veniva riservato agli schiavi o ai servi e che Gesù compie in segno di umiltà.

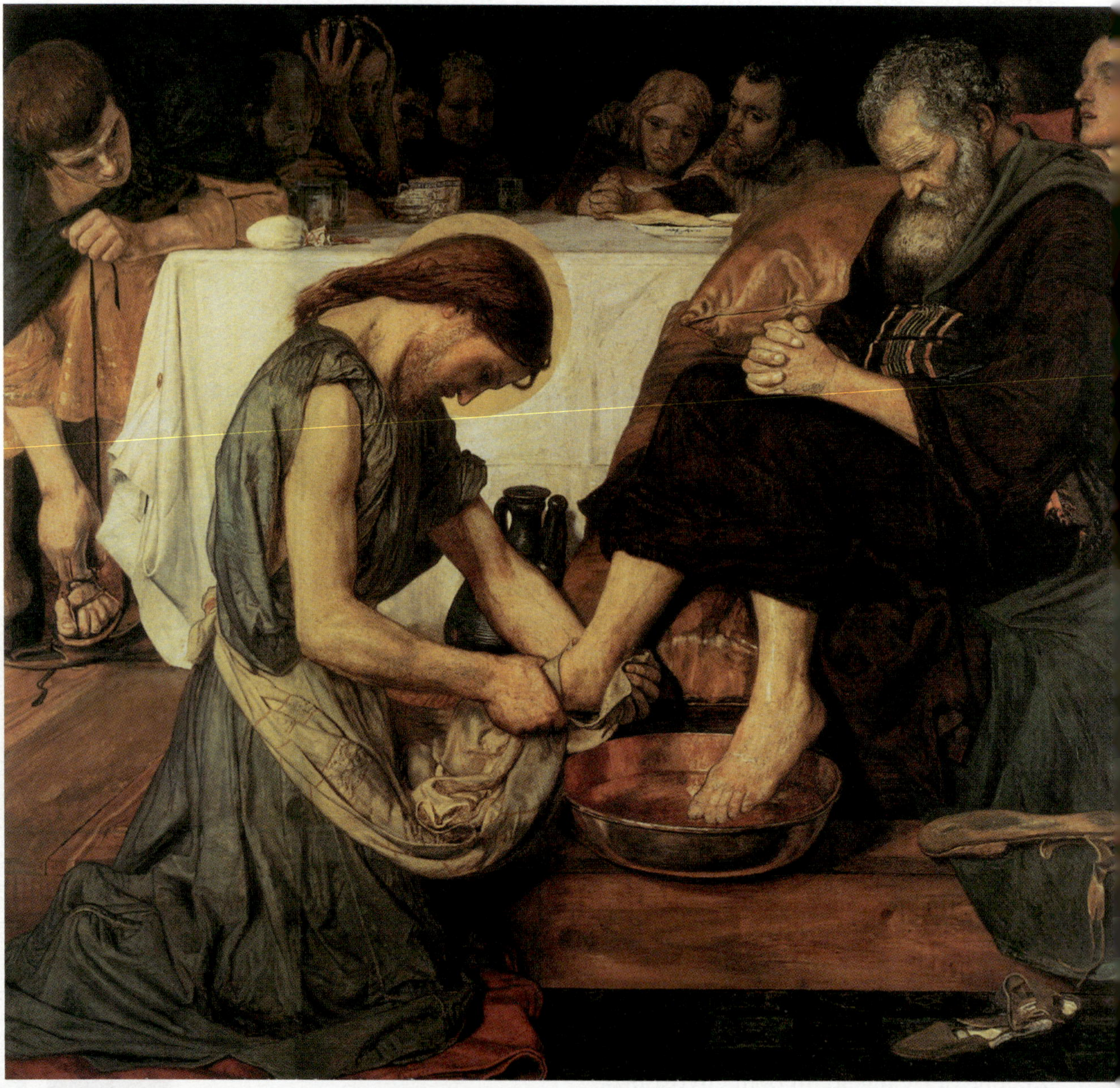

■ F. Madox Brown, ***Gesù lava i piedi a Pietro***, 1852-56, Londra, Tate Gallery.

Leggi l'immagine

1. Perché Gesù sceglie di umiliarsi di fronte ai suoi discepoli?
2. Che tipo di messaggio vuole trasmettere con il suo gesto che "sconvolge" gli schemi sociali?
3. Papa Francesco durante i riti pasquali del 2013 ha compiuto un gesto simile: quale?
4. Secondo te, rendersi umili è un modo per dimostrare l'amore verso il prossimo? Discutine con i compagni.

1. La libertà dell'essere umano

L'uomo come persona

Chiave di lettura

La libertà dell'uomo è fondamentale in tutto l'insegnamento di Gesù.

La libertà individuale è una dimensione fondamentale dell'insegnamento di Gesù, legata alla via personale che conduce alla salvezza da lui proposta. Rifiutando l'idea di un determinismo o di un destino prefissato, egli afferma che ciascuno può tracciare il proprio cammino, "togliere la trave dall'occhio" per vedere più chiaro (Lc 6,42) oppure rifiutare la sua parola: "Larga è la porta e spaziosa la via che conduce alla perdizione e molti sono quelli che entrano per essa; quanto stretta è invece la porta e angusta la via che conduce alla vita e quanto pochi sono quelli che la trovano!" (Mt 7,13-14). In tutta la sua dottrina Gesù attribuisce grande importanza alla libertà di scelta dell'individuo. Nessuna fatalità, nessun determinismo possono alterare la possibilità di compiere alcune scelte fondamentali. Egli, comunque, non nega che possano esistere dei difetti interiori, dei condizionamenti psichici che ostacolano la libertà degli individui. È questo il motivo per cui, duemila anni prima della scoperta dell'inconscio da parte di Freud, Gesù pronuncia questa frase folgorante: "Non giudicate" (Mt 7,1). Con ciò intende mostrare che la grandezza dell'essere umano consiste nel fatto di avere nel proprio intimo, anche se alterata in misura maggiore o minore, questa libertà di scegliere.

F. Lenoir, *Cristo filosofo*, Garzanti, Milano 2009

L'attività

1. Che cosa significa essere liberi? E liberi da che cosa? Quali sono i limiti alla nostra libertà'?
2. Le attuali libertà della nostra società ci hanno (interiormente) arricchiti o ci hanno impoveriti?
3. La libertà ci viene data dagli altri, cioè viene dall'esterno, o nasce dentro di noi?

P. Huyghe, ***This is Not a Time for Dreaming***, 2004, New York, Guggenheim Museum. ***L'uomo è libero di compiere le sue scelte.***

Documenti

2. La libertà come rovina dell'uomo?

Il male nel disegno di Dio e la scelta dell'uomo

Chiave di lettura

Nel libro di Fëdor Michailovič Dostoevskij *I Fratelli Karamazov*, il Grande Inquisitore si rivolge a Cristo, rimproverandolo perché, dando all'uomo la libertà, gli ha inflitto grandi sofferenze.

Il segreto dell'esistenza umana infatti non sta solo nel vivere, ma in ciò per cui si vive. Senza un concetto sicuro del fine per cui deve vivere, l'uomo non acconsentirà a vivere e si sopprimerà piuttosto che restare sulla terra, anche se attorno a lui non ci fossero che pani. Questo è giusto, ma che cosa è avvenuto? Invece di impadronirti della libertà degli uomini, Tu l'hai ancora accresciuta! Avevi forse dimenticato che la tranquillità e persino la morte è all'uomo più cara della libera scelta fra il bene e il male? Nulla è per l'uomo più seducente che la libertà della sua coscienza, ma nulla è anche più tormentoso. Ed ecco che, in luogo di più saldi principi, per acquetare la coscienza umana una volta per sempre, Tu hai scelto tutto quello che c'è di più inconsueto, enigmatico e impreciso, hai scelto tutto quello che superava le forze degli uomini e hai perciò agito come se Tu non li amassi per nulla; e chi mai ha fatto questo? Colui che era venuto a dare per essi la Sua vita! Invece di impadronirti della libertà umana, Tu l'hai moltiplicata e hai per sempre gravato col peso dei suoi tormenti la vita morale dell'uomo. Tu volesti il libero amore dell'uomo, perché Ti seguisse liberamente, attratto e conquistato da Te. Ma non avevi Tu pensato che, se lo si fosse oppresso con un così terribile fardello come la libertà di scelta, egli avrebbe finito per respingere e contestare perfino la Tua immagine e la Tua verità? In tal modo preparasti Tu stesso la rovina del Tuo regno, e non darne più la colpa a nessuno.

F.M. Dostoevskij, *I fratelli Karamazov*, Garzanti, Milano 1992

G. De Chirico, *L'enigma dell'oracolo*, 1910, Collezione privata. *La libertà è la rovina dell'uomo?*

L'attività

1. Chiederci "per che cosa viviamo" significa metterci in discussione, identificare quali sono i valori nei quali crediamo e che ci guidano, pensare a dove vogliamo arrivare, a come vogliamo arrivarci, a come intendiamo essere nel mondo e per il mondo?
2. La tentazione di barattare l'uso responsabile della libertà con il raggiungimento di una pseudo-felicità, appare quanto mai attuale per il nostro mondo. Il Grande Inquisitore si presenta con una straordinaria capacità profetica sul presente?
3. Nel testo sembra che la libertà sia un peso insostenibile per l'uomo. È così difficile essere liberi? Discutine con i compagni.

3. I valori cristiani oggi

– Dal decalogo alla morale di Gesù
– La novità della morale cristiana
– La sfida di Dio
– La condizione umana e il peccato

Chiave di lettura

La morale cristiana è diffusa oggi anche là dove sembrerebbe non esserci, perché ha permeato la cultura occidentale (e non solo).

Oggi molti, perfino fra i credenti, non accettano senza discutere i comandamenti morali formulati dalla Chiesa, ma vogliono riflettervi e, in definitiva, decidere loro che cosa è bene e che cosa è male. Molti rifiutano o discutono i principi della morale del catechismo riguardo al sesso, alla famiglia e alla morte. Ma in tutti gli altri campi tutti accettano le massime del discorso della montagna: "Beati i poveri di spirito, i miti, i puri di cuore, coloro che hanno fame e sete di giustizia, i misericordiosi, i pacifici, i perseguitati a causa della giustizia". Tutti accettano il comandamento fondamentale del cristianesimo "ama il prossimo tuo come te stesso", dove per prossimo si intende qualsiasi altro essere umano, di qualsiasi razza e religione egli sia. Tutti accettano il principio fondamentale che si deve rispettare la parola data anche col nemico. La morale cristiana resta dietro l'imperativo categorico di Kant, dietro la condanna della tortura e della pena di morte di Cesare Beccaria, [...] dietro la Dichiarazione universale dei diritti dell'uomo, l'uguaglianza fra maschi e femmine. E resta alla base di quelle che consideriamo virtù: l'amore, la bontà, la generosità, la sincerità, la fedeltà, il disinteresse, la gratitudine, la tolleranza, e di quelli che giudichiamo vizi: l'avidità, l'invidia, la crudeltà, la vendetta, l'inganno. E, a parte i punti di cui abbiamo parlato, quasi tutti guardano al pontefice come a una altissima autorità morale, e non solo in Italia e nel mondo cattolico, ma anche per altre confessioni. Il nucleo essenziale della morale cristiana negli ultimi tempi non ha perso terreno, ma si è esteso e continua a estendersi ad altre culture e altre civiltà. Per questo i cristiani sono temuti e perseguitati.

F. Alberoni, in "Corriere della Sera", 7 marzo 2011

■ Manifesto di Amnesty International, associazione che opera in difesa dei diritti dell'uomo. *Anche dietro la Dichiarazione universale dei diritti dell'uomo troviamo la morale cristiana.*

L'attività

1. Molti sostengono che ciascuno "si crea" la morale come gli fa comodo, con il risultato che nella società moderna tutto è permesso. È vero, secondo te? La gente si inventa davvero i principi morali a seconda di come è più comodo?
2. L'autore cita alcuni casi in cui comportamenti i principi universalmente accettati come "corretti" derivano dalla morale cristiana: quali sono? Tu ne aggiungeresti altri?
3. L'autore conclude sostenendo che i cristiani sono temuti e perseguitati: per quali motivi, secondo lui?

Documenti

4. La politica riscopra i valori cristiani

Chiave di lettura

L'impegno pubblico basato sui valori cristiani si intende come un aiuto premuroso per i cittadini, esercitato con spirito di servizio.

Non è mai stato facile essere un cattolico impegnato in politica, se si prendono sul serio i tre termini: "cattolico", "impegnato" e "politica". [...] Il problema è ben più ampio di una scelta di schieramento o di alleanze strategiche: si tratta di una rinnovata assunzione di responsabilità verso la collettività, che tenga conto delle mutate condizioni sociali, economiche, demografiche e storiche in Italia e in occidente, ben lontane dall'essersi stabilizzate. Di fronte alle nuove sfide che la politica in senso alto – cioè la gestione della *polis* nel presente con lo sguardo proteso alle future generazioni e la mente memore delle lezioni del passato – pone non solo al nostro paese ma al villaggio globale di cui ormai siamo parte consapevole, pare necessario più che mai uno spazio organico di confronto tra cristiani – magari anche non solo cattolici... – in cui cercare di discernere come coniugare le istanze evangeliche con il vissuto quotidiano di una società che ormai è ben lungi dall'essere cristiana nella sua totalità. Un luogo in cui quanti hanno a cuore il bene comune e ritengono di avere delle capacità per servirlo possano formarsi in vista dell'indispensabile dialogo con chi non condivide le stesse convinzione di fede e dell'altrettanto ineludibile azione comune nella società e per il suo benessere morale e materiale. [...]
Forse in questo dovremmo essere anche più attenti alle esperienze di altri paesi, europei in particolare, dove la presenza e l'influenza dei cristiani in politica è meno preoccupata di etichette o di certificati di garanzia e più sollecita nell'esprimere i propri convincimenti con un linguaggio e un'azione capaci di essere compresi e condivisi anche al di fuori delle mura confessionali. Non si tratta di ricreare le scuole-quadri, ma di fornire opportunità di riflessione e di formazione di un'opinione il più possibile aderente al messaggio evangelico e al suo farsi carico di ogni essere umano, a partire dal più debole, povero e indifeso.
Sì, per tornare ai tre termini da cui abbiamo preso spunto, il rapporto tra un cattolico e la politica – basato sull'imprescindibile riconoscimento della laicità dello stato – comporta l'impegno, l'assunzione di responsabilità, la scelta consapevole di non ricercare successi o vantaggi personali, di non perseguire privilegi di sorta, nemmeno per conto terzi, ma piuttosto di percorrere giorno dopo giorno, magari mutando il passo e scegliendo nuovi sentieri, il faticoso eppur appassionante "camminare insieme" con tutti gli uomini e le donne di buona volontà, per il bene anche di chi volontà buona ne ha poca o nulla.

E. Bianchi, in "La Stampa", 2 ottobre 2011

L'attività

1. In che cosa consiste l'elemento cattolico di cui deve tenere conto chi s'impegna in politica, indipendentemente dallo schieramento che sceglie?
2. Che cosa s'intende con "imprescindibile riconoscimento della laicità dello stato"?
3. Quali valori dovrebbero essere sempre ben chiari a chi si occupa di politica? Credi che oggi avvenga così? Discutine in classe.

5. L'importanza di scegliere secondo coscienza

– Mettere in atto i valori cristiani
– Lo "stile" di Gesù
– I vizi capitali: amore violato

Chiave di lettura

La legge morale deve essere sempre presente nelle azioni dell'uomo ed egli deve compiere le sue scelte secondo una coscienza volta al bene.

Messa di fronte a una scelta morale, la coscienza può dare sia un giudizio retto in accordo con la ragione e con la Legge divina, sia, al contrario, un giudizio erroneo che da esse si discosta. L'uomo talvolta si trova ad affrontare situazioni che rendono incerto il giudizio morale e difficile la decisione. Egli deve sempre ricercare ciò che è giusto e buono e discernere la volontà di Dio espressa nella Legge divina. A tale scopo l'uomo si sforza di interpretare i dati dell'esperienza e i segni dei tempi con la virtù della prudenza, con i consigli di persone avvedute e con l'aiuto dello Spirito Santo e dei suoi doni.
Alcune norme valgono in ogni caso:
– Non è mai consentito fare il male perché ne derivi un bene.
– La "regola d'oro": "Tutto quanto volete che gli uomini facciano a voi, anche voi fatelo a loro" (Mt 7,12).
– La carità passa sempre attraverso il rispetto del prossimo e della sua coscienza. [...]
L'essere umano deve sempre obbedire al giudizio certo della propria coscienza. Se agisse deliberatamente contro tale giudizio, si condannerebbe da sé. Ma accade che la coscienza morale sia nell'ignoranza e dia giudizi erronei su azioni da compiere o già compiute.
Questa ignoranza spesso è imputabile alla responsabilità personale. Ciò avviene "quando l'uomo non si cura di cercare la verità e il bene, e quando la coscienza diventa quasi cieca in seguito all'abitudine del peccato". In tali casi la persona è colpevole del male che commette.
All'origine delle deviazioni del giudizio nella condotta morale possono esserci la non conoscenza di Cristo e del suo Vangelo, i cattivi esempi dati dagli altri, la schiavitù delle passioni, la pretesa di una malintesa autonomia della coscienza, il rifiuto dell'autorità della Chiesa e del suo insegnamento, la mancanza di conversione e di carità.
Se – al contrario – l'ignoranza è invincibile o il giudizio erroneo è senza responsabilità da parte del soggetto morale, il male commesso dalla persona non può esserle imputato. Nondimeno resta un male, una privazione, un disordine. È quindi necessario adoperarsi per correggere la coscienza morale dai suoi errori.
La coscienza buona e pura è illuminata dalla fede sincera. Infatti la carità "sgorga", a un tempo, "da un cuore puro, da una buona coscienza e da una fede sincera" (1Tm 1,5): "Quanto più prevale la coscienza retta, tanto più le persone e i gruppi sociali si allontanano dal cieco arbitrio e si sforzano di conformarsi alle norme oggettive della moralità".

Catechismo della Chiesa cattolica, nn. 1783-1794

L'attività

1. Come si definisce un "giudizio retto"? Con che cosa è in accordo?
2. Che cosa ci può essere, invece, all'origine di una condotta moralmente volta al male?
3. Secondo te, è vero che l'ignoranza assolve un individuo dall'aver commesso il male?

Verifica

Verifica le parole-chiave

Sulla base dei contenuti svolti nell'unità, spiega con una breve definizione il significato delle "parole-chiave" indicate nell'elenco che segue. In classe o anche individualmente si possono aggiungere altre parole-chiave a quelle proposte.

Coscienza

Libertà

Valori

Decalogo

Comandamento dell'amore

Magistero

Leggi, rifletti e lavora

1. Nel 1972 un noto artista, Giorgio Gaber, cantava il tema della libertà. Ecco la "definizione" che proponeva nella sua canzone, diventata famosa:

   La libertà non è star sopra un albero,
   non è neanche il volo di un moscone,
   la libertà non è uno spazio libero,
   libertà è partecipazione.

   A partire da questo testo, raccogli le tue riflessioni, avendo presenti queste domande: Che cosa suggerisce questa singolare definizione della libertà? È condivisibile? Che cosa si può aggiungere?

2. Ogni cosa ha un "valore" e noi abbiamo dei "valori". Commenta quest'affermazione, spiegando qual è il significato del termine "valore".

3. Rifletti su quali "valori" sono più importanti nella tua vita e compila una classifica ideale.

4. Riprendi il decalogo. È possibile fare distinzioni tra i "comandamenti"? Qual è il loro "fondamento"?

5. Gesù ha detto: "Non sono venuto ad abolire la Legge, ma a dare compimento". E al giovane ricco ha indicato la strada della salvezza: "Vieni e seguimi". Che cos'è la libertà secondo Gesù? E qual è la "legge" che Gesù insegna?

6. San Paolo non ha paura di affermare che con la venuta di Cristo non si è più "sotto la Legge", ma nella libertà e nella grazia. La Legge, dunque, è stata abolita? Libertà e legge sono in contrasto?

La mappa

Ecco di nuovo alcune parole-chiave incontrate durante lo svolgimento dell'unità.

Costruisci una mappa, mettendo in relazione tra loro i concetti. Puoi lavorare da solo oppure in gruppo.

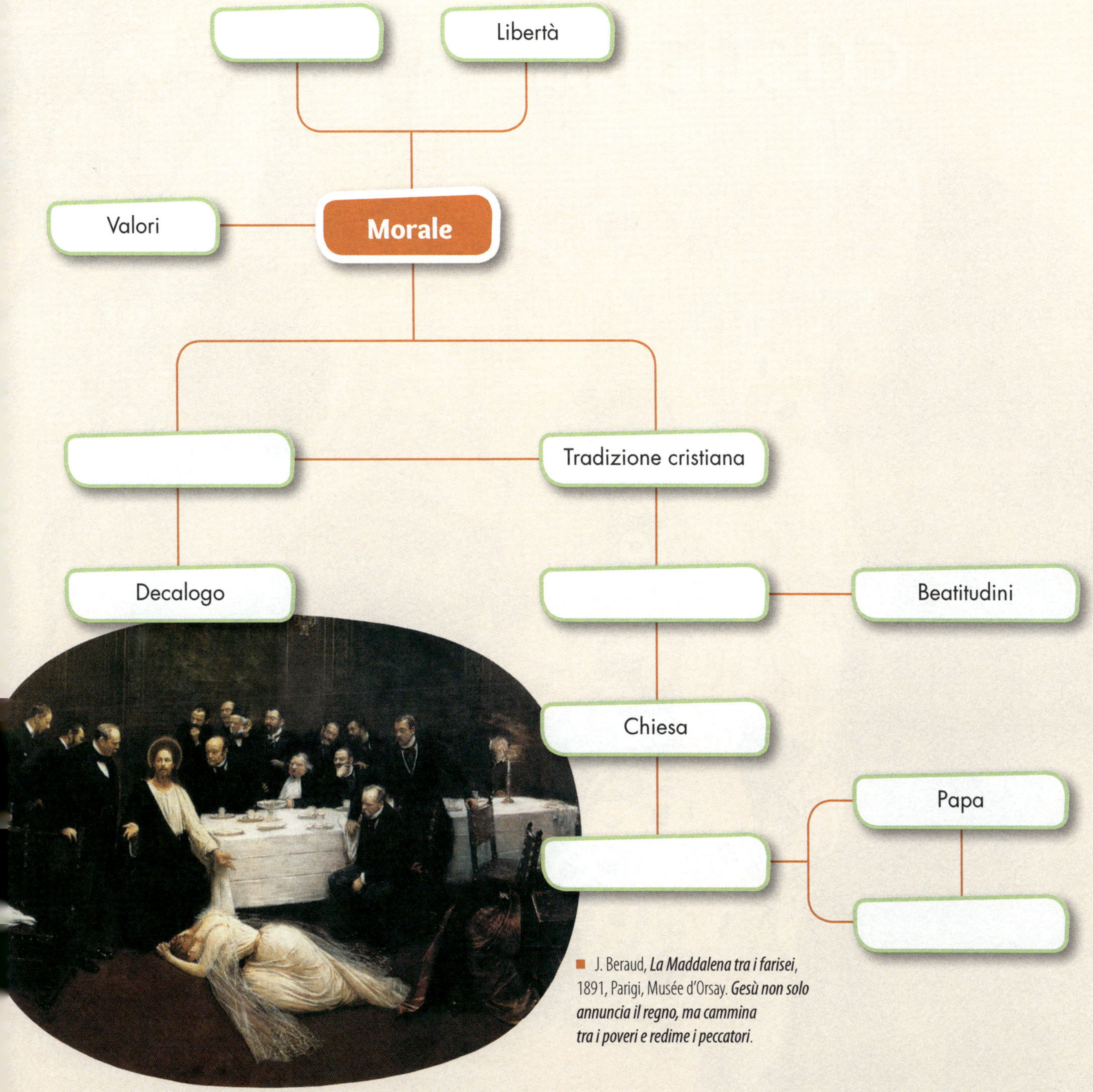

J. Beraud, ***La Maddalena tra i farisei***, 1891, Parigi, Musée d'Orsay. ***Gesù non solo annuncia il regno, ma cammina tra i poveri e redime i peccatori.***

Comandamento dell'amore – Tradizione ebraica – Vescovi – Coscienza – Magistero

Unità 2

Il valore della vita nella prospettiva cristiana

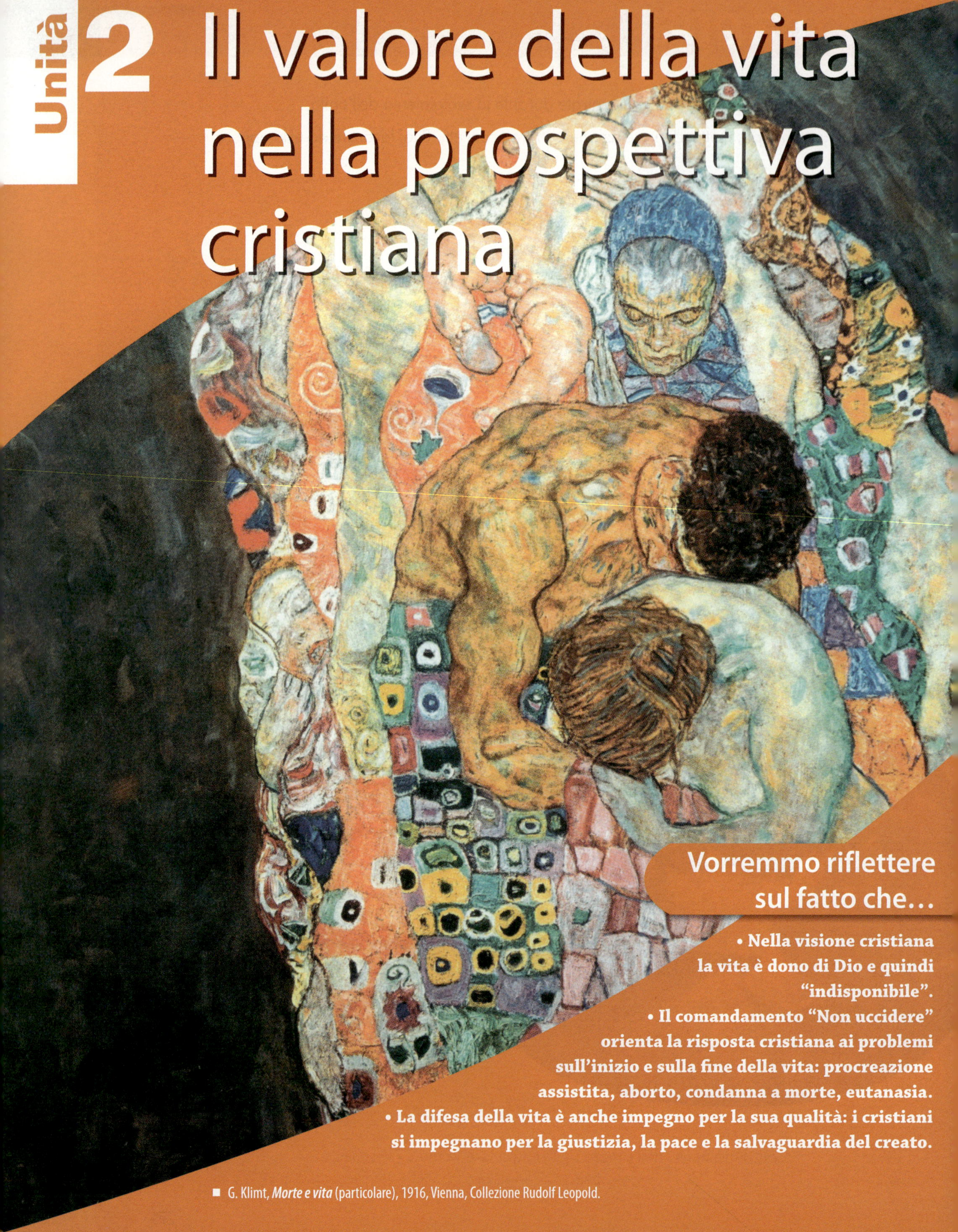

Vorremmo riflettere sul fatto che…

- **Nella visione cristiana la vita è dono di Dio e quindi “indisponibile”.**
- **Il comandamento “Non uccidere” orienta la risposta cristiana ai problemi sull’inizio e sulla fine della vita: procreazione assistita, aborto, condanna a morte, eutanasia.**
- **La difesa della vita è anche impegno per la sua qualità: i cristiani si impegnano per la giustizia, la pace e la salvaguardia del creato.**

■ G. Klimt, *Morte e vita* (particolare), 1916, Vienna, Collezione Rudolf Leopold.

1. La vita, un dono "indisponibile"

1.1 La vita dono di Dio

Dire che il primo dei valori che gli uomini sono chiamati a difendere è quello della vita potrebbe sembrare un'ovvietà e invece non è così scontato. Ogni giorno la vita di milioni di uomini, donne e bambini è messa in pericolo dalla guerra, da politiche economiche che mirano al raggiungimento dei massimi profitti e sfruttano le persone come fossero macchine, da comportamenti che danneggiano la sicurezza e la salute.

Nella prospettiva cristiana **la vita è concepita come un dono di Dio**: Egli, dice la prima pagina della Bibbia, è il creatore dell'uomo e della donna, fatti "a sua immagine e somiglianza". Ciascun uomo e ciascuna donna, quindi, sono esseri unici e irripetibili: la loro esistenza, ma anche la loro salute e la loro integrità sono intangibili e "sacre". Questa considerazione esclude la possibilità che ci siano delle condizioni per cui la vita di un essere umano possa "valere" meno di quella di un altro: un bambino, un malato, un anziano, un povero, l'appartenente a un'altra etnia hanno sempre diritto al rispetto fondamentale che si deve a una persona.

M. Kostabi, *Etant Donnes*, 2003.

1.2 Il comandamento di non uccidere

"Non ucciderai" è uno dei precetti rivolti al popolo di Israele nel libro dell'Esodo (Es 20,13).

Gesù, riprendendo nel proprio insegnamento l'antico precetto, ne proponeva un approfondimento e un'estensione: "Avete inteso che fu detto agli antichi: *Non ucciderai*; chi avrà ucciso dovrà essere sottoposto al giudizio. Ma io vi dico: chiunque si adira con il proprio fratello dovrà essere sottoposto al giudizio" (Mt 5,21-22).

Quella che viene introdotta da Gesù è una prospettiva esigente: per lui, così come per Mosè, l'omicidio è un delitto e va condannato, ma egli in più chiede anche **il rispetto dell'altro** fino al punto di evitare l'ira e le offese. Gesù accomuna queste mancanze addirittura all'omicidio: l'ira e più in generale la mancanza di rispetto per il fratello, infatti, possono denotare un cuore capace di arrivare anche alla maggior negazione dell'altro che è l'assassinio. Del resto è esperienza comune che si può "uccidere" in molti modi una persona, non solo togliendole fisicamente la vita… L'intenzione del comando biblico appare allora come quella del **rispetto globale della persona** e della vita dell'uomo.

1.3 Il primato di Dio

Afferma il *Catechismo della Chiesa cattolica*: "La *vita umana* è *sacra* perché, fin dal suo inizio, comporta l'azione creatrice di Dio e rimane per sempre in una relazione speciale con il Creatore, suo unico fine. Solo Dio è il Signore della vita dal suo inizio alla sua fine: nessuno, in nessuna circostanza, può rivendicare a sé il diritto di distruggere direttamente un essere umano innocente" (n. 2258).
Il messaggio cristiano è chiaro: **la vita è un valore che non dipende dall'uomo**. È dono ricevuto. Per quanto "mia", la vita non mi appartiene.
È difficile comprendere fino in fondo una posizione come quella del Vangelo nella società di oggi. Siamo infatti abituati a far dipendere un po' tutto da noi stessi: decidiamo, facciamo, compriamo... Le cose, anche le persone, tutto viene collocato all'interno di un mondo delimitato dal nostro orizzonte: dal "nostro" modo di pensare, dal "nostro" modo di vivere. Insomma, l'uomo contemporaneo considera se stesso il centro dell'universo.
Il messaggio cristiano chiede dunque all'uomo di oggi di **ripensare** il proprio modo di condurre l'esistenza, nel rispetto del primato di Dio e della sua signoria sulla vita e sulla morte. Per questo di fronte ai problemi che sorgono circa l'esistenza umana – argomenti molto complessi, che hanno enormi implicazioni scientifiche, tecniche, economiche, psicologiche, affettive – i cristiani si schierano in difesa dei principi fondamentali:

- il **rispetto della vita** fin dal suo concepimento e fino al suo termine naturale;
- la difesa di un diritto umano fondamentale, quello di **non essere discriminati** per le proprie debolezze fisiche;
- il diritto del bambino a crescere in una **famiglia unita**.

2. Problemi aperti

Nell'ambito della riflessione etica sulla vita umana, ossia della **bioetica**, il pensiero religioso cattolico e quello laico si confrontano quasi ogni giorno, sotto l'impulso di sempre nuove sfide.

2.1 Tra selezione genetica e clonazione

Per i cristiani solo Dio è il Signore della vita. Tuttavia l'uomo di oggi sperimenta un "potere" nuovo e straordinario in questo campo, soprattutto grazie ai passi da gigante fatti dalla ricerca scientifica.

Siamo in grado di decifrare il codice fondamentale della vita, la sequenza del DNA, contenuto nel nucleo delle cellule. Già è possibile prevedere alcuni dei caratteri propri di un futuro essere umano quando è ancora allo stadio di embrione e in alcuni casi è possibile individuare anche prima della nascita l'insorgere di future malattie ereditarie. Si tratta di progressi importanti, che addossano alle persone nuove e a volte drammatiche responsabilità: che cosa fare, per esempio, quando si ha il ragionevole dubbio che un feto possa sviluppare qualche malformazione e che il bambino che sta per nascere abbia qualche malattia? E poi, avendone la possibilità, perché non decidere il sesso dei nascituri? Perché, magari, non selezionare i migliori?

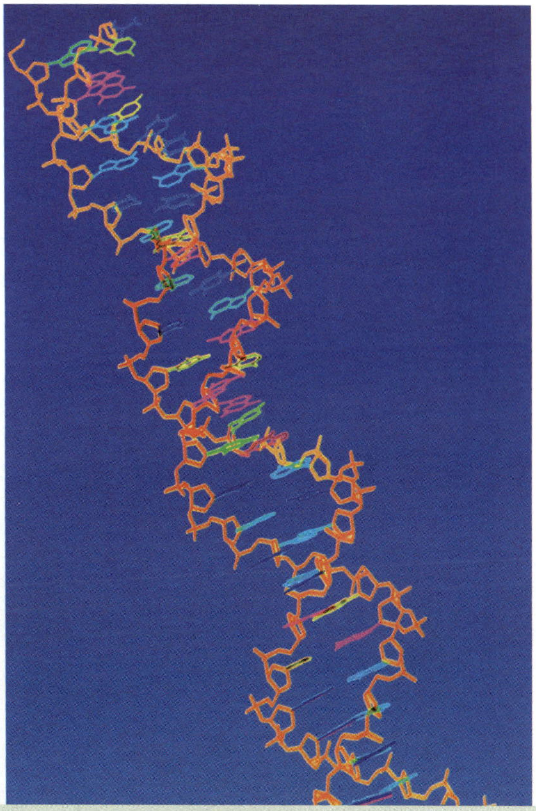

Elaborazione grafica della struttura del DNA.

Sono prospettive non nuove, che tuttavia si rafforzano con i progressi scientifici. Gli scenari che essi aprono sono da una parte straordinari e dall'altra inquietanti: per esempio, in un futuro ormai prossimo sembra addirittura possibile arrivare a clonare esseri umani.

Naturalmente per i cristiani è in gioco il valore fondamentale della vita, dono di Dio. Non si tratta di fermare la scienza, ma di **gestirne con responsabilità le scoperte** e le infinite possibilità, avendo come punto di riferimento la **dignità unica di ogni persona**.

La bioetica

La bioetica (dal greco *bíos*, "vita", ed *éthos*, "comportamento morale") è una disciplina che studia i problemi morali legati alle più recenti scoperte biologiche e mediche.

Tematiche oggetto di studio e di dibattito non solo in ambito religioso, ma anche in quello politico-sociale (con l'emanazione di norme legislative che variano da stato a stato), oltre che ovviamente in quello scientifico, sono:

- il **trapianto degli organi** e la questione della morte celebrale o della legittimità o meno dell'espianto;
- la **manipolazione genetica** e la legittimità o meno dell'intervento sull'essere umano e sull'embrione;
- la **fecondazione** (o procreazione) **assistita**;
- la regolamentazione delle nascita e la liceità o meno dei **metodi contraccettivi** e dell'**aborto**;
- l'**eutanasia**, l'**accanimento terapeutico** e la responsabilità in caso di interruzione delle terapie di mantenimento in vita;
- la **clonazione**.

2.2 La procreazione assistita

Un altro campo dove gli sviluppi scientifici chiamano in causa direttamente il valore e la dignità della vita umana è quello della procreazione assistita.
Esistono oggi raffinate **tecniche di laboratorio** che permettono di avere figli, superando il "meccanismo" naturale dell'unione tra un uomo e una donna. In questo modo può essere risolto il problema della sterilità di molte coppie sinceramente desiderose di avere figli.
Si aprono così per i cristiani, però, anche tanti problemi, legati innanzitutto al rispetto della coppia e del futuro bambino. La Chiesa, per esempio, ritiene inaccettabile il ricorso a un "terzo" genitore, cioè a un donatore (dell'ovulo femminile o del seme maschile) esterno alla coppia. Ma anche alcune sofisticate pratiche di fecondazione vengono ritenute sbagliate. Al di là di tutto, esiste una questione di fondo che interpella la responsabilità dei cristiani e fa riflettere sulla volontà di avere figli "a ogni costo".
Un altro problema, legato alle procedure mediche per la procreazione assistita, nasce dal fatto che per ottenere con successo un ovulo fecondato, che si sviluppi a sufficienza per essere impiantato nell'utero della madre, è necessario ricorrere a più tentativi e creare più embrioni, parte dei quali devono essere poi congelati, per la conservazione e l'eventuale riuso, o distrutti.
C'è poi la questione degli embrioni finalizzati alla manipolazione genetica o alla ricerca scientifica su malattie ereditarie: la Chiesa ricorda che **l'embrione è sempre una persona umana**, la cui dignità va difesa senza esitazioni.

■ *Oggi esistono raffinate tecniche di laboratorio che permettono di avere figli.*

■ *Fin dal concepimento ogni embrione è una persona umana.*

2.3 L'aborto

Fra tutti i delitti che l'uomo può compiere contro la vita, l'aborto procurato presenta caratteristiche che lo rendono particolarmente grave e deprecabile [...]. Ma oggi, nella coscienza di molti, la percezione della sua gravità è andata progressivamente oscurandosi. L'accettazione dell'aborto nella mentalità, nel costume e nella stessa legge è segno eloquente di una pericolosissima crisi del senso morale, che diventa sempre più incapace di distinguere tra il bene e il male, persino quando è in gioco il diritto fondamentale alla vita. [...] Non si può infine sottovalutare la rete di complicità che si allarga fino a comprendere istituzioni internazionali, fondazioni e associazioni che si battono sistematicamente per la legalizzazione e la diffusione dell'aborto nel mondo. [...] È una ferita gravissima inferta alla società e alla sua cultura da quanti dovrebbero esserne i costruttori e i difensori. Come ho scritto nella mia Lettera alle Famiglie, "ci troviamo di fronte ad un'enorme minaccia contro la vita, non solo di singoli individui, ma anche dell'intera civiltà".

(Giovanni Paolo II, *Evangelium vitae*, 58-59)

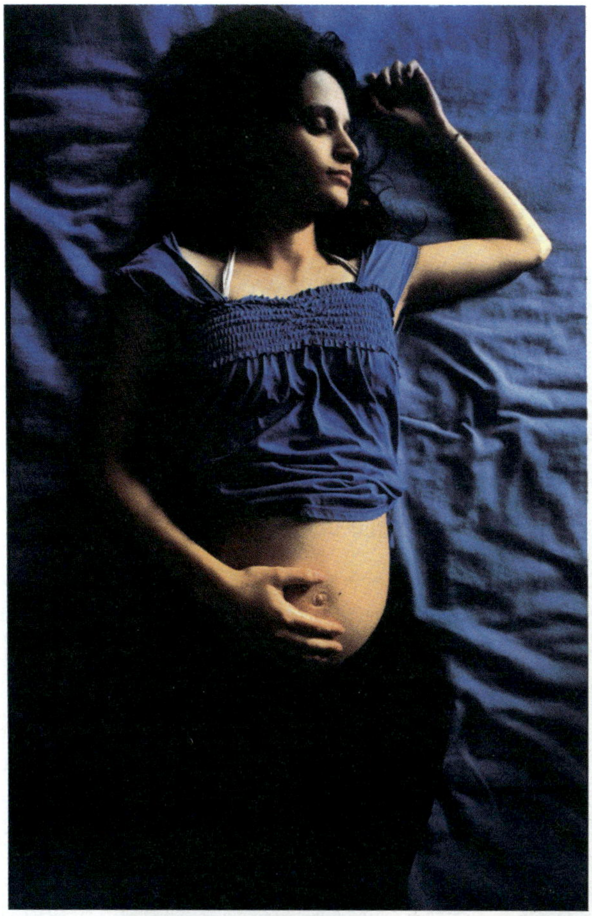

La Chiesa condanna l'aborto, in difesa della vita.

Uno degli argomenti usati da chi sostiene la possibilità di ricorrere all'aborto in caso di gravidanza indesiderata o gravosa per la madre è la distinzione che viene sostenuta tra "vita umana" e "persona umana". L'embrione, nelle prime settimane del suo sviluppo, sarebbe sì vita umana (cioè un essere in sviluppo dotato di tutto il patrimonio genetico di un essere umano), ma non sarebbe ancora "persona", con il suo corredo di esperienze e caratteri tipici di un individuo che deve essere rispettato nella sua unicità.

Si è discusso a lungo per individuare "quando" l'ovulo fecondato che diventa poi embrione sia da considerarsi "uomo" (e l'aborto, di conseguenza, un omicidio). Evidentemente non sta qui il vero problema per un cristiano, che crede nella già detta "indisponibilità" della vita, nella sua sacralità, nel suo radicale dipendere anzitutto da Dio e non dall'uomo.

La Chiesa (per esempio Giovanni Paolo II, con l'enciclica *Evangelium vitae*) si è spesso pronunciata per condannare un **atto che è contrario al rispetto della vita umana**, innocente e indifesa. Nessun motivo, per quanto drammatico, giustifica un omicidio. Piuttosto tutta la società è chiamata a non lasciare mai sola una madre, nell'impegnativo compito di far nascere la sua creatura e di poterla poi amare ed educare.

2.4 La fine della vita

L'eutanasia

Alla fine del suo percorso la vita umana può essere segnata da profonde e inspiegabili sofferenze. Allora una vita considerata non più degna di essere vissuta – si dice – può essere soppressa, il malato terminale (o l'anziano che si sente di peso) che chiede di morire può essere soddisfatto. Si parla in questi casi di "dolce morte", di eutanasia.

■ Manifesto di Amnesty International per l'abolizione della pena di morte (2010).

Papa Giovanni Paolo II nell'enciclica *Evangelium vitae* afferma che l'uomo è tentato di "impadronirsi della morte" (n. 64). Ma "sono io che do la morte e faccio vivere" dice il Signore nella Bibbia (Dt 32,39). E Cristo, sulla croce, ha insegnato il valore altissimo della sofferenza e del sacrificio. Qual è la via dell'amore e della vera pietà: la "dolce morte" chimica o l'accettazione "della sofferenza e della morte nel loro significato umano e cristiano" (n. 88)?

In molte occasioni papa Benedetto XVI ha avuto parole durissime contro l'eutanasia, pratica "contro la giustizia", auspicando invece che ogni persona possa accedere alle cure di cui ha bisogno, rendendo così effettivo il "diritto alla salute".

La pena di morte

Nei secoli è stata riconosciuto all'autorità il diritto di comminare la pena di morte ai responsabili di gravissimi delitti: si trattava di difendere la società da un pericolo grave, dove non vi fossero altri mezzi.

Oggi questa concezione pare **superata**, grazie all'accresciuta consapevolezza della libertà e della dignità di ogni uomo, fosse anche di un criminale. Inoltre, non pare più sostenibile, in un moderno stato organizzato, l'argomento della mancanza di alternative per la sicurezza e la "legittima difesa" della società.

Il rifiuto della pena di morte da parte della Chiesa riflette la sua particolare sensibilità per la dignità e il valore della persona umana. Come afferma il *Catechismo degli adulti*, essa "esprime in maniera più adeguata la visione biblica dell'uomo e della misericordia di Dio verso il peccatore: 'Come è vero ch'io vivo – oracolo del Signore Dio – io non godo della morte dell'empio, ma che l'empio desista dalla sua condotta e viva' (Ez 33,11)" (n. 1028).

■ H. Simberg, ***Il giardino della morte***, 1896, Helsinki, Ateneumin Taidemuseo. *La Chiesa condanna l'eutanasia.*

3. In difesa della qualità della vita

La difesa cristiana del valore della vita umana non si ferma al semplice diritto di esistere: il cristiano si impegna consapevolmente anche perché la vita di ogni uomo e di ogni donna del pianeta sia vissuta **con dignità**.
Perché la vita umana sia veramente rispettata, occorre che si affermino nel mondo la **giustizia**, la **pace** e lo **sviluppo dell'uomo in tutte le sue dimensioni**: fisiche, intellettuali, spirituali.

3.1 La giustizia

Un'invocazione alla giustizia sorge oggi in diversi paesi del mondo, dove esistono drammatiche situazioni di povertà, dovute allo **squilibrio esistente tra il Nord e il Sud del pianeta**, che impediscono a molte persone addirittura l'accesso ai diritti umani minimi.
Ma l'invocazione alla giustizia si leva anche nei paesi ricchi, là dove prevalgono rapporti di **oppressione** e di **sfruttamento** (prostituzione, vendita di droga, prestito a usura, tangenti ecc.), là dove ogni persona non viene trattata come tale, secondo la dignità che le è propria, là dove ogni vita non viene rispettata come valore inalienabile, là dove non è offerta a tutti la possibilità di realizzare loro stessi in pienezza.
Alla base della giustizia intesa come "costante e ferma volontà di dare a Dio e al prossimo ciò che è loro dovuto" (*Catechismo della Chiesa cattolica*, n. 1807), non c'è un semplice atteggiamento legalistico ("a ciascuno il suo").
In una visione illuminata dalla fede, l'altro, il "prossimo", è il fratello a immagine di Dio. La coscienza della paternità comune di Dio e della condivisione della salvezza in Cristo diventa criterio che interpreta in modo originale il mondo e i rapporti tra il genere umano, fondando in modo profondo i legami di **solidarietà reciproca**, di **rispetto** e di **attenzione verso tutti**. La giustizia, l'individuazione del "ciò che spetta a ciascuno", nasce da qui: dalla convinzione che ogni uomo, **ogni vita sia un valore supremo**. Se ciascuno è destinatario dell'amore di Dio, infatti, è persona da rispettare in tutta la sua dignità.
Il superamento di una visione esclusivamente contrattualistica o legalistica della giustizia apre a un altro orizzonte, dove il principio regolatore dei rapporti è quello della solidarietà comune, dell'uguaglianza tra persone. L'accento si sposta sulla **giustizia sociale** e

W. Gropper, ***Migrazione***, 1932, Tucson, Arziona State University Museum of Art. *Ogni uomo ha il diritto di vivere con dignità.*

quindi sull'importanza di educare a non limitarsi alla rigida osservanza delle leggi, ma a lavorare per quelle riforme profonde della società che sono richieste dal bene comune, dinamicamente inteso.
La giustizia, poi, è condizione della **pace**. La Chiesa ripete con forza che "**non c'è pace senza giustizia**": non è possibile, cioè, immaginare un mondo di rapporti umani personali e sociali "pacificati", tra le persone e tra i popoli, se non vi è prima la determinazione al rispetto di ogni persona, l'attenzione allo sviluppo comune, la lotta alle disuguaglianze. Giovanni Paolo II, durante il suo pontificato, non si è stancato di denunciare, per esempio, lo scandalo delle povertà estreme, accanto agli eccessi del superfluo, dello sfruttamento disumano delle persone, cui corrisponde l'ostentazione di ricchezze immense a disposizione di pochi. Chiedere la giustizia e la pace significa dunque anche rivedere i meccanismi che formano gli attuali rapporti economici, costruire nuovi modelli di sviluppo per la società, che non lascino nel bisogno persone e popoli. Anche l'insegnamento di Benedetto XVI non ha tentennamenti sulla necessità di promuovere la giustizia sociale, condizione per la pace. E nell'enciclica *Caritas in veritate* proprio papa Ratzinger spiega senza mezzi termini come primo e necessario fattore di sviluppo per le persone e i popoli sia l'annuncio di Gesù, condizione per la crescita umana integrale.

■ A. Böcklin, *La guerra*, 1896, Dresda, Staatliche Kunstsammlungen. *La Chiesa opera in favore della pace.*

3.2 La pace

Nel corso della storia la sensibilità sul tema della guerra e della pace è cambiata più volte. La guerra, in particolare, è stata talvolta considerata come un "male minore", uno strumento utilizzabile in determinanti contesti. Oggi, nell'insegnamento della Chiesa, è ben chiara una maggiore consapevolezza di quanto siano **inutili e dannosi i conflitti armati**. "Mai più la guerra. Mai più la guerra" ha gridato più volte Giovanni Paolo II durante le emergenze internazionali che hanno interessato il suo pontificato e in particolare gli scontri nel Golfo Persico. La guerra – ha insegnato il papa – non risolve mai i problemi, piuttosto li acuisce.
Il Concilio Vaticano II non aveva escluso, in senso assoluto, il ricorso alla guerra: "Fintantoché esisterà il pericolo della guerra e non ci sarà un'autorità internazionale competente, munita di forze efficaci, una volta esaurite tutte le possibilità di un pacifico accomodamento, non si potrà negare ai governi il diritto di una legittima difesa" (*Gaudium et Spes*, n. 79). Tuttavia si devono considerare con rigore le condizioni che giustificano una legittima difesa con la forza militare: "Occorre contemporaneamente: che il danno causato dall'aggressore alla nazione o alla comunità delle nazioni sia durevole, grave e certo; che tutti gli altri mezzi per porvi fine si siano rivelati impraticabili o inefficaci; che ci siano fondate condizioni di successo; che il ricorso alle armi non provochi mali e disordini più gravi del male da eliminare" (*Catechismo della Chiesa cattolica*, n. 2309).

I cristiani, tuttavia, vanno oltre e ricordano: "La pace non è la semplice assenza della guerra e non può ridursi ad assicurare l'equilibrio delle forze contrastanti. La pace non si può ottenere sulla terra senza la tutela dei beni delle persone, la libera comunicazione tra gli esseri umani, il rispetto della dignità delle persone e dei popoli, l'assidua pratica della fratellanza. [...] È 'frutto della giustizia' (Is 32,17) ed effetto della carità" (*Catechismo della Chiesa cattolica*, n. 2304).

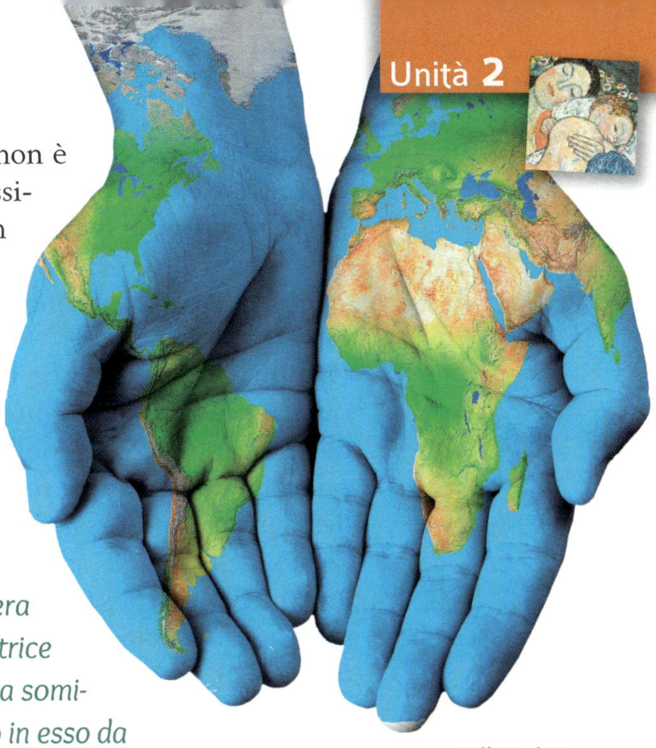

■ *L'uomo è un amministratore del creato e deve farne buon uso.*

3.3 La salvaguardia del creato

La natura certo non è divina e intangibile; è soltanto un'opera di Dio, ma è un'opera armoniosa, frutto della sapienza creatrice e ordinatrice. Il lavoro dell'uomo dovrà essere ordinatore, a somiglianza di quello di Dio; dovrà sviluppare il senso già posto in esso da Dio. Analogo è il messaggio del secondo racconto della creazione. Dio affida all'uomo il giardino perché lo custodisca e lo coltivi e imponga il nome ad ogni cosa, cioè le dia un ordine ulteriore. Ma gli proibisce di mangiare il frutto "dell'albero della conoscenza del bene e del male" (Gn 2,17), ossia di usare in maniera arbitraria il suo potere.

(*Catechismo degli adulti*, n. 1141)

In tutto il mondo è cresciuta, nel corso del XX secolo, la consapevolezza del fatto che le risorse del nostro pianeta sono limitate e che il loro uso sconsiderato mette in pericolo la sopravvivenza futura dell'uomo. Non possiamo fare a meno di utilizzare i beni naturali, ma lo sfruttamento indiscriminato delle materie prime – oltre a porre seri problemi di equa distribuzione per tutti – **non può essere senza regole**.

L'inquinamento delle nostre città, il buco nell'ozono, la deforestazione continua della selva amazzonica, con le conseguenze sul clima e i fenomeni atmosferici a livello planetario, ci dimostrano che il problema del rispetto dell'ambiente è cosa seria e riguarda il nostro quotidiano. Esso chiama in causa i comportamenti dell'uomo nei confronti di ciò che lo circonda, il suo atteggiamento di possesso e il suo desiderio di dominare la natura, che lo porta a sentirsi (e a comportarsi) indiscriminatamente come signore del mondo, senza pensare alle possibili conseguenze per il futuro.

La dottrina cristiana insegna invece che il primato dell'uomo sulle cose, chiaramente indicato dalla Bibbia, **non consiste nella possibilità di farne un uso sconsiderato**. Più che proprietario, l'uomo è **amministratore** di un creato che gli è stato dato in dono e di cui deve rendere conto. All'uomo – così è scritto nella Genesi – viene affidato il mondo come un giardino (*Catechismo degli adulti*, n. 1141) ed egli è chiamato a "perfezionare" la natura, senza stravolgere l'originalità di

■ Ciminiere a Linz, in Austria. *L'uomo inquina il creato e lo sfrutta in modo indiscriminato.*

ogni creatura e i legami che collegano le cose e i fenomeni tra loro, all'interno di un sistema ordinato.

Avere rispetto della natura, tuttavia, non significa perdere di vista la destinazione originaria delle cose, create a servizio dell'uomo e non viceversa: il rispetto e l'affetto per gli animali, per esempio, non deve superare quelli nei confronti degli esseri umani.

Da ultimo, va notato che il dovuto rispetto della natura tocca il problema del diritto di proprietà. La Chiesa ricorda che le ricchezze della natura (del sottosuolo, del mare, della terra e dello spazio) sono un dono, che l'uomo trova e non determina. Il loro possesso e uso deve essere dunque tale da rispettare la loro **originaria destinazione universale** e i diritti di tutti a usufruirne. Il tema del rispetto del creato, dell'**ecologia**, porta così a riflettere in modo più ampio sul modello di sviluppo della nostra società, che va misurato sulle esigenze di benessere di tutte le persone e non solo di alcune o di una sola parte del pianeta (*Catechismo degli adulti*, n. 1142).

Manifesto per la promozione della raccolta differenziata dei rifiuti diffuso dalla provincia di Torino nel 2012. ***Rispettare il creato deve far riflettere sul modello di sviluppo della nostra società.***

Occorre ripensare il nostro modello di sviluppo; sicuramente è bene darsi uno stile di vita sobrio, che ci consenta di governare la natura senza tiranneggiarla, unendo, sull'esempio di san Benedetto e di san Francesco, l'operosità alla contemplazione. La fedeltà alla vocazione integrale dell'uomo, alla comunione, al lavoro e al riposo è garanzia per la dignità della persona e per la salvaguardia della natura.

(***Catechismo degli adulti***, n. 1142)

Ecologia

Questa parola deriva dal greco *oíkos* (= casa, ambiente) e *lógos* (= studio). Questa disciplina si occupa dei rapporti tra l'uomo, gli altri esseri viventi – animali e vegetali – e l'ambiente (naturale o artificiale) in cui essi vivono.

Ogni uomo deve cercare di difendere e proteggere il creato.

L'immagine

Frantisek Kupka ha immaginato come vedi l'inizio della vita: un insieme di elementi scientifici (il feto con il cordone ombelicale) e spirituali (il fiore di loto, simbolo dell'anima nella tradizione buddhista).

F. Kupka, ***Il principio della vita***, 1900-03, Parigi, Musée Nationale d'Art Moderne.

Leggi l'immagine

1. Pensi che il quadro potrebbe essere letto in chiave cristiana? In tale lettura, che cosa rappresenterebbe il fiore?
2. Se la vita non è un posssesso dell'uomo, è possibile per quest'ultimo uccidere o danneggiare la vita di un altro essere vivente? Esponi la tua opinione.

Documenti

1. I delitti contro la vita non hanno giustificazione

– L'uomo è fatto a immagine di Dio
– Il rispetto globale per la persona

Chiave di lettura

Il progresso scientifico e tecnologico produce anche forme di vero e proprio attentato alla vita e, di conseguenza, alla dignità dell'uomo.

Con le nuove prospettive aperte dal progresso scientifico e tecnologico nascono nuove forme di attentati alla dignità dell'essere umano, mentre si delinea e consolida una nuova situazione culturale, che dà ai delitti contro la vita un *aspetto inedito e – se possibile – ancora più iniquo* suscitando ulteriori gravi preoccupazioni: larghi strati dell'opinione pubblica giustificano alcuni delitti contro la vita in nome dei diritti della libertà individuale e, su tale presupposto, ne pretendono non solo l'impunità, ma persino l'autorizzazione da parte dello stato, al fine di praticarli in assoluta libertà ed anzi con l'intervento gratuito delle strutture sanitarie.
Ora, tutto questo provoca un cambiamento profondo nel modo di considerare la vita e le relazioni tra gli uomini. Il fatto che le legislazioni di molti paesi, magari allontanandosi dagli stessi principi basilari delle loro Costituzioni, abbiano acconsentito a non punire o addirittura a riconoscere la piena legittimità di tali pratiche contro la vita è insieme sintomo preoccupante e causa non marginale di un grave crollo morale: scelte un tempo unanimemente considerate come delittuose e rifiutate dal comune senso morale diventano a poco a poco socialmente rispettabili. La stessa medicina, che per sua vocazione è ordinata alla difesa e alla cura della vita umana, in alcuni suoi settori si presta sempre più largamente a realizzare questi atti contro la persona e in tal modo deforma il suo volto, contraddice sé stessa e avvilisce la dignità di quanti la esercitano. In un simile contesto culturale e legale, anche i gravi problemi demografici, sociali o familiari, che pesano su numerosi popoli del mondo ed esigono un'attenzione responsabile e operosa delle comunità nazionali e di quelle internazionali, si trovano esposti a soluzioni false e illusorie, in contrasto con la verità e il bene delle persone e delle nazioni.
L'esito al quale si perviene è drammatico: se è quanto mai grave e inquietante il fenomeno dell'eliminazione di tante vite umane nascenti o sulla via del tramonto, non meno grave e inquietante è il fatto che la stessa coscienza, quasi ottenebrata da così vasti condizionamenti, fatica sempre più a percepire la distinzione tra il bene e il male in ciò che tocca lo stesso fondamentale valore della vita umana.

Giovanni Paolo II, *Evangelium vitae*, 4

■ Fotografia di Lennard Nilsson, dal libro *A child is born*. *L'aborto è un attentato alla dignità dell'uomo, secondo la Chiesa.*

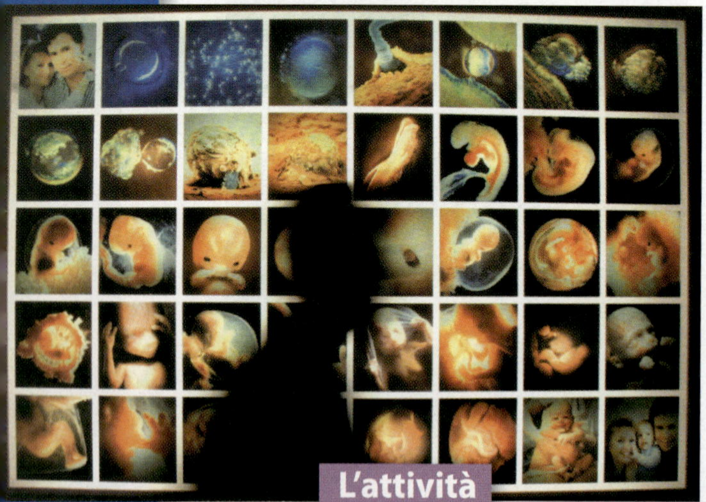

L'attività

1. Secondo te, a quali "delitti contro la vita" si riferisce Giovanni Paolo II?
2. Perché la medicina – afferma Giovanni Paolo II – contraddice se stessa, quando si presta ad alcune pratiche che sono contro la vita? Sei d'accordo con quest'affermazione?
3. Quale riflesso ha il diffondersi di queste pratiche sulla coscienza umana?

2. Medicina e bioetica

– La dignità della persona umana in bioetica
– Staminali etiche

Chiave di lettura

Il cardinale Dionigi Tettamanzi affronta le questioni più urgenti in ambito di bioetica, chiarendone i fondamenti teoretici e illustrandone le conseguenze sulla vita di ogni uomo.

Anni prima di divenire cardinale, John Henry Newman (1801-1890) rivolgeva, in qualità di rettore, un accorato discorso agli studenti di Medicina dell'Università cattolica, da lui fondata a Dublino: il futuro porporato intendeva esporre quale fosse il principale dovere della professione medica nei confronti della religione. Egli affermava che la medicina, come ogni professione umana, ha un preciso campo, un determinato scopo e anche un... pericolo. Il campo della medicina è la stessa natura fisica dell'uomo, suo fine la conservazione di tale natura nello stato che le è proprio ed, eventualmente, la sua reintegrazione quando l'ha perduto. La medicina si limita alla salute del corpo, ne accerta le condizioni di salute, analizza le cause del malessere, cerca i mezzi per la cura. Tuttavia, la salute fisica non è il solo scopo dell'uomo e la scienza medica non è l'unica capace di comprendere chi sia l'uomo, perché l'uomo è ancora altro. A questo riguardo, Newman ricordava in che cosa consista il pericolo della professione medica, l'autentica tentazione della ricerca scientifica: ritenere che quanto essa va determinando e precisando sia tutto l'uomo e quanto essa ritiene di poter fare sia il bene per l'uomo. Ascoltiamo quanto egli affermava: "Qui ci stiamo avvicinando a quella che ritengo la specifica tentazione, lo specifico rischio cui è esposta la professione medica: è un certo sofisma dell'intelletto, fondato sulla massima implicitamente ammessa, anche quando non se ne parla o non la si riconosce: 'Ciò che è vero è lecito'. Non è così. Osservate, il sofisma consiste in questo: ciò che è vero in una scienza è per noi di rigore conformemente a tale scienza, ma non secondo un'altra o in altro campo. Ciò che è certo nell'arte militare – continuava Newman – vale nell'ambito di questa, ma non in politica; e se la politica è un settore d'azione più ampio della guerra e impone il contrario, questa non ha nessun diritto a essere accolta e obbedita. Così ciò che è vero nella scienza medica potrebbe venire in ogni caso tradotto nei fatti, se l'uomo fosse soltanto un animale, un bruto senz'anima; ma dato che è un essere razionale e responsabile, una cosa può continuare a valere per la medicina, eppure essere illecita di fatto, a causa del fatto che le leggi più alte della morale e della religione portano a qualche conclusione diversa". Le parole di Newman sono di un'attualità straordinaria, perché egli con estrema semplicità ha posto in luce il valore della scienza medica e il suo ambito. Essa non è un assoluto, perché ha una visione parziale dell'uomo; ciò non significa disprezzarla, ma ricordare che l'uomo non viene adeguatamente compreso e spiegato se lo si considera semplice materiale biologico. Al contrario, la fede cristiana ha sempre ricordato che l'uomo creato a immagine e somiglianza di Dio è *corpore et anima unus*, cioè insieme elemento corporale e spirituale.

La scienza non deve prescindere dal valore della persona umana.

D. Tettamanzi, *Nuova bioetica cristiana*, Piemme, Casale Monferrato 2000

L'attività

1. Qual è il limite della scienza medica, secondo quanto esprime il cardinale Tettamanzi?
2. A chi si rifà Tettamanzi? Che cosa sosteneva? In che epoca?
3. Pensi anche tu che l'uomo non possa e non debba essere considerato "semplice materiale biologico"? Discutine in classe, esaminando le ragioni del sì e del no.

3. La bioetica cattolica

La posizione del Vaticano sulla procreazione assistita

Chiave di lettura

Forum Famiglie, Associazioni Sanitarie Cristiane e Fondazione Terzo Millennio il 17 marzo 1998 hanno sottoscritto un *Manifesto-appello sulla procreazione artificiale*, pubblicato come *Manifesto della bioetica cattolica* il 18 marzo 1998 sul quotidiano "Avvenire"; in questo documento (sottoscritto da 79 personalità: medici, filosofi e giuristi), si afferma con forza il valore della dignità umana.

"Il riconoscimento della dignità inerente a tutti i membri della famiglia umana e dei loro diritti uguali e inalienabili costituisce il fondamento della libertà, della giustizia e della pace del mondo". Queste parole, con le quali si apre la *Dichiarazione universale dei diritti dell'uomo* del 1948, devono essere il punto di partenza per affrontare e risolvere anche problemi di bioetica che cinquant'anni fa erano ancora sconosciuti.
Si tratta, oggi, di verificare se il principio della dignità umana, che è patrimonio comune della cultura moderna, è accolto in tutte le sue coerenti conseguenze, evitando violazioni dovute a interessi pratici e a convinzioni utilitaristiche.
Tale obiettivo non può che essere comune a credenti e non credenti, non ha dunque fondamento distinguere tra una bioetica supposta "cattolica" e una supposta "laica": ogni coscienza umana formata può cogliere il valore della vita.
Dal riconoscimento della dignità umana deriva il principio di eguaglianza e da questo il dovere del legislatore di proteggere e promuovere particolarmente i più deboli, in modo che la regola della non discriminazione non sia soltanto proclamata, ma attuata concretamente. E proprio i più deboli sono in gioco nella fecondazione medicalmente assistita, che attualmente, in Italia, non è regolata da alcuna legge. Proprio per questo noi vogliamo una buona legge e la vogliamo in tempi rapidi. Per riuscirci, ci sembra necessario applicare coerentemente la prospettiva personalistica contenuta della *Dichiarazione dei diritti dell'uomo* e nei documenti internazionali successivi.
In particolare, l'orientamento in base al quale gli interessi e i diritti dei bambini devono prevalere su quelli degli adulti è consacrato anche nell'articolo 3 della *Convenzione dei diritti del fanciullo* approvata dall'Organizzazione delle nazioni unite (Onu) nel 1989 e già ratificata dall'Italia.
Non può essere ammesso, di conseguenza, che nella procreazione artificiale umana la preoccupazione esclusiva o prevalente sia quella di dare una risposta ai pur comprensibili interessi degli adulti. In primo luogo devono essere garantiti i diritti del figlio concepito alla vita, alla famiglia, all'identità, a uno sviluppo psicologico armonioso.
I genitori hanno piena libertà di procreare – una libertà peraltro legata alla responsabilità – ma le tecniche di procreazione artificiale implicano l'intervento intellettuale, organiz-

zativo ed economico della società, la quale "ha il dovere di dare ai bambini, sia prima che dopo la nascita, il meglio di se stessa" (*Dichiarazione dei diritti dei bambini* del 1959).
Tali tecniche in genere producono la morte di una grande quantità di embrioni generati in provetta, congelati, sottoposti a sperimentazione e selezione, non si può giustificare questa situazione sostenendo che anche in natura ci sono dei figli concepiti che non giungono alla nascita. Infatti niente è più naturale della morte dell'uomo, ma l'uomo non ha per questo il diritto di uccidere.
Il legittimo e lodevole desiderio di avere un figlio non può trasformarsi nel presunto diritto di ottenerlo a ogni costo; è invece un diritto vero e proprio quello del bambino ad avere entrambi i genitori; e il fatto che vi siano orfani e figli di padri sconosciuti non legittima la produzione programmata di orfani artificiali.
La fecondazione eterologa crea due figure di genitori: quelli biologici che forniscono il materiale genetico e quelli legali che alleveranno il bambino; per giustificare questa situazione la si paragona all'adozione. Ma l'adozione ha il fine di dare dei genitori al bambino che ne è privo, rimediando al male dell'abbandono; la fecondazione eterologa, invece, legalizzerebbe l'irresponsabilità dei genitori biologici e l'abbandono, lasciando ragionevolmente prevedere rischi psicologici per i figli.
Inoltre il matrimonio rimane la fondamentale garanzia della stabilità familiare, a sua volta con dizione di una armoniosa crescita dei figli – è scorretto registrare il crescente numero delle convivenze di fatto o la scarsa capacità educativa di taluni coniugi per disconosce l'importanza del matrimonio stesso.
Noi crediamo perciò che una buona legge, preoccupata principalmente del bene dei figli, debba impedire qualsiasi spreco di embrioni umani e consentire la procreazione artificiale solo nella forma omologa e all'interno di una coppia di coniugi.
Esiste, per di più, la preoccupazione che possano essere trascurate le ricerche volte a vincere le diverse condizioni di sterilità, proprio a causa del ricorso sempre più massiccio alla fecondazione artificiale. Interveniamo con la libertà di chi non ha interessi economici da difendere nella procreazione assistita e anzi denunciamo il conflitto di interessi che spesso può verificarsi in alcuni che sono chiamati a indicare criteri bioetici e allo stesso tempo traggono meriti e profitti professionali dall'uso delle nuove tecniche.
Promuovere il diritto alla vita, alla famiglia, alla identità, allo sviluppo armonico dei bambini non significa limitare la libertà degli adulti, se è vero, come afferma la *Dichiarazione universale*, che il fondamento delle libertà è proprio il riconoscimento dei diritti di ogni membro della famiglia umana.

in "Avvenire", 18 marzo 1998

L'attività

1 Tra i diritti fondamentali dell'uomo c'è quello più importante di tutti: il diritto alla vita. Bisogna riconoscere che tale diritto viene molte volte violato, per esempio in caso di guerra oppure nel caso di gravi omissioni e nell'uso di sostanze chimiche inquinanti e dannose per la salute umana. In quali altre occasioni il diritto alla vita viene violato?

2 "Il legittimo e lodevole desiderio di avere un figlio non può trasformarsi nel presunto diritto di ottenerlo a ogni costo": tu che cosa ne pensi?

3 In Italia il confronto sui temi di bioetica appare spesso aspro, conflittuale, a volte persino antagonistico, soprattutto tra la cultura laica e quella cattolica. Per quale ragione, secondo te? Pensi che si potrebbe trovare un terreno comune di compromesso? Confrontati con i compagni.

4. La questione dell'aborto

Chiave di lettura

Per la Chiesa l'aborto è una forma di omicidio, quindi un peccato gravissimo.

La vita umana deve essere rispettata e protetta in modo assoluto fin dal momento del concepimento. Dal primo istante della sua esistenza, l'essere umano deve vedersi riconosciuti i diritti della persona, tra i quali il diritto inviolabile di ogni essere innocente alla vita. "Prima di formarti nel grembo materno, ti conoscevo, prima che tu uscissi alla luce, ti avevo consacrato" (Ger 1,5). "Non ti erano nascoste le mie ossa quando venivo formato nel segreto, intessuto nelle profondità della terra" (Sal 139,15).
Fin dal primo secolo la Chiesa ha dichiarato la malizia morale di ogni aborto provocato. Questo insegnamento non è mutato. Rimane invariabile. L'aborto diretto, cioè voluto come un fine o come un mezzo, è gravemente contrario alla legge morale:
"Non uccidere il bimbo con l'aborto, e non sopprimerlo dopo la nascita".
"Dio, padrone della vita, ha affidato agli uomini l'altissima missione di proteggere la vita, missione che deve essere adempiuta in modo degno dell'uomo. Perciò la vita, una volta concepita, deve essere protetta con la massima cura; e l'aborto come pure l'infanticidio sono abominevoli delitti".
La cooperazione formale a un aborto costituisce una colpa grave. La Chiesa sanziona con una pena canonica di scomunica questo delitto contro la vita umana. "Chi procura l'aborto, se ne consegue l'effetto, incorre nella scomunica *latae sententiae*[1]", "per il fatto stesso d'aver commesso il delitto" e alle condizioni previste dal diritto. La Chiesa non intende in tal modo restringere il campo della misericordia. Essa mette in evidenza la gravità del crimine commesso, il danno irreparabile causato all'innocente ucciso, ai suoi genitori e a tutta la società.
Il diritto inalienabile alla vita di ogni individuo umano innocente rappresenta un elemento costitutivo della società civile e della sua legislazione:
"I diritti inalienabili della persona dovranno essere riconosciuti e rispettati da parte della società civile e dell'autorità politica; tali diritti dell'uomo non dipendono né dai singoli individui, né dai genitori e neppure rappresentano una concessione della società e dello stato: appartengono alla natura umana e sono inerenti alla persona in forza dell'atto creativo da cui ha preso origine. Tra questi diritti fondamentali bisogna, a questo proposito, ricordare: il diritto alla vita e all'integrità fisica di ogni essere umano dal concepimento alla morte".
"Nel momento in cui una legge positiva priva una categoria di esseri umani della protezione che la legislazione civile deve loro accordare, lo stato viene a negare l'uguaglianza di tutti davanti alla legge. Quando lo stato non pone la sua forza al servizio dei diritti di ciascun cittadino, e in particolare di chi è più debole, vengono minati i fondamenti stessi di uno stato di diritto. [...] Come conseguenza del rispetto e della protezione che vanno accordati al nascituro, a partire dal momento del suo concepimento, la legge dovrà prevedere appropriate sanzioni penali per ogni deliberata violazione dei suoi diritti".
L'embrione, poiché fin dal concepimento deve essere trattato come una persona, dovrà

1. **latae sententiae:** nel codice di diritto della Chiesa è una pena in cui s'incorre per il solo fatto di aver commesso un certo delitto, una sorta di pena che scatta "in automatico".

essere difeso nella sua integrità, curato e guarito, per quanto è possibile, come ogni altro essere umano.

La diagnosi prenatale è moralmente lecita, se "rispetta la vita e l'integrità dell'embrione e del feto umano ed è orientata alla sua salvaguardia o alla sua guarigione individuale [...]. Ma essa è gravemente in contrasto con la legge morale quando contempla l'eventualità, in dipendenza dai risultati, di provocare un aborto: una diagnosi [...] non deve equivalere a una sentenza di morte".

"Si devono ritenere leciti gli interventi sull'embrione umano a patto che rispettino la vita e l'integrità dell'embrione, non comportino per lui rischi sproporzionati, ma siano finalizzati alla sua guarigione, al miglioramento delle sue condizioni di salute o alla sua sopravvivenza individuale".

"È immorale produrre embrioni umani destinati a essere sfruttati come 'materiale biologico' disponibile".

"Alcuni tentativi d'intervento sul patrimonio cromosomico o genetico non sono terapeutici, ma mirano alla produzione di esseri umani selezionati secondo il sesso o altre qualità prestabilite. Queste manipolazioni sono contrarie alla dignità personale dell'essere umano, alla sua integrità e alla sua identità" unica, irrepetibile.

Catechismo della Chiesa cattolica, nn. 2270-2275

■ T. Longaretti, ***Maternità con organetto***, 1952, Collezione privata.

L'attività

1 La questione dell'aborto è stata affrontata solo in tempi recenti dalla Chiesa?

2 Qual è la posizione della Chiesa rispetto agli interventi sugli embrioni umani?

3 Madre Teresa di Calcutta in una sua intervista diceva:"Il bambino non ancora nato, se non voluto, è la creatura più abbandonata e deve morire perché la gente, voi e io, abbiamo paura di nutrire, educare, vestire una creatura in più. La vita che è nel bambino non ancora nato è un dono di Dio, il più grande dono che Dio può fare alla famiglia umana. Oggi ci sono molti paesi che usano l'aborto, la sterilizzazione e altri mezzi per impedire che la vita si sviluppi: questo è il segno che tali nazioni sono le più povere fra i poveri, perché non hanno il coraggio di mantenere una vita in più. La vita di quel bambino non ancora nato e la vita del povero che raccogliamo per la strade di Calcutta o di qualsiasi altro posto, la vita dei piccoli e degli anziani è la nostra stessa vita; cioè la vita che viene da Dio". Sei d'accordo con l'affermazione di madre Teresa? Perché?

Documenti

5. Amare e desiderare la vita

- Il cristiano e la morte
- L'eutanasia e la Chiesa
- Salute, malattia e morte

Chiave di lettura

La Chiesa non si stanca di affermare il valore della vita, dono meraviglioso di Dio a tutte le creature, uomo compreso.

Non si può non amare la vita: è il primo e il più prezioso bene per ogni essere umano. Dall'amore scaturisce la vita e la vita desidera e chiede amore. Per questo la vita umana può e deve essere donata, per amore, e nel dono trova la pienezza del suo significato, mai può essere disprezzata e tanto meno distrutta.

Certo, i giorni della vita non sono sempre uguali: c'è il tempo della gioia e il tempo della sofferenza, il tempo della gratificazione e il tempo della delusione, il tempo della giovinezza e il tempo della vecchiaia, il tempo della salute e il tempo della malattia... A volte si è indotti spontaneamente ad apprezzare la vita e a ringraziarne Dio, "amante della vita" (Sap 11,26), altre volte la fatica, la malattia, la solitudine ce la fanno sentire come un peso. Ma la vita non può essere valutata solo in base alle condizioni o alle sensazioni che la caratterizzano nelle sue varie fasi; essa è sempre un bene prezioso per se stessi e per gli altri e in quanto tale è un bene non disponibile. La vita, qualunque vita, non potrà mai dirsi "nostra". L'amore vero per la vita, non falsato dall'egoismo e dall'individualismo, è incompatibile con l'idea del possesso indiscriminato che induce a pensare che tutto sia "mio"; "mio" nel senso della proprietà assoluta, dell'arbitrio, della manipolazione. "Mio", ossia ne posso fare ciò che voglio: il mio coniuge, i miei figli, il mio corpo, il mio presente e il mio futuro, la mia patria, la mia azienda, perfino Dio al mio servizio, strumentalizzato fino al punto da giustificare, in suo nome, omicidi e stragi, nel disprezzo sommo della vita.

Se siamo attenti, qualcosa dentro di noi ci avverte che la vita è il bene supremo sul quale nessuno può mettere le mani; anche in una visione puramente laica, l'inviolabilità della vita è l'unico e irrinunciabile principio da cui partire per garantire a tutti giustizia, uguaglianza e pace. Chi ha il dono della fede, poi, sa che la vita di una persona è più grande del percorso esistenziale che sta tra il nascere e il morire: ha origine da un atto di amore di Colui che chiama i genitori a essere "cooperatori dell'amore di Dio creatore" (FC n. 28). Ogni vita umana porta la Sua impronta ed è destinata all'eternità. La vita va amata con coraggio. Non solo rispettata, promossa, celebrata, curata, allevata. Essa va anche desiderata. Il suo vero bene va desiderato, perché la vita ci è stata affidata e non ne siamo i padroni assoluti, bensì i fedeli, appassionati custodi.

Chi ama la vita si interroga sul suo significato e quindi anche sul senso della morte e di come affrontarla, sapendo però che il diritto alla vita non gli dà il diritto a decidere quando e come mettervi fine. Amandola, combatte il dolore, la sofferenza e il degrado – nemici della vita – con tutto il suo ingegno e il contributo della scienza. Ma non cade nel diabolico inganno di pensare di poter disporre della vita fino a chiedere che si possa legittimarne l'interruzione con l'eutanasia, magari mascherandola con un velo di umana pietà. Né si accanirà con terapie ingiustificate e sproporzionate. Nei momenti estremi della sofferenza si ha il diritto di avere la solidale vicinanza di quanti amano davvero la vita e se ne prendono cura, non di chi pensa di servire le persone procurando loro la morte.

Chi ama la vita, infatti, non la toglie ma la dona, non se ne appropria ma la mette a servizio degli altri. Amare la vita significa anche non negarla ad alcuno, neppure al più piccolo e indifeso nascituro, tanto meno quando presenta gravi disabilità. Nulla è più disumano della selezioni eugenetica[1] che in forme dirette e indirette viene sempre più evocata e, a volte, praticata. Nessuna vita umana, fosse anche alla sua prima scintilla, può essere ritenuta di minor valore o disponibile per la ricerca scientifica. Il desiderio di un figlio non dà diritto ad averlo a ogni costo. Un bambino può essere concepito da una donna nel proprio grembo, ma può anche essere adottato o accolto in affidamento: e sarà un'altra nascita, ugualmente prodigiosa.

Consiglio Episcopale Permanente, *Messaggio per la 29ª Giornata per la vita* – 4 febbraio 2007

1. **eugenetica:** si definisce "eugenetica" ogni pratica volta a perfezionare il genere umano attraverso sperimentazioni non naturali.

Documenti

L'attività

1. Il documento mette in rapporto la vita e l'amore: in che senso? Spiegalo con parole tue.
2. "Il desiderio di un figlio non dà diritto ad averlo a ogni costo": che cosa ne pensi? Credi che l'amore verso un figlio adottato e accolto in affidamento sia diverso dall'amore per un figlio naturale?
3. Il nostro tempo, la nostra cultura, la nostra nazione amano davvero la vita in tutte le sue forme? Discutine in classe con i compagni, facendo anche esempi.

6. La posizione della Chiesa sulla pena di morte

Chiave di lettura

La Chiesa non esclude del tutto il ricorso alla pena di morte, anche se più volte il papa ha cercato di impedire l'esecuzione di alcune condanne capitali nel corso del XX secolo.

L'insegnamento tradizionale della Chiesa non esclude, supposto il pieno accertamento dell'identità e della responsabilità del colpevole, il ricorso alla pena di morte, quando questa fosse l'unica via praticabile per difendere efficacemente dall'aggressore ingiusto la vita di esseri umani.
Se, invece, i mezzi incruenti sono sufficienti per difendere dall'aggressore e per proteggere la sicurezza delle persone, l'autorità si limiterà a questi mezzi, poiché essi sono meglio rispondenti alle condizioni concrete del bene comune e sono più conformi alla dignità della persona umana.
Oggi, infatti, a seguito delle possibilità di cui lo stato dispone per reprimere efficacemente il crimine rendendo inoffensivo colui che l'ha commesso, senza togliergli definitivamente la possibilità di redimersi, i casi di assoluta necessità di soppressione del reo "sono ormai molto rari, se non addirittura praticamente inesistenti".

Catechismo della Chiesa cattolica, n. 2267

Documenti

In questo orizzonte si colloca anche il problema della pena di morte, su cui si registra, nella Chiesa come nella società civile, una crescente tendenza che ne chiede un'applicazione assai limitata e anzi una totale abolizione. Il problema va inquadrato nell'ottica di una giustizia penale che sia sempre più conforme alla dignità dell'uomo e pertanto, in ultima analisi, al disegno di Dio sull'uomo e sulla società. In effetti, la pena che la società infligge "ha come primo scopo di riparare al disordine introdotto dalla colpa". La pubblica autorità deve farsi vindice[1] della violazione dei diritti personali e sociali mediante l'imposizione al reo di una adeguata espiazione del crimine, quale condizione per essere riammesso all'esercizio della propria libertà. In tal modo l'autorità ottiene anche lo scopo di difendere l'ordine pubblico e la sicurezza delle persone, non senza offrire allo stesso reo uno stimolo e un aiuto a correggersi e redimersi.
È chiaro che, proprio per conseguire tutte queste finalità, la misura e la qualità della pena devono essere attentamente valutate e decise, e non devono giungere alla misura estrema della soppressione del reo se non in casi di assoluta necessità, quando cioè la difesa della società non fosse possibile altrimenti. Oggi, però, a seguito dell'organizzazione sempre più adeguata dell'istituzione penale, questi casi sono ormai molto rari, se non addirittura praticamente inesistenti.

Giovanni Paolo II, *Evangelium vitae*, 56

1. **vindice:** che vendica, vendicatore.

L'attività

1. Il Catechismo della Chiesa cattolica non esclude il ricorso alla pena di morte, ma solo in un caso: quale?
2. Giovanni Paolo II ammette la possibilità della pena di morte in caso di "assoluta necessità": che cosa intende?
3. Quali parole ti fanno capire che la posizione della Chiesa è di opposizione alla pena di morte?

7. Abolire la pena di morte

Chiave di lettura

A partire da un'esecuzione capitale avvenuta negli Stati Uniti, l'autrice dell'articolo condanna fermamente il ricorso alla pena di morte.

L'esecuzione – in Virginia – della condanna a morte di una donna, Teresa Lewis, accusata di aver fatto uccidere il marito e il figliastro da due uomini (uno dei quali suo amante) per riscuotere i 350 mila dollari della polizza di assicurazione sulla vita del coniuge, ha richiamato l'attenzione dell'opinione pubblica mondiale sul fatto che, negli Stati Uniti, si continua a eseguire la pena capitale.
E lo si fa, in questo caso, con sconvolgente superficialità e palese insensatezza, mandando al patibolo una donna affetta da un ritardo mentale al confine con la patologica idiozia, colpevole di aver partecipato all'ideazione del delitto, mentre si commina l'ergastolo ai due uomini, in possesso di un quoziente di intelligenza superiore a quello della donna, che hanno notoriamente massacrato la vittima.

E fa certo riflettere il fatto che il paese più ricco e più potente e più avanzato del mondo abbia ancora eseguito una sentenza di morte, anche perché questa volta è toccato a una donna mentalmente ritardata.
Tutto ciò porta a chiedere che venga abolita in tutto il mondo la pena di morte, questo residuo della legge del taglione che non scoraggia in alcun modo i delitti di sangue, che accresce il tasso di violenza presente nell'umanità, che esalta la ritorsione, che mortifica la ragione e calpesta la pietà.

A. Zarri, in "Il manifesto", 31 ottobre 2010

L'attività

1. La pena capitale viene definita "residuo di legge del taglione": che cosa significa quest'espressione?
2. Nei paesi dove vige l'integralismo islamico e si sovrappongono legge religiosa e legge civile, non rispettare il codice è un'offesa contro Dio, che può essere punita solo con la sentenza definitiva di morte. Conosci alcuni paesi dove questa pratica è in uso?
3. La pena deve servire per rieducare l'individuo alla non violenza e alla legalità. La pena di morte è rispondere con la violenza alla violenza, anche se a compierla è lo stato. È giusto uccidere chi ha ucciso? Discutine con i compagni.

8. Paesi poveri e paesi ricchi

– Il Sud del mondo chiede giustizia
– La Chiesa e la pace

Chiave di lettura

Nel 1967 papa Paolo VI proclama la necessità di giustizia e di uguaglianza fra paesi poveri e paesi ricchi, tema oggi attualissimo.

Una cosa va ribadita di nuovo: il superfluo dei paesi ricchi deve servire ai paesi poveri. La regola che valeva un tempo in favore dei più vicini deve essere applicata oggi alla totalità dei bisognosi del mondo. I ricchi saranno del resto i primi ad esserne avvantaggiati. Diversamente, ostinandosi nella loro avarizia, non potranno che suscitare il giudizio di Dio e la collera dei poveri, con conseguenze imprevedibili. Chiudendosi dentro la corazza del proprio egoismo, le civiltà attualmente fiorenti finirebbero con l'attentare ai loro valori più alti, sacrificando la volontà di essere di più alla bramosia di avere di più. E sarebbe da applicare a essi la parabola dell'uomo ricco, le cui terre avevano dato frutti copiosi e che non sapeva dove mettere al sicuro il suo raccolto: "Dio gli disse: 'Insensato, questa notte stessa la tua anima ti sarà ritolta' " (Lc 12, 20).

Paolo VI, *Populorum progressio*, 49

L'attività

1. Quale atteggiamento devono avere i paesi ricchi verso i paesi poveri? Secondo te, oggi questo si verifica?
2. Oggi molte associazioni si occupano di aiutare le popolazioni dei paesi poveri. Ricerca i nomi di alcune di esse e, lavorando in gruppo, definiscine l'attività e l'ambito in cui operano.

9. L'uomo e la natura

– Città per gli uomini
– Dobbiamo essere responsabili del mondo

Chiave di lettura

L'uomo deve imparare a dominare la natura sentendosi parte di essa.

L'uomo, per difendersi dalla natura, cerca di renderla congrua ai propri bisogni, di sagomarla a sua misura, e così, progressivamente, la umanizza. Nel contempo si relaziona a essa sempre più in termini di dominio e rischia perciò di perdere di vista i limiti di legittimità del suo intervenire. Operando in questo modo, l'uomo finisce per dimenticare che egli stesso è natura: l'efficacia della tecnica lo illude ed egli si percepisce involontariamente come soprannaturale. Ritiene perciò di poter fare della natura quello che vuole. E così si perverte: si realizza come anti-natura e si trasforma in potenza distruttiva. Se all'aurora della civiltà il dominio dell'uomo sulla natura era funzionale all'esigenza del suo conservarsi come specie, nel corso del tempo la logica dominatrice ha preso a valere per se stessa. Ma l'uomo, distruggendo l'ambiente di cui è inevitabilmente parte, distrugge le sue possibilità di vita.

È vero, la natura è feroce, genera e uccide, ma nonostante tutto trova sempre in se stessa un suo equilibrio. Se l'uomo lo infrange, lungi dal porsi al riparo dalla sua violenza, maggiormente vi si espone. Ecologia non vuol dire rinuncia alla tecnica: al contrario, è un pensiero che intende rendere compatibili tra loro potenze antagoniste, che non considera la natura come una riserva illimitata di energie da sfruttare, ma – per quel tanto che essa è all'uomo nemica – come ambiente da bonificare. Perché questo sia possibile è però necessaria, in primo luogo, un'ecologia della mente. Ciò significa rapportarsi alla natura sentendosene parte. Se è giusto dominarla per limitarne la crudeltà, bisogna tuttavia stipulare con essa una nuova alleanza, rispettarla.

S. Natoli, *La felicità di questa vita*, Mondadori, Milano 2000

L'attività

1. Secondo l'autore del passo, l'uomo si sente sempre più dominatore della natura e finisce per dimenticarsi che anch'egli è parte della natura. Tu che cosa ne pensi?
2. Che cosa intende l'autore con "ecologia della mente"?
3. Tu che rapporto hai con la natura? Assumi dei comportamenti che la rispettano? Quali?

■ P. Signac, ***Veduta di Saint-Tropez, tramonto nel bosco di pini***, 1896, Saint-Tropez, Musée de l'Annonciade. ***L'uomo deve rapportarsi alla natura sentendosene parte.***

Verifica

Verifica le parole-chiave

Sulla base dei contenuti svolti nell'unità, spiega con una breve definizione il significato delle "parole-chiave" indicate nell'elenco che segue. In classe o anche individualmente si possono aggiungere altre parole-chiave a quelle proposte.

Bioetica

....

....

Aborto

....

....

Eutanasia

....

....

Giustizia

....

....

Pace

....

....

Salvaguardia del creato

....

....

Leggi, rifletti e lavora

1. A parole è abbastanza facile concordare che la vita di ogni uomo è "sacra", inviolabile, da rispettare. In realtà sono moltissimi gli esempi, nella società in cui viviamo, che mostrano come non sia così. Elenca fatti e situazioni nei quali la vita umana è a rischio, offesa, disprezzata.

   Elenca poi fatti e situazioni che mostrano rispetto e considerazione per la vita e la persona.

2. Manipolazione genetica, cellule staminali, clonazione... E poi ancora: aborto, eutanasia, eugenetica... Da' una breve definizione di questi termini.

3. Con un breve componimento rifletti sul rapporto tra sviluppo della scienza e rispetto della vita... Fino a dove ci si può spingere con la ricerca scientifica e con le sperimentazioni? Perché?

4. "Se vuoi la pace, prepara la guerra", dicevano gli antichi. Sei d'accordo? Prova a dare una definizione del termine "pace".

5. Pace e giustizia: su questo insiste l'insegnamento della Chiesa cattolica. In che cosa consiste?

6. Giustizia e rispetto della persona umana: perché i cristiani insistono tanto?

7. Ecologia o salvaguardia del creato? Sono la stessa cosa? Rifletti sul rispetto della natura da parte dei cristiani.

La mappa

Ecco di nuovo alcune parole-chiave incontrate durante lo svolgimento dell'unità.

Costruisci una mappa, mettendo in relazione tra loro i concetti. Puoi lavorare da solo oppure in gruppo.

C. Maurin, *Maternità*, 1893, Le Puy, Musée Crozatier.

Pace – Manipolazione genetica – Salvaguardia del creato – Clonazione – Pena di morte – Aborto

Verso un progetto di vita

Unità 3

Vorremmo riflettere sul fatto che…

• L'adolescente è impegnato in un processo di crescita nella ricerca della propria identità e nell'accettazione di sé.
• Fondamentali, in questo periodo, sono le relazioni: con gli adulti e con i propri coetanei (sia in un rapporto di amicizia sia in un rapporto di coppia).
• Diventare adulti significa anche orientare le proprie relazioni e la propria responsabilità secondo un progetto di vita, in armonia con i valori ritenuti essenziali.

■ R. Magritte, *Gli amanti*, 1928, Canberra, National Gallery of Australia.

1. In relazione con se stessi

1.1 Chi sono io?

L'uomo è un essere complesso, sempre in divenire, che si interroga sul proprio presente e sul proprio futuro.
Nel corso dell'esistenza, davanti a ciascuno si presentano molte scelte impegnative, che chiamano in causa la libertà personale. Nello stesso tempo, ognuno deve fare i conti con condizioni e situazioni che non ha scelto, come il momento della nascita, la famiglia, il paese in cui vive... Anche l'aspetto fisico e lo stesso carattere non sono frutto di una scelta: molti elementi sono "ereditati", determinati dalla genetica oppure influenzati dall'ambiente in cui si vive (familiare e non). **Non è sempre facile accettare, apprezzare, migliorare o sfruttare al meglio le risorse che ciascuno si trova a disposizione**.
Tutto questo rende impegnativa la ricerca dell'identità personale: la risposta alla domanda "Chi sono io?" è, paradossalmente, una delle più difficili da trovare. Forse proprio perché l'"oggetto" da studiare è così vicino e si fatica a prendere la giusta distanza da se stessi, per valutare attentamente la situazione.
Eppure la domanda è particolarmente importante, soprattutto nel periodo dell'adolescenza: **bisogna sapere chi si è, infatti, per sapere chi si vuole diventare**.

1.2 I passaggi della crescita

Le scienze umane, in particolare la psicologia, hanno individuato alcuni passaggi, ritenuti indispensabili in un percorso di crescita che porti all'acquisizione di una personalità matura. Possiamo così sintetizzarli:

- il raggiungimento di una certa **autonomia**, che liberi da paure e dipendenze infantili;

Non è facile conoscere se stessi e scegliere che cosa si vuole diventare.

› lo sviluppo di un certo **spirito critico**, che permetta di orientarsi nei confronti dei messaggi che provengono dall'ambiente familiare e dalla nostra società e che condizionano ogni individuo;

› la maturazione degli **affetti**, specialmente l'**amicizia** e l'**innamoramento**, passando così da una dimensione in cui si pensa anzitutto a soddisfare i propri bisogni, alla vera capacità di amare, cioè quella di donarsi;

› l'elaborazione di un **progetto di vita**, cioè la capacità di immaginare che cosa si vuole e per che cosa vale la pena impegnare energie e responsabilità. Si tratta di un progetto che magari subirà imprevisti e variazioni, che non potrà definirsi una volta per tutte, ma che permetterà di stabilire un orientamento, una traccia per l'intera esistenza.

■ Studio Red Nose, Winter DVD Guide, 2005, The New York Time Magazine, Special Advertising Magazine. *Crescere significa anche sviluppare un certo spirito critico ed elaborare un progetto di vita.*

1.3 L'accettazione di sé

La prima condizione per un percorso di crescita è la serena **accettazione di se stessi**. È, forse, la conquista più grande per ogni uomo, perché accettare se stessi è tutt'altro che scontato e spesso è il frutto di un lungo cammino.

Questo succede perché la società, in primo luogo, ci impone forti condizionamenti. Basti pensare, per esempio, ai modelli fisici dominanti: guai a non vestire alla moda, guai a essere grassi oppure bassi di statura...

L'**aspetto fisico**, in effetti, è parte dell'essere umano. La persona è "anima e corpo", un insieme di tratti spirituali e materiali, interiori ed esteriori. Si capisce allora come sia importante essere apprezzati anche per il proprio aspetto fisico e come la cura del corpo sia un riflesso del rispetto profondo che si deve a tutta la persona. Ma inseguire a tutti i costi certi modelli propinati dalla pubblicità o dalla televisione può portare a gravi conseguenze: a diete inutili (talvolta dannose), a eccessi in palestra, agli abusi della chirurgia estetica, a vere e proprie malattie.

Accettare il proprio fisico – che non esclude il cercare di migliorarlo, naturalmente – è un segno di amore verso di sé. È uno dei primi passi verso quello "star bene" con se stessi, che caratterizza la persona adulta equilibrata.

■ N. Rockwell, *Girl at Mirror*, 1954, Stockbridge, Norman Rockwell Museum. *Accettare il proprio fisico è un segno dell'amore verso se stessi.*

2. In relazione con gli altri

2.1 La relazione con gli adulti

Un aspetto importante nel cammino di crescita dell'adolescente che si incammina verso la maggiore età è quello del rapporto con i "grandi", con gli **adulti**, primi fra tutti i **genitori**.

L'età dell'adolescenza (cfr. nucleo 1, unità 1) è caratterizzata da una fase di confronti e anche di conflitti. Ai genitori – e agli adulti in generale – l'adolescente chiede anzitutto **credibilità**, che siano cioè persone capaci di presentare le ragioni delle loro scelte e il fondamento delle loro convinzioni. Chiede anche **pazienza** e **accoglienza**, disponibilità ad accettare i suoi errori, vicinanza (magari senza troppe prediche). Chiede che non si dimentichino di essere stati ragazzi anche loro. Chiede che sappiano mostrare affetto, incoraggiamento e preoccupazione per lui in modo nuovo, tenendo presente che non è più un bambino. In sostanza, l'adolescente chiede **serietà di rapporto**, mostrando un particolare bisogno di essere preso in considerazione davvero, per quello che è.

Essere presi sul serio vuol dire anche ricevere richieste, dover rispondere a delle attese. E il rapporto con gli adulti non si sottrae a questa regola. Servono sincerità, pazienza, comprensione anche da parte dei ragazzi, che devono mostrare fiducia e rispetto verso coloro che prendono su di sé il compito non facile di accompagnare l'adolescente che cresce. Egli, soprattutto, deve guadagnarsi la fiducia degli adulti nell'esercizio responsabile della libertà personale. In questo modo la relazione con i genitori e con gli adulti diventerà sempre più una relazione "da pari a pari", in cui l'affermazione (a volte, la difesa) della propria autonomia di figli crea pian piano uno spazio di **dialogo** che potrà diventare sempre più quello del rispetto tra persone adulte.

L'adolescente chiede agli adulti credibilità e serietà, ma anche pazienza.

La Chiesa e i giovani

I genitori sono affiancati, nel difficile compito di accompagnare i ragazzi nella loro crescita, da altre "agenzie educative", in particolare dalla scuola. Ma anche la Chiesa non si sottrae al proprio compito: a fianco delle famiglie scendono in campo sacerdoti, catechisti ed educatori per l'iniziazione cristiana dei bambini e dei ragazzi e per proporre forme di aggregazione giovanile che sappiano dare risposte credibili alle attese delle nuove generazioni.

Una preoccupazione da sempre espressa dalla comunità cristiana e in questi anni sottolineata in maniera particolare – è, per esempio, l'oggetto specifico degli orientamenti pastorali del decennio 2010-2020 – riguarda la **questione educativa**, la possibilità/capacità di educare soprattutto le giovani generazioni nella prospettiva del Vangelo. In mille modi concreti la Chiesa è in campo, con impegno, nell'educazione. Cerca e ama i giovani, cui vuole consegnare il tesoro del messaggio di Gesù, convinta che solo sulla strada di Gesù, seguendone le parole e l'esempio, l'uomo si possa realizzare pienamente, in tutti i suoi aspetti, vivendo una vita piena e felice, anche nelle difficoltà.

Il papa e i giovani

Sono molti gli esempi dell'attenzione speciale della Chiesa ai giovani. Un avvenimento particolare, che ha segnato l'inizio del nuovo millennio indicando proprio ai giovani la sollecitudine e la fiducia della comunità cristiana, è stata la celebrazione della **Giornata mondiale della gioventù** nell'ambito del grande Giubileo del **2000**, dal 15 al 20 agosto di quell'anno, a **Roma**. In quell'occasione, di fronte a una folla di quasi due milioni di giovani, l'anziano papa **Giovanni Paolo II** ha rivolto ai giovani l'invito a un futuro pieno di speranza e all'impegno diretto di ciascuno di loro a essere protagonisti del proprio futuro e di un mondo migliore. Ecco le sue parole.

"In realtà, è Gesù che cercate quando sognate la felicità; è Lui che vi aspetta quando niente vi soddisfa di quello che trovate; è Lui la bellezza che tanto vi attrae; è Lui che vi provoca con quella sete di radicalità che non vi permette di adattarvi al compromesso; è Lui che vi spinge a deporre le maschere che rendono falsa la vita; è Lui che vi legge nel cuore le decisioni più vere che altri vorrebbero soffocare. È Gesù che suscita in voi il desiderio di fare della vostra vita qualcosa di grande, la volontà di seguire un ideale, il rifiuto di lasciarvi inghiottire dalla mediocrità, il coraggio di impegnarvi con umiltà e perseveranza per migliorare voi stessi e la società, rendendola più umana e fraterna. [...] Oggi siete qui convenuti per affermare che nel nuovo secolo voi non vi presterete a essere strumenti di violenza e distruzione; difenderete la pace, pagando anche di persona se necessario. Voi non vi rassegnerete a un mondo in cui altri esseri umani muoiono di fame, restano analfabeti, mancano di lavoro. Voi difenderete la vita in ogni momento del suo sviluppo terreno, vi sforzerete con ogni vostra energia di rendere questa terra sempre più abitabile per tutti." (Giovanni Paolo II, *Veglia di preghiera*, 5-6, 19 agosto 2000)

Nel **2011** un'altra **Giornata mondiale della gioventù**, a **Madrid**, con un altro papa, **Benedetto XVI**, è tornata a ribadire in modo esemplare la medesima fiducia e speranza nei giovani e a chiedere loro di seguire Gesù con entusiasmo e fiducia. E di farlo insieme, nella comunione e condivisione della comunità intera. "Non si è cristiani da soli" ha detto il papa ai giovani, invitandoli a testimoniare la fede, garanzia di una vita piena e autentica.

Nel **2013**, infine, a **Rio De Janeiro**, durante la **Giornata mondiale della gioventù**, papa **Francesco** ha ribadito l'importanza dei giovani nel disegno divino e per il futuro. "Anche oggi il Signore continua ad avere bisogno di voi giovani per la sua Chiesa. Cari giovani, il Signore ha bisogno di voi. Anche oggi chiama ciascuno di voi a seguirlo nella sua Chiesa e a essere missionari. Cari giovani, il Signore oggi vi chiama! Non al mucchio! A te, a te, a ciascuno. Ascoltate nel cuore quello che vi dice. [...] Attraverso di voi entra il futuro nel mondo. A voi chiedo anche di essere protagonisti di questo cambiamento. Continuate a superare l'apatia, offrendo una risposta cristiana alle inquietudini sociali e politiche che si stanno presentando in varie parti del mondo. Vi chiedo di essere costruttori del mondo, di mettervi al lavoro per un mondo migliore." (Francesco, *Veglia di preghiera con i giovani*, 27 luglio 2013)

2.2 L'amicizia

Mentre il rapporto con gli adulti subisce una profonda trasformazione e talora si carica di tensioni e di prese di distanza, l'adolescenza è forse la fase della vita in cui più si avverte il valore dell'amicizia.
Con gli amici e le amiche ci si sente a proprio agio e spesso ci si può confidare, sapendo di essere immediatamente compresi. Si possono condividere interessi, passioni e molte occasioni di divertimento. Anche l'impegno nello studio o il fare insieme qualcosa per gli altri diventano occasioni di incontro.
Anche nel campo delle relazioni con i "pari" si assiste, durante l'adolescenza, a un'evoluzione importante. Avere rapporti adulti ed equilibrati significa passare da amicizie che servono a ricevere conferme al proprio modo di essere a **scambi anche impegnativi con persone di cui riconoscere e apprezzare la diversità**. A poco a poco si scopre che non è sempre necessario pensarla allo stesso modo, avere gli stessi gusti: l'amico può essere quella persona che ci stimola a superarci, che accetta e provoca il confronto proprio sulle cose nelle quali ci si scopre diversi. Pazienza, capacità di ascolto reciproco, tolleranza, comprensione sono le doti di un'amicizia più matura.
A poco a poco diventa evidente che nei rapporti con gli altri è importante **imparare a dare almeno quanto lo è ricevere**: una condizione reciproca senza la quale le amicizie anche più intense perdono di significato.

L'amicizia è molto importante durante l'adolescenza.

Gesù e l'amicizia

Gesù disse un giorno ai suoi discepoli che riteneva giusto chiamarli "amici": "Non vi chiamo più servi, perché il servo non sa quello che fa il suo padrone; ma vi ho chiamato amici, perché tutto ciò che ho udito dal Padre mio l'ho fatto conoscere a voi" (Gv 15,15).
All'amicizia egli attribuisce un valore altissimo: nessuno ha un amore più grande – afferma – di chi dà la vita per i propri amici (cfr. Gv 15,13). Proprio come farà lui per i suoi. L'amicizia che propone Gesù ai discepoli è un rapporto intenso: significa condividere strada e progetti, una meta comune. È un grande patto che unisce le persone. È fragile, come tutte le cose che riguardano gli uomini, perciò si può rompere, può essere rovinato dall'incomprensione e dal tradimento (Giuda che tradisce Gesù, ma anche Pietro e poi gli altri discepoli che nella notte dell'arresto lo abbandonano e fuggono, timorosi di essere essi stessi arrestati), ma la vera amicizia, che si fonda sul perdono, è capace di superare questi momenti.

2.3 La relazione di coppia

■ A. Casson, ***I Do*** (autopromozione). ***L'amore è improntato al rispetto e alla donazione di sé.***

Una dimensione fondamentale della persona che raggiunge il suo pieno sviluppo tra l'adolescenza e la giovinezza è l'identità sessuale, con la maturazione di rapporti sempre più ricchi di significato tra uomini e donne.

La relazione tra i sessi si carica di desideri e attese: il corpo dell'uomo e quello della donna presentano il loro aspetto più completo e affascinante, mentre il carattere, le doti, la psicologia di ciascuno diventano fonte di simpatia, di confidenza, di affidamento.

A poco a poco si passa da una fase in cui l'altro aiuta ad approfondire la scoperta di se stessi a quella in cui verso l'altra persona matura un'**attenzione vera**, un **profondo rispetto**, il **volere il suo bene innanzitutto**. Si passa dunque dall'innamoramento all'**amore**, che impegna grandemente la libertà di ogni persona.

La prospettiva cristiana

Il cristianesimo considera la sessualità e il legame tra l'uomo e la donna, ossia l'amore umano, come manifestazioni privilegiate della legge dell'amore e della stessa natura del rapporto tra Dio e gli uomini. L'essere coppia risponde alla fondamentale chiamata dell'uomo a realizzarsi nell'amore e a essere fecondo. Per questo l'orizzonte ultimo del legame che unisce l'uomo e la donna è quello del **matrimonio**, nel quale si compie la donazione reciproca e totale dei coniugi, che realizzano una piena comunione di vita.

L'insegnamento della Chiesa, in tema di sessualità, è spesso avvertito come pieno di divieti e ormai superato dai fatti e dagli orientamenti della società contemporanea. In realtà, per i cristiani non si tratta di fissare l'attenzione sulle proibizioni, ma piuttosto di non perdere di vista l'obiettivo proposto all'amore tra l'uomo e la donna. L'invito alla coscienza di ogni persona è quello di tenere un comportamento sessuale degno della persona umana e quindi improntato non all'egoismo ma **al rispetto e alla dona-**

zione di sé, cosa che comporta anche, tra l'altro, la pratica dell'astinenza e della rinuncia. L'astinenza e la rinuncia, però, non devono essere fini a se stesse, ma vissute nella logica di un "amore più grande", che osserva anche la regola della gradualità. Così, per esempio, l'unione sessuale acquista significato pieno nel matrimonio, legame definitivo, che sancisce in modo evidente la prospettiva di dono totale, eterno e reciproco di sé tra l'uomo e la donna.

Una sessualità responsabile

Una sessualità matura, eticamente corretta secondo i valori cristiani, è quella che presenta le seguenti caratteristiche:

- **oblatività** → l'amore oblativo è un amore che "si offre", è l'esatto contrario dell'egoismo. In questo caso la sessualità è libera da motivazioni egocentriche infantili e orientata alla realizzazione dell'altro;
- **fedeltà** → l'amore fedele si impegna nel tempo, senza riserve. In questo caso la sessualità va oltre il piacere, oltre il sentimento, oltre le difficoltà che può incontrare, vivendo nella pazienza e nell'accettazione dell'altra persona;
- **fecondità** → l'amore fecondo rifiuta il ripiegamento su di sé. In questo caso la sessualità è aperta alla vita, è creatrice di vita (non solo fisica): mira al pieno sviluppo della propria vita e della vita dell'"altro";
- **socialità** ed **ecclesialità** → l'amore responsabile rifiuta il ripiegamento nella sfera del privato. In questo caso la sessualità non è privata e privatizzante, ma creatrice di socialità e di ecclesialità, testimonianza di amore, di soluzione condivisa dei problemi.

H. Moore, ***Harlow Family Group***, 1954-55, Harlow. *Per il cristianesimo la sessualità è aperta alla fecondità.*

3. Il progetto

L'adolescenza è l'età dei progetti. È il periodo in cui un ragazzo o una ragazza si chiedono chi sono e chi vogliono essere. Magari il progetto che delineano non sarà preciso nei particolari, ma i suoi orientamenti di fondo vengono decisi proprio in questa fase.
Per questo motivo, nelle pagine che seguono offriremo diversi spunti relativi ad alcuni ambiti che riteniamo particolarmente importanti, con i quali varrà la pena confrontarsi.

3.1 Il matrimonio

L'istituzione e il valore

Il matrimonio è un'istituzione che esiste da sempre ed è condivisa da culture diverse, pur con molte differenze da una parte all'altra del mondo. È l'incontro tra un uomo e una donna che insieme costituiscono una coppia e danno origine a una famiglia, a un "gruppo nuovo" all'interno della società, generando figli e stabilendo un regime di relazioni particolari, diverse rispetto a quelle comuni; il matrimonio è un valore. La **famiglia** è indicata come cellula primaria e vitale della società.
A sottolineare l'importanza dell'unione matrimoniale tra un uomo e una donna sono i molti e diversi riti matrimoniali presenti nei gruppi umani di ogni tempo e di ogni luogo; si tratta di riti spesso molto solenni, per sottolineare la sacralità dell'atto. Ci sono poi leggi e usanze che "proteggono" il matrimonio e che ne hanno a cuore l'ordine e la stabilità.

■ P.S. Caballero, Cartolina per "Roger la Borde", 2002. ***La Chiesa dà molta importanza al matrimonio.***

Un'istituzione in crisi?

La nostra società riconosce nel matrimonio un valore importante, anche se le trasformazioni nella vita e nel modo di pensare delle persone, avvenute con grande rapidità negli ultimi decenni, hanno introdotto non pochi elementi di crisi nella stessa considerazione del matrimonio e in particolare del matrimonio cristiano.
Le statistiche dicono che le unioni matrimoniali sono in calo, mentre **aumentano le convivenze** che non hanno un preciso riconoscimento giuridico. **Crescono anche i divorzi** e **diminuisce la durata** media dei legami coniugali.
Un altro dato significativo è quello che riguarda il **calo progressivo delle nascite**. Le famiglie incontrano molte difficoltà, legate anche a complessi fattori economici, e questo si ripercuote sulla loro fecondità. A volte i figli sono considerati un ostacolo, perché costa mantenerli, perché creano problemi alla vita professionale, perché chiedono cura e questo obbliga a una serie di comportamenti avvertiti talvolta come rinunce insopportabili.

Il matrimonio cristiano

Il matrimonio religioso, cattolico, in Italia viene scelto ancora da una buona parte delle coppie, anche se meno rispetto al passato e talvolta più per consuetudine che per una scelta consapevole.

Per questo la comunità cristiana da tempo moltiplica gli sforzi per una catechesi adeguata e per una preparazione responsabile dei fidanzati al sacramento del matrimonio. Si tratta di avvicinare con consapevolezza uomini e donne a un sacramento che, spiega il *Catechismo degli adulti*, "contiene e manifesta la nuova alleanza, l'unione di Cristo e della Chiesa. L'amore umano è simbolo di quello di Cristo; l'amore di Cristo è modello e sostegno di quello umano" (n. 732).

Il matrimonio cristiano chiede un **impegno libero e consapevole dei due sposi**. Sono loro, infatti, i ministri del sacramento, cioè coloro che lo celebrano. Nello stesso tempo sono coloro che lo ricevono.

I due sposi operano una scelta libera, ispirata dall'amore reciproco, legandosi l'un l'altro, impegnando la propria persona e l'intera esistenza. Durante il rito del matrimonio, la formula usata per esprimere il consenso nuziale chiarisce bene la responsabilità assunta: si tratta di un progetto globale di vita, che prevede la totale donazione reciproca.

Coppia di sposi dopo il rito cattolico del matrimonio.

Per la Chiesa il consenso mediante il quale gli sposi si donano reciprocamente **è suggellato da Dio** stesso e l'alleanza degli sposi richiama la stessa alleanza di Dio con gli uomini. Il vincolo matrimoniale è dunque stabilito da Dio stesso e il matrimonio concluso e consumato tra battezzati **non può mai essere sciolto**. In questa prospettiva esigente di vita, gli sposi ricevono in dono lo Spirito Santo, per renderli capaci di amarsi. Gesù Cristo resta con loro per accompagnarli nel cammino, aiutarli nelle difficoltà, sostenerli nel dono reciproco della vita quotidiana, quella vita che inevitabilmente si misura con la fragilità e le fatiche di ciascuno.

Per i cristiani, infine, il matrimonio è anche impegno di apertura alla **fecondità**. Tocca poi agli sposi, attenti alle loro singolari esigenze di vita, alle condizioni storiche e sociali, ben consapevoli del significato dell'impegno matrimoniale che si muove sempre nella logica del dono e della speranza, decidere sulla paternità e sulla maternità.

La formula del consenso nuziale

Dal 2004 la Chiesa cattolica ha rivisto il rito del matrimonio; questa è la formula che pronunciano gli sposi durante la cerimonia.

Io ...... accolgo te ...... come mia/mio sposa/sposo. Con la grazie di Cristo, prometto di esserti fedele sempre, nella gioia e nel dolore, nella salute e nella malattia, e di amarti e onorarti tutti i giorni della mia vita.

Rito cattolico del matrimonio.

La fecondità del matrimonio è poi estesa alla crescita e all'educazione dei figli, ma è anche intesa nel senso di **apertura agli altri**, di accoglienza e fraternità, di sacrificio e carità, di capacità di rapporto con le persone e la comunità. Sono le caratteristiche che fanno della **famiglia**, fondata sul matrimonio, un'immagine della stessa Chiesa, al punto che la tradizione, ripresa dal Vaticano II, ha potuto definirla "chiesa domestica".

La contraccezione

Una maternità e una paternità responsabili significano anche conoscenza e capacità di regolare la fecondità. A questo scopo la nostra società e il progresso scientifico mettono a disposizione dell'uomo e della donna strumenti molteplici che intervengono nel processo di fecondazione.

La Chiesa ritiene **illeciti** i metodi contraccettivi che separano l'atto sessuale coniugale dalla procreazione, intervenendo artificiosamente per impedirla (così il preservativo, la pillola ecc.), mentre consiglia i cosiddetti "metodi naturali", basati sulla conoscenza dei periodi naturalmente infecondi della donna.

Al di là delle proibizioni, la Chiesa invita a rispettare la pienezza dell'amore coniugale, sempre dono di sé, da esprimere con coerenza e superando atteggiamenti egoistici.

Naturalmente una questione a parte si pone con l'aborto o con quegli strumenti chimici che di fatto producono l'aborto, anche precocissimo, per evitare una gravidanza indesiderata: per la Chiesa si tratta sempre di atti inaccettabili, poiché, lo abbiamo già visto, la vita umana, fin dal concepimento, è "indisponibile".

Verginità e celibato

Tra i modelli di vita proposti dal cristianesimo non vi è solo quello matrimoniale. Fin dalle origini della Chiesa esistono uomini e donne che rinunciano alla prospettiva del matrimonio e dell'unione di coppia "per il regno dei cieli". Così è per sacerdoti, frati e suore.

Non si tratta di una scelta in contrapposizione al matrimonio. La decisione per la verginità e la castità è piuttosto **un altro modo**, particolarmente efficace, **di manifestare la propria dedizione totale al Vangelo**, è un segno forte del legame con Cristo e dell'attesa del suo ritorno.

In questa prospettiva rientra anche la questione del **celibato dei sacerdoti**: si tratta del segno di un servizio totalmente dedicato al Signore ed è richiesto da una precisa legge ecclesiastica della Chiesa romana. Oggi si discute molto sull'opportunità di mantenere tale regola, sottolineando che matrimonio e sacerdozio ordinato non si contrappongono. Di fatto nelle Chiese orientali uomini sposati possono essere ordinati diaconi e presbiteri; i vescovi, però, vengono scelti unicamente tra quanti vivono nel celibato.

Cerimonia di ordinazione di un sacerdote. *I sacerdoti cattolici devono rimanere celibi, come segno di servizio dedicato totalmente a Dio.*

3.2 L'impegno sociale e politico

La scelta di fede non è qualcosa che possa rimanere relegata nel privato: essa deve animare ogni agire dell'uomo, in ogni campo.

Il *Catechismo della Chiesa cattolica* si spinge a indicare il "dovere" della partecipazione attiva di ciascuno agli "scambi sociali" come un "dovere inerente alla dignità della persona umana" (n. 1913). Si tratta della necessità di un impegno "volontario e generoso" del credente, ciascuno secondo il posto che occupa – la propria condizione sociale, il proprio lavoro ecc. – per la promozione del **bene comune**. Ma che cosa bisogna intendere per "bene comune"? Ancora il *Catechismo della Chiesa cattolica* spiega: "Per bene comune si deve intendere l'insieme di quelle condizioni della vita sociale che permettono ai gruppi, come ai singoli membri, di raggiungere la propria perfezione più pienamente e più speditamente" (n. 1906).

Don Luigi Sturzo, fondatore del Partito Popolare Italiano, fu un esempio di cattolico impegnato nella politica.

Condizioni essenziali per questo bene comune sono tre: anzitutto **il rispetto della persona**, vero perno intorno al quale dovrebbe ruotare l'intera società; poi **il benessere sociale** e lo sviluppo del gruppo, che comprende la possibilità per tutti di accedere ai beni di cui si ha bisogno (dal vitto alla salute, dall'educazione al lavoro); infine **la stabilità e la sicurezza in un ordine giusto**, cioè rispettoso di tutti, sole condizioni per la pace.

La prospettiva di un **impegno politico** dei cristiani è dunque quella della costruzione di una comunità di persone in cui le famiglie e i gruppi, consapevoli dell'importanza e della necessità di agire insieme, per raggiungere il benessere e svolgere una vita autenticamente umana, costruiscono relazioni ordinate e interdipendenti, collaborative, rivolte al bene di tutti.

Questo comporta, tra l'altro, una **scelta preferenziale per i più deboli**, per quanti, cioè, hanno meno possibilità di vederle riconosciuti i loro bisogni. La Chiesa, in senso generale, parla di scelta preferenziale per i poveri, che corrisponde a un preciso orientamento evangelico. Nell'ambito dell'impegno sociale e politico, questo significa attenzione agli ultimi, agli emarginati, ai senza casa...; significa impegno contro l'esclusione sociale, per l'offerta a tutti di degne opportunità, per l'assistenza, per l'accoglienza.

Vista questa prospettiva, si capisce l'espressione di papa Paolo VI, che indicava la politica "forma alta" della carità, "maniera esigente di vivere l'impegno cristiano al servizio degli altri".

L'unità politica dei cattolici

In Italia, per un lungo periodo nella seconda metà del Novecento, vi è stata una certa sovrapposizione tra impegno politico e militanza partitica, con il partito della Democrazia cristiana e un certo "collateralismo" della Chiesa. Si tratta ormai di una situazione superata da tempo e la stessa Chiesa italiana, che pure non manca di intervenire sui temi politici, lo fa indicando esigenze e prospettive, restando però fuori il più possibile dalle dinamiche di schieramento.

La responsabilità della mediazione tra i valori di riferimento e i programmi e le indicazioni concrete di azione suggerite dai partiti resta inevitabilmente compito dei singoli credenti: per questo sono possibili militanze e scelte di campo diverse tra cattolici.

L'immagine

L'illustratore israeliano Asaf Hanuka ha realizzato questa illustrazione per la rivista "U.S. News and World Report".

A. Hanuka, illustrazione per "U.S. News and World Report".

Leggi l'immagine

1. Pensi che l'illustratore possa rappresentare la distanza che separa spesso gli adolescenti dagli adulti? Perché?
2. Per quale motivo gli adulti sembrano disinteressarsi dei ragazzi? Da che cosa lo capisci?
3. Ti riconosci anche tu nell'illustrazione? Perché? In che cosa?
4. Come rappresenteresti il rapporto che hai tu con gli adulti?

Documenti

1. Adolescenti oggi: fragili e spavaldi

- Gli adolescenti, l'educazione e la catechesi
- Agli amici
- L'amicizia come amore per Dio
- Amicizia fra ragazzi e ragazze

Chiave di lettura

Gustavo Pietropolli Charmet, psichiatra e docente universitario, esperto in problemi dell'adolescenza, definisce gli adolescenti di oggi "fragili" e insieme "spavaldi".

La preoccupazione degli adulti che a vario titolo e con diversi mandati si occupano dell'adolescente consiste nell'avvertire come, nonostante le apparenze, la fragilità sia una caratteristica frequente nel nuovo adolescente. Ne rimangono sorpresi e spesso allarmati, perché non riescono a immaginare quali possano essere le conseguenze dell'esposizione al rischio della demotivazione da parte degli adolescenti. Capiscono che, per conservare la relazione con loro e mantenere aperto il canale del dialogo, è necessario evitare un eccesso di frustrazione e che, se si garantisce un supporto relazionale caratterizzato da un certo livello di riconoscimento, si possono ottenere impegno e mobilitazione delle risorse, che possono essere scadenti e venire riconosciute come tali dallo stesso adolescente, dato che non è affatto fragile da questo punto di vista.

Basta poco per demotivare l'adolescente fragile, col risultato di avere in classe degli studenti che non sono studenti, o in casa dei figli che si rifiutano di essere figli, ma si considerano ospiti di passaggio, diretti verso ben altre dimore, dove saranno trattati per ciò che realmente sono e non per ciò che risulta all'anagrafe.

■ Miki Amano, *Senza titolo*, 2004, Collezione privata.

D'altra parte è vero che, se l'adolescente fragile decide di esserci e di partecipare, è molto efficiente, creativo, entusiasta. Se è motivato, si impegna in modo particolare a far andare bene il progetto in cui è coinvolto, ci tiene moltissimo e si identifica facilmente con le finalità da perseguire, mettendosi a disposizione, facendo coincidere il sentimento di valore della propria persona col raggiungimento dell'obiettivo concordato. Proprio questa discrepanza fra ciò che riesce a essere all'interno di una relazione, o se collocato in un certo progetto di squadra o di gruppo, e come non ci riesca in altre relazioni e in altri contesti sorprende maggiormente gli adulti, che non sono educati a tener conto della suscettibile sensibilità del nuovo adolescente. Quest'ultimo pensa e lavora solo se il "clima relazionale" è quello adatto a lui: a temperature affettive troppo basse si congela e non dà più segni di vita, mentre a temperature troppo alte, quella della passione e del conflitto, si blocca perché preferisce non essere coinvolto in questioni di cui non capisce bene il senso.

Non gli sembra che valga la pena prendersela così tanto per delle faccende che lo riguardano marginalmente. [...]
Agli occhi degli adulti, i nuovi adolescenti sono soverchiati dai privilegi, soddisfatti dai genitori prima ancora che possano desiderare alcunché, alle prese con una scuola che ormai ha ammainato le vele e non chiede nemmeno più che si paghino gli enormi debiti accumulati in anni di pirateria scolastica. Così sarebbero esposti a soffrire gravemente di noia, non perché si trovano a giocarsi la giovinezza in assenza di occasioni e di stimoli, ma perché ne hanno troppi e hanno fatto, fin da piccoli, indigestione di privilegi e vizi di ogni tipo. Conseguentemente, ora non sanno più come gestire il loro sconfinato tempo libero, perché hanno già fatto tutto, di corsa, troppo presto, senza alcuna fatica, ma senza neanche avere il tempo di gustarne il sapore. [...]
Ma in realtà le cose non stanno esattamente così. [...] Il nostro adolescente non si annoia, ma contempla sgomento la pochezza del mondo che gli hanno preparato ed è costretto a chiedersi come possa renderlo più interessante. Non è affatto ottimista sull'esito dell'operazione e quasi sempre decide di non interessarsi ad azioni trasformatrici, limitandosi a soffrirne il meno possibile; spesso si costruisce, in alternativa, un mondo parallelo fatto del piccolo gruppo di amici e amiche, con cui prendere in giro il mondo esterno.

G. Pietropolli Charmet, *Fragile e spavaldo. Ritratto dell'adolescente di oggi*, Laterza, Roma-Bari 2010

L'attività

1 Questo testo è (evidentemente) scritto da un adulto, eppure afferma che gli adulti non comprendono le esigenze degli adolescenti e le loro fragilità. Sei d'accordo con quanto afferma l'autore?

2 Anche a te è capitato di "dare il meglio" in un contesto in cui ti sentivi motivato?

3 Ma davvero gli adolescenti di oggi hanno tutto e per questo si annoiano? Confrontati con i compagni.

2. L'egoismo dell'amore

La lussuria, amore senza amore

Chiave di lettura

Spesso l'amore è un sentimento che tiene conto di sé più che dell'altro.

"Ti amo" nella nostra bocca significa spesso: "fammi sentire importante, fammi ammirare dagli altri, fammi godere, rassicurami, proteggimi, riempi la mia solitudine". È un "ti amo" molto centrato su se stessi. Molti amori cominciano con "non posso vivere senza di te!" e finiscono con "non posso vivere con te". Amori eterni consumati in una settimana.
Sant'Agostino, scrivendo a un giovane di ieri, aiuta a capire il senso della coppia a chi ama oggi. È l'amore che diventa sangue della vita... "Giovane amico, se ami, questo è

il miracolo della vita. Entra nel sogno con occhi aperti e vivilo con amore fermo. Il sogno non vissuto è una stella da lasciare in cielo. Ama la tua donna senza chiedere altro all'infuori dell'eterna domanda che fa vivere di nostalgia i vecchi cuori. Ma ricordati che più ti amerà e meno te lo saprà dire. Guardala negli occhi affinché l'anima tremi e si bagni di una lacrima la pupilla chiara. Stringile la mano affinché le dita si vincolino con il disperato desiderio di unirsi ancora; e le mani e gli occhi dicano le sicure promesse del vostro domani. Ma ricorda ancora, che se i corpi si riflettono negli occhi, le anime si vedono nelle sventure. Non sentirti umiliato nel riconoscere una sua qualità che non possiedi. Non crederti superiore, poiché solo la vita dirà la vostra diversa sventura. Non imporre la tua volontà a parole, ma soltanto con l'esempio. Questa sposa, tua compagna di quell'ignoto cammino che è la vita, amala e difendila, poiché domani ti potrà essere di rifugio. E sii sincero, giovane amico; se l'amore sarà forte, ogni destino vi farà sorridere. Amala come il sole che invochi al mattino. Rispettala come un fiore che aspetta la luce dell'amore. Sii questo per lei e, poiché questo deve essere lei per te, ringraziate insieme Dio, che vi ha concesso la grazia più luminosa della vita!".

R. Perricone - T. Solarino, *La grammatica della vita*,
Elledici, Leumann 2003

L'attività

1. Pensi che abbia ragione sant'Agostino nel definire l'amore? Tu come lo definiresti?
2. Si può voler bene in modo totale, fedele, unico alla stessa persona per tutta la vita?
3. Lavora con i compagni: ognuno propone una sua breve definizione dell'amore e la scrive su un foglietto. Tutti i foglietti saranno appesi su un grande cartellone, al centro del quale scriverete la vostra definizione "di classe" dell'amore.

3. Il matrimonio cristiano

Chiave di lettura

Il Concilio Vaticano II si esprime sul matrimonio cristiano, sacramento indissolubile.

L'intima comunità di vita e d'amore coniugale, fondata dal Creatore e strutturata con leggi proprie, è stabilita dall'alleanza dei coniugi, vale a dire dall'irrevocabile consenso personale. E così, è dall'atto umano col quale i coniugi mutuamente si danno e si ricevono, che nasce, anche davanti alla società, l'istituzione del matrimonio, che ha stabilità per ordinamento divino. In vista del bene dei coniugi, della prole e anche della società, questo legame sacro non dipende dall'arbitrio dell'uomo. Perché è Dio stesso l'autore del matrimonio, dotato di molteplici valori e fini: tutto ciò è di somma importanza per la continuità del genere umano, il progresso personale e la sorte eterna di ciascuno dei membri della famiglia, per la dignità, la stabilità, la pace e la prosperità della stessa famiglia e di tutta la società umana.
Per la sua stessa natura l'istituto del matrimonio e l'amore coniugale sono ordinati alla procreazione e alla educazione della prole e in queste trovano il loro coronamento. E così l'uomo e la donna, che per l'alleanza coniugale "non sono più due, ma una sola carne" (Mt

19,6), prestandosi un mutuo aiuto e servizio con l'intima unione delle persone e delle attività, esperimentano il senso della propria unità e sempre più pienamente la conseguono.

Questa intima unione, in quanto mutua donazione di due persone, come pure il bene dei figli, esigono la piena fedeltà dei coniugi e ne reclamano l'indissolubile unità.

■ Perugino, *Lo sposalizio della Vergine*, 1500-04 ca, Caen, Musée des Beaux Arts.

Cristo Signore ha effuso l'abbondanza delle sue benedizioni su questo amore dai molteplici aspetti, sgorgato dalla fonte della divina carità e strutturato sul modello della sua unione con la Chiesa. Infatti, come un tempo Dio ha preso l'iniziativa di un'alleanza di amore e fedeltà con il suo popolo, così ora il Salvatore degli uomini e sposo della Chiesa viene incontro ai coniugi cristiani attraverso il sacramento del matrimonio. Inoltre rimane con loro perché, come egli stesso ha amato la Chiesa e si è dato per essa, così anche i coniugi possano amarsi l'un l'altro fedelmente, per sempre, con mutua dedizione. L'autentico amore coniugale è assunto nell'amore divino ed è sostenuto e arricchito dalla forza redentiva del Cristo e dalla azione salvifica della Chiesa, perché i coniugi in maniera efficace siano condotti a Dio e siano aiutati e rafforzati nello svolgimento della sublime missione di padre e madre. Per questo motivo i coniugi cristiani sono fortificati e quasi consacrati da uno speciale sacramento per i doveri e la dignità del loro stato. Ed essi, compiendo con la forza di tale sacramento il loro dovere coniugale e familiare, penetrati dello spirito di Cristo, per mezzo del quale tutta la loro vita è pervasa di fede, speranza e carità, tendono a raggiungere sempre più la propria perfezione e la mutua santificazione, e assieme rendono gloria a Dio.

Concilio Vaticano II, *Gaudium et spes*, n. 48

L'attività

1. Da chi dipende il legame fra i coniugi sancito dal matrimonio? Quali conseguenze ha questo fatto?
2. A quale fine è orientato il matrimonio cristiano?
3. Credi anche tu che il matrimonio sia una reciproca donazione dei coniugi? Questo significa che l'uomo e la donna devono perdere la loro individualità e "annullarsi" come persone?

Documenti

4. L'importanza della famiglia

Il valore del celibato dei sacerdoti

Chiave di lettura

La famiglia (che deriva dal matrimonio) è la prima comunità in cui si forma l'individuo e in cui si pongono le basi per la sua educazione.

Nell'orizzonte della comunità cristiana, la famiglia resta la prima e indispensabile comunità educante. Per i genitori, l'educazione è un dovere essenziale, perché connesso alla trasmissione della vita; originale e primario rispetto al compito educativo di altri soggetti; insostituibile e inalienabile, nel senso che non può essere delegato né surrogato. Educare in famiglia è oggi un'arte davvero difficile. Molti genitori soffrono, infatti, un senso di solitudine, di inadeguatezza e, addirittura, d'impotenza. Si tratta di un isolamento anzitutto sociale, perché la società privilegia gli individui e non considera la famiglia come sua cellula fondamentale.

Padri e madri faticano a proporre con passione ragioni profonde per vivere e, soprattutto, a dire dei "no" con l'autorevolezza necessaria. Il legame con i figli rischia di oscillare tra la scarsa cura e atteggiamenti possessivi che tendono a soffocarne la creatività e a perpetuarne la dipendenza. Occorre ritrovare la virtù della fortezza nell'assumere e sostenere decisioni fondamentali, pur nella consapevolezza che altri soggetti dispongono di mezzi potenti, in grado di esercitare un'influenza penetrante.

La famiglia, a un tempo, è forte e fragile. La sua debolezza non deriva solo da motivi interni alla vita della coppia e al rapporto tra genitori e figli. Molto più pesanti sono i condizionamenti esterni: il sostegno inadeguato al desiderio di maternità e paternità, pur a fronte del grave problema demografico; la difficoltà a conciliare l'impegno lavorativo con la vita familiare, a prendersi cura dei soggetti più deboli, a costruire rapporti sereni in condizioni abitative e urbanistiche sfavorevoli. A ciò si aggiunga il numero crescente delle convivenze di fatto, delle separazioni coniugali e dei divorzi, come pure gli ostacoli di un quadro economico, fiscale e sociale che disincentiva la procreazione. Non si possono trascurare, tra i fattori destabilizzanti, il diffondersi di stili di vita che rifuggono

La famiglia è la prima comunità educatrice per l'individuo.

dalla creazione di legami affettivi stabili e i tentativi di equiparare alla famiglia forme di convivenza tra persone dello stesso sesso.
Nonostante questi aspetti, l'istituzione familiare mantiene la sua missione e la responsabilità primaria per la trasmissione dei valori e della fede. Se è vero che la famiglia non è la sola agenzia educatrice, soprattutto nei confronti dei figli adolescenti, dobbiamo ribadire con chiarezza che c'è un'impronta che essa sola può dare e che rimane nel tempo. La Chiesa, pertanto, si impegna a sostenere i genitori nel loro ruolo di educatori, promuovendone la competenza mediante corsi di formazione, incontri, gruppi di confronto e di mutuo sostegno.

Educare alla vita buona del Vangelo (Orientamenti pastorali dell'episcopato italiano per il decennio 2010-2020), 36

L'attività

1. Oggi i genitori faticano sempre più a dire dei "no" ai propri figli e oscillano fra scarsa cura e atteggiamenti possessivi. Sei d'accordo con queste affermazioni? In quale condizione ti collocheresti tu?
2. Lavorando in gruppo con i compagni, raccogli informazioni sulle percentuali relative ai matrimoni civili e religiosi, alle convivenze, ai divorzi negli ultimi trent'anni in Italia. Quali sono i più vistosi cambiamenti rispetto al passato? Quali conseguenze (positive e negative) portano con sé questi cambiamenti?
3. Oggi in Italia e nel mondo è molto vivo il dibattito fra chi vorrebbe i matrimoni fra persone dello stesso sesso e chi vi si oppone fermamente. Qual è la tua opinione in proposito? Discutine in classe.

5. La Chiesa e la politica

- Il rispetto della persona e il benessere sociale
- L'impegno sociale del cristiano

Chiave di lettura

Nel 2002 la Congregazione per la dottrina della fede, approvata da papa Benedetto XVI, ha dato alcune indicazioni per guidare i cristiani impegnati nella vita politica.

Con il suo intervento in questo ambito, il Magistero della Chiesa non vuole esercitare un potere politico né eliminare la libertà d'opinione dei cattolici su questioni contingenti. Esso intende invece — come è suo proprio compito — istruire e illuminare la coscienza dei fedeli, soprattutto di quanti si dedicano all'impegno nella vita politica, perché il loro agire sia sempre al servizio della promozione integrale della persona e del bene comune. L'insegnamento sociale della Chiesa non è un'intromissione nel governo dei singoli paesi. Pone certamente un dovere morale di coerenza per i fedeli laici, interiore alla loro coscienza, che è unica e unitaria. "Nella loro esistenza non possono esserci due vite parallele: da una parte, la vita cosiddetta 'spirituale', con i suoi valori e con le sue esigenze; e dall'altra, la vita cosiddetta 'secolare', ossia la vita di famiglia, di lavoro, dei rapporti sociali, dell'impegno politico e della cultura. Il tralcio, radicato nella vite che è Cristo, porta i suoi frutti in ogni settore dell'attività e dell'esistenza. Infatti, tutti i vari campi della vita laicale rientrano nel disegno di Dio, che li vuole come 'luogo storico' del rivelarsi e del realizzarsi dell'amore di Gesù Cristo a gloria del Padre e a servizio dei fratelli. Ogni attività, ogni situazione, ogni impegno concreto — come, ad esempio, la competenza e la solidarietà nel lavoro, l'amore e la dedizione nella famiglia e nell'educazione dei figli, il servizio sociale e politico, la proposta della verità nell'ambito della cultura — sono occasioni provvidenziali per un 'continuo esercizio della fede, della speranza e della carità' ". Vivere e agire politicamente in conformità alla propria coscienza non è un succube adagiarsi su posizioni estranee all'impegno politico o su una forma di confessionalismo, ma l'espressione con cui i cristiani offrono il loro coerente apporto perché attraverso la politica si instauri un ordinamento sociale più giusto e coerente con la dignità della persona umana.

Nelle società democratiche tutte le proposte sono discusse e vagliate liberamente. Coloro che in nome del rispetto della coscienza individuale volessero vedere nel dovere morale dei cristiani di essere coerenti con la propria coscienza un segno per squalificarli politicamente, negando loro la legittimità di agire in politica coerentemente alle proprie convinzioni riguardanti il bene comune, incorrerebbero in una forma di intollerante laicismo. In questa prospettiva, infatti, si vuole negare non solo ogni rilevanza politica e culturale della fede cristiana, ma perfino la stessa possibilità di un'etica naturale. Se così fosse, si aprirebbe la strada a un'anarchia morale che non potrebbe mai identificarsi con nessuna forma di legittimo pluralismo. La sopraffazione del più forte sul debole sarebbe la conseguenza ovvia di questa impostazione. La marginalizzazione del cristianesimo, d'altronde, non potrebbe giovare al futuro progettuale di una società e alla concordia tra i popoli, e anzi insidierebbe gli stessi fondamenti spirituali e culturali della civiltà.

Congregazione per la dottrina della fede, *Nota dottrinale circa alcune questioni riguardanti l'impegno e il comportamento dei cattolici nella vita politica*, 24 novembre 2002

■ In questo manifesto elettorale del secondo dopoguerra, si vede un pungale con la scritta "Voto cristiano" che difende una famiglia dai serpenti del divorzio e del libero amore. ***Oggi la Chiesa non vuole condizionare la politica, ma quest'ultima può essere un'occasione per esercitare la fede.***

L'attività

1. La Chiesa vuole interferire con la libertà di opinione dei cattolici, dando indicazioni sul modello etico da seguire? Qual è il suo scopo?
2. Quale rischio vede la Chiesa, se si marginalizzasse il cristianesimo o si negasse ogni valore politico e culturale alla fede cristiana?
3. Credi che la politica e la religione siano due ambiti assolutamente separati, che dovrebbero procedere rispettandosi ma ignorandosi oppure ritieni che debbano interagire fra loro? Discutine in classe con i compagni.

Verifica

Verifica le parole-chiave

Sulla base dei contenuti svolti nell'unità, spiega con una breve definizione il significato delle "parole-chiave" indicate nell'elenco che segue. In classe o anche individualmente si possono aggiungere altre parole-chiave a quelle proposte.

Crescita

....

....

Accettazione di sé

....

....

Amicizia

....

....

Progetto

....

....

Matrimonio

....

....

Bene comune

....

....

Leggi, rifletti e lavora

1. Compila un elenco di quelli che ritieni essere i problemi principali di un adolescente, indicando per ciascuno una breve motivazione.
   L'elenco può essere condiviso in classe e discusso con i compagni.

2. Crescere, diventare grandi: quali sono le caratteristiche di una persona adulta? E quali, secondo te, sono le tappe successive per arrivare al traguardo della maturità?

3. Riassumi brevemente il concetto di "bene comune". Con l'aiuto dell'insegnante, imposta poi una ricerca, per individuare i riferimenti nei documenti della Chiesa cattolica che trattano del "bene comune".

4. Sessualità e matrimonio: su questi argomenti nella società contemporanea esistono orientamenti diversi. Riassumi alcuni punti-cardine dell'insegnamento della Chiesa. Per ciascuno, indica elementi di forza e di debolezza rispetto alla "mentalità contemporanea".

5. Insieme all'insegnante, avviate in classe una discussione per comprendere meglio la posizione cattolica circa i temi della sessualità e del matrimonio.

La mappa

Ecco di nuovo alcune parole-chiave incontrate durante lo svolgimento dell'unità.

Costruisci una mappa, mettendo in relazione tra loro i concetti. Puoi lavorare da solo oppure in gruppo.

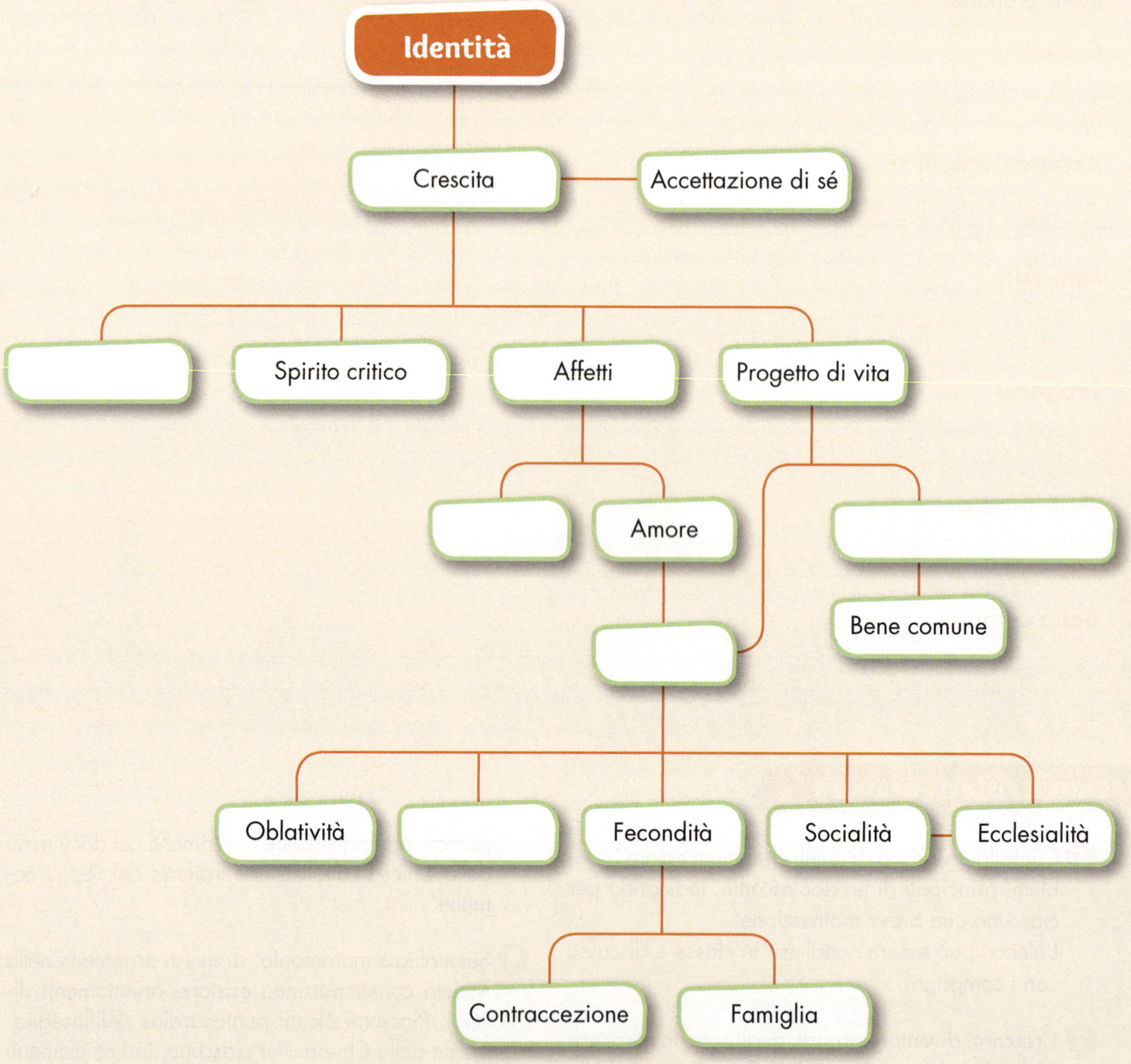

Matrimonio – Autonomia – Amicizia – Impegno sociale e politico – Fedeltà

Competenze alla prova

Leggi, rifletti e lavora

1. "Progetto di vita": si definisce così la capacità di individuare, per se stessi, un orientamento per l'esistenza. In buona sostanza, significa sapere che cosa si vuole fare, non solo dal punto di vista scolastico o lavorativo, ma, più in generale, vorrebbe indicare che tipo di persona si vuole essere. Rifletti sul tuo e personale "progetto di vita": esiste già, magari anche solo parzialmente? Quali ne sono le caratteristiche?

2. Piergiorgio Frassati, Gianna Beretta Molla, papa Giovanni Paolo II sono cristiani del Novecento. Ciascuno di loro aveva un preciso "progetto di vita". Fa' una breve ricerca su ciascuno. Sono esperienze, le loro, "provocanti" per i giovani di oggi? Che cosa insegnano?

3. Scegli uno dei personaggi indicati nell'esercizio precedente e scrivi un dialogo immaginario, nel quale tu, nei panni di un giornalista, lo intervisti circa le sue scelte di vita.

4. Eugenetica, eutanasia, clonazione... sono termini che hanno preso piede nella società contemporanea, perché lasciano intravedere la possibilità di "manipolare" la natura e la vita. Ma fino a che punto è possibile spingersi? Proponi le tue riflessioni in proposito, argomentandole e confrontandole con le affermazioni del Magistero della Chiesa.

5. Matrimonio e unioni di fatto, relazioni omosessuali, diritti individuali e sociali sono questioni ampiamente dibattute anche in Italia. Riassumi i diversi punti di vista, cercando poi il confronto, argomentato, con quello della Chiesa cattolica.

Film da vedere

- *Maledimiele* di M. Pozzi, 2010
- *Mare dentro* di A. Amenabar, 2004
- *Iqbal* di C. TH Torrini, 1998
- *L'amore inatteso* di A. Giafferi, 2010

ORIENTAMENTI... verso gli indirizzi

1. Chimica, materiali, biotecnologie

Una forte sfida al pensiero cristiano nella società contemporanea viene dallo sviluppo delle tecnologie, in particolare quelle mediche. L'aumento delle conoscenze tecniche permette, tra l'altro, interventi diretti sull'essere umano, sul patrimonio genetico, sul meccanismo stesso della formazione e della trasmissione della vita.
Con riferimento agli studi specifici, si consiglia di riflettere sul rapporto tra scienza, tecnologie e valori. Esistono (e quali sono) limiti per la ricerca (e le sue applicazioni) in campo medico e biologico? Anche in rapporto all'ambiente e al suo sfruttamento, fin dove si può spingere il ricorso alle tecnologie? Si pensi alla questione dei cibi transgenici, degli organismi geneticamente modificati, delle biotecnologie...

2. Amministrazione, finanza e marketing / Turismo / Trasporti e logistica

Competenze diverse possono essere messe alla prova a partire dalla riflessione sui valori proposti dalla Chiesa cattolica in ordine a pace, giustizia e salvaguardia del creato, anzitutto raccogliendo la sfida dello sviluppo sostenibile, nella direzione di una società più giusta e, di conseguenza, più "pacifica". Si possono raccogliere alcune esperienze in atto di cooperazione internazionale, di sostegno ai paesi poveri e alle economie in difficoltà, magari a partire da situazioni note, come quelle legate al commercio equo e solidale e ai finanziamenti per microprogetti nei paesi del Terzo mondo. Una volta raccolti i dati, si può progettare un intervento concreto, individuando obiettivi, strumenti, risorse necessarie, modalità operative.
Armonia, frugalità, sobrietà... sono valori "spendibili" e apprezzati aggi anche nell'ambito del business turistico. Si suggerisce di creare un'offerta di soggiorno che tenga conto di queste esigenze.

– La "questione ecologica" e la manipolazione dell'ambiente
– Scienza e vita

Strumenti

1 Alla scoperta della Bibbia

Rabbi Shelomo mi insegnava che la Bibbia era opera di Elohim e che per questo essa era sacra, e che Elohim aveva su di noi piena autorità, visto che dalla prima all'ultima riga la Bibbia la proclamava. Queste ammirevoli certezze nessuno si sognava di metterle in dubbio. Noi eravamo quindi impegnati in un dialogo senza fine con un Essere onnipotente e onnipresente del quale la sola testimonianza palpabile si trova nello scritto di cui egli è l'unico ispiratore, e dove il suo Nome impronunciabile ricorre 6645 volte. Questo libro era il primo e spesso l'unico che si trovava nelle biblioteche dei nostri genitori o nelle nostre sinagoghe. Là noi apprendemmo a leggere, a contare, a cantare, a pensare. In una lingua che non era parlata da nessuno intorno a noi e cominciava appena a resuscitare nelle lontane colline di Giudea.

(*A.Chouraqui,* L'amour fort comme la mort, une autobiographie, *Editions du Rocher, 1998*)

Così racconta della sua infanzia un famoso studioso ebreo, scrittore, traduttore della Bibbia e del Corano, André Chouraqui. Egli ricorda che la sua educazione, fin dall'infanzia, si basò su un unico grande libro, la Bibbia.

■ Bibbia di Gutenberg, XV secolo, Utrecht, Universiteits-biblioteek.

La Bibbia è il testo sacro fondamentale per ebrei e cristiani, anche se, come vedremo, con qualche differenza. Per loro essa contiene la Parola di Dio, perché da Dio è stata ispirata in ogni sua parte e a lui fanno riferimento tutti i suoi contenuti. Ma di che libro si tratta?

Strumenti

1. Un insieme di libri

La parola **Bibbia** deriva dal greco *biblía*, che significa "libri". La Bibbia, infatti, è un insieme di libri, come una piccola biblioteca.
Questi libri non sono stati scritti dallo stesso autore, ma **da tante persone** differenti. Inoltre non sono stati scritti nella stessa epoca, ma **nell'arco di almeno mille anni** (dal 900 circa a.C. al 100-110 d.C.). Infine non hanno tra loro lo stesso stile, ma contengono **tanti generi letterari**.
La Bibbia è dunque una raccolta di testi eterogenei, anche molto diversi l'uno dall'altro, accomunati, però, dal carattere "sacro" che viene loro attribuito da ebrei e cristiani. Entrambi, per riferirsi alla Bibbia usano anche il termine "**Sacre Scritture**".
Un altro termine usato a proposito della Bibbia è quello di **Testamento**, parola di origine latina che traduce un antico termine ebraico, *berith*. La parola è meglio traducibile in italiano con "**alleanza**" e indica infatti il patto, l'alleanza stabilita tra Dio e il suo popolo: tutta la Bibbia ha al centro questa alleanza, che si realizza anzitutto tra JHWH e Israele e, per i cristiani, si compie in modo definitivo con la venuta di Gesù Cristo, con la sua morte e risurrezione, e si estende a tutti gli uomini.
Per i cristiani esiste dunque un **Antico Testamento**, che riguarda appunto l'Antica Alleanza tra JHWH e Israele ("raccontata" nelle Sacre Scritture ebraiche) e un **Nuovo Testamento**, la Nuova Alleanza inaugurata da Gesù ("raccontata" negli scritti che parlano di Gesù Cristo e del suo annuncio). Antica e Nuova alleanza, per i cristiani (per gli ebrei l'Alleanza è una sola), non sono in contrapposizione, ma in continuità.

Bibbia

Il termine deriva dal plurale della parola *biblíon*, che significa "libro".

Testamento

Il latino *testamentum* deriva dal verbo *testor*, che significa "dare testimonianza" in modo ufficiale; gli scrittori cristiani (per primo Tertulliano) lo usarono per indicare il patto, l'alleanza fra Dio e il suo popolo, traducendo il greco *diathéke* e l'ebraico *berith*.

Tanak

Un altro termine usato dagli ebrei per indicare le loro Sacre Scritture è **Tanak**, acrostico che fa riferimento alle tre parti in cui sono suddivisi i loro libri sacri e cioè la **Torah** (La legge, il Pentateuco), i **Nebiim** (Profeti, 21 libri), i **Ketubim** (Scritti, 13 libri).

■ Great Isaiah Scroll (Grande rotolo di Isaia), particolare, 100 a.C. ca, Gerusalemme, The Israel Museum. Il rotolo, ritrovato nel sito archeologico di Qumran nel 1947, è il più antico testo di Isaia e contiene per intero tutti i 66 capitoli del libro del profeta.

2. Il canone: una decisione lunga e sofferta

Ma quali e quanti libri compongono le Sacre Scritture ebraiche e cristiane?
Per rispondere a questa domanda, bisogna prima chiarire il concetto di **canone**. Con questo termine si indica **la lista dei testi che ebrei e cristiani considerano sacri**, cioè ispirati da Dio.
Esistono molti più scritti di quelli contenuti nell'elenco ufficiale della Bibbia (e dunque considerati Sacre Scritture) che riguardano l'Antica e la Nuova Alleanza. Ma nell'arco dei secoli prima il popolo di Israele, poi la comunità dei cristiani hanno fatto delle scelte, considerando alcuni libri ispirati da Dio e altri no.
Non sono state certo scelte facili. Così, per esempio, per gli ebrei esistono due canoni, due elenchi ufficiali dei libri sacri, leggermente diversi tra loro. Quello cui si riferiscono gli ebrei di oggi si chiama **canone palestinese**, è stato fissato verso la fine del I secolo dopo Cristo e comprende **39 libri** (la Tanak).
Un secondo canone è quello **alessandrino**, composto e utilizzato dalle comunità di ebrei di lingua greca, che comprende 7 libri in più (in tutto sono **46**). La prima traduzione in greco dei testi ebraici avvenne ad Alessandria d'Egitto fra il III e il II secolo a. C.: settanta maestri ebrei cominciarono a tradurre in greco i testi ebraici della Torah, la Legge (i primi cinque libri delle Sacre Scritture). Il problema era rendere accessibili i libri sacri agli ebrei che ormai non parlavano più l'ebraico e comprendevano invece il greco. Questa traduzione, detta "**dei Settanta**", ebbe subito una grande diffusione nel mondo di allora, dove la lingua greca era parlata da tutti. Anche i primi cristiani utilizzarono questa traduzione dei testi ebraici e ancora oggi a essa si riferisce la **Chiesa cattolica** (e anche quella ortodossa). Per i cristiani cattolici, infatti, il canone, l'elenco delle Sacre Scritture, comprende i **46 libri** della traduzione dei Settanta – sono l'**Antico Testamento** – cui si aggiungono **27 libri** nuovi, dedicati a Gesù e al suo annuncio, che compongono il **Nuovo Testamento**. I cristiani protestanti (luterani, calvinisti e anglicani) oggi considerano Antico Testamento i 39 libri del canone palestinese. E tra i cristiani ci sono differenze anche a proposito di alcuni testi del Nuovo Testamento.

■ Una pagina in pergamena del ***Codex vaticanus***, con le lettere ai tessalonicesi e agli ebrei scritte in greco, risalente al IV secolo. Città del Vaticano, Biblioteca apostolica vaticana.

Ecco dunque **una lista completa dei libri che compongono la Bibbia, ebraica e cristiana**. Essi sono raggruppati per generi letterari (di cui parleremo in seguito) o per affinità di contenuti. Accanto ai nomi dei libri è indicata l'abbreviazione che si usa quando si cita un brano biblico.
Sono segnati con il simbolo ★ i libri dell'Antico Testamento considerati sacri solo dai cristiani cattolici e ortodossi. Tutti gli altri compongono l'Antico Testamento condiviso dagli ebrei e da tutti i cristiani.
Nel Nuovo Testamento sono indicati con il simbolo (◆) i libri considerati sacri solo da cattolici e ortodossi. Tutti gli altri compongono il Nuovo Testamento approvato da tutti i cristiani insieme.

Canone

La parola deriva dal greco *kanón*, che indicava un bastone di canna usato come strumento di sostegno e di misura dagli artigiani. In senso metaforico, passò a indicare un modello di riferimento e, per i credenti, l'insieme dei libri considerati sacri.

ANTICO TESTAMENTO

I 5 libri del **Pentateuco** (per gli ebrei Torah):

Genesi (Gn o Gen) • Esodo (Es) • Levitico (Lv) • Deuteronomio (Dt)

I 16 **libri storici**:

Giosuè (Gs) Giudici (Gdc) Ruth (Rt) 1 Samuele (1Sam)	2 Samuele (2Sam) 1 Re (1Re) 2 Re (2Re) 1 Cronache (1Cr)	2 Cronache (2Cr) Esdra (Esd) Neemia (Ne) ★ Tobia (Tb)	★ Giuditta (Gdt) Ester (Est) ★ 1 Maccabei (1Mac) ★ 2 Maccabei (2Mac)

I 18 **libri profetici**:

Isaia (Is) Geremia (Ger) Lamentazioni (Lam) ★ Baruc (Bar) Ezechiele (Ez)	Daniele (Dn) riconosciuto da ebrei e protestanti solo in parte Osea (Os) Gioele (Gl) Amos (Am)	Abdia (Abd) Giona (Gio) Michea (Mic) Naum (Na)	Abacuc (Ab) Sofonia (Sof) Aggeo (Ag) Zaccaria (Zc) Malachia (Ml)

I 7 **libri poetici e sapienziali**:

Giobbe (Gb) • Salmi (Sal) • Proverbi (Pr) • Qoèlet (Qo) • Cantico dei Cantici (Ct) • ★ Sapienza (Sap) • ★ Siracide (Sir)

NUOVO TESTAMENTO

Le 14 **lettere del "corpo paolino"** (non tutte sicuramente di Paolo)

Romani (Rm) 1 e 2 Corinti (1 e 2 Cor) Gàlati (Gal)	Efesini (Ef) Filippèsi (Fil) Colossesi (Col)	1 e 2 Tessalonicesi (1 e 2 Ts) 1 e 2 Timoteo (1 e 2 Tm) Tito (Tt)	Filemone (Fm) ◆ Ebrei (Eb)

Le 7 **lettere cattoliche**

◆ Giacomo (Gc) • 1 e ◆ 2 Pietro (1 e 2 Pt) • ◆ Giuda (Gd) • 1, ◆ 2 e ◆ 3 Giovanni (1,2 e 3 Gv)

I 6 **scritti degli eVangelisti**

Vangelo secondo Marco (Mc) • Vangelo secondo Matteo (Mt) • Vangelo secondo Luca (Lc) • Vangelo secondo Giovanni (Gv) • Atti degli Apostoli (attribuito a Luca: At) • ◆ Apocalisse (attribuita a Giovanni: Ap)

* NOTA BENE: All'inizio di ogni Bibbia si trova l'elenco delle abbreviazioni dei diversi libri.

Strumenti

2.1 Come si è formato il canone?

Bisogna dunque chiarire come è avvenuta la scelta, **come è stato formato il canone**. Chi e come ha deciso che un determinato libro – e non un altro – dovesse essere considerato "parola di Dio"?

Per quanto riguarda il canone ebraico, sono comunemente ritenuti responsabili della difficile scelta alcuni rabbini – maestri – che insegnavano in Palestina intorno al 90 d.C. e che hanno escluso dall'elenco anzitutto i libri scritti in greco, considerando solo quelli scritti originariamente in ebraico. La loro opera, però, è stata soprattutto quella di "mettere ordine" tra quanto era diventato ormai patrimonio comune delle comunità ebraiche. In particolare vi era la **considerazione dei primi cinque libri** della Bibbia, la Torah. Secondo la tradizione, venivano fatti risalire a Mosè ed erano considerati "i libri di Mosè". Vi era poi l'importanza riconosciuta a quegli scritti che venivano **riferiti ai profeti conosciuti** nella storia di Israele (per esempio Isaia, Amos, Geremia). Infine vi erano la considerazione maturata nel tempo circa l'**autorevolezza spirituale** di un libro più che di un altro e la sua **conservazione nel Tempio** di Gerusalemme: elementi, questi, che portavano a considerarlo sacro nell'insegnamento di autorevoli maestri e capi religiosi che si erano succeduti nella storia del popolo di Israele.

Per quanto riguarda il canone cristiano, oltre ai libri riconosciuti dai Settanta, bisogna considerare quelli del Nuovo Testamento (in tutto 27). L'elenco ufficiale è stato stabilito nel 393 dal Concilio di Ippona e ribadito definitivamente nella quarta sessione del **Concilio di Trento nel 1546**. Anche qui, però, sono stati necessari diversi passaggi, che hanno portato a escludere dall'elenco ufficiale molti testi cristiani. Un

Custodie della Torah in argento. *Secondo la tradizione, i libri della Torah venivano fatti risalire a Mosè.*

Come si cita un libro della Bibbia

I testi della Bibbia vengono normalmente citati attraverso la sigla del libro da cui sono tratti, seguita dal numero del capitolo e dall'indicazione del versetto o dei versetti. Quando l'indicazione dei versetti presenta due numeri separati da un trattino, si intende citare tutto il brano presente tra il versetto iniziale e quello finale. Se presenta un numero seguito da una "s" o da due ("ss"), si fa riferimento al versetto o ai versetti seguenti.

Esempi: 1Sam 3,5 = dal Primo libro di Samuele, capitolo 3, versetto 5

Es 3,7-15 = dal libro dell'Esodo, capitolo 3, versetti dal 7 al 15

Lc 1,1ss = dal Vangelo secondo Luca, capitolo 1, versetti 1 e seguenti

Lc 2,51–3,18 = dal Vangelo di Luca, dal capitolo 2, versetto 51 al capitolo 3, versetto 18

esempio fra tutti riguarda i cosiddetti Vangeli **apocrifi**, racconti su Gesù e il suo messaggio non considerati sacri, "parola di Dio". Tra i criteri utilizzati per la scelta dei libri da inserire nel canone ci sono la **paternità** degli scritti attribuita a un **apostolo**, l'affidabilità della **testimonianza** resa a Gesù Cristo e soprattutto la **tradizione** della Chiesa, cioè l'ampia concordanza, all'interno della comunità dei cristiani, circa il valore spirituale dei libri. Questo fa dire al *Catechismo della Chiesa cattolica* che "è stata la Tradizione apostolica a far discernere alla Chiesa quali scritti dovessero essere compresi nell'elenco dei Libri Sacri" (120).

2.2 Tempi e composizione dell'Antico Testamento

Presso i popoli antichi del Medio Oriente era diffusa una cultura di tipo **orale**: le storie e i racconti venivano trasmessi a voce e tramandati così di padre in figlio, di generazione in generazione.

Quando nel popolo ebraico si fece strada la consapevolezza che essi erano il popolo scelto da Dio, crebbe la volontà di **fissare per iscritto** quella che veniva considerata la Parola di Dio.

La redazione scritta dei testi che sarebbero diventati l'Antico Testamento cominciò durante il regno di Davide e, soprattutto, di Salomone (**X secolo** a.C.), allo scopo di favorire l'unità di un popolo che si trovava a essere unito anche politicamente sotto un unico re.

Una seconda fase di redazione dei testi avvenne nel **VII secolo** a.C., per contrastare il diffondersi dell'idolatria e richiamare il popolo ebraico alla fedeltà a JHWH.

Una terza fase di redazione risale al **V secolo** a.C., soprattutto a opera di Esdra e Neemia, che prepararono quella che conosciamo come versione definitiva del Pentateuco e poi di tutta la Bibbia.

Apocrifi

Si definisce "apocrifo" (dal greco *apókryphos*, che significa "nascosto") un testo i cui contenuti erano tenuti nascosti alla maggior parte delle persone, perché portatori di messaggi contrari a quelli approvati ufficialmente. Con il tempo si definirono "apocrifi" i testi non inclusi nel canone, in quanto ritenuti non autentici, non ispirati da Dio. Esistono libri apocrifi sia dell'Antico sia del Nuovo Testamento.

■ F. Zuccari, *I dibattiti durante il Concilio di Trento*, XVI secolo, Roma, Palazzo Farnese. *Nella quarta sessione del Concilio di Trento fu ribadito il canone cristiano.*

3. Parola di Dio

Abbiamo parlato fin qui di Sacre Scritture, di libri sacri e di "parola di Dio". Ma che cosa vuol dire?

Ebrei e cristiani credono che attraverso i libri della Bibbia – quelli inseriti nel canone – Dio stesso parli all'uomo e si faccia conoscere, si riveli. In questo senso la Bibbia è "parola di Dio". Per esempio, quando i cristiani leggono solennemente all'interno delle loro assemblee un brano dalle Sacre Scritture, concludono proclamando così: "È parola di Dio".

Per gli ebrei il dono più grande di Dio al suo popolo è la Torah, i libri di Mosè, che costituiscono il fondamento della loro fede. Tutto l'insieme dei libri biblici è sacro, ma la Torah ha un'importanza particolare.

Per i cristiani avviene una cosa simile a proposito del Nuovo Testamento e dei Vangeli, considerati il cuore di tutte le Sacre Scritture, "in quanto – spiega la Costituzione dogmatica del Concilio Vaticano II *Dei Verbum*, che riassume in modo autorevole il pensiero della Chiesa cattolica sulle Sacre Scritture – sono la principale testimonianza relativa alla vita e alla dottrina del Verbo incarnato, nostro Salvatore" (*Dei Verbum*, n.18). Per i cristiani, comunque, tutti libri della Bibbia, per quanto siano stati scritti da uomini, ciascuno con le proprie capacità, il suo stile, la propria sensibilità, sono **ispirati da Dio**, che è considerato il vero autore delle Sacre Scritture. Sempre la *Dei Verbum* spiega così: "Le cose divinamente rivelate, che nei libri della Sacra Scrittura sono contenute e presentate, furono consegnate sotto l'ispirazione dello Spirito Santo. La Santa Madre Chiesa, per fede apostolica, ritiene sacri e canonici tutti interi i libri sia dell'Antico che del Nuovo Testamento, con tutte le loro parti, perché, scritti sotto l'ispirazione dello Spirito Santo, hanno Dio per autore e come tali sono stati consegnati alla Chiesa" (*Dei Verbum*, n. 11).

Dio, dunque, ha ispirato gli autori umani dei Libri Sacri. "Per la composizione dei Libri sacri, Dio scelse degli uomini di cui si servì nel possesso delle loro facoltà e capacità, affinché, agendo Egli stesso in essi e per loro mezzo, scrivessero come veri autori tutte e soltanto quelle cose che Egli voleva" (*Dei Verbum*, n. 11).

■ Giannicola di Paolo, *Dio padre*, 1511, Perugia, Collegio del Cambio. ***Attraverso i libri della Bibbia Dio parla all'uomo.***

Per i cristiani lo Spirito di Dio ha guidato gli scrittori della Bibbia e lo stesso Spirito guida la Chiesa nell'interpretare le Scritture e cogliere il loro significato profondo e autentico. Accostandosi al testo biblico per comprenderlo, dunque, bisogna certo avere l'accortezza che è necessaria di fronte a qualsiasi documento letterario, individuandone le caratteristiche, distin-

guendo i generi letterari, il contesto in cui si trova… ma per i credenti esiste anche un altro livello: la Sacra Scrittura, infatti – lo dice ancora la *Dei Verbum* – deve "essere letta e interpretata con l'aiuto dello stesso Spirito mediante il quale è stata scritta" (*Dei Verbum*, n.12).
Per un'interpretazione della Sacra Scrittura conforme allo Spirito che l'ha ispirata, la Chiesa raccomanda alcuni criteri da rispettare.
Il primo riguarda **l'unità di tutta la Sacra Scrittura**. Questo significa che ogni brano biblico va considerato all'interno del progetto complessivo e globale di cui fa parte (la rivelazione di Dio e la proposta di salvezza per l'uomo), il cui centro è il Vangelo di Gesù.
Un secondo criterio è quello di leggere la Sacra Scrittura **in rapporto alla tradizione della Chiesa**. I libri della Bibbia sono in stretto rapporto da sempre con la comunità dei credenti. Al suo interno sono stati elaborati, letti e riletti, interpretati. La Chiesa "accompagna" da sempre il Libro. Spiega ancora la *Dei Verbum*: "La Sacra Tradizione [con questo termine viene indicato l'insegnamento che la Chiesa trasmette dai suoi inizi, in continuità con gli apostoli] dunque e la Sacra Scrittura sono strettamente tra loro congiunte e comunicanti. Poiché ambedue scaturiscono dalla stessa divina sorgente, esse formano in certo qual modo una cosa sola e tendono allo stesso fine. Infatti la Sacra Scrittura è parola di Dio in quanto scritta per ispirazione dello Spirito di Dio; la Sacra Tradizione, poi, trasmette integralmente la parola di Dio, affidata da Cristo Signore e dallo Spirito Santo agli apostoli, ai loro successori, affinché, illuminati dallo Spirito di verità, con la loro predicazione fedelmente la conservino, la espongano e la diffondano; accade così che la Chiesa attinga la certezza su tutte le cose rivelate non dalla sola Scrittura. Perciò l'una e l'altra devono essere accettate con pari sentimento di pietà e riverenza" (*Dei Verbum*, n. 9).

■ Duccio da Buoninsegna, ***Gesù risorto appare agli apostoli a porte chiuse***, 1308-11, Siena, Museo dell'Opera del Duomo. ***La Sacra Tradizione trasmette integralmente la parola di Dio, affidata da Cristo agli apostoli.***

4. I generi letterari

I libri della Bibbia, come abbiamo già accennato, presentano **tanti e diversi generi letterari**. Comprendono, cioè, testi scritti con diversi stili, che occorre saper riconoscere adeguatamente perché si possa capire il messaggio che è in essi contenuto. Così, per esempio, nella Bibbia abbiamo la storia, l'epopea, le tradizioni popolari, la profezia, la poesia, la norma, la sapienza, la lettera ai fratelli nella stessa fede, i Vangeli (che costituiscono una forma particolare di prosa storica)...
Ecco alcune descrizioni.

■ F. Salviati, ***Davide danza davanti all'Arca alla presenza di Micol***, 1552-54 ca, Roma, Palazzo Sacchetti. ***L'episodio è narrato nel secondo libro di Samuele, libro storico.***

Il racconto storico

Alcuni libri della Bibbia sono definiti "storici". Così, per esempio, sono libri storici quelli di **Samuele**, dei **Re**, di **Neemia**, le **Cronache**, i **Maccabei**. Ma lo stile del racconto storico è presente anche in altri testi, per esempio negli **Atti degli apostoli**. In un certo senso, tutta la Bibbia è una storia, la storia speciale di un popolo (da Abramo a Mosè, al tempo dell'esilio e così via, fino a Gesù e ai primi cristiani) e del rapporto con il suo Dio, l'alleanza. Tuttavia in senso letterario il racconto storico ha precisi elementi da riconoscere: è piuttosto asciutto, contiene riferimenti di tempo e di luogo, particolari precisi... Molti passaggi nei libri biblici presentano queste caratteristiche, anche se il racconto storico non è mai fine a se stesso. All'autore biblico, infatti, non interessa tanto raccontare singoli avvenimenti, ma coglierne il valore, mostrare attraverso di essi la "storia" dell'alleanza. Tuttavia, riconoscere gli elementi tipici del racconto storico aiuta a leggere la Bibbia, a individuare fatti realmente accaduti, utili per ricostruire scenari e personaggi.
Fanno parte dei racconti storici le **liste genealogiche** e **di funzionari**, ma in qualche modo anche i numerosi **discorsi** sia politici sia religiosi.
Tra i molti brani biblici nei quali si può individuare il genere letterario del racconto storico, si può leggere 2Re 24,1ss.

L'epopea

È il genere letterario in cui un nucleo storico viene amplificato (passando anche attraverso una lunga tradizione e rielaborazione orale), perché siano esaltati i **significati simbolici**. L'esempio più evidente è costituito dal racconto dell'**Esodo**: in queste pagine un evento storico dai contorni indefiniti (ma reale) viene raccontato in modo da insegnare che Dio è un alleato potente del suo popolo Israele ed è schierato, nella storia, a fianco degli oppressi, ai quali garantisce la libertà, una terra, una legge, cioè gli elementi che costituiscono la stessa dignità dell'uomo.
Un esempio di epopea riguarda anche le vicende dei Patriarchi (Abramo, Isacco, Giacobbe) e puoi leggere in proposito alcuni brani dal libro della Genesi.

Il racconto profetico

Profeta, nella Bibbia, è un uomo "che parla al posto di Dio". Il profeta fa da **intermediario** tra Dio e l'uomo. Egli commenta anche fatti storici e invita a certi atteggiamenti nei confronti del futuro, ma sempre per ricordare i valori fondamentali nell'alleanza con Dio, nel rispetto della sua legge, nell'andare in profondità nella conoscenza dello stesso cuore di Dio e dei suoi progetti. Il genere letterario profetico è composto pertanto da pressanti **inviti alla conversione** e alla riflessione, da **invettive** contro i vizi, da interpretazioni della storia di Israele in funzione di **ricordare la fedeltà** di Dio, da componimenti di forte **intensità poetica e simbolica**.
Per trovare un esempio, puoi leggere alcuni passaggi dal primo capitolo del profeta Isaia.

■ *Il profeta Elia*, XIV secolo, Mosca, Galleria di Stato.

La poesia

È il momento del dialogo, della preghiera, dell'esaltazione dell'opera di Dio nella storia e nella creazione. Appartengono a questo genere i **Salmi**, cioè il patrimonio della preghiera di Israele (e dei cristiani), ma anche molti brani sparsi nei diversi libri. Ricordiamo anche il **Cantico dei Cantici**, dove l'amore tra l'uomo e la donna diventa simbolo della passione che lega Dio all'uomo e viceversa.
È soprattutto all'interno del genere poetico che vengono creati i più intensi **simboli** della tradizione biblica. Si tratta di espressioni, immagini, esempi (presenti anche nel linguaggio profetico o nelle parabole evangeliche) che dicono molto di più di quanto non significhino a prima vista. Nel linguaggio simbolico (l'unico che permette di esprimere alcuni concetti ed elementi della natura di Dio e del suo rapporto con l'uomo), tutta la personalità del lettore è coinvolta nella contemplazione di qualcosa di più di una semplice informazione. Ogni simbolo tocca la mente ma anche il cuore e stimola la libertà, invita alla risposta e alla decisione. La dimensione simbolica del linguaggio biblico è molto importante e permette di leggere e comprendere lo spirito stesso con cui tutta la Bibbia è stata scritta.
Tra i moltissimi testi poetici contenuti nella Bibbia, puoi leggere un Salmo, magari il Sal 122 (121).

I profeti della Cappella Sistina

■ E. De Morgan, ***Sui fiumi di Babilonia***, 1882, Londra, The De Morgan Centre. ***Il quadro si riferisce al Samo 136, testo poetico contenuto nella Bibbia.***

Testi normativi

Sono quelli in cui vengono dati **precetti morali o cultuali**. Ci sono libri che hanno una prevalenza di questi testi (il **Levitico**, per esempio), ma alcune fondamentali sezioni normative sono contenute nel libro dell'**Esodo** (con il testo dell'alleanza per eccellenza, il cosiddetto decalogo di Es 20), del **Deuteronomio** e altri.
Dal libro del Levitino si possono leggere tantissime liste di norme. Una, per esempio, riguarda ciò che è puro e ciò che è impuro: Lv 11,1ss.

Testi sapienziali

In questi testi si svolge una riflessione in una duplice direzione:

1. sulla **vita quotidiana** e sul modo di comportarsi nella **vita sociale**;
2. sui **grandi eventi** della storia della salvezza, interpretati e proposti come parametri per leggere la storia. Alla riflessione sapienziale dobbiamo anche l'intensa riflessione (espressa in termini narrativi utilizzando anche materiali di altre tradizioni mediorientali) che è all'origine dei primi 11 capitoli della Genesi.

Puoi leggere, a questo proposito, qualche brano dal libro del Qoelet.

L'Apocalisse

È anch'essa una riflessione dai toni profetici sulla storia, ma portata alle più profonde conseguenze. Tutto, nella storia, sembra essere dominato da forze oscure e nemiche dell'uomo, ma il dolore, la disgrazia, la persecuzione dei giusti e l'apparente trionfo dei malvagi non sono che la premessa di un mondo nuovo, ancora appena visibile, che Dio sta preparando per gli uomini.

Per comprendere questo genere letterario, si può leggere qualche brano dell'Apocalisse.

I Vangeli

Il testo evangelico è una forma particolare di prosa, perché non è propriamente un testo biografico, ma attraverso il racconto storico della vita e delle opere di Gesù cerca di portare alla luce il mistero di Gesù stesso, per condurre chi legge a credere in lui.

Leggi alcuni passi dei diversi Vangeli, per comprendere la particolarità di questi testi.

■ Icona dei nuovi martiri e testimoni della fede del XX secolo, Roma, Basilica di San Bartolomeo.
L'icona rappresenta l'assemblea descritta dal libro dell'Apocalisse.

Il concetto di simbolo

Il termine "simbolo" (dal greco *sýmbolon*, "segno di riconoscimento", derivato a sua volta dal verbo *symbállein*, "mettere insieme, confrontare") indica quelle realtà e quelle espressioni nelle quali un senso immediato, fisico, letterale rinvia a un senso nascosto, figurato, sovramateriale.

C'è simbolo dove è necessario interpretare il senso apparente, al fine di decifrare il senso nascosto. Nel momento in cui ciò che è evidente rimanda (pone in relazione) a ciò che non è evidente, il simbolo non si limita a essere qualcosa che "indica", ma diviene qualcosa che "rende presente", svela il senso, istituisce un rapporto.

Nell'esperienza religiosa il simbolo è una forma privilegiata di comunicazione e conoscenza.

5. Il quadro storico della Bibbia

Filo conduttore dei libri biblici è la **storia del popolo di Israele**. I libri biblici coprono un arco di tempo che va dal XIX secolo a.C. al I secolo d.C.

Tutto prende le mosse dalla vicenda di **Abram/Abramo**, un pastore seminomade della Mesopotamia. Gli storici fanno risalire l'evento principale della storia di quest'uomo intorno al 1750 a.C. La Bibbia lo "incontra" a Carran, località del nord della Mesopotamia. Da qui Abram, chiamato da Dio, si muove verso sud, fino alla terra di Canaan, la "terra promessa".

Negli anni successivi, tra il 1700 e il 1600 a.C., i discendenti di Abramo si insediano in **Egitto**, dove si trovano migliori condizioni di vita. Il Nilo garantisce i raccolti e tutela da siccità e carestie. Qui essi furono ben accolti, ma in seguito furono ridotti in una condizione simile alla schiavitù e furono impiegati nella fabbricazione di mattoni e nella costruzione di edifici.

Intorno al 1250 si fa risalire la "**fuga**" dall'Egitto da parte degli Ebrei. Per la Bibbia è il momento della grande "liberazione": il popolo, sotto la guida di **Mosè** e di **Giosuè**, lascia la terra dei faraoni e affronta la lunga traversata del deserto del Sinai, per tornare verso la terra di Canaan. Nel deserto avviene il grande evento che fonda il popolo di Israele: viene stipulata solennemente l'alleanza con JHWH, sul monte Sinai, un'alleanza stabilita con le **tavole della Legge**, che il popolo porterà da allora sempre con sé.

L'insediamento nella terra di Canaan avviene tra il 1200 e il 1000. È un processo lento, durante il quale vi sono anche scontri con le popolazioni cananee, grandi battaglie. La Bibbia presenta questo processo, durante il quale il popolo, diviso in **dodici tribù**, è di volta in volta guidato dai **giudici** (capi militari, eletti nel momento del pericolo), come una "consegna" della terra promessa da parte di JHWH a Israele.

■ J. Fouquet, miniatura che raffigura Giosuè che conquista Gerico, da *Le antichità Giudaiche*, 1465-75 ca, Parigi, Bibliothèque Nationale. ***Osserva l'arca con le tavole della Legge in primo piano.***

Nel 1030 circa ha inizio il periodo della **monarchia**. Le tribù sono stabilmente inserite nella Terra di Canaan ed eleggono il primo re, **Saul**, che possa governare su tutte. L'istituzione della monarchia non è cosa semplice, perché il vincolo di unità delle dodici tribù era sempre stato l'Alleanza con JHWH, il patto stipulato sul monte Sinai, durante l'esodo dall'Egitto. L'unico vero capo di Israele, il vero re, è JHWH. Eleggere per questa funzione un uomo non è cosa semplice. Così i re di Israele – dopo Saul vi fu **Davide** e poi **Salomone**, che edificò il grande Tempio di Gerusalemme – saranno sempre dei "consacrati" da Dio, con il primo compito di far rispettare al popolo l'Alleanza.

Nel 932-931 muore Salomone e il Regno di Israele si divide in due: a nord il **Regno di Israele**, con capitale **Samaria**; a sud il **Regno di Giuda**, con capitale **Gerusalemme** (dove c'era il Tempio). Non è solo una scissione politica, ma una vera e propria scissione religiosa. I "samaritani" verranno considerati degli eretici, che si sono allontanati dal vero culto di JHWH praticato a Gerusalemme.

Il **Regno di Israele** ha vita breve: nel 722 (o 721, secondo alcuni studiosi) Sargon II, re degli Assiri, conquista Samaria.
Il **Regno di Giuda** resta autonomo qualche secolo in più, ma nel 587 il re babilonese Nabucodonosor conquista Gerusalemme, distrugge il Tempio e deporta gli israeliti a Babilonia. Comincia il tempo dell'**esilio di Babilonia**, raccontato dalla Bibbia – e in particolare dai profeti e dai salmi – come tempo di dolore per la lontananza dalla terra promessa, tempo di espiazione dell'infedeltà del popolo all'Alleanza, ma anche tempo di speranza in un nuovo intervento liberatore di JHWH.

Nel 538 è il momento tanto atteso del ritorno in Palestina. Il re persiano **Ciro** conquista Babilonia e permette agli ebrei di tornare in patria. In Canaan gli Ebrei si riorganizzano e ricostruiscono il Tempio distrutto, vi è una grande rinascita sociale e religiosa. Alcune comunità di ebrei, però, restano fuori dalla Palestina e inizia il fenomeno della **diaspora**.
Non c'è comunque pace in Canaan. Arrivano infatti altri condottieri stranieri a dominare gli ebrei. Nel 334 è la volta di **Alessandro Magno**, seguito dai suoi successori: la Palestina viene annessa al regno d'Egitto prima e a quello di Siria poi. Durante queste dominazioni non mancarono le rivolte; tra queste, ricordiamo quella dei **Maccabei** tra 166 e il 135 a.C.

Nel **63** a.C. si ebbe la svolta decisiva: il generale romano **Pompeo** occupa Gerusalemme e inaugura il dominio di Roma sulla Palestina. Tale dominio porterà anche alla nuova **distruzione del Tempio** di Gerusalemme, nell'anno 70 d.C., in seguito all'ennesima rivolta ebraica contro i dominatori romani.

Durante la dominazione romana avvengono i fatti raccontati nel Nuovo Testamento, che riguardano Gesù e i cristiani. La **nascita di Gesù** è databile intorno al 7-6 a.C., quando in Giudea governava **Erode il Grande** (era diventato re nel 37 a.C. e morì nel 4 a.C., poco dopo la nascita di Gesù).

Dal 6 d.C. la Giudea è amministrata direttamente da un **procuratore romano**. Ponzio Pilato, citato nei Vangeli, reggeva Gerusalemme nell'anno 30 d.C., quando avvenne la crocifissione di Gesù.

Diaspora

Questa parola di origine greca significa "dispersione" e indica la dispersione degli ebrei in tutto il mondo in seguito a due importanti eventi: prima l'esilio di Babilonia e poi la definitiva distruzione del Tempio di Gerusalemme da parte del futuro imperatore Tito nel 70 d.C. L'ultima ribellione degli ebrei al dominio romano, infine, si verificò nel 135, sotto l'imperatore Adriano: da allora e fino al 1948 (dopo la fine della Seconda guerra mondiale) non ci fu più uno stato ebraico.

■ D. Ghirlandaio, *Banchetto di Erode* (particolare), 1486-90, Firenze, Santa Maria Novella, Cappella Tornabuoni.

I quattro evangelisti

6. I Vangeli

Per i cristiani i Vangeli sono il cuore di tutte le Scritture. Sono anche il documento principale che ci riferisce di Gesù, della sua vita e della sua predicazione, ma soprattutto della sua morte in croce e della sua risurrezione.

6.1 Gli autori

I Vangeli sono quattro, indicati con i nomi dei loro autori: gli evangelisti Matteo, Marco, Luca e Giovanni. Chi erano?
Matteo era probabilmente uno dei dodici, forse quell'agente delle tasse che Gesù – così riferisce lo stesso testo evangelico – chiamò con sé e che lo seguì. Al di là di questa identificazione, comunque, Matteo è certamente un ebreo esperto nella dottrina, conosce la legge mosaica e il suo scritto sottolinea i moltissimi riferimenti dell'insegnamento di Gesù alla fede ebraica, alle Scritture, all'Antico testamento.

Marco, secondo gli studiosi, sarebbe invece un amico e seguace di Pietro, il primo degli apostoli. Avrebbe anzi seguito e aiutato Pietro a Roma, dove avrebbe scritto il proprio Vangelo, che raccoglie dunque anzitutto la predicazione di Pietro.

Luca era un discepolo dell'apostolo Paolo. Era un medico, di cultura e lingua greca. Oltre che autore del terzo Vangelo, sarebbe l'autore degli *Atti degli apostoli*. Luca racconta molti particolari sulla vita di Gesù, si sforza di offrire una "narrazione ordinata" dei fatti, cita le autorità del tempo, è molto utile per i riscontri storici e archeologici.

Giovanni è stato identificato fin dall'antichità come "il discepolo prediletto" di Gesù, quello che stava con Maria sotto la croce. Sarebbe dunque Giovanni, fratello di Giacomo. Altri studiosi mettono in dubbio questa identificazione dell'autore e segnalano che il Vangelo sarebbe stato scritto piuttosto da più mani, in diversi tempi, probabilmente da discepoli di Giovanni.

■ L'evangelista Giovanni con l'aquila, suo simbolo, miniatura dal ***Codex Aureos*** di Canterbury, VIII secolo, Stoccolma, Kungliga Bibliothek.

6.2 Tempi e composizione dei Vangeli

I quattro Vangeli furono scritti entro pochi anni dalla morte e risurrezione di Gesù. Per gli studiosi la loro redazione è da collocare tra il 70 e il 100 d.C.

Il primo Vangelo a essere stato scritto fu quello di Marco, l'ultimo quello di Giovanni.

La composizione dei Vangeli ha seguito un processo abbastanza complesso. Non dobbiamo pensare che gli autori si siano messi di punto in bianco a scrivere ciò che ricordavano di Gesù o quanto avevano raccolto; piuttosto bisogna tenere presenti alcuni elementi.

In primo luogo, dopo un po' di anni dalla vita, morte e risurrezione di Gesù, quando ormai le comunità dei cristiani si stavano organizzando e diffondendo, cominciò ad avvertirsi la necessità di **fissare in forma scritta** gli avvenimenti fondativi dell'esperienza cristiana. Questo capitò perché i testimoni oculari, quanti cioè avevano assistito alla vita e alla predicazione di Gesù, lo avevano conosciuto, cominciavano a venir meno.

Inoltre la buona notizia della sua risurrezione dai morti si stava ormai propagando anche in terre **lontane dalla Palestina**, tra persone con sensibilità e culture diverse, bisognose, dunque, di un punto di riferimento preciso, di documenti scritti oltre che della predicazione degli apostoli e dei cristiani "missionari". Il meccanismo di formazione delle comunità, infatti, era tale per cui un primo gruppo di credenti si riuniva intorno all'apostolo che annunciava il Vangelo, la buona notizia. Vi era una minima organizzazione, poi però l'apostolo doveva spesso andarsene, per predicare altrove. E la comunità doveva reggersi da se stessa. Un testo scritto, a quel punto, diventava importantissimo, anche per evitare confusioni e teorie sbagliate.

Viste queste necessità, si può allora immaginare come le comunità cristiane facessero tesoro della **predicazione a voce** degli apostoli, delle **testimonianze** di chi ave-

■ Gentile e Giovanni Bellini, *Predica di san Marco ad Alessandria*, 1507, Milano, Pinacoteca di Brera. *I Vangeli nacquero per l'esigenza di mettere per iscritto qullo che i testimoni oculari predicavano riguardo a Gesù.*

va conosciuto Gesù, dei **racconti** sugli avvenimenti di Gerusalemme: la passione, la crocifissione, la morte e la risurrezione. Molto probabilmente alcune di queste testimonianze vennero scritte in forma semplice fin da subito, così come si formarono brevi **raccolte di detti** di Gesù, alcuni suoi insegnamenti, frasi penetranti, che riassumevano l'intera sua predicazione, ma anche alcuni **miracoli**, **episodi** della vita di Gesù che avevano colpito particolarmente le persone del tempo.

Infine – e qui comincia il lavoro degli evangelisti – vi fu una **sistemazione** del molto materiale a disposizione (predicazione degli apostoli, testimonianze, raccolte di detti...) all'interno delle comunità, con la **redazione vera e propria** dei quattro Vangeli. Gli autori scelsero alcune tra le molte cose tramandate, ne sintetizzarono altre, completarono con quanto ritenevano di particolare utilità per la comunità di cristiani nella quale si trovavano, per meglio far comprendere il messaggio di Gesù, allo scopo di annunciare e confermare la fede in Cristo morto e risorto.

Quello di **Marco**, come abbiamo detto, fu probabilmente il primo Vangelo a essere stato scritto nella forma in cui lo conosciamo, tra il 65 e il 70 d.C. Ma gli studiosi ritengono che lo stesso Marco si sia riferito a un "Vangelo primitivo", uno scritto di cui si sono perse le tracce e che sarebbe stato redatto pochissimi anni dopo la morte e risurrezione di Gesù, tra il 40 e il 50 d.C.

I Vangeli di **Matteo** e **Luca** hanno invece come riferimento quello di Marco e sono scritti subito dopo. Un riferimento di tempo certo è l'anno 70 d.C., quando i romani distrussero Gerusalemme. Nel Vangelo di Marco non c'è alcun cenno a questo grave avvenimento e dunque bisogna presumere che il testo sia stato scritto prima. Matteo e Luca, invece, mostrano di conoscere l'accaduto e dunque sono stati scritti dopo.

Il Vangelo di **Giovanni**, infine, si discosta dagli altri tre e fu terminato, probabilmente, fra il 95 e il 100.

Matteo, Marco e Luca sono dunque molto collegati tra loro, addirittura potrebbero essere comparati in molti punti: riferiscono spesso, infatti, le stesse cose. Per questo sono chiamati Vangeli **sinottici**.

La cosiddetta "Pace di Chiavenna", copertina del Vangelo raffigurante i quattro evangelisti, XI-XII secolo, Chiavenna, Collegiata di San Lorenzo, Museo del Tesoro.

Sinottici

Il termine deriva dall'espressione greca *sýn* ("con") + *ópsis* ("sguardo"), quindi significa "guardare insieme". Infatti i tre Vangeli di Matteo, Marco e Luca sono così simili che potrebbero essere messi su tre colonne parallele e letti con uno "sguardo d'insieme", con un solo colpo d'occhio.

6.3 I Vangeli sono testimonianze attendibili?

Abbiamo visto come si sono formati i Vangeli e qual è il loro scopo: testimoniare e confermare la fede in Gesù Cristo, Figlio di Dio, morto e risorto. Non sono dunque semplici resoconti storici, "cronache" su un antico avvenimento. E nel corso della storia c'è chi ha messo in dubbio la loro veridicità, sollevando il sospetto che "aggiustino" i fatti a loro comodo, che non siano credibili storicamente, che, insomma, ci sia ben poco di vero in quello che raccontano e che il "personaggio Gesù" non sia storicamente vissuto, la sua vicenda sia invece solo un grande "mito".
In realtà, gli studiosi dei testi biblici, i ricercatori, sono arrivati alla conclusione che **i Vangeli** siano testi che, pur avendo una intenzione di fede, **sono storicamente attendibili**.
Una prima ragione sta nel fatto che al momento della stesura dei Vangeli **erano ancora vivi alcuni testimoni** oculari delle vicende di Gesù. Gli evangelisti, dunque, non potevano scostarsi molto dai fatti. Certo, ne offrivano una interpretazione, ma era chiaro il riferimento a quanto era accaduto, altrimenti si sarebbero potuti smentire facilmente.
Del resto, non va dimenticato che i Vangeli sono solo alcuni tra i tanti scritti su Gesù riconosciuti autentici dalla comunità cristiana, inseriti nel **canone**, come già abbiamo visto. C'è dunque stato fin da subito un confronto attento sui documenti scritti. E i Vangeli hanno "superato la prova".
Un altro procedimento che sostiene la veridicità dei Vangeli è quello che incrocia i dati degli scritti con quelli della **ricerca storica e archeologica**. Scoperte e ritrovamenti confermano quanto è scritto nei Vangeli, dove la ricostruzione dell'ambiente storico e geografico, per esempio, è strettamente rispondente alla Palestina di quei tempi. Così anche l'organizzazione politica e sociale descritta nei Vangeli rispecchia puntualmente la realtà.

■ Vaso di bronzo, frecce, sandali e altre suppellettili usate dagli zeloti nella fortezza di Masada. *I ritrovamenti archeologici confermano quanto è scritto nei Vangeli.*

■ Interno della chiesa della Natività, Betlemme. *La chiesa fu costruita da Costantino nel luogo dove si pensa sia nato Gesù.*

Gli ebrei dalle origini a oggi

Il termine "ebreo" (in ebraico *ha ivrì*) compare per la prima volta accanto a quello di Abramo (Gn 14,13) e significa "l'uomo che attraversò" (intendendo che attraversò il fiume Eufrate, per andare nella terra di Canaan).
Secondo alcuni studiosi, invece, il termine significherebbe "l'uomo che stava dall'altra parte", in quanto Abramo fu il primo e il solo monoteista fra i popoli politeisti del tempo.
Secondo altri, infine, il termine significherebbe semplicemente "l'uomo che passava" e alluderebbe al fatto che Abramo era un membro dei popoli nomadi che abitavano le terre del Medio Oriente spostandosi al seguito del bestiame o facendo i braccianti e i mercenari per i popoli sedentari.
Ma chi sono gli ebrei e qual è la loro storia?

■ Un ebreo ortodosso osserva la menorah, il candelabro a sette bracci posto sulla cima della scala che scende verso il Muro del pianto a Gerusalemme.

1. Origine e diffusione dell'ebraismo

Si definisce **ebraismo** l'insieme della cultura, della religione e delle tradizioni del popolo ebraico.
Dopo l'esilio babilonese, numerose comunità ebraiche non fecero ritorno in Palestina, ma si stanziarono in varie città del bacino del Mediterraneo (per esempio Roma, Antiochia, Cartagine). Nei secoli successivi, gli ebrei si diffusero man mano in Europa (in particolare in Spagna e nell'Europa centrale), in Asia e, a partire dalla fine dell'Ottocento, negli Stati Uniti.
Possiamo dunque affermare che dal 70 al 1948 la storia degli ebrei fu la storia di un popolo unito dalla stessa fede, dallo stesso culto e dalla stessa legge, ma senza una patria.
Nel 1948, per decisione dell'ONU, venne sancita la nascita dello **stato d'Israele** e gli ebrei ebbero di nuovo una patria in cui tornare. Tuttavia già dai primi giorni della proclamazione del nuovo stato nacquero tensioni e contese con i popoli che vivevano in quei territori (arabi e palestinesi).
Ancora oggi, comunque, solo circa 6 milioni di ebrei vive in Israele, a fronte di un totale di poco meno di 14 milioni di ebrei sparsi in 112 paesi del mondo.

F. Hayez, *La distruzione del Tempio di Gerusalemme*, 1867, Venezia, Gallerie dell'Accademia. *Dopo la distruzione del Tempio, gli ebrei si dispersero per il mondo.*

Cartina: La fondazione dello stato di Israele

Il giudaismo

Ebraismo e giudaismo non sono sinonimi, in quanto il secondo indica una fase storica specifica del popolo ebraico, cominciata nel 587 a.C., con la distruzione del Tempio di Gerusalemme, la deportazione degli ebrei a Babilonia e la successiva diaspora (vedi sezione Strumenti, *Alla scoperta della Bibbia*). Secondo alcuni studiosi, invece, si può parlare di giudaismo solo a partire dalla seconda distruzione del Tempio, avvenuta nel 70 d.C.

2. La fede degli Ebrei

Gli ebrei credono in un unico Dio, **JHWH** (un nome che non si può pronunciare, come abbiamo visto nel nucleo 2, unità 2), che è il **creatore** e il **signore dell'universo**. Secondo gli ebrei, JHWH ha un rapporto speciale con il popolo ebraico, ha stabilito con lui un'**alleanza**, un impegno di fedeltà reciproca che Dio ha stretto con Abramo e con i suoi discendenti oltre 4000 anni fa. Quest'impegno è, come si è detto, reciproco: JHWH s'impegna a non abbandonare e a non tradire il suo popolo e quest'ultimo s'impegna a essere fedele a JHWH rispettando la Legge data a Mosè.

Gli ebrei, inoltre, credono che JHWH abbia parlato per mezzo dei **profeti** e sono in attesa del **Messia**, che porterà pace e giustizia.

Quello della venuta del Messia è un elemento fondamentale della religione ebraica. Il Messia (in ebraico *Mashiah*, cioè "unto", vedi nucleo 3, unità 1) è un uomo che verrà scelto dal Signore per redimere Israele, per portare un'epoca di pace e di serenità fra gli uomini. Finiranno le guerre, le sofferenze, le distruzioni, i giusti saranno premiati e tutti riconosceranno la sovranità di Dio. L'idea del Messia è vecchia quasi come la religione ebraica e ne parlano tutti i profeti. Gli ebrei attendono il suo arrivo ancora oggi.

■ Giotto, *Il profeta Malachia*, 1303-05, Padova, Cappella degli Scrovegni. *Spesso i profeti annunciano la venuta del Messia.*

Professione di fede di Mosè Maimonide

Mosè Mamonide (1135-1204), filosofo, medico, studioso della Scrittura, ebreo della diaspora (nacque in Spagna, da cui fuggì a causa della persecuzione araba contro gli ebrei, rifugiandosi in Egitto), operò una sintesi lucida della tradizione ebraica. Questa è la professione di fede da lui elaborata.

1. Io credo con fede completa che il Creatore benedetto ha creato e governa tutte le creature: Egli solo fece, fa e farà ogni cosa.

2. Io credo con fede completa che il Creatore benedetto è unico e che non vi è altra unicità che la Sua: Egli solo è il nostro Dio, fu, è e sarà.

3. Io credo con fede completa che il Signore non ha corpo né possiede gli attributi del corpo né alcuna forma.

4. Io credo con fede completa che il Creatore è il primo e l'ultimo.

5. Io credo con fede completa che il Creatore è l'unico che si deve pregare e a nessun altro devono essere rivolte le nostre preghiere.

6. Io credo con fede completa che tutte le parole dei profeti siano vere.

7. Io credo con fede completa che la profezia di Mosè nostro maestro – su di lui sia pace – è vera. Egli era il capo dei profeti per coloro che lo hanno preceduto e per coloro che lo hanno seguito.

8. Io credo con fede completa che la Torah che noi possediamo è stata data a Mosè.

9. Io credo con fede completa che questa Torah non sarà cambiata e non vi sarà più un'altra Torah da parte del Creatore Benedetto.

10. Io credo con fede completa che il Creatore conosce tutte le opere dell'uomo e tutti i suoi pensieri.

11. Io credo che il Creatore ricompenserà coloro che seguono i suoi precetti e punirà coloro che li trasgrediscono.

12. Io credo con fede completa nella venuta del Messia e per quanto egli ritardi, io l'attenderò ogni giorno.

13. Io credo con fede completa che vi sarà la resurrezione dei morti quando piacerà al Signore.

2.1 I libri sacri

Il testo sacro degli ebrei è la **Bibbia** (vedi sezione Strumenti, *Alla scoperta della Bibbia*), chiamata **Tanak**.
All'interno della Tanak, è particolarmente importante la Torah.
La **Torah** (il termine significa "Legge" e indica complessivamente i primi cinque libri della Bibbia) è una guida, un insegnamento e comprende le norme di vita degli ebrei. Al suo interno ci sono sono **613 precetti**, dei quali 248 sono positivi (cioè obblighi) e 365 negativi (cioè divieti). Si noti che questi numeri hanno un forte valore simbolico: per gli ebrei, 248 erano le ossa del corpo umano (in altre parole, i precetti vanno seguiti con tutte le ossa del corpo, cioè interamente), mentre 365 sono i giorni dell'anno (quindi i precetti vanno osservati sempre). Rispettando questi precetti, gli ebrei aderiscono alla volontà di Dio. Nel cuore della Torah ci sono le Dieci Parole (il **Decalogo**, conosciuto anche come i **Dieci Comandamenti**) consegnate da JHWH a Mosè sul monte Sinai, durante il cammino dall'Egitto verso la terra promessa. Scritte su tavolette poste nell'arca dell'Alleanza costruita ai tempi di Mosè, erano custodite nel Tempio di Gerusalemme.
La Torah scritta, ovviamente, non può prevedere il comportamento da tenere in ogni situazione della vita. Per questo l'applicazione pratica della Torah diede luogo a norme trasmesse **oralmente** nel corso dei secoli. L'insieme di queste norme diede luogo alla Torah "*she be'al peh*" (cioè "che procede dalla bocca"); dopo la distruzione del secondo Tempio, si sentì forte la necessità di fissare per iscritto tali norme orali, che erano diventate molto numerose. Così, nel II secolo d.C., il rabbino Judah haNasi le raccolse nella **Mishnah**, ovvero "ciò che viene imparato più volte".

Lo studio del Talmud in una scuola ebraica.

La Mishnah, che comprende 63 trattati, divenne a sua volta la base per il **Talmud** (parola che significa "insegnamento"), una raccolta di discussioni di maestri e rabbini sulla Mishnah. Esistono due versioni del Talmud, il **Talmud palestinese** (o Talmud di Gerusalemme) e quello **babilonese**, redatto intorno al V secolo; quest'ultimo è considerato il più importante ed è anche il più esteso (in generale, quando si parla di Talmud, s'intende quello babilonese). Lo studio del Talmud è alla base della cultura ebraica. Quest'opera, però, è così ampia che furono scritti manuali e riassunti per aiutare i lettori a orientarvisi.

Rotolo della Torah.

Tanak

È un acrostico, formato dalle iniziali delle tre parti in cui sono suddivisi i libri sacri degli ebrei e cioè la **Torah** (La legge, il Pentateuco), i **Nebiim** (Profeti, 21 libri), i **Ketubim** (Scritti, 13 libri).

Strumenti

3. Simboli e oggetti sacri dell'ebraismo

Come in tutte le religioni, anche in quella ebraica esistono alcuni oggetti simbolici, che la identificano e la caratterizzano. Vediamo i principali.

3.1 La menorah

La **menorah**, il candelabro a sette bracci, ricorda quello che veniva acceso nel Tempio di Gerusalemme. Il progetto originale, le indicazioni per la forma, le misure, i materiali da usare e le altre "specifiche tecniche" per la realizzazione della menorah si trovano nel libro dell'Esodo.

Farai anche un candelabro d'oro puro. Il candelabro sarà lavorato a martello, il suo fusto e i suoi bracci; i suoi calici, i suoi bulbi e le sue corolle saranno tutti di un pezzo. Sei bracci usciranno dai suoi lati: tre bracci del candelabro da un lato e tre bracci del candelabro dall'altro lato. Vi saranno su di un braccio tre calici in forma di fiore di mandorlo, con bulbo e corolla, e così anche sull'altro braccio tre calici in forma di fiore di mandorlo, con bulbo e corolla. Così sarà per i sei bracci che usciranno dal candelabro. Il fusto del candelabro avrà quattro calici in forma di fiore di mandorlo, con i loro bulbi e le loro corolle: un bulbo sotto i due bracci che si dipartono da esso e un bulbo sotto i due bracci seguenti e un bulbo sotto gli ultimi due bracci che si dipartono da esso; così per tutti i sei bracci che escono dal candelabro. I bulbi e i relativi bracci saranno tutti di un pezzo: il tutto sarà formato da una sola massa d'oro puro lavorata a martello. Farai le sue sette lampade: vi si collocheranno sopra in modo da illuminare lo spazio davanti ad esso. I suoi smoccolatoi e i suoi portacenere saranno d'oro puro. Lo si farà con un talento di oro puro, esso con tutti i suoi accessori. **(Es 25,31-39)**

■ Una menorah.

Diverse sono le interpretazioni della simbologia della menorah: secondo alcuni, essa rappresenta il roveto ardente apparso a Mosè; secondo altri, simboleggia i sei giorni della creazione, con il sabato al centro. Evidente è la sua derivazione da tradizioni indoeuropee (esiste una divinità dei Veda rappresentata come un fuoco con sette fiamme), anche se assume un valore nuovo, in una religione rigidamente monoteista come quella ebraica.
La menorah originale del Tempio di Gerusalemme è andata perduta dopo la distruzione del Tempio a opera dei romani.

■ Lampada di legno a forma di stella a sei punte.

3.2 Lo scudo di Davide

Detto anche "sigillo di Salomone", è comunemente nota come "**stella a sei punte**" ed è simbolo della civiltà e della religiosità degli ebrei, tanto che è presente nella bandiera dello stato di Israele. La stella è formata da due triangoli sovrapposti, uno con il vertice in alto e l'altro con il vertice in basso. L'origine di questa forma è controversa, anche se potrebbe richiamarsi a elementi della cabala orientale oppure simboleggiare semplicemente due delle tre lettere del nome di Davide in ebraico (due "d", appunto).

3.3 La mezuzah

La mezuzah è un oggetto rituale costituito da un **astuccio** che contiene una pergamena su cui sono riportati passi della Torah, in particolare l'inizio dello **Shema Israel**, là dove si proclama l'unicità di Dio e l'obbligo di studiare la Torah e di istruire i figli sui testi sacri (Dt 6, 4-9; 11,13-21). L'astuccio si appende allo stipite della porta, a destra di chi entra, all'incirca all'altezza delle spalle; è uso che chi entra in casa tocchi la mezuzah e poi si baci le dita, in segno di rispetto per il testo contenuto in essa.

Esemplari d'argento di mezuzah risalenti al XIX-XX secolo.

3.4 I tefillin

I tefillin o **filatteri** sono due piccoli astucci di cuoio nero contenenti pergamene sulle quali sono riportati alcuni passi biblici (Es 13,1-10; Es 13,11-16; Dt 6,4-9 e 11; Dt 6,13-21). Si legano sulla fronte e sul braccio sinistro (all'altezza del cuore) per mezzo di legacci anch'essi di cuoio nero. S'indossano nei giorni feriali (cioè non di sabato) per recitare la preghiera.

3.5 Il tallit

Si tratta di uno scialle di forma quadrangolare di cotone, lana o seta, con frange agli angoli e sui lati più corti. Di solito è di colore bianco, decorato con strisce blu o nere. Viene usato durante la preghiera.

Ebreo in preghiera con i tefillin e il tallit.

Shema Israel

Lo Shema Israel ("Ascolta Israele") è la preghiera principale degli ebrei, che si recita due volte al giorno, mattina e sera. Essa è costituita da tre parti: la prima è tratta da Deuteronomio 6,4-9; la seconda da Deuteronomio 11,13-21; la terza da Numeri 15,37-41. La premessa ("*Ascolta, Israele, il Signore è il nostro Dio, il Signore è Uno*") contiene il principio fondamentale della religione ebraica.

Lo Shema Israel contiene indicazioni importanti per la vita degli ebrei: per esempio, l'importanza della fede, l'obbligo di istruire i figli, la proibizione dell'idolatria, l'obbligo di usare la mezuzah e i tefillin. Si noti che le parole dello Shema sono 245 e che, ripetendo l'ultima espressione, diventano 248, come le ossa che si credeva componessero il corpo umano, per indicare che bisogna aderire allo Shema con tutta quanta la persona.

4. La sinagoga e il culto

La nascita della **sinagoga**, il centro del culto e dell'istruzione nella Torah, risale al VI secolo a.C., al tempo dell'esilio babilonese: infatti, essendo stato distrutto il Tempio di Gerusalemme, si sentì l'esigenza di avere un luogo assimilabile al Tempio, in cui potesse aver luogo il culto. Nella sinagoga, però, non avvenivano mai i sacrifici.

Dopo il ritorno dall'esilio, l'usanza delle sinagoghe rimase, tanto che divenne proibito per gli ebrei vivere in città in cui non vi fosse una sinagoga.

Nella sinagoga, oltre al culto, si tengono lezioni, si studia e s'interpreta la Torah, vi si svolgono diversi servizi per la comunità.

Gli edifici sono costruiti in modo che i fedeli preghino rivolti verso Gerusalemme, luogo sacro per la religione ebraica; nella parete orientale (la più lontana dall'ingresso e rivolta verso Gerusalemme) si trova l'armadio a muro (**arca**) contenente i rotoli della Legge. Nella parte centrale, di fronte all'arca, si trova il **pulpito** dal quale si leggono brani della Torah. Dal momento che è proibito rappresentare Dio per mezzo di immagini, per non incorrere nell'idolatria, all'interno delle sinagoghe non ci sono né quadri né statue. Davanti all'arca, dal soffitto pende una **lampada** sempre accesa, che rievoca il candelabro a sette bracci del Tempio di Gerusalemme.

La sinagoga

Il culto nella sinagoga può essere officiato da qualunque maschio ebreo adulto, purché sia in grado di leggere e di comprendere il testo ebraico. Gli addetti della sinagoga, che sono a carico della comunità, sono il rabbino, il cantore (cioè il capo delle cerimonie) e l'inserviente. Il **rabbino** non è un sacerdote, ma è un maestro autorevole, che guida la comunità di cui è a capo: infatti non solo ha mansioni religiose (predicazione, celebrazioni di matrimoni e funerali, istruzione), ma dirime anche le questioni riguardanti la legge religiosa.

Una cerimonia non può avere luogo senza un gruppo minimo di dieci uomini adulti, cioè che abbiano almeno 13 anni (*minian*).

Sinagoga

La parola deriva dal greco *synagoghé*, a sua volta derivato dal verbo *synághein*, "condurre insieme"; quindi la parola significa "riunione, assemblea". Dall'assemblea delle persone riunite per il culto, il termine passò a indicare il luogo in cui tali persone si riunivano.

■ Interno di una sinagoga.

5. Le feste religiose

L'anno ebraico prevede una serie di **feste** che sono nate in diversi momenti della storia del popolo ebreo. Bisogna premettere che il calendario ebraico delle feste è **luni-solare**: l'anno solare, infatti, costituisce l'unità di tempo, ma si articola secondo le fasi della luna. Tutte le feste cominciano la sera del giorno precedente e si protraggono fino alla sera successiva.

5.1 Lo shabbat

Il **sabato** non è propriamente una festa, ma il giorno settimanale di **riposo** che inizia al tramonto del venerdì e si estende fino al tramonto del sabato. Le Scritture offrono due motivi per cui tutti dovrebbero osservare il sabato: Dio stesso ha riposato il settimo giorno, dopo aver creato il mondo; dopo la liberazione dall'Egitto e dalla schiavitù, Dio ha promesso il sabato, perché ci fosse un giorno di riposo per tutti, inclusi schiavi e animali. Dunque di sabato è proibita ogni forma di lavoro; questo giorno è tempo di preghiera e di studio della Torah. Al mattino del sabato vi è la funzione in sinagoga; il resto della giornata viene generalmente trascorso insieme alla famiglia e agli amici.

Capodanno ebraico

5.2 Rosh haShana

Segna l'inizio del **nuovo anno** ebraico. La sua origine è biblica (Lev 23,24): "un memoriale celebrato a suon di tromba". Il termine Rosh haShana, "inizio dell'anno", è rabbinico, come lo sono i motivi della festività: pentimento, preparazione per il giorno del giudizio divino e preghiera per un anno fruttuoso. La festa è inaugurata dal suono dello *shofar*, il corno di montone utilizzato sia come stumento musicale sia nelle cerimonie religiose.

■ Preghiera del sabato, con la benedizione del pane. (in basso a destra)

■ Lo shofar, corno di montone che si suona a Rosh haShana. (sotto)

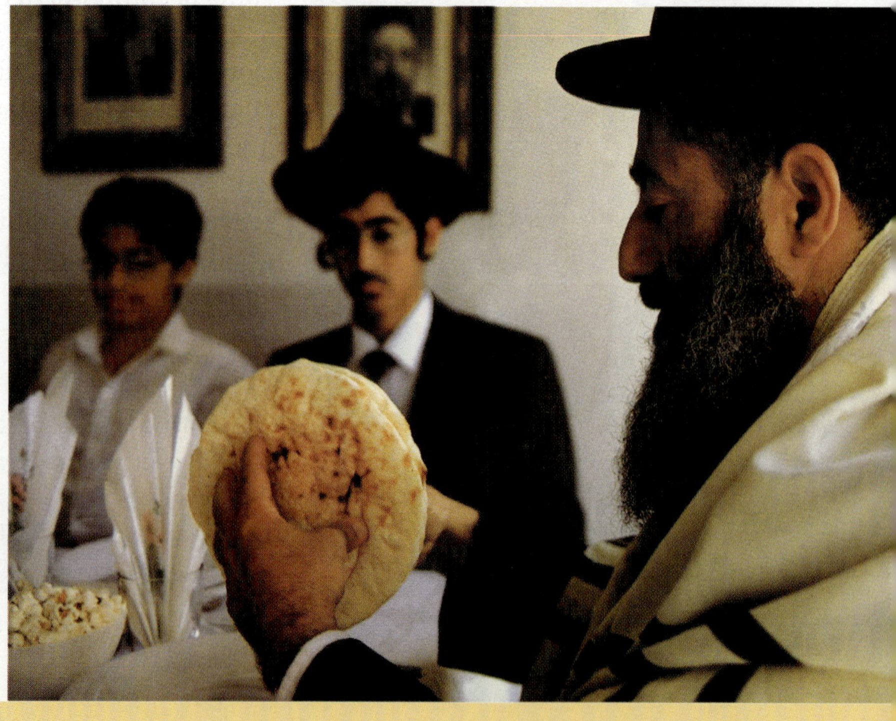

5.3 Yom Kippur

È il **giorno dell'espiazione**, l'ultimo dei dieci "giorni del pentimento" che hanno inizio con Rosh haShana. Unico giorno di digiuno ordinato nella Bibbia, Yom Kippur è occasione di pentimento per le proprie cattive azioni e per meditare sui propri errori. L'ebreo, in questo giorno, si astiene dal bere e dal mangiare e – come specifica il Talmud – evita di lavarsi, truccarsi e adornarsi, indossare scarpe di pelle, avere rapporti sessuali. Inoltre prega per ricevere il perdono per i peccati tra l'uomo e Dio e perché Dio corregga le sue azioni ingiuste derivate dai peccati.

■ *La benedizione della vigilia della festa ebraica Yom Kippur*, cromolitografia russa del 1902, Gerusalemme, Israel Museum.

– Yom Kippur
– Sukkot a Gerusalemme

■ Capanna moderna costruita per la festa di sukkot.

5.4 Sukkot

Nella Bibbia (Lev 23,41-43) è descritta come la "**festa dei tabernacoli**" o "**festa delle capanne**" e viene celebrata il 15 del mese di Tishri. Gli ebrei costruiscono capanne vicino alle case e alle sinagoghe e vi passano il tempo con le famiglie (devono consumarvi i pasti e possibilmente dormirvi), ricordando la bontà di Dio. La festa vuole ricordare le capanne che gli ebrei costruirono nel deserto durante il viaggio dall'Egitto verso la terra promessa. Fino al 70 d.C., quando i romani rasero al suolo il Tempio di Gerusalemme, la festa prevedeva un pellegrinaggio di massa al Tempio.

5.5 Hanukkah

Si tratta della **festa delle luci**, che si celebra per otto giorni, in dicembre. In ebraico la parola significa "dedica" o "inaugurazione", perché ricorda la consacrazione di un nuovo altare nel Tempio (profanato dai conquistatori ellenistici) nel II secolo a.C.; in quell'occasione la menorah, il candelabro a nove bracci del Tempio, rimase acceso per otto giorni, nonostante avesse olio a sufficienza per un solo giorno.

■ Menorah celebrativa con le luci di Hanukkah.

5.6 Pesah

È la festa della **Pasqua** ebraica, che ricorda la grande liberazione dall'Egitto e l'Esodo dalla schiavitù (vedi nucleo 2, unità 2). È l'avvenimento centrale della storia ebraica, l'esperienza forte che mostra come JHWH sia vicino al suo popolo e lo salvi. La festa cade in primavera, a partire dal 15 del mese di Nisan, e dura otto giorni. I riti pasquali iniziano molto prima della festività, quando famiglie e attività commerciali puliscono i loro locali dall'*hametz* – il lievito e ogni altra cosa che lo contenga – come è prescritto nella Torah. La sera della vigilia, la famiglia ebraica si raduna per il ***seder***, un pasto speciale che si svolge secondo un preciso rituale, indicato dalla *Haggadah*, il racconto della Pasqua e dell'Esodo. Durante il pasto si gustano cibi tradizionali, che ricordano le vicende bibliche: il **pane non lievitato** (per indicare che la fede in JHWH non deve gonfiarsi con l'orgoglio); le **erbe amare** (a ricordo dell'amarezza della schiavitù in Egitto); l'**agnello** (simbolo dell'agnello sacrificato per segnare le porte degli Israeliti alla vigilia della prima Pasqua); l'**uovo sodo** (simbolo del lutto seguito alla distruzione del Tempio di Gerusalemme); il ***charoset***, una sorta d'impasto di frutta secca, miele e vino (a ricordo dell'impasto di fango usato dagli ebrei per fabbricare i mattoni in Egitto).

■ Cibi della Pasqua ebraica: pane non lievitato, uovo sodo, frutta secca per la salsa *charoset*.

■ Preghiera in occasione della Pasqua sul monte Garizim.

6. Ebrei oggi

Gli ebrei sono divisi anche oggi in diverse correnti, a seconda della diversa importanza data ad alcuni aspetti della religione, dall'osservanza rigida della Torah all'accento per le tradizioni spirituali o all'apertura verso la cultura contemporanea. Ci sono ebrei "ortodossi" e "riformati", ma anche "conservatori" e altro.
Più del 30% della popolazione ebraica mondiale – circa 6 milioni di persone – è stato **sterminato** durante gli anni della Seconda guerra mondiale. Si trattava di ebrei europei, perseguitati dal nazismo e dal fascismo. L'**antisemitismo** come dottrina teorica è relativamente recente ed è legato al libro *Mein Kampf* ("La mia battaglia"), scritto nel 1923-24 da Adolf **Hitler**. Tuttavia le radici dell'avversione per gli ebrei e per tutto ciò che li riguarda sono molto più antiche: da millenni l'antisemitismo si è manifestato come rifiuto, discriminazione, pregiudizio, fino a dar luogo a vere e proprie persecuzioni nel corso della storia. Fin dall'antichità, in molti paesi gli ebrei furono obbligati a vivere in zone specifiche delle città: nacquero così i **ghetti** veri e propri, dai quali gli ebrei potevano uscire solo durante il giorno.
Di contro, le vicende storiche che portarono alla diaspora e la dispersione stessa del popolo ebraico fecero nascere negli ebrei una forte identità di gruppo, salvaguardata con l'osservanza dei riti e delle prescrizioni religiose: questo fatto, che li aiutò a mantenere intatte la loro cultura e le loro religioni, contribuì a isolarli rispetto alle popolazioni dei paesi in cui si stabilivano.
Con l'avvento del cristianesimo, si sviluppò e crebbe sempre più l'ostilità tra la Chiesa (che si considerava il nuovo Israele e che riconosceva in Gesù il Messia annunciato dalle Scritture) e la comunità ebraica, ritenuta colpevole di aver mandato a morte quel Messia.
Oggi l'atteggiamento dei cristiani nei confronti degli ebrei è molto cambiato. La Chiesa ha ufficialmente e a più riprese chiesto "perdono" per le proprie responsabilità nelle persecuzioni antiebraiche e ha profondamente rivisto il rapporto con Israele. Gli ebrei sono infatti considerati i "fratelli maggiori", la radice da cui proviene il cristianesimo.

■ Papa Benedetto XVI e il rabbino capo di Roma, Riccardo Di Segni, il 17 dicembre 2010.

Ghetti

L'etimologia della parola "ghetto" è incerta; secondo alcuni studiosi, il termine deriva dal veneziano Gheto, zona della città in cui si trovavano le fonderie e che venne riservata agli ebrei; da qui il termine passò a indicare, in qualunque città, il quartiere dove risiedevano gli ebrei.

6.1 Ebrei perseguitati

Gli ebrei subirono pesantissime persecuzioni fin dal Medioevo. In epoca più recente, ricordiamo i ***pogrom*** (termine russo che significa "devastazione") avvenuti in Russia tra la fine dell'Ottocento e l'inizio del Novecento, durante i quali furono massacrate centinaia di persone.

La persecuzione più grande patita dagli ebrei, però, è stata quella che essi subirono durante l'epoca nazista. Hitler teorizzò la "**soluzione finale**", che comprendeva l'annientamento di tutti gli ebrei in Europa, secondo un lucido progetto organizzato in ogni dettaglio, dal rastrellamento nelle città, all'internamento in campi di sterminio, fino all'uccisione e all'eliminazione dei corpi, spesso nei forni crematori dei campi.

Shoah (che propriamente vuol dire "distruzione", "catastrofe") è il termine ebraico con cui viene ricordato lo sterminio nazista. Un altro termine usato è quello di **Olocausto**.

La Shoah, oltre a essere un dramma storico di portata incalcolabile, è anche un serio problema per la fede di Israele (e non solo), poiché ha posto il problema del silenzio di Dio. Dov'era JHWH, il grande amico di Israele, durante lo sterminio? Come ha potuto lui, il Signore, lasciare che accadesse una cosa simile al suo popolo?

Questo dramma è contenuto nelle parole seguenti, tratte da un libro famoso di Elie Wiesel, ebreo, premio Nobel per la pace, che racconta la sua esperienza nei campi di sterminio e, in questo brano, l'esecuzione di tre persone ad Auschwitz.

I tre condannati salirono insieme sulle loro seggiole. I tre colli vennero introdotti contemporaneamente nei nodi scorsoi. – Viva la libertà – gridarono i due adulti. Il piccolo, lui, taceva.

– Dov'è il Buon Dio? Dov'è? – domandò qualcuno dietro di me.

A un cenno del capo del campo, le tre sedie vennero tolte. Silenzio assoluto. All'orizzonte il sole tramontava. [...]

■ Donne e bambini ebrei diretti alle camere a gas nel campo di sterminio di Auschwitz.

Poi cominciò la sfilata. I due adulti non vivevano più. La lingua pendula, ingrossata, bluastra. Ma la terza corda non era immobile. Anche se lievemente, il bambino viveva ancora... Più di una mezz'ora restò così, a lottare fra la vita e la morte, agonizzando sotto i nostri occhi. E noi dovevamo guardarlo bene in faccia. Era ancora vivo quando gli passai davanti. La lingua era ancora rossa, gli occhi non ancora spenti.

Dietro di me udii il solito uomo domandare: – Dov'è dunque Dio?

E io sentivo in me una voce che gli rispondeva: – Dov'è? Eccolo: è appeso lì, a quella forca...

(E. Wiesel, *La notte*, Giuntina, Firenze 1980)

3 Le principali religioni del mondo

Nel mondo sono presenti moltissime religioni, che si basano su principi differenti, hanno riti e preghiere particolari, hanno una diffusione più o meno ampia. Soltanto in Italia nel 2013, secondo il CENSUR (Centro Studi sulle Nuove Religioni), erano presenti ben 836 religioni differenti, con più o meno seguaci.

Abbiamo già parlato ampiamente del cristianesimo e dell'ebraismo; prenderemo qui velocemente in esame le religioni più diffuse nel mondo.

Cartina: La diffusione delle religioni nel mondo

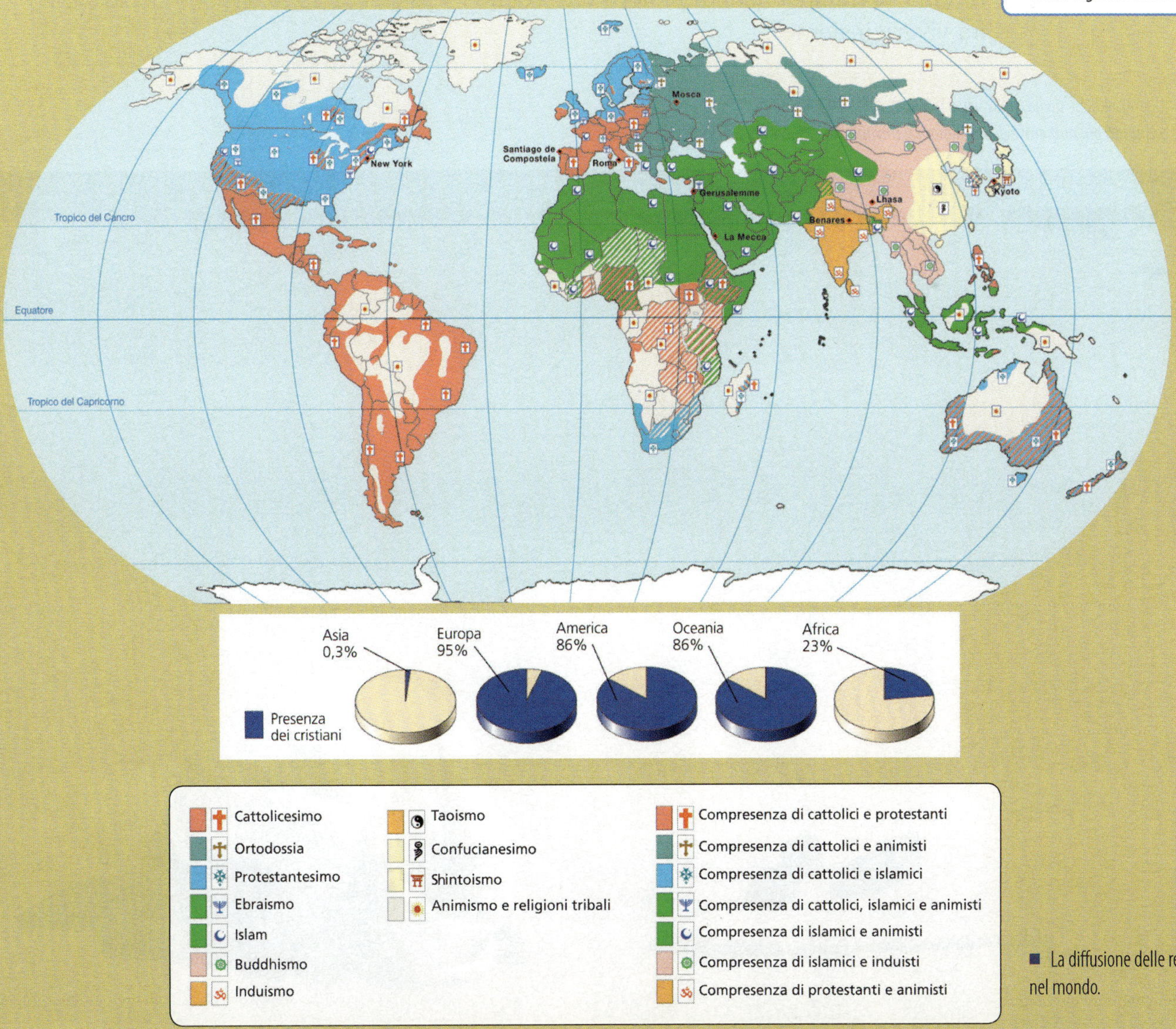

■ La diffusione delle religioni nel mondo.

L'ISLAM

Musulmani in Italia (prima e seconda parte)

L'**islam** è l'insieme di credenze e di riti basati sul Corano; questo nome fu dato da Muhammad (noto anche come Maometto) alla religione da lui predicata. Le persone che seguono questa religione si chiamano **musulmani**, da *muslim*, "devoto, sottomesso a Dio".

Oggi si può considerare l'islam come una religione universale: oltre un miliardo sono infatti i musulmani nel mondo. Le comunità più numerose si trovano nel Vicino e nel Medio Oriente, nell'Africa subsahariana, nell'area compresa fra Pakistan, India e Bangladesh. È rilevante la presenza di musulmani nei Paesi Balcanici, mentre negli altri paesi europei è in costante aumento, perché molti immigrati extracomunitari professano la religione musulmana.

L'islam è al tempo stesso una **religione** e una **comunità** con norme precise, che regolano da un lato i rapporti del credente con Dio, dall'altro i rapporti dei credenti tra loro. In questo senso, l'appartenenza all'islam annulla le differenze fra popoli e stati: i musulmani appartengono alla *umma* (letteralmente "comunità"), una sorta di comunità sovranazionale di "coloro che vogliono vivere insieme".

Islam

Significa "sottomissione, ubbidienza a Dio".

■ Un musulmano prega rivolto verso la Mecca, città santa dell'islam.
Le comunità più numerose di musulmani si trovano nel Vicino e Medio Oriente.

1. Le origini

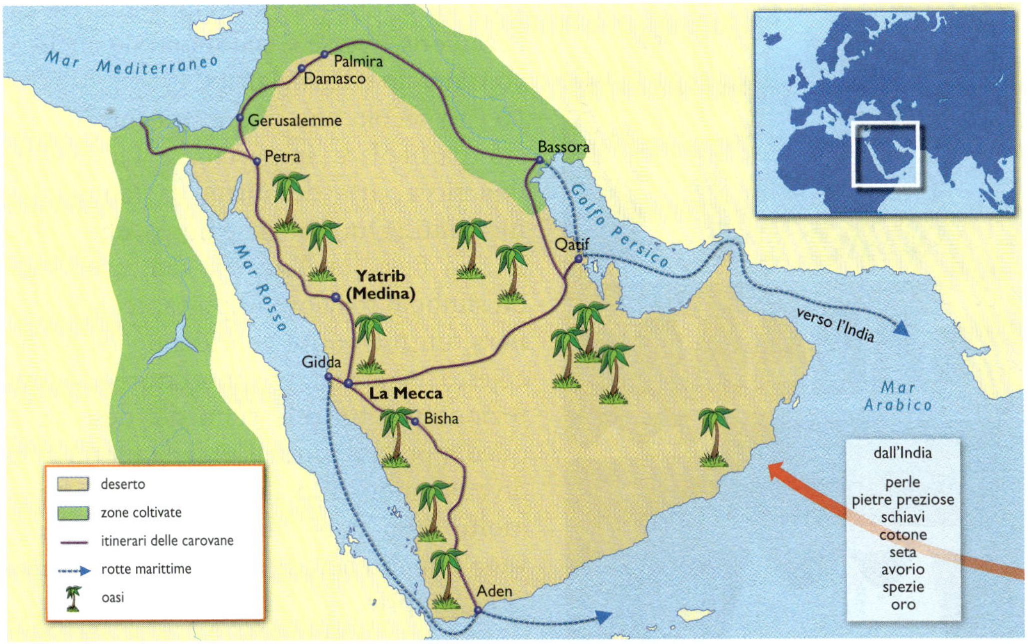

■ La penisola araba nel VI secolo d.C.

Osserviamo la cartina, che ci mostra le caratteristiche della penisola araba nel VI secolo d.C.

All'epoca essa era meno arida di oggi. Il deserto occupava la maggior parte del territorio, ma il clima era più temperato e le oasi e le aree coperte da bassa vegetazione (tipo savana africana) erano più estese. I pastori nomadi che occupavano queste terre erano **beduini** appartenenti al popolo **arabo**.

Essi vivevano in **tribù**, ciascuna delle quali garantiva ai suoi appartenenti la possibilità di sopravvivere in un ambiente ostile come quello desertico. Ogni tribù, infatti, combatteva con le altre per il controllo delle poche sorgenti d'acqua e dei pascoli per le greggi di pecore e capre, che costituivano la principale fonte di sostentamento. Proprio per sfruttare al meglio, a seconda delle stagioni, i pochi pascoli disponibili, i beduini erano **nomadi**, cioè si spostavano da un luogo all'altro.

Ogni tribù era guidata da un capo, detto **sceicco**. In essa erano molto forti i legami tra **famiglie** e vigeva un sistema di regole di comportamento molto rigido: chi le trasgrediva veniva espulso, il che equivaleva a morire da soli nel deserto. La vita delle donne e dei bambini, per esempio, valeva meno di quella di un uomo adulto e quindi essi vivevano sottomessi, con pochi diritti.

Ciascuna tribù seguiva anche **divinità proprie**, identificate con le forze che rendono possibile la vita nel deserto e la capacità di orientarsi in esso: la luna, le stelle, le fonti d'acqua, gli spiriti buoni che abitano le oasi.

I beduini erano molto fieri della loro autonomia, disprezzavano i piccoli gruppi di contadini che vivevano in piccole comunità lungo le coste e nella parte più a nord del paese (uniche aree raggiunte dai venti umidi dal mare) e a volte li attaccavano e li depredavano, come facevano anche con le carovane di mercanti che attraversavano queste terre.

Beduini

Il termine deriva dall'arabo *bedu*, che significa "abitante del deserto".

Arabo

Nelle lingue semitiche *arab* significa "nomade"; ai semiti, oltre agli arabi, appartengono anche gli ebrei.

Strumenti

Nonostante ciò, questi piccoli centri si svilupparono e diedero origine a importanti **città** lungo le più importanti **vie carovaniere**. In esse si svilupparono anche il commercio e l'artigianato.
Nel VI secolo uno di questi centri acquistò particolare importanza: **La Mecca**, una ricca città dominata da famiglie di mercanti. Qui, in un edificio che esiste ancora oggi (la ***Kaaba***), veniva adorato un simbolo religioso importante: la **pietra nera**, un meteorite considerato un segno celeste benevolo e apportatore di protezione per tutte le genti del deserto. A poco a poco il santuario della pietra nera divenne meta di pellegrinaggi da parte di molte tribù arabe, che tuttavia continuavano a mantenere le loro divinità e tradizioni proprie.

■ La Kaaba nella Grande Moschea della Mecca, dove si custodisce ancora oggi la pietra nera.

2. Muhammad, il profeta di Allah

Verso il 570 d.C., in una famiglia di mercanti, nacque alla Mecca **Muhammad**, un personaggio destinato a esercitare un forte influsso sulla vita del popolo arabo. Rimasto orfano, allevato dal nonno (un notabile della città) e poi dallo zio, egli visse nell'ambiente dei mercanti e si dedicò alla loro stessa attività. Trasportava merci dalle coste orientali alle città del nord, entrando così in contatto con popoli di diverse religioni, fra cui cristiani appartenenti all'impero bizantino ed ebrei. Il suo spirito era animato da una forte ricerca religiosa. Lesse la Bibbia, rimanendo molto colpito dalla ricca tradizione che essa testimoniava, soprattutto se la si confrontava con il confuso politeismo del suo popolo.
Dopo aver sposato una ricca vedova, non ebbe più preoccupazioni economiche e poté dedicarsi allo studio e alla meditazione. Secondo la tradizione, verso i 35 anni cominciò ad avere delle **visioni**: l'arcangelo Gabriele, il potente messaggero di Dio di cui parla la Bibbia, lo esortava a predicare la verità su Dio a tutti gli uomini.
Muhammad cominciò a parlare di un unico Dio, **Allah**, e invitava tutti a fare "atto di sottomissione" (*islam*) a lui.

Allah

Il termine deriva da una radice arabo-semitica che indica genericamente la divinità. Prima della predicazione di Maometto, però, una delle divinità principali dei beduini del deserto era *Hubal*, secondo alcuni già definito *Allah*, cioè "Dio per eccellenza".

Allah, diceva, era l'unico giudice del bene e del male e a lui ogni uomo, alla fine della propria vita, avrebbe dovuto rendere conto delle sue azioni e ricevere premio o punizione per la sua anima immortale. Per questo era necessario vivere secondo giustizia e aiutando gli altri, a cominciare dai più poveri.

L'annuncio fu accolto con favore anzitutto dalle classi sociali più disprezzate, alle quali Muhammad riconosceva la dignità di amati da Allah. Le ricche famiglie della Mecca, invece, perseguitarono Muhammad. Temevano, tra l'altro, che egli avrebbe finito con lo svuotare di significato il santuario della pietra nera e la tradizione dei pellegrinaggi che portava alla città le tribù arabe disperse (con grandi vantaggi anche economici). Alla fine lo costrinsero alla fuga verso una città più a nord, Yathrib, poi chiamata **Medina** (cioè "la città del profeta"). Era l'anno **622** d.C. e i musulmani considerano tale anno come data di inizio del loro calendario. Esso viene comunemente chiamato anno dell'**egira**.

A Medina Muhammad venne accolto subito bene e con il tempo diventò perfino governatore della città. Tuttavia il suo pensiero era quello di tornare alla Mecca, dove c'era la Kaaba. Ai suoi discepoli il Profeta, come veniva chiamato Muhammad, insegnò a pregare rivolti verso la Mecca, dove, diceva, sarebbero presto tornati.

Nel 630, dopo aver convertito un numero sempre maggiore di persone, Muhammad **fece ritorno alla Mecca** da conquistatore e stabilì che quello della Mecca fosse il più importante santuario per tutti i musulmani. In quegli anni molte tribù di beduini avevano accolto la nuova fede e la decisione di Muhammad di non rompere i legami con la tradizione della Mecca favorì nuove adesioni, tra cui quella delle famiglie più ricche e importanti.

■ Miniatura turca del XVIII secolo che illustra la prima sura del Corano, con la rivelazione a Maometto da parte dell'arcangelo Gabriele, Istanbul, Museo del Topkapi.

Egira

In arabo *hijrah*, "emigrazione", in senso generale indicava l'allontanamento di un individuo dalla tribù beduina di appartenenza. Il termine passò poi a designare l'allontanamento di Muhammad dalla Mecca.

■ L'arrivo di Maometto a Medina (illustrazione di un manoscritto religioso).

La nuova fede si era, nel frattempo, precisata anche rispetto al cristianesimo e all'ebraismo, nei confronti dei quali furono mantenuti, inizialmente, rapporti di grande **rispetto**.

Man mano che cresceva l'adesione all'islam, crebbe anche l'importanza **politica** di Maometto, che stava attirando su di sé la stima e la venerazione di tribù tradizionalmente nemiche che ora trovavano motivi per **unirsi** e sottomettersi anche a un'unica autorità politica, oltre che religiosa. La straordinaria vitalità della società beduina, nomade e guerriera, unita all'intraprendenza e alle ricchezza delle famiglie che vivevano nelle grandi città furono le basi della potenza islamica.

L'importanza storica di Muhammad consiste soprattutto nell'**aver unificato le tribù arabe** rimaste in ombra fino ad allora, avviandole a grandi imprese, soprattutto di carattere militare. Fondando la religione musulmana, egli non solo diede al popolo un eccezionale impulso politico, ma lo innalzò anche a un livello spirituale più alto, sostituendo con un monoteismo assoluto le varie forme di idolatria prima esistenti.

■ La preghiera del tramonto nella Grande Moschea della Mecca. *Muhammad non solo fondò una religione, ma unificò le tribù arabe disperse.*

I rapporti tra islam, cristianesimo ed ebraismo

Con cristiani ed ebrei Muhammad ebbe rapporti di grande rispetto, per poi differenziare sempre più, con il passare del tempo, le sue convinzioni.

Muhammad si considerava l'ultimo di una serie di profeti di Dio: Noè, Abramo, Mosè e Gesù. Egli riteneva di essere giunto a compiere il loro annuncio, cosicché la fede ebraica e quella cristiana sarebbero dovute scomparire, lasciando il posto alla piena rivelazione di Dio. Per questo motivo nel Corano si esalta la figura degli antichi profeti, ma non si accetta né l'idea della scelta del popolo ebraico come "popolo eletto" né la natura divina di Gesù (anche se si onora la Vergine Maria e si riconosce l'azione dello Spirito di Dio nel concepimento di quel profeta).

Dopo un primo periodo in cui, a Medina, si pregava rivolgendosi verso Gerusalemme, si decise che i musulmani pregassero verso la Mecca, città di nascita del Profeta e sede del più importante santuario islamico.

■ Miniatura: Maometto accompagnato dall'arcangelo Gabriele incontra Mosé, Berlino, Museo di Arte Islamica. *Maometto si considerava l'ultimo di una serie di profeti, fra cui c'era Mosè.*

3. Alla conquista del mondo

Muhammad morì nel 632 e il suo primo successore (con il titolo di **califfo**) fu uno dei suoi primi compagni nella fede: **Abu Bakr**.
Egli lanciò i musulmani alla conquista della Siria, dove nel 634 vennero sconfitte le truppe bizantine che la occupavano. Il successivo Califfo, **Omar**, conquistò ai bizantini l'Egitto, la Siria, la Palestina, e ai persiani la Mesopotamia.
Iniziò così una serie di conquiste che portarono nel giro di un secolo al formarsi di un vero **impero**.

Califfo

La parola in arabo significa "sostituto" e indica, appunto, il sostituto del Profeta alla guida del popolo musulmano.

■ L'espansione araba nei primi secoli.

Cartina: L'espansione araba nei primi secoli

Nel frattempo i musulmani conobbero anche feroci lotte interne, una delle quali portò alla loro divisione in due fazioni, che esistono ancora oggi: gli **sciiti** (o "seguaci di Alì", cugino del profeta) e i **sunniti**. I primi si richiamano all'osservanza del Corano come unica regola della fede e del comportamento dei fedeli, i secondi seguono anche la *sunnah*, una raccolta di detti e di esempi di vita del Profeta tramandati oralmente e presi come modelli di comportamento.
La maggioranza sunnita sostenne fino al 750 la dinastia degli **Omayyadi**. Essi furono poi rovesciati da una famiglia di musulmani persiani, gli **Abbasidi**, che scelsero come capitale Baghdad, nell'attuale Iraq. A seguito di queste lotte interne, vaste parti dell'impero cominciarono a essere autonome dall'autorità del califfo. Fu il caso della Spagna (conquistata ai Visigoti in soli 5 anni, dal 708 al 713), che rimase in mano agli Omayyadi, oppure il Marocco e la Tunisia, governate da dinastie diverse.

Nel corso della loro espansione i musulmani fondarono importanti **città** o ridiedero splendore ad antiche capitali, come Damasco, in Siria. A Oriente giunsero a minacciare la stessa Costantinopoli, capitale bizantina, mentre a Occidente dovettero essere fermati dai Franchi, nella battaglia di **Poitiers**, nel 732.
Ai **popoli sottomessi** i nuovi dominatori offrivano due possibilità:

- la **conversione alla nuova religione**, con la facoltà di continuare a svolgere le proprie attività e di vedersi riconosciuti i diritti civili fondamentali (anche se senza la possibilità di accedere alle più alte cariche dell'amministrazione, riservate ai più antichi credenti, membri dell'esercito conquistatore);
- il **mantenimento della propria religione** e il conseguente pagamento di una **tassa**, senza avere nessun diritto civile o politico. Era tollerato ogni culto diverso dalla fede musulmana, purché non creasse disturbo alla quiete pubblica.

3.1 Gli arabi portatori di sviluppo e di cultura

Gli arabi seppero dare un forte **sviluppo alla produzione agricola** nelle terre da loro amministrate (per esempio, inventarono e diffusero ingegnosi sistemi di irrigazione, con i quali rendere fertili anche territori altrimenti molto aridi) e questo favorì una forte **espansione demografica**, uno dei punti di forza della loro potenza e concausa della loro espansione.
A partire dall'VIII secolo, essi controllarono i **commerci** tra il Mediterraneo, l'Oriente e le coste orientali dell'Africa. Essi svilupparono, infatti, le grandi **vie carovaniere**, tra le quali fu particolarmente famosa la cosiddetta "via della seta", dalla Cina al Medio Oriente.
La **cultura** araba raggiunse livelli di grande sviluppo in ogni settore: nell'**architettura** (con la costruzione di moschee e palazzi), nelle **scienze** (i numeri che utilizziamo sono di derivazione araba), nella **medicina**, nella **letteratura** e nella **filosofia**. Essi, inoltre, ricopiarono e conservarono importanti opere della letteratura classica, trasmettendole poi agli studiosi cristiani nel corso di scambi tra le due culture.
Ancora oggi nei paesi islamici si conserva il ricordo dell'VIII e del IX secolo come dei "secoli d'oro" della cultura araba e della sua supremazia sul Mediterraneo.

■ Statua di Ibn Rush (noto in Occidente con il nome di Averroè), uno dei maggiori filosofi arabi.

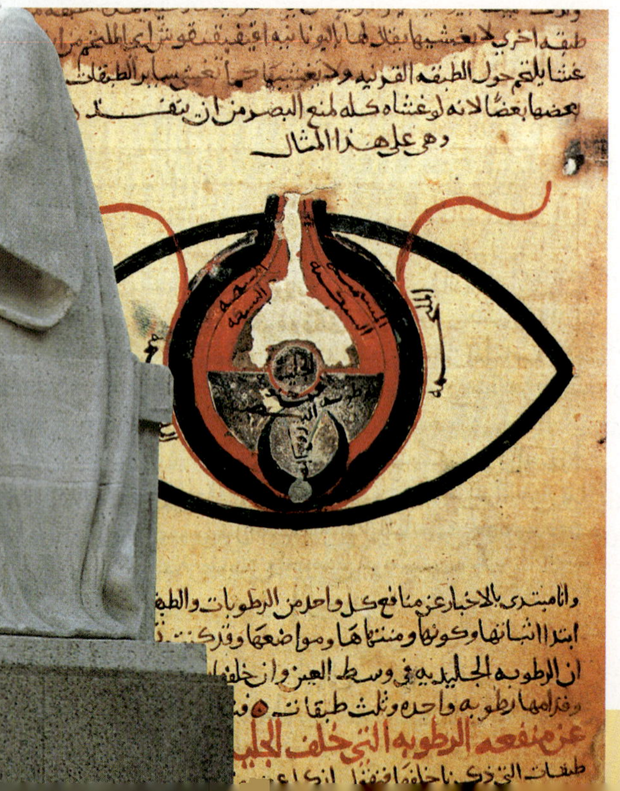

■ Manoscritto arabo che descrive l'anatomia dell'occhio, opera di al-Mutadibith, 1200 ca, Il Cairo, Biblioteca Nazionale. *La cultura araba raggiunse altissimi livelli nella medicina.*

4. La religione

4.1 La divinità

Per i musulmani, **Allah** è l'unico Dio, creatore del mondo e dell'uomo. Egli è venerato con **99 "nomi belli"**, ognuno dei quali esprime un aspetto della sua personalità (per esempio Misericordioso, Compassionevole, Re, Santo, Fedele, Potente, Creatore, Colui che perdona...).
Il mondo ultraterreno è popolato da **angeli** (il più importante dei quali è Gabriele), ***ginn*** (spiriti che popolano la natura) e **demoni**; ad Allah, che è il bene, si oppone **Iblis** (figura assimilabile al diavolo), come forza del male. Si noti che tutte queste figure sono assolutamente secondarie rispetto al Dio unico.

4.2 I testi sacri: Corano e Sunna

Il testo sacro dell'Islam è il **Corano**, testo in prosa ritmata, diviso in 114 capitoli (detti **sure**); dopo una breve sura iniziale, le sure sono ordinate in ordine decrescente **dalla più lunga alla più corta**: la seconda sura conta 286 versi, mentre le ultime contengono soltanto pochi versi. Dal punto di vista dell'importanza, tutte le sure per i musulmani hanno la medesima importanza, in quanto il Corano contiene le rivelazioni ricevute dal Profeta da Dio per mezzo dell'angelo Gabriele. Il Corano merita il massimo rispetto, perché è la parola attuale di Dio, trasmessa al profeta Muhammad dalla copia originale conservata in cielo. Proprio per questo motivo, il Corano non può essere tradotto, ma il vero credente lo recita in arabo.

Corano
In arabo il termine significa "lettura".

Manoscritto che riporta 54 dei "nomi belli" di Allah.

I nomi di Allah

Secondo Abu Hurayrah, uno dei più fedeli compagni di Muhammad, che trascrisse moltissimi aneddoti sulla vita del profeta, questi avrebbe affermato: "In verità Allah ha 99 nomi, cento meno uno; chi li cita entra in Paradiso". Alcune correnti di studio e pensiero discutono circa la presenza e la natura del centesimo nome di Dio, conosciuto solo da pochissimi eletti.
Anche il Corano parla dei diversi nomi di Dio: "A Dio appartengono i nomi più belli: invocatelo con quelli" (VII, 180).

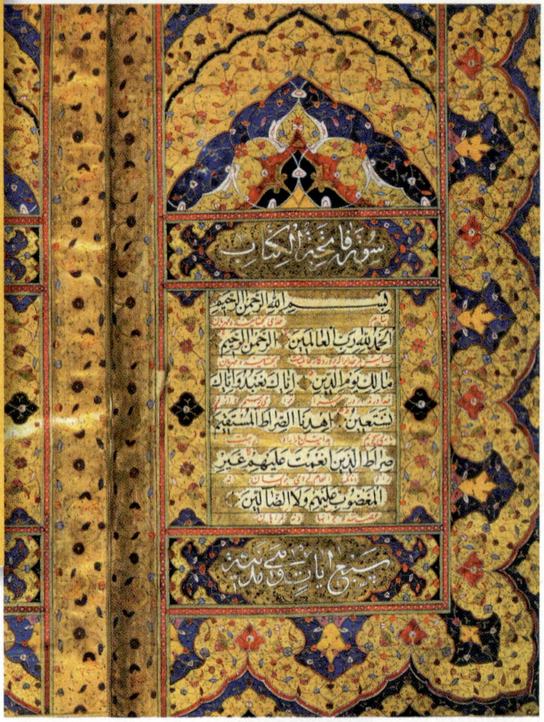

Il contenuto del Corano è molto vario: ci sono lodi a Dio e alla sua grandezza e misericordia, dettate da un profondo sentimento religioso, ma non mancano descrizioni del giudizio universale, delle bellezze del paradiso e dei tormenti infernali; molto numerose sono le disposizioni sul culto e sulla vita sociale e sono anche presenti osservazioni su vicende che riguardano il Profeta.

Poiché il Corano risultava incompleto come manuale di legge religiosa e civile, per soddisfare tutte le esigenze legate al cambiare dei tempi e a un numero sempre più elevato di aderenti alla religione islamica, si ricorse alla **Sunna**, come legge per regolamentare la vita culturale e sociale. La sunna è costituita dall'insieme di brevi resoconti (ciascuno chiamato **hadith**) delle parole e degli atti del Profeta e dei suoi primi discepoli, tramandati da testimoni ritenuti affidabili. Questi resoconti rappresentano il modello e la guida per tutti i musulmani.

■ Pagina del Corano, XVII secolo, Londra, British Museum.

4.3 Le credenze fondamentali

Sunna

In arabo la parola significa "consuetudine", "norma", "modo abituale di comportamento".

Queste sono le credenze fondamentali dei musulmani, secondo l'insegnamento del profeta:

› credere **in Allah**, uno, unico, il quale non ha compartecipi nella sua qualità divina;

› credere **nell'esistenza degli angeli**, come creature di Allah, tali da non dover ricevere nessun culto e privi del potere di fare grazie;

› credere **nella provenienza divina dei testi originari dei libri indicati nel Corano** come provenienti da Allah (i "fogli" di Abramo, che egli ricevette da Dio ma che andarono perduti; la *Torah*; i Salmi; il Vangelo; il Corano); fra questi, tuttavia, solo il Corano contiene il testo integrale della parola di Allah, non contaminato da nessuna manipolazione umana;

› credere **nella missione di profeta affidata a Muhammad**, che ha come destinatari tutti gli uomini, e **nei messaggeri di Allah inviati prima** di lui, tra i quali spiccano Adamo, Noè, Abramo, Ismaele, Isacco, Giacobbe, Mosè, Salomone, Davide, Gesù;

› credere **nell'esistenza di una vita dopo il giorno del giudizio**, quando ogni uomo sarà introdotto o nel luogo dell'eterna beatitudine (se sarà vissuto secondo i precetti di Allah) o nel luogo dell'eterno tormento (se avrà agito in modo contrario);

› credere che **tutto abbia origine dalla volontà di Allah** e che, quindi, nulla accada per caso, per fortuna o sfortuna.

■ Piastrella decorata con alcuni versi del Corano. *Il fedele musulmano crede nella provenienza divina del Corano.*

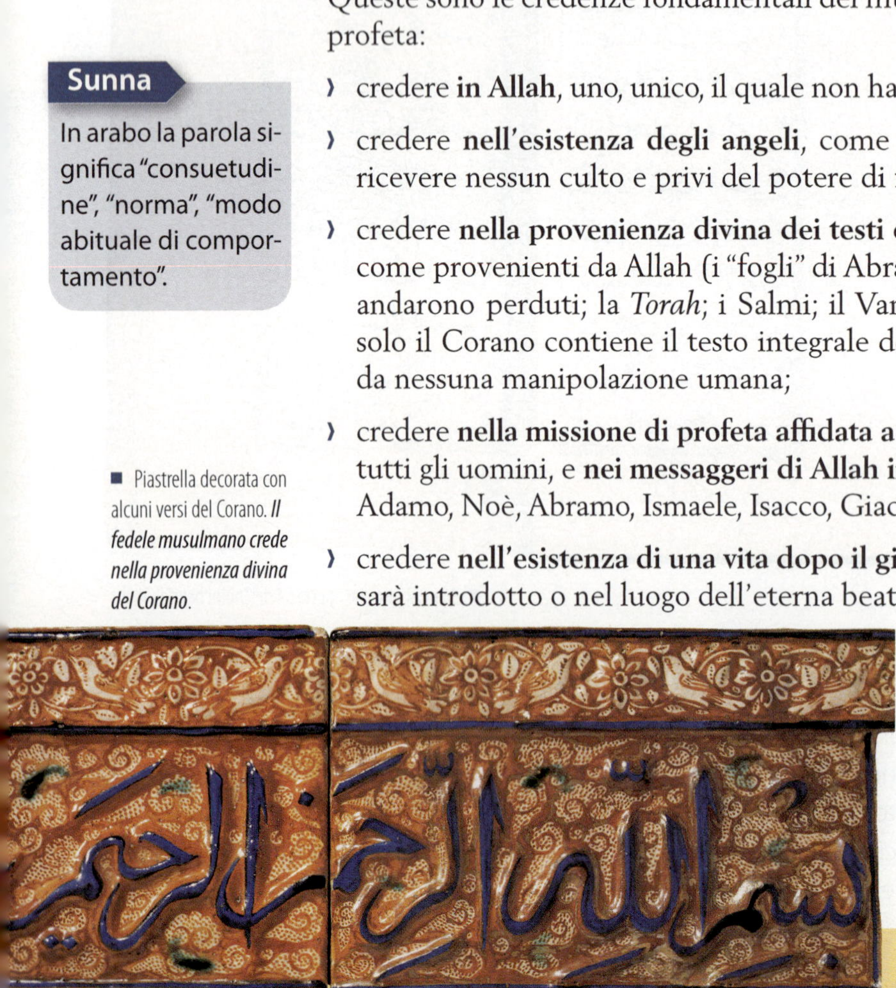

4.4 I cinque pilastri dell'islam

Muhammad ha insegnato che l'Islam si regge su cinque "pilastri": vediamoli.

La professione di fede (shahada)

La professione di fede è l'affermazione che "Non esiste altro Dio all'infuori di Allah e Maometto è il suo inviato". Quest'affermazione è diventata la formula per la conversione: basta pronunciarla di fronte a testimoni per diventare musulmani. Siamo al fondamento delle fede musulmana: tutto dipende da qui. Questa professione di fede viene custodita gelosamente e tramandata di persona in persona, di generazione in generazione. È sussurrata ai bambini e insegnata nelle scuole ai ragazzi e ogni musulmano spera di morire con queste parole sulle labbra.

■ Formula della shahada.

La preghiera (salah)

■ Fedele musulmano durante un momento della preghiera.

Ogni musulmano deve pregare ogni giorno **per cinque volte**: poco prima del sorgere del sole, a mezzogiorno, a metà del pomeriggio, all'inizio del crepuscolo e all'inizio della notte. Non è necessario che si trovi in una moschea, perché il Corano afferma che "tutta la Terra è una moschea". È importante, però, che non solo la persona ma anche gli abiti e il luogo nel quale si prega siano puri. Ciò significa – fra le altre cose – che non devono essere venuti a contatto con maiali, cani, escrementi in generale, bevande alcoliche, sangue e animali morti. Se il fedele che si accinge a pregare non è sicuro di ciò – come può accadere a chi prega nella piazza del paese – stende un tappetino per terra. Di sicuro si toglie le scarpe. Prima di entrare nella moschea per la preghiera, il credente svolge una serie di **abluzioni rituali** con acqua corrente, in modo da purificare il corpo.

La preghiera avviene se possibile collettivamente, ma, se non vi sono altri musulmani, può essere anche individuale. Nelle moschee l'ora della preghiera è annunciata da un **muezzin**. Il credente deve essere rivolto con lo sguardo in direzione della Mecca (dall'Italia questo significa a sud-est).

Da quando, con le palme rivolte verso l'alto, il fedele afferma "Allahu Akbar" (Dio è altissimo), egli entra in uno stato "sacro" che non può interrompere parlando, ridendo, mangiando, bevendo, voltandosi o facendo movimenti diversi da quelli imposti dalla tradizione.

Ogni passo della preghiera, infatti, è contraddistinto da **una posizione precisa**: il fedele è inginocchiato con le mani a terra, la fronte tra le mani, le mani unite come fossero le pagine di un libro, seduto sui calcagni tenendo le mani sulle cosce. I movimenti sono compiuti dai fedeli tutti insieme, per questo è necessario un "direttore" che si mette davanti alla prima fila, ma rivolto come tutti in direzione della Mecca, e compie i movimenti, imitato dagli altri.
Anche se la tradizione invita le donne a partecipare alla preghiera in comune, non è frequente incontrare donne in una moschea.

■ Miniatura persiana che ritrae un musulmano che fa l'elemosina, XV secolo, Il Cairo, Biblioteca Nazionale.

L'elemosina (zakat e sadaqa)

L'elemosina al povero è un segno di devozione ad Allah. Ne esistono due forme: la prima, **zakat**, è quella "legale", una specie di tassa obbligatoria per ogni buon musulmano, il quale ogni anno deve dare una percentuale della propria ricchezza in carità. La tassa viene versata in denaro o in prodotti naturali durante il mese del digiuno. Nei paesi musulmani è raccolta dal governo e distribuita ai poveri. Altrove ogni musulmano deve fare da sé e decidere come usarla. In origine questa tassa religiosa servì per mantenere l'esercito della comunità musulmana insediata a Medina.
Oltre alla zakat, è raccomandata anche la **sadaqa**, l'elemosina spontanea richiesta ai ricchi, che in questo modo dimostrano la propria riconoscenza a Dio.

Il digiuno (sawn)

Nel calendario lunare islamico i mesi durano 29 o 30 giorni e non sono fissi, come nel calendario occidentale. Uno di questi è il **Ramadan**, il mese durante il quale Maometto ebbe la sua prima rivelazione. La tradizione islamica raccomanda, in questo mese, un particolare regime di purezza, che consiste in primo luogo nell'astenersi dall'introdurre nel corpo ogni cibo e bevanda durante le ore di luce, dall'alba al tramonto, di ciascun giorno del mese. Dopo il tramonto è possibile mangiare e bere. Il significato del Ramadan è la sottomissione a Dio e l'abitudine alla privazione, che rende forte il carattere.
Durante il Ramadan, inoltre, si raccomanda di non litigare, non mentire, non calunniare, di evitare ogni piacere del corpo ma anche ogni intenzione cattiva. Al digiuno del Ramadan sono tenuti tutti i musulmani adulti e sani. I bambini, gli anziani, le donne che allattano o sono incinte e quanti hanno problemi di salute sono esentati dal rispetto del digiuno. Chi è in viaggio durante il Ramadan può rinviare in altra occasione il rispetto del precetto. Il primo giorno dopo il mese di ramadan (Al-id as Sagir) è una delle feste più sentite e allegre.
Il digiuno ha un grande valore spirituale: è un richiamo all'essenzialità delle fede in Allah, alla condivisione dei credenti nell'unica comunità, invita a una maggiore riflessione e preghiera.

■ Fedele musulmana in pellegrinaggio attende il tramonto per interrompere il digiuno del Ramadan.

Il pellegrinaggio (haji)

Ogni musulmano adulto e sano deve compiere almeno una volta nella vita il **pellegrinaggio alla Kaaba**, il luogo santo per eccellenza dell'Islam, che si trova alla Mecca, in Arabia Saudita. Ogni anno l'haji è uno dei grandi avvenimenti religiosi mondiali, che coinvolge milioni di persone; esso si può svolgere solo tra l'ottavo e il tredicesimo giorno dell'ultimo mese del calendario musulmano.

La preparazione al pellegrinaggio è accurata e complessa, implica molte pratiche personali ma anche "sociali". Il pellegrino, infatti, prima di partire deve anzitutto pentirsi sinceramente dei propri peccati e prefiggersi di condurre, in futuro, una vita irreprensibile davanti a Dio e agli uomini. Inoltre deve saldare ogni eventuale debito e porre rimedio alle offese o alle mancanze eventualmente commesse. Deve poi disporre il mantenimento della propria famiglia e dei propri dipendenti sino al giorno in cui presume di poter tornare.

A questo punto inizia il pellegrinaggio e, quando gli uomini giungono nei sobborghi della Mecca, devono indossare un **abito bianco** fatto di due pezzi di stoffa e senza cuciture, l'**ihram**: in questo modo dimostrano di essere tutti uguali davanti ad Allah. I pellegrini si lavano integralmente e da questo momento sono vietati i profumi, i rapporti sessuali, l'uccisione di animali – inclusi gli insetti – i litigi; non ci si può più rasare né si possono tagliare le unghie, non è possibile strappare erba o abbattere alberi: il pellegrino si prepara in questo modo a compiere il pellegrinaggio nel modo migliore. Arrivato alla Mecca, il pellegrino segue un **preciso rituale**, sull'esempio di quanto la tradizione attribuisce allo stesso Maometto: cammina in senso antiorario per sette volte intorno alla Kaaba (tre giri veloci e al quarto si fa invece sosta per toccare o baciare la pietra nera, nell'angolo sud-ovest della Kaaba); corre poi verso le colline gemelle di Safa e Mawa (alture limitrofe alla zona della Kaaba), per ricordare la ricerca d'acqua da parte di Agar (la schiava di Abramo) per il proprio figlio Ismaele, e si ferma al pozzo di Zamzam (preparato da Dio per Agar; molti pellegrini portano a casa un'ampolla d'acqua del pozzo); sosta per una lunga meditazione davanti al monte della Misericordia, dove la tradizione ricorda l'ultimo sermone di Muhammad, nel 632; si reca poi al villaggio di Mina, dove scaglia sette pietre contro tre pilastri di pietra che rappresentano Iblis, il diavolo, dopo di che vengono sacrificati alcuni animali. A questo punto si celebra una grande festa, condivisa dai musulmani di tutto il mondo: si chiama **'Id al-Adha** e dura quattro giorni. Al termine il pellegrino compie un giro finale intorno alla Kaaba, poi si toglie il vestito rituale e i maschi si tagliano i capelli. Molti musulmani conservano l'ihram, l'abito del pellegrinaggio, per indossarlo al momento della sepoltura.

■ Pellegrini intorno alla Kaaba.

17 - Campoleoni - IRC Unico - 07080

Strumenti

4.5 Le regole di comportamento

Modello di ogni musulmano è Maometto, l'esempio cui ispirarsi per gli aspetti della vita quotidiana, che riguardano che cosa mangiare, come vestirsi, come arredare la casa e come comportarsi con gli altri membri della comunità.

Alimentazione

Ai musulmani **è proibito mangiare carne di maiale** o di animali che non siano stati macellati con una tecnica particolare; inoltre sono vietate tutte le bevande che contengono **alcool**. Maometto era spesso invitato a mangiare dai membri della comunità: l'alimento base erano i **datteri** e il **pane di orzo**. La carne era arrostita allo spiedo oppure fatta seccare al sole. Questi cibi erano quelli abituali degli abitanti del deserto; l'avvento dell'islam non modificò la dieta, ma si limitò a introdurre i divieti alimentari.

Abbigliamento

Vi sono regole generali, improntate alla **sobrietà**, come la proibizione di portare gioielli preziosi o di vestirsi con abiti di seta, mentre è ammesso l'uso di profumi, molto amati da Maometto. Agli uomini in passato era consigliato il **turbante**, mentre per le donne era proibita la parrucca (che le avrebbe fatte confondere con le ebree); ai tempi del Profeta il **velo** non era obbligatorio per le donne, ma soltanto raccomandato alle mogli di Maometto, perché fossero al riparo da sguardi indiscreti.

Abitazione

L'unico oggetto di valore ammesso nelle case erano i **tappeti**, poiché l'arredamento doveva essere semplice; persino i servizi igienici erano considerati un lusso ed erano dunque proibiti all'interno delle abitazioni. Ancora oggi nelle case musulmane l'arredamento è essenziale e formato in larga misura da tappeti.

■ Donne iraniane coperte dal burqa, velo che copre interamente il corpo e lascia scoperti solo gli occhi. *Oggi gli integralisti islamici obbligano le donne a coprirsi i capelli e il volto.*

Regole sociali

La comunità è fondamentale, quindi le relazioni sociali hanno molta importanza. È considerato un dovere partecipare ai banchetti nuziali, andare a trovare i malati, assistere ai funerali e fare doni. Immersi in un ambiente ostile, dominato dal deserto, gli arabi consideravano l'**ospitalità** un dovere sacro: anche prima dell'avvento dell'islam poteva accadere che si uccidesse l'unico cammello (la vera ricchezza per queste genti) per offrirlo all'ospite, cui erano riservate le parti migliori. Ancora oggi l'ospitalità, la generosità e il coraggio sono tenuti in grande considerazione, perché sono espressioni del senso dell'onore, fondamentale per le società del deserto.

4.6 Le persone sacre

■ Gesù e Maometto cavalcano insieme, miniatura persiana del XVIII secolo, Teheran, Biblioteca parlamentare. *Gesù è considerato un rasul dai musulmani*.

Gli incaricati di portare al mondo il messaggio celeste si chiamano con due nomi: **nabi** e **rasul**. Il nabi ha portato un messaggio, ma non un libro, viceversa il rasul ha portato il messaggio accompagnato da un libro celeste. Vengono riconosciuti come rasul, unitamente ai profeti dell'Antico Testamento, Mosè, Davide, Gesù e Muhammad. Il profeta, per l'Islam, è una persona che ricorda alla gente le verità eterne e Muhammad è l'inviato, il profeta per eccellenza, incaricato di portare il messaggio divino.

L'islam **non possiede una gerarchia ecclesiastica**. La celebrazione del servizio divino è affidata a un membro della comunità considerato idoneo per la sua saggezza oppure a un **imam** designato dalla comunità. È usanza che celebri matrimoni e sepolture, diriga la comunità locale, dispensi i suoi consigli, ricordi la legge e i costumi islamici (**sharia**).

I conoscitori del Corano e della legge islamica si chiamano **ulema** e, sebbene non formino un vero e proprio stato ecclesiastico, esercitano tuttavia una grande influenza, soprattutto attraverso i loro pareri.

4.7 Le feste religiose

Il calendario religioso islamico comprende diversi giorni festivi, stabiliti in base a precise indicazioni presenti nel Corano o per ricordare alcuni episodi della vita di Muhammad, dei suoi compagni e anche dei profeti più importanti.

Due feste sono più importanti rispetto alle altre e sono considerate feste di precetto: quella di **'Id al-Adha** e quella di **'Id al-Fitr**. Comune a entrambe le ricorrenze è la grande preghiera comunitaria, con la quale comincia la giornata festiva, che si tiene nel luogo di riunione più importante di ogni città islamica, all'aperto o nella moschea principale. In quell'occasione ognuno indossa abiti nuovi e puliti e partecipa con tutta la famiglia alla preghiera comune. Questo momento di riunione collettiva è seguito da visite ad amici e parenti, da scambi di doni e da riunioni per pranzo e cena, nelle quali di solito si radunano molte persone.

'Id al-Adha ("Festa del sacrificio") si celebra il 10 del mese di Dhul-Hijja (ultimo mese dell'anno lunare) durante il "grande pellegrinaggio". Tutti i musulmani che possono permetterselo – anche quelli che non partecipano al pellegrinaggio – comprano un capro o un agnello e lo offrono in sacrificio, in ricordo di Abramo, al quale fu concesso di offrire a Dio un animale, al posto di suo figlio Ismaele. Con questa festa viene celebrata l'ubbidienza di Abramo a Dio e insieme la generosità di Dio verso il fedele.

■ Miniatura ottomana che raffigura il profeta Abramo, 1583, Istanbul, Museo di arte turca e islamica. *La 'Id al-Adha ricorda l'ubbidienza di Abramo a Dio*.

'Id al-Fitr ("Festa dell'interruzione" del digiuno) è anche detta "Piccola Festa" ('Id al saghir) ed è celebrata il primo giorno del mese di Shawwàl (il decimo mese dell'anno lunare). Il digiuno al quale ci si è attenuti durante il mese di Ramadan viene rotto all'alba del primo giorno successivo a Ramadan con un pasto frugale a base di datteri e acqua. La festa della fine del digiuno è un momento di gioia e di allegria, nel quale le persone si congratulano le une con le altre per aver avuto la forza di sopportare il disagio della prolungata privazione di cibo. È una festa di famiglia che dura tre giorni, con la consumazione del montone, visite familiari e clima di festa sociale.

■ *La pesatura delle buone azioni il giorno del Giudizio Universale*, miniatua fatimide del X-XII secolo.

4.8 La morte e l'aldilà

Secondo i musulmani, quando un credente muore, la prima notte dopo la sua inumazione gli angeli Munkar e Nakir esaminano la sua vita; tuttavia il morto deve aspettare fino al giudizio universale (e alla risurrezione) prima che sia deciso il suo destino eterno. Solo coloro che combattono e muoiono per la fede come martiri entrano in paradiso subito dopo la morte. Alla fine dei tempi, ci sarà il **giudizio universale**: i morti risusciteranno e saranno giudicati da Dio; così, i buoni andranno in paradiso passando su un ponte sottile come il filo di un rasoio, mentre i malvagi scivoleranno su di esso e cadranno nell'inferno. Il paradiso è descritto come un giardino ombroso, percorso da freschi corsi d'acqua, dove sono a disposizione ricchi cibi e bevande.

La guerra santa

Ogni buon musulmano ha il dovere di professare apertamente la propria fede e di testimoniarla anche a costo della vita. Da questa convinzione nasce l'obbligo, in alcuni casi, di lottare anche con le armi in difesa della comunità islamica e della "vera fede". È il principio della **guerra santa** (o **jihad**), che deve però interrompersi quando il nemico non minacci più, con la sua esistenza, la vita della comunità. Il concetto di guerra santa è comunque molto ampio e comprende non solo l'idea di guerra vera e propria, con le armi, contro i nemici. Piuttosto si tratta del combattimento, anche interiore, verso una vita santa, una personalità incorrotta.

■ Combattente musulmano dei nostri giorni. *Ogni buon musulmano ha l'obbligo di combattere in difesa della "vera fede".*

5. Il calendario musulmano

La vita degli uomini è regolata dall'alternarsi di giorno e notte, ma anche di mesi e anni. È per questo che tutte le civiltà hanno inventato un calendario sul quale regolare la vita sociale e lavorativa, le feste, i riti e le ricorrenze importanti per la comunità. Il calendario musulmano inizia il 16 luglio **622**, giorno dell'egira, ed è basato, diversamente dal nostro, sulle **fasi lunari**; ciò significa che i mesi sono mobili e si spostano da un anno all'altro seguendo i ritmi della luna.
L'anno musulmano ha **dodici mesi**, come quello occidentale:

- *Muharram* è il primo mese dell'anno e ha 30 giorni; è considerato sacro e comprende la ricorrenza della nascita di Maometto;
- *Safar* è il secondo mese e ha 29 giorni;
- *Rabi al-awwal*, terzo mese, ha 30 giorni;
- *Rabi al-akhir*, quarto mese, conta 29 giorni;
- *Giumada al-awwal*, quinto mese, ha 30 giorni;
- *Giumada al-akhir*, sesto mese, ha 29 giorni;
- *Ragiab*, settimo mese, conta 30 giorni; in questo periodo c'è la tregua di Dio e fare la guerra è considerato un grave peccato;
- *Sha'aban*, ottavo mese, ha 29 giorni ed è importante come il mese di Ramadan; il giorno 15 equivale al capodanno cristiano e tutto il periodo è dedicato alla memoria dei morti;
- *Ramadan*, nono mese dell'anno, ha 30 giorni; nel 624 il tradizionale digiuno che si faceva nel mese di Muharran venne sostituito con quello del nono mese dell'anno lunare; durante questo mese è proibito mangiare, bere, fumare e avere rapporti sessuali dall'alba fino al tramonto, tutte le attività si fermano e la vita ricomincia dopo che il sole è calato, quando è consentito nutrirsi;
- *Shawwal* è il decimo mese, ha 29 giorni ed è ritenuto sacro perché è vicino al periodo dell'anno dedicato al pellegrinaggio alla Mecca; il 1° di Shawwal si celebra la fine del digiuno;
- *Dhu al-qada*, undicesimo mese, di 30 giorni, è anch'esso un mese sacro e periodo di tregua;
- *Dhu al-higgia*, è l'ultimo mese dell'anno, in cui si compie il pellegrinaggio alla Kaaba.

Calendario liturgico islamico turco che riporta le principali festività mese per mese, inizio del XIX secolo.

Strumenti

6. Lo spazio della città

Due città sono all'origine della storia dell'islam: **la Mecca**, dove Maometto nacque e visse fino all'emigrazione (egira, nel 622), e **Medina**, fondata dalla comunità musulmana nell'oasi di Yathrib, il cui nome significa semplicemente "la Città".

Secondo la tradizione, dopo essersene andato dalla città natale per raggiungere Quba, che sorge vicino all'oasi di Yathrib, Maometto lasciò libera la cammella che lo trasportava. Dopo un lungo girovagare, l'animale si accovacciò in mezzo a un grande spazio vuoto; allora Maometto acquistò il terreno e vi fece costruire un edificio molto semplice, in pietra e mattoni d'argilla cotti al sole, dotato di un cortile rettangolare a cielo aperto circondato da un muro. Aveva nome **masgid**, che significa "luogo in cui ci si prosterna", e costituì il primo luogo di culto musulmano: la **moschea**.

Tutte le moschee hanno un ampio cortile rettangolare a cielo aperto, circondato da portici e gallerie, e una grande sala per la preghiera comune; in fondo alla sala si trova il **mihrab**, che indica la direzione della Mecca, rappresentata da una nicchia ricavata nel muro. Le moschee più importanti hanno bellissime **cupole** riccamente decorate e i **minareti**, le torri gemelle da cui il muezzin, un uomo scelto per la sua saggezza, chiama il popolo alla preghiera.

La moschea è tuttora il cuore delle città musulmane, al cui centro sorge la "grande moschea" o "moschea del venerdì"; intorno a questo edificio si raccoglie la comunità con tutte le attività fondamentali del vivere quotidiano. Anticamente la moschea era il vero e proprio nucleo della comunità: ci si incontrava per discutere, per amministrare la giustizia, per eleggere i capi politici, per l'insegnamento e lo studio.

Accanto alla moschea molto spesso si trovava la **madrasa**, la scuola per l'insegnamento superiore, che aveva anche alloggi per gli studenti provenienti da altre città. Sempre nelle vicinanze della moschea sorgeva un bagno pubblico, l'**hammam**, luogo indispensabile per i musulmani, legati a una complessa ritualità che prevede tra l'altro la purificazione del corpo prima della preghiera; il bagno pubblico, con sezioni riservate alle donne e agli uomini, era anche luogo di ritrovo e di incontro per i membri della comunità.

■ Esterno della madrasa Mir-i Arab, famosa moschea con scuola islamica di Bukhara, città dell'attuale Uzbekistan.

Un altro spazio fondamentale nelle città musulmane è il **mercato** (**suq** in arabo, **bazar** in persiano), dove si svolgono le attività commerciali così importanti per queste popolazioni di mercanti; qui i negozi sono raggruppati per tipo di merce, una disposizione che rievoca le antiche associazioni di mestieri.

La descrizione di una città islamica non è completa senza le **fontane**: ve ne sono ovunque, per le strade, nelle corti di ogni edificio pubblico e di ogni casa, ricca o povera.

Ci sono poi le **case private**: esse di solito sono divise in un ambiente aperto agli ospiti, riservato agli uomini, e in una parte più interna dove si svolge la vita della famiglia e in particolare delle donne. La

suddivisione degli spazi e l'arredamento ricordano quelli della moschea: ambienti ampi con pochi oggetti d'arredamento come tappeti, cuscini, tavolini bassi che si possono spostare con facilità. Non vi sono tavoli e sedie, poiché è abitudine sedersi sul pavimento ricoperto di tappeti; proprio per questo motivo, tra l'altro, nelle case, come nelle moschee, si entra soltanto dopo essersi tolti le scarpe.
Le diverse città, poi, erano collegate tra loro dalle **vie carovaniere** percorse dai mercanti, dai pellegrini e dai viandanti; lungo queste strade si trovava un altro luogo tipico dell'islam, il **caravanserraglio**, sorta di ostello per i viaggiatori rimasto in uso fino all'inizio del '900. Si trattava di grandi strutture, poste a circa 30 chilometri l'una dall'altra, la distanza percorsa da una carovana in un giorno di cammino. A partire dal XIII secolo in alcune zone, come l'Iran, la Siria e l'Anatolia, i caravanserragli furono vere e proprie cittadelle fortificate che offrivano rifugio, acqua e cibo a persone e animali, magazzini per le merci, il bagno pubblico e la moschea, riproducendo in piccolo la struttura delle città.

6.1 L'arte islamica

L'arte islamica è caratterizzata dall'assenza di rappresentazioni di creature viventi. Questa caratteristica si chiama **aniconismo** (dal greco *a-* "non" ed *eikón*, "immagine"). L'indicazione di non rappresentare uomini e animali fu data da Muhammad, secondo cui le rappresentazioni figurative di uomini e di animali sono state e sono il punto di partenza di ogni culto idolatrico e dunque uno strumento del diavolo per allontanare gli uomini dal culto di Allah.
Per esprimere la sua sensibilità artistica, quindi, un musulmano ricorre a rappresentazioni decorative e ornamentali: nascono così gli **arabeschi**, opere di straordinaria bellezza. Gli arabeschi sono intrecci di elementi vegetali stilizzati (fiori, foglie) oppure motivi geometrici o, ancora, combinazioni armoniche di elementi vegetali e geometrici o intrecci di motivi vegetali, geometrici e calligrafici.
Frequenti sono anche i **calligrammi**, cioè "belle scritture", principalmente di versetti del Corano o di insegnamenti di Muhammad, in uno dei numerosi stili grafici dell'alfabeto della lingua araba.

■ Un caravanserraglio a Wasit, miniatura tratta dalle Maqamat di al-Hariri, XII secolo, Parigi, Bibliothèque Nationale.

■ L'interno della moschea di Rustem Pasha Cami, 1561, Istanbul. ***Osserva le ricche decorazioni di arabeschi.***

L'INDUISMO

1. Le origini

È chiamato induismo l'insieme di credenze, atteggiamenti e riti delle popolazioni che abitavano la regione del fiume Indo. L'induismo ha **origini antichissime**, infatti si può collegare alla civiltà della valle dell'Indo, che si sviluppò a partire dal 2500 a.C. e si estinse verso il 1800 a.C. Esso, però, non ha un fondatore né un sistema unitario di credenze, bensì è costituito da una **molteplicità** di tradizioni, usi e modi di comportarsi. Nel corso del tempo, queste pratiche e dottrine si sono evolute sia internamente sia assorbendo elementi esterni anche contrastanti fra loro. In qualche modo, quindi, è corretto dire che l'induismo indica l'intero sistema culturale indiano, che si esprime in una serie di norme, abitudini e comportamenti profondamente radicati sia nell'individuo sia nella società.
Un'altra caratteristica dell'induismo è la **mancanza di gerarchie**, cui si accompagna l'assenza della necessità di aumentare i propri seguaci.

2. Le divinità principali

L'induismo comprende contemporaneamente la **monolatria**, il **panteismo** e il **politeismo**.

- L'aspetto **monolatrico** è costituito dal fatto che gli indù definiscono l'**assoluto** (**brahman**) come unico, inconoscibile, misterioso, trascendente. Brahman è in ogni luogo e in ogni cosa; anche l'uomo ha dentro di sé l'assoluto, nel senso che contiene in sé un principio divino. Brahman è l'unico che esiste nelle tre forme separate della **Trimurti** (che vedremo fra poco).

Monolatria

Deriva dal greco e significa "adorazione di una sola divinità". A differenza del monoteismo, che ammette un solo dio, la monolatria ammette la presenza di più divinità, ma sceglie di adorare un solo dio.

Panteismo

La parola deriva dal greco e significa "tutto divino"; indica l'atteggiamento di chi pensa che la divinità sia interna alla natura, sia interno a tutte le cose.

Politeismo

Il termine deriva dal greco e significa "molti dei"; indica l'atteggiamento di chi crede in molti dei.

Miniatura del XVIII secolo che rappresenta Brahma, Shiva e Vishnu, divinità della Trimurti.

› Il **panteismo** è presente perché ogni elemento della natura e del cosmo è impregnato della presenza divina e quindi tutte le manifestazioni della vita sociale e individuale sono collegate con il sacro.

› Infine possiamo parlare di **politeismo**, perché sono venerate moltissime potenze soprannaturali considerate manifestazioni dell'assoluto: sono attribuiti un nome e un culto, per esempio, alla Madre Terra, ad alcune montagne (Kailas, Himalaya) e fiumi (Gange, Jamuna), ad alcune piante (fichi, arbusti di tulsi) e a certi animali (scimmie, coccodrilli, serpenti e soprattutto la vacca), che sono ritenuti sacri.

Tre sono le divinità principali, **Brahma**, **Vishnu** e **Shiva**, che sono spesso riuniti in una triade (**Trimurti**). Brahma simboleggia la creazione, Vishnu la conservazione, Shiva la distruzione del mondo.
Brahma è l'artefice del mondo e la sua sposa è **Sarasvati**, dea della conoscenza e delle arti; tradizionalmente è rappresentato con quattro teste, quattro facce, quattro braccia e quattro gambe.
Vishnu è rappresentato mentre regge con le sue quattro braccia gli elementi simbolici che gli sono propri (il disco, il loto, la conchiglia e la clava) e cavalca la sua aquila **Garuda**. Altre raffigurazioni lo mostrano disteso sul "serpente del mondo" e spesso gli è accanto la moglie **Lakshmi**, dea dell'abbondanza e della luce.
Shiva rappresenta l'aspetto dinamico dell'esistenza. È raffigurato con una o cinque teste, come un asceta cosparso di cenere bianca o con una collana fatta di teschi umani. Nelle quattro mani regge emblemi come il tridente, l'arco, il tamburo. È il dio della vita e della morte, crea e distrugge. Si occupa del lato oscuro dell'universo: la distruzione, la sofferenza e la morte. Distruggendo le cose create, permette allo spirito di emergere in tutta la sua potenza. È venerato dagli **asceti (yogi)** che cercano di acquistare poteri mistici mediante il digiuno e la meditazione e per i quali simboleggia la morte dei desideri materiali. Shiva è il liberatore del ciclo della nascita e della morte. È un dio buono e compassionevole per i suoi seguaci. **Parvati**, sua sposa, è venerata come la madre divina, la forza della natura e la matrice dell'universo da cui sorge ogni vita. È anche venerata con i nomi di **Durga** o **Kali**.

■ Shiva danzante, bronzo dell'XI-XII secolo, Tanjore, Art Gallery.

■ Statua di Vishnu, Tahilandia.

3. Le credenze fondamentali

Le credenze e le pratiche dell'induismo sono molto diverse tra loro, ma alcune sono comuni a tutte le correnti. Un concetto accettato da tutti gli indù è quello della **reincarnazione**, che si fonda su alcune credenze, che riassumiamo qui di seguito:

- l'**atman** (termine che si può tradurre con "il sé", "l'essenza") è il **soffio vitale** di ogni essere vivente, la scintilla dell'assoluto (brahaman) che è presente in ogni persona;
- tutto il resto del creato è solo **illusione** (**maya**); l'anima, imprigionata nel mondo delle apparenze, non riesce a cogliere pienamente l'assoluto e quindi è vincolata a un mondo in cui tutto si ripete ciclcicamente;
- l'uomo, quindi, è legato al **ciclo di vita, morte e rinascita** (**samsara**) e, quindi, destinato alla reincarnazione; ciò che determina la reincarnazione è il **karma**, cioè l'azione volta a un determinato fine, che genera un effetto nelle vite successive;
- la vita di ogni uomo è regolata dal **dharma** ("il modo in cui le cose sono", cioè "la legge naturale"), il principio con il quale è necessario armonizzarsi a livello sia individuale sia universale;
- l'uomo deve cercare di reincarnarsi ogni volta in una **forma di vita superiore alla precedente**, sino al raggiungimento della liberazione dal ciclo delle rinascite (**moksa**).

Quindi è l'uomo che, essendo responsabile delle sue azioni, determina la forma della sua vita futura: accumula meriti e demeriti durante la vita presente, provoca la reincarnazione del suo atman in una condizione più alta o più bassa nella scala gerarchica dei modi di esistenza. Questo si riflette sul sistema delle **caste**.

4. Le caste

La società indù è organizzata in **caste** (**varna**, termine che propriamente significa "colore"), un sistema molto rigido, che è stato abolito ufficialmente nel 1947, ma che continua esistere in India, data la sua forte valenza religiosa.

■ Sacerdoti di Vishnu nello stato di Tamil Nudu (india).

Le caste sono costituite da:

- **bramini** o **sacerdoti** (colore della casta = bianco);
- **governanti** e **guerrieri** (colore della casta = rosso);
- **agricoltori**, **artigiani** e **mercanti** (colore della casta = giallo);
- **servitori** (colore della casta = nero).

Dal momento che ogni individuo eredita la sua casta di nascita, il passaggio da una casta all'altra è impossibile. Ogni casta ha le sue regole e le sue tradizioni, regimi alimentari, professioni e mestieri riservati.

Più in basso di tutti, al di sotto delle caste, ci sono milioni di **intoccabili (paria)**, ritenuti impuri perché praticano mestieri considerati impuri (come la pulizia delle strade o delle latrine oppure la rimozione delle persone e degli animali morti dalle strade) o perché, avendo violato qualche norma, sono usciti dalla casta di origine.

Nel corso del tempo, all'interno delle quattro grandi caste si sono sviluppate migliaia di **sottocaste (jati**, che significa "nascita"), determinate da motivi geografici, storici, linguistici, sociali ed economici (per esempio, appartengono allo stesso jati coloro che praticano lo stesso mestiere).

■ Donna della casta degli intoccabili.

5. La vita morale

Il fine cui tende ogni uomo è la **liberazione del ciclo delle rinascite**, che si raggiunge attraverso la rinuncia di tutto ciò che è materiale e di tutti gli istinti.

Il cammino ideale di ogni uomo è articolato in **quattro stadi della vita**:

- lo **studente**, che vive con il maestro, lavora per lui, pratica assoluta obbedienza e castità e studia il Veda (libro sacro);
- il **padre di famiglia**, che vive l'amore e la sessualità nel matrimonio e nella vita familiare e impara il valore dei beni materiali nel rispetto della tradizione indù;
- l'**asceta domestico**, che si dedica alla meditazione dei libri sacri, quando i figli sono ormai adulti;
- l'**eremita**, che vive in solitudine, lontano dal mondo, nutrendosi di elemosine, teso alla liberazione dal ciclo della reincarnazione.

■ Asceta indù.

I paria oggi

Gandhi, che lottò in difesa dei diritti degli intoccabili, li chiamò harijan, cioè "figli di Dio". Al giorno d'oggi, i fuori casta definiscono se stessi "dalit", "oppressi", un termine che vuole segnalare una nuova consapevolezza: non sono più oggetti di un atteggiamento caritatevole, ma soggetti attivi che rivendicano i propri diritti.

5.1 Le vie per raggiungere il divino

L'induismo riconosce diverse vie per comprendere e avvicinare il divino e raggiungere così la liberazione dal ciclo della reincarnazione; le principali sono: la via dell'**azione**, la via della **devozione**, la via della **conoscenza**.
La **via dell'azione** (**karma yoga**) insegna che il karma negativo può essere vinto per mezzo di azioni positive e buone e indica l'impegno nella comunità come strada per il miglioramento individuale; la **via della devozione** (**bhakti yoga**) prevede che i suoi seguaci adorino uno degli dei (abitualmente Krishna, Rama o Shiva), rinuncino a ogni volontà personale e facciano della propria vita un sacrificio di amore a quel dio; la **via della conoscenza** (**jnana yoga**) indica nello studio dei testi sacri la strada per conoscere il divino e unirsi a lui e può svolgersi con l'aiuto di un **guru** (maestro spirituale). L'insieme di queste tre vie è detto **marga**.
Esiste poi anche una quarta via, la **via della meditazione** (**raja yoga**), che propone la concentrazione, l'introspezione e la padronanza profonda di sé come strada per arrivare al divino.
L'insieme delle tecniche e delle pratiche per raggiungere l'unione con il divino è detto **yoga**. Si tratta di una disciplina che mira a ottenere il controllo del corpo e delle energie vitali, allo scopo di raggiungere l'intima unione con la divinità, la liberazione dalla realtà materiale e la pace interiore.
Non è importante che siano praticate tutte le vie elencate in una sola vita, ma è sufficiente che sia intrapresa la via più appropriata per la vita che si sta vivendo: questo è il **dharma** (il destino) individuale.

Bhakti

Il termine è intraducibile nella nostra lingua, perché indica la devozione a una divinità in senso più ampio rispetto a quanto intendiamo noi occidentali. Una traduzione più vicina al significato reale del termine potrebbe essere "amore verso dio".

6. I luoghi sacri

Le più antiche testimonianze di costruzioni sacre indù risalgono al IV-V secolo a.C. In seguito furono costruiti **templi** sempre più grandi e complessi, che si trasformarono in vere e proprie **città sacre**.
Gli atti di culto si compiono davanti a una statua della divinità, che è il segno tangibile della presenza della divinità stessa, quindi è molto ricca l'**iconografia sacra**, soprattutto nella forma di statue, all'interno e all'esterno dei templi.
È molto diffusa la pratica del **pellegrinaggio ai luoghi santi**, che sono sia i **templi** sia i grandi **fiumi**, come il Gange. I principali luoghi santi sono frequentati da persone provenienti da ogni parte dell'India, che affrontano, spesso a piedi, percorsi lunghissimi, impiegando mesi per giungere a compiere le loro abluzioni e il loro voto in un momento ritenuto particolarmente propizio. Vi sono sedi di pellegrinaggio locali e regionali, oltre a centri propri di tutta l'India: Benares e Gaya, per esempio, sono particolarmente indicate per la salvezza dell'anima, per l'assoluzione da peccati e per fare offerte agli antenati.

■ Tempio di Mukteswara, X secolo, Bhubaneswar, Orissa.

7. Il culto

Il culto indù (**puja**) può essere di tre tipi: il culto **nei templi**, il culto **domestico**, il culto **comunitario**.

■ Sacerdote indù prepara offerte per il dio Shiva.

7.1 Il culto nel tempio

I **sacerdoti** del tempio si occupano della divinità trattandola come un ospite importante: prima dell'alba la divinità viene svegliata, lavata, nutrita; quindi viene onorata, fatta riposare, unta, decorata e infine ritirata per la notte. Questo rituale quotidiano è accompagnato da cerimonie diverse, come il far ondeggiare le lampade, il suono delle campane, l'esecuzione di musica, di inni, di preghiere, le offerte di fiori, frutta, grano, cibo, incenso. Nei giorni festivi, si svolgono cerimonie e processioni che attirano molte persone.

7.2 Il culto domestico

Preso gli indù non è obbligatorio recarsi al tempio, purché si veneri comunque la divinità: il culto domestico si pratica in molte famiglie e nella maggior parte delle case si trova una zona dedicata a questo scopo, che viene mantenuta pura. L'area del culto domestico può essere semplicemente una **piccola nicchia nella cucina** (in quanto la cucina è un'"area focale" nella famiglia indù dal punto di vista rituale e la cottura e il consumo del cibo sono considerati atti rituali in se stessi), con un apparato di utensili sacrificali collocati su un apposito piano elevato; in alcuni casi al culto si dedica una **stanza separata dalla casa**, se la disponibilità economica della famiglia lo consente.

In casa la divinità scelta dalla famiglia viene rappresentata da un'immagine e da alcuni simboli, accanto ai quali si colloca una lampada accesa. I rituali comprendono offerte di fiori o di frutti, riso, incenso, pasta di legno di sandalo, latte e acqua. Di solito è la donna che si prende cura della divinità domestica.

7.3 Il culto comunitario

In alcune occasioni festive, i fedeli si riuniscono per praticare **cerimonie** di adorazione della divinità con canti, musiche, preghiere e offerte.

Un tipo diverso di rito comunitario è la **recitazione di un libro sacro**, per la quale vengono incaricati i sacerdoti e viene invitato il pubblico. Ogni testo specifica esattamente quali benefici deriveranno agli ascoltatori e agli organizzatori della cerimonia.

In alcuni casi i **pellegrinaggi** determinano veri e propri raduni di massa, specialmente quando

■ Pellegrini indù si immergono nelle acque del Gange per le abluzioni rituali.

la festa religiosa si sovrappone alla pratica del pellegrinaggio. Tra esse, la più importante è il *kumbha-mela*, che ricorre ogni 12 anni nelle quattro città sante di Hardwar, Ujjain, Nasik e Allahabad. Proprio ad Allahbad una folla enorme di pellegrini si immerge nel fiume alla confluenza del Gange e dello Yamuna.
Tra le grandi manifestazioni religiose vi sono inoltre **grandi processioni**, a volte accompagnate da imponenti parate di elefanti.

■ Yantra tratto da un manoscritto inedito del Rajastan risalente al XVII secolo, Ginevra, Museo etnografico.

7.4 I simboli del culto

Gli **yantra** sono disegni geometrici stilizzati più o meno complessi, che possono essere tracciati su stoffa, carta, pelle, legno, pietra, metallo o semplicemente creati sul suolo con polveri di diversa composizione.
Lo scopo dello yantra è favorire la meditazione e la concentrazione. Ogni divinità ha il suo yantra, anche se la divinità stessa non è mai rappresentata nello yantra. A volte nel disegno dello yantra sono presenti delle lettere; è frequente trovare cerchi, triangoli, quadrati; al centro c'è un punto, che rappresenta l'origine dell'universo, dello spazio e del tempo.

Yantra

Il termine letteralmente significa "sostegno", "mezzo adatto a favorire" (la concentrazione e la meditazione).

8. Le persone sacre

■ Induista con l'abito color zafferano tipico dei monaci e dei sannyasin, coloro che rinunciano a tutto e si dedicano alla preghiera e alla meditazione.

La casta sacerdotale degli indù è costituita dai **bramini**, ma solo una piccola parte degli appartenenti a questa casta esercita le funzioni di **sacerdoti del tempio** o di **maestri religiosi (guru)**.
Il guru è una figura indispensabile nella religiosità indù: ogni villaggio e ogni quartiere delle città ha un maestro cui le persone si rivolgono e i suoi consigli vengono considerati alla pari dei testi sacri. Il guru, infatti, è colui attraverso il quale la divinità si rivela; egli può condurre il suo discepolo al dio, trasferendogli la propria energia vitale e indicandogli i tempi e i modi delle pratiche spirituali.
Si occupano della cura delle anime anche i **monaci** dei diversi ordini, che vivono nei monasteri, e gli **asceti**, che si spostano per tutta l'India vivendo di elemosine e che sono tenuti in alta considerazione.

9. Le feste religiose

Gli indù misurano tradizionalmente lo scorrere del tempo sulla base di un complesso **calendario lunare** e alcuni giorni del mese lunare sono considerati particolarmente santi, come quelli di luna nuova e di luna piena, che spesso coincidono con le grandi feste del calendario indù.

Tra le principali feste ricordiamo quella di **Vasanta-pancami** (il quinto giorno di luna crescente del mese di Magha, gennaio-febbraio), dedicata al culto di Sarasvati, la dea della parola, della cultura e delle arti, rappresentata nell'atto di suonare un liuto. Nella sua festa i devoti portano abiti color giallo vivo, simbolo di regalità e di clima primaverile.

Nel periodo di febbraio-marzo ricorrono due importanti festività: la prima è quella della **Notte di Shiva** (**Shiva-ratri**), che si celebra nel quattordicesimo giorno di luna calante. È preceduta da festeggiamenti che durano quindici giorni e da un digiuno obbligatorio. La seconda festa importante di questo periodo è quella di **Holi**, celebrata nei giorni che precedono la luna piena: è una sorta di allegro carnevale di primavera, caratterizzato da rumorose processioni, dal risuonare di tamburi e cembali e dall'usanza di spruzzarsi addosso reciprocamente acqua colorata.

Un'altra festa è quella di **Rama-navami**, che viene celebrata il nono giorno del mese di Caitra (marzo-aprile), in cui si commemora solennemente la nascita di Rama (una delle incarnazioni di Vishnu): migliaia di persone accorrono nei suoi templi e si organizzano processioni con i suoi idoli.

I giorni dei compleanni non solo delle divinità ma anche di saggi e santi mitici e storici di ogni tempo sono occasione di feste religiose. Solenne è la festa del **compleanno di Krishna**, l'ottavo giorno di Bhadra (agosto-settembre).

In autunno si celebra una grande festa in onore di **Durga**, la sposa di Shiva. Per questa solennità l'adorazione della dea è accompagnata dalla sacra rappresentazione del mito di Rama. L'immagine della dea, ogni volta appositamente costruita, viene abbandonata nelle acque di un fiume e nel decimo giorno vengono erette tre colossali effigi di demoni (con riferimento alle lotte descritte nel *Ramayana*) che, imbottite di esplosivo, vengono ridotte in cenere.

Tra ottobre e novembre viene festeggiata la festa popolare di **Divali**, che significa "fila di lucerne" e allude alla luce come simbolo del bene e della vittoria sulle forze del male simboleggiate dalle tenebre.

■ Durante la festa di Divali si accendono piccole lampade a olio, messe a galleggiare sul Gange.

10. I libri sacri

I principali libri sacri induisti sono i **Veda**, una raccolta di testi scritti in sanscrito (antica lingua indiana), redatti in tempi diversi.

I Veda si dividono in quattro raccolte: *Rigveda* (inni agli dei), *Samaveda* (canti sacrificali), *Yajurveda* (formule sacrificali) e *Atharvaveda* (formule e canti magici). A queste quattro opere principali, le cui parti più antiche risalgono al 1250 a.C., si aggiungono numerosi *Brahmana* (testi sacrificali) e i trattati filosofici delle *Upanishad*, risalenti all'800 a.C. circa.

Oggi i Veda sono sentiti come lontani dalla maggior parte dei fedeli indù, che fanno piuttosto riferimento alle opere redatte da alcuni saggi, come Vyasa, Valmiki, Manu. A questi scritti appartengono due grandi epopee: il ***Mahabharata*** e il ***Ramayana***. Il ***Mahabharata*** narra in versi (in sanscrito) la storia delle lotte fra le due tribù dei Kuru e dei Pandu e contiene molte poesie, tra le quali la più celebre è la *Bhagavadgita* (*Canto del Sublime*). Il Sublime è il dio Vishnu, che appare sotto le sembianze terrene di Krishna e che sul campo di battaglia impartisce all'eroe Arjuna, prima delle grandi lotte descritte nell'epopea, insegnamenti filosofici sulla natura di Dio, del mondo e dell'anima. Il ***Ramayana*** (*Vita di Rama*) narra in ventiquattromila strofe in sanscrito le vicende dell'eroico principe Rama.

I ***Purana*** (*Antichi racconti*), infine, sono testi di carattere mitologico, che narrano la creazione del mondo, per arrivare all'esaltazione di una divinità; probabilmente nacquero come testi indirizzati a coloro cui non era permesso studiare i Veda. Il Purana più conosciuto è il *Bhagavata*, che narra delle diverse manifestazioni di Vishnu, in particolare nella forma di Krishna.

11. La morte e l'aldilà

Quando una persona muore, la sua anima passa **a una nuova esistenza**; tuttavia, se non la raggiunge subito, deve errare come fantasma e placare la sua fame con le offerte funebri che portano i parenti. Se una persona ha compiuto azioni particolarmente malvagie, prima di reincarnarsi trascorre negli inferi un periodo di tempo che può durare anche millenni; allo stesso modo, una persona particolarmente buona e giusta può ottenere un soggiorno in un mondo celeste.

La condizione di coloro che si sono liberati dai vincoli della reincarnazione è rappresentata in diversi modi: come un soggiorno **in un mondo ultraterreno** alla presenza di Dio; come una condizione in cui **l'anima è isolata da ogni cosa terrena**; come la totale **fusione del singolo nello spirito universale**.

■ Rito funebre induista: il corpo viene cremato.

IL BUDDHISMO

Più che una religione vera e propria, il buddhismo si può considerare un sistema di pensiero in cui è presente una profonda **meditazione sull'insoddisfazione e sulla sofferenza** degli esseri viventi, cui si accompagna una serie di riti, cerimonie e feste, tipici di una religione.

D'altro canto il fondatore stesso del buddhismo **non ha indicato uno o più dei** in cui credere, ma ha cercato di insegnare una via per liberarsi dal dolore e dalle passioni e raggiungere così una condizione di libertà e benessere. Nel buddhismo non vi è neppure l'idea di un'anima immortale personale né il concetto di beatitudine o castigo eterni. Esiste invece una legge universale ed eterna, che tutto governa e regola.

Tuttavia, lo stretto legame con l'induismo ha portato spesso a sovrapporre divinità indù e pensiero buddhista. Lo stesso Buddha, con il passare dei secoli, è stato ed è percepito da molti suoi seguaci come una divinità.

Oggi il buddhismo, con quasi 400 milioni di seguaci, divisi in diverse correnti e tradizioni, è predominante in Asia ed è diffuso anche nel mondo occidentale.

■ Statua del Buddha, esterno del tempio di Shinhung in Corea.

1. Le origini e il fondatore

Il fondatore e maestro del buddhismo è **Siddharta Gautama**, detto **Buddha**, cioè "il Risvegliato" o "l'Illuminato" vissuto tra il VI e il V secolo a.C. nel nord-est dell'India, in un'area corrispondente al Nepal meridionale. Figlio del re locale (appartenente alla nobile famiglia dei Sakya, da cui derivò a Siddharta l'appellativo di *Sakyamuni*, cioè "il saggio della famiglia Sakya"), fu allevato fra il lusso e gli agi, si sposò ed ebbe un figlio. All'età di 29 anni, uscì dalla reggia e sperimentò **la durezza e la sofferenza del mondo** per mezzo di quattro incontri: quelli con un **vecchio**, con un **malato**, con un **corteo funebre** gli fecero comprendere la profondità del dolore, mentre quello con un **asceta mendicante** lo riempì di ammirazione per la serenità dimostrata dall'uomo. La presa di coscienza del dolore della vita e del mondo lo condusse a una **crisi profonda**, che lo spinse ad abbandonare le ricchezze, la vita agiata e la famiglia, a fare voto di povertà e a dedicarsi alla ricerca di uno stato di felicità privo di dolore e di sofferenza.

Insoddisfatto delle risposte di altri maestri, dopo anni di ascetismo, digiuni e meditazioni, capì che avrebbe ottenuto la conoscenza della salvezza solo **nella meditazione personale**, lontano dagli eccessi sia dei piaceri sia dalla mortificazione ascetica.
Dopo 49 giorni di meditazione, all'età di 35 anni, stando seduto sotto un albero di *pippal* (fico), raggiunse l'illuminazione, divenendo così il **Buddha**.
Ebbe dunque inizio la seconda parte della sua vita, in cui decise di rivelare al mondo i suoi insegnamenti e mise in moto la "ruota della dottrina" predicando e guadagnando alla sua "buona legge" molti seguaci di ambo i sessi, che diventarono monaci, monache o adepti laici. Trascorse la vita predicando e mendicando e viaggiando a piedi per tutta l'India nord-orientale. Morì nella città di Kusinara (Kusinagar), all'età di 80 anni.
La dottrina del Buddha si diffuse rapidamente in tutta l'India, diffusa dai discepoli del maestro; ma, poiché gli insegnamenti venivano trasmessi solo oralmente e tramandati dai monaci di diverse regioni nei loro dialetti locali, ben presto nacquero scuole con differenti interpretazioni dell'insegnamento del Buddha.
Le principali scuole di pensiero buddhiste sono tre:

- il **Piccolo Veicolo**, più austero e rigoroso, che mira alla liberazione individuale;
- il **Grande Veicolo**, che ha come scopo la liberazione di tutti gli uomini;
- il **Veicolo del Diamante**, che insiste maggiorante su culti e cerimonie.

La Grande Partenza del principe Siddaharta, illustrazione di un manoscritto conservato a Londra, British Library.

2. Le credenze fondamentali

La **buddhità** è la condizione di **purificazione completa della mente** dai cosiddetti "difetti secondari" (ignoranza, odio, attaccamento ai beni materiali), purificazione che porta alla scoperta della purezza della mente stessa. L'essenza dell'insegnamento del Buddha è stato così espresso da un suo discepolo: "astenersi da ciò che è negativo, fare il bene, purificare la propria mente".
La dottrina del Buddha, il **dharma**, si propone il fine di far cessare le sofferenze e il ciclo delle rinascite. Si ottiene così uno stato di totale beatitudine che è detto **nirvana**. Vivere nel nirvana significa aver raggiunto una pace e serenità totale
La dottrina di Buddha è basata su **quattro nobili verità**.

1. Verità della sofferenza – Vi è la presa di coscienza del disagio esistenziale determinato dalla consapevolezza che tutto ciò che compone la realtà è transitorio e fonte di **dolore**.

2. Verità dell'origine – L'origine del dolore è il **desiderio intenso**, che muove l'uomo a compiere azioni per ottenere ciò che egli crede sia piacevole, fonte di ricchezza e di prosperità, ma che mette in moto il ciclo delle rinascite, secondo un principio inevitabile di **causa-effetto**.

3. Verità della cessazione – **L'eliminazione del desiderio permette di uscire dal dolore** e di raggiungere il nirvana, che è un modo di essere in cui si è estinto il desiderio ed è una sorta di stato di santità. Il santo è colui che "ha spezzato la maschera dell'Io e annientato le sue passioni" e che non necessita di successive reincarnazioni.

4. Verità della via – L'eliminazione del dolore, nota anche come "la Via di mezzo", prevede il ripudio degli atteggiamenti estremi sia di ricerca esasperata del piacere sia di automortificazione; si persegue attraverso l'**ottuplice sentiero**, approfondisce ambiti della morale, della concentrazione e della saggezza. Per raggiungere il nirvana, è necessario **avere credenze giuste**, cioè capire e credere le quattro nobili verità; **esercitare una giusta volontà**, cioè liberarsi dal desiderio e dal dolore; **agire con benevolenza** per evitare di offendere; **usare parole giuste**, cioè dire la verità, parlare con precisione e saggezza; **praticare azioni giuste**, cioè non rubare, non uccidere, non commettere adulterio; **avere un corretto modo di vivere**, cioè dar prova di distacco e di disinteresse e rispettare gli altri; **fare un giusto sforzo**, cioè incoraggiare e sviluppare un pensiero centrato sul bene; infine **praticare una giusta concentrazione**, cioè praticare le tecniche di meditazione che permettono la realizzazione dell'ottuplice sentiero.

La ruota a otto raggi simboleggia l'ottuplice sentiero. A sinistra, esemplare dell'VIII secolo, Parigi, Musée Guimet; a destra, esemplare del VII-VIII secolo, Bangkok, Museo Nazionale.

3. Il culto e i luoghi sacri

Presso i buddhisti è diffuso il culto delle **reliquie**, che possono essere quelle corporee di un bodhisattva (cioè un uomo santo, che vive come il Buddha), quelle che furono usate in qualche modo dall'Illuminato e le reliquie simboliche che ricordano il Buddha. I santuari che contengono reliquie (**stupa**) possono essere edifici molto grandi, spesso di valore storico, oppure costruzioni più piccole. La forma caratteristica dello stupa è quella di un tumulo di forma semisferica con un'asta verticale al centro.

Edifici dedicati al culto sono invece le **pagode**, torri costituite da diversi piani, ciascuino dotato di tetto con gli spigoli curvati verso l'esterno.

Altri importanti oggetti di culto sono **l'albero della bodhi** (cioè "albero dell'illuminazione", piantato di solito nei giardini dei monasteri, a ricordo dell'albero sotto cui il Buddha giunse al nirvana) e le **immagini del Buddha**. Queste immagini si possono trovare in ampie sale accanto alle pagode o anche in piccoli sacrari nelle case o nei posti di lavoro. Il fatto di prendersi cura di un'immagine del Buddha, offrirle sostanze (come incenso, olio, candele, acqua, cibo, vestiti), mostrarle rispetto (pulendola, imbellendola e adornandola), cantarle versi fa acquisire meriti, che aiutano nel cammino sulla via dell'illuminazione.

La **meditazione** è un elemento fondamentale del culto per i buddhisti; essa può avvenire in due modi: o concentrando la mente su una sensazione o su un oggetto oppure concentrandosi su se stessi.

4. Le persone sacre

I **monaci** buddhisti, vestiti di giallo, vivono in estrema povertà; possono vivere nei monasteri oppure scegliere di vagare di paese in paese, consumando il cibo avuto in elemosina. Essi possono possedere solo una scodella per il cibo da chiedere in elemosina, un rasoio, un ago e pochi altri oggetti di prima necessità.

■ Monaco buddhista in meditazione.

Il Buddha fondò anche un ordine monastico **femminile** (violando in qualche modo le regole comuni della società indiana, che non permetteva alle donne di vivere al di fuori del nucleo familiare), per questo esistono anche monasteri femminili.

I monaci e le monache buddisti devono osservare il celibato, devono astenersi dal fare del male a qualunque creatura vivente, dal prendere ciò che non viene donato, dal fare cattivo uso dei sensi, dal tenere un linguaggio menzognero, dall'intossicarsi con alcool e droghe.

5. Le feste religiose

Il buddhismo segue un **calendario lunare** e i giorni di luna piena vengono collegati con la vita del Buddha o con momenti storici particolarmente significativi.
Le feste annuali variano in modo considerevole, sia localmente sia nazionalmente. Molto diffuse sono le feste connesse con le pratiche agricole (l'aratura, la semina), con particolari divinità o spiriti o con particolari località. Tre celebrazioni tipiche del buddhismo sono:

- la festa del **Capodanno**, che si celebra in aprile e comprende la festa dell'acqua, nella quale si offrono recipienti di acqua fresca agli anziani (che contraccambiano con una benedizione) e viene gettata acqua sui passanti (come simbolo di purificazione dal male che si è commesso durante l'anno);
- il **Vesak**, che commemora la nascita, l'illuminazione e la morte del Buddha; la data non è la stessa per tutte le scuole buddhiste, anche se molti la celebrano l'ultimo fine settimana di maggio;
- il **Sangha**, che si celebra alla fine della stagione delle piogge, a ottobre.

■ Monaci buddhisti si preparano alla celebrazione del Capodanno pulendo l'esterno del tempio.

6. I libri sacri

■ Monaco buddhista legge un testo sacro.

Per parecchi secoli gli insegnamenti del Buddha vennero trasmessi oralmente dalla comunità allargata dei buddhisti (detta **sangha** e formata dai monaci, dalle monache, dai laici e dalle laiche). Intorno al I secolo a.C. furono raccolti e messi per iscritto in una lingua indiana, il pali.
I testi sacri del buddhismo sono raccolti in **tre canoni**: il canone **pali**, il canone **cinese** e il canone **tibetano**. Questi ultimi due derivano da un **canone sanscrito** oggi in gran parte perduto.
Il canone pali è chiamato ***Tripitaka*** ("Tre ceste di libri") ed è costituito da tre parti: *Vinaya-pitaka* ("Cesto della disciplina"),

Sutta-pitaka ("Cesto della disciplina ulteriore") e *Adhidarma-pitaka* (Cesto filosofico). Il primo cesto contiene cinque raccolte di libri molto ampie; il secondo cesto è oltre il doppio e comprende tre libri di discorsi e altre raccolte; il cesto di filosofia termina la raccolta con i sei trattati della metafisica buddhista.

7. La morte e l'aldilà

Nel buddhismo la morte è un evento **inevitabile**, cui non ci si può sottrarre. Il sapiente che raggiunge il nirvana, però, supera il dolore derivante dalla morte grazie alla serenità dell'illuminazione.
Il buddhismo crede nella **reincarnazione** in diverse specie di esistenza; come avviene nell'induismo, il ciclo delle reincarnazioni può subire un'interruzione temporanea con pene infernali di lunga durata nel caso in cui l'individuo abbai compiuto azioni particolarmente malvagie oppure, se il suo agire è stato buono, con la permanenza in un mondo divino.
Quest'ultimo ha una disposizione a piani sovrapposti, a seconda del grado di perfezione dell'individuo, ma la permanenza nel mondo divino non deve essere un fine da raggiungere, poiché l'esistenza celeste è destinata a finire e l'individuo ritornerà dolori della terra. La liberazione finale dalle sofferenze e dalle passioni è garantita solo dal raggiungimento del nirvana.

■ La ruota dell'esistenza, che raffigura il ritorno ciclico della vita e della morte in base alla reincarnazione.

LE RELIGIONI CINESI

In Cina non si è sviluppata una religione vera e propria, bensì con il termine ***tsung-chiao*** si indica una linea di insegnamenti complessi. Si può dire che in Cina si seguono fondamentalmente **tre orientamenti**, che si integrano fra loro:

- il **buddhismo**, per quanto riguarda la concezione dell'aldilà;
- il **confucianesimo**, per quanto riguarda la morale (e in particolare l'etica che regola la vita pubblica);
- il **taoismo**, per quanto riguarda i riti e l'atteggiamento verso la natura.

Il simbolo del confucianesimo e del taoismo è il **Tao** ed è costituito da un cerchio diviso in due metà; le due metà, chiamate **Yang** e **Yin**, rappresentano elementi contrapposti eppure complementari: per esempio, Yang rappresenta la luce, il sole, il cielo, il fuoco, il bianco e l'elemento maschile, mentre Yin rappresenta il buio, la luna, la terra, il nero e l'elemento femminile. In ogni metà, però, è presente una piccola parte del suo opposto e l'uno non può esistere senza l'altro; dalla fusione dei due elementi trae origine la vita dell'intero universo.

Dipinto su seta che ritrae Laozi (Lao-Tsu) e Confucio che si prendono cura del futuro Buddha, XIV secolo, Cina. ***Sono qui raffigurate le tre religioni diffuse in Cina.***

1. Il confucianesimo

1.1 Le origini e il fondatore

Questa religione conta circa 180 milioni di seguaci, di cui la maggior parte in Cina. Le sue origini risalgono a **K'ung-fu-tsu** (**Confucio**), vissuto dal 551 a.C. al 479 a.C. Confucio recuperò il patrimonio delle antiche religioni cinesi, in particolare l'universismo, secondo cui l'armonia del cosmo era basata sulle due forze contrapposte e complementari di Yang e Yin.

Egli traspose questo concetto nel **campo pratico** e della **morale**, cercando di contrastare la decadenza politica e religiosa della Cina del suo tempo.

Confucio

Il nome deriva dalla latinizzazione degli ideogrammi cinesi corrispondenti al nome del fondatore del confucianesimo. Tale latinizzazione fu opera dei missionari gesuiti del XVI secolo.

Statua moderna di K'ung-fu-tsu.

Strumenti

1.2 Le divinità

Confucio non si interessò mai del problema delle divinità, degli essere ultraterreni e di questioni sovrannaturali in generale, focalizzando il suo insegnamento sull'**esperienza umana**.

Tuttavia nel confucianesimo esistono moltissime divinità, ordinate gerarchicamente; ai vertici stanno il **dio del Cielo**, maestoso, onnipotente e onnipresente, e **quello della Terra**. Agli **imperatori** era tributato **culto divino**, in quanto erano considerati figli del Cielo.

Nei boschi, sui monti e nelle acque esistono, poi, **esseri considerati demoniaci**, da cui l'uomo deve guardarsi, perché possono arrecargli danno. Tra gli **animali** (fantastici e reali), sono considerati potenti l'unicorno, la fenice, la tartaruga e il drago; quest'ultimo, inoltre, è considerato benefico, poiché portatori di pioggia. La rana è considerata un portafortuna.

1.3 Le credenze fondamentali

Confucio auspicava il ritorno ai **valori tradizionali** e al **culto degli antenati**: egli riteneva, infatti, che per rinnovare l'impero fosse necessario un buon governo, che a sua volta poteva realizzarsi solo rafforzando la **vita familiare**. Lo **stato** venne da lui concepito come una grande famiglia, in cui i riti, il rispetto delle gerarchie, lo studio dei classici, l'esperienza degli antichi assicuravano la concordia dei cittadini sotto la guida dell'imperatore. La famiglia diventava così la base dell'intera struttura sociale della Cina.

■ Statua del dio del Cielo, VII secolo.

L'**imperatore**, che si trova al vertice della piramide sociale, deve conoscere i principi morali, metterli in pratica e vigilare egli stesso sull'applicazione di tali principi. Come premio della sua condotta virtuosa, riceve le **cinque specie di felicità** e le irradia sui sudditi: longevità, ricchezza, salute e contentezza, amore per la virtù e una fine beata. La sua imperfezione morale può, al contrario, provocare la perdita del trono.

Per avere una convivenza sociale armonica, Confucio individuò una serie di **riti** (***li***), un complesso di **norme** da seguire in ogni occasione della vita sociale. In particolare, egli prese in considerazione **cinque tipi di relazioni sociali** (mai giocate su un rapporto di parità), alle quali possono essere ricondotte per analogia tutte le altre. Esse sono: quelle **tra principe e suddito**, **tra padre e figlio**, **tra fratello maggiore e fratello minore**, **tra marito e moglie** e **tra amico e amico**. Per ciascuno di questi rapporti, Confucio indicò una serie di comportamenti da seguire rigidamente. Ogni uomo deve cercare di uniformarsi il più possibile alle regole di comportamento codificate.

■ L'imperatore cinese Qiu Shi Huang Di in viaggio, foglio di seta di un album settecentesco, Parigi, Bibliothèque Nationale. *Secondo Confucio, l'imperatore è figlio del Cielo e si trova al vertice della piramide sociale.*

A seconda delle scelte morali che operano, gli uomini possono essere **individui comuni**, **saggi** o **nobili**. Mentre i saggi posseggono naturalmente le qualità che permettono di seguire pienamente il *li*, i nobili vi giungono con lo studio e l'applicazione, fino a essere in grado di governare lo stato.

1.4 Il culto e i luoghi sacri

Due sono i culti fondamentali: quello del Cielo e quello della Terra. Il **culto del Cielo** era celebrato quotidianamente dall'imperatore nel grande tempio del Cielo di Pechino; quest'usanza si è interrotta dopo la fine dell'impero nel 1912. Il **culto alla Terra** comprendeva la venerazione di tutti gli elementi che ne fanno parte.
In Cina è molto diffuso il culto degli **antenati**, in cui si mescolano elementi confuciani, taoisti e buddhisti, collegato a un complesso **rituale funebre**, finalizzato a trasformare il defunto in antenato da venerare nella propria casa. A questo scopo, nella sala centrale delle case è collocato un altare con gli spiriti protettori della famiglia sistemati al centro, mentre il sacrario degli antenati è posto a sinistra o sul lato occidentale della stessa sala. Talvolta le tavolette commemorative degli antenati vengono conservate, dietro compenso, in un santuario, in una pagoda o in un tempio buddhista.

■ La Sala della preghiera per un buon raccolto, uno degli edifici che compongonoil tempio del Cielo a Pechino.

1.5 I libri sacri

I cosiddetti "libri classici" del confucianesimo sono:

- ***Yi-Jing*** (***Libro dei mutamenti***), considerato da Confucio libro di saggezza e usato anche per approfondimenti di tipo matematico e filosofico;
- ***Shi-Jing*** (***Libro delle Odi***), una raccolta di poesie dei secoli IX-VI a.C.;
- ***Shu-Jing*** (***Libro dei documenti***), una raccolta di editti governativi, discorsi di carattere politico e didattico risalente all'antica storia cinese;
- ***Ch'un-ts'tu*** (***Annali delle primavere e degli autunni***), opera attribuita a Confucio stesso e riguardante la storia dello stato Lu, sua patria d'origine;
- ***Li-Ji*** (***Libro dei riti***), una raccolta comprendente diversi trattati sugli usi religiosi e sociali.

2. Il taoismo

2.1 Le origini e il fondatore

Statua di Lao-Tsu realizzata nel X secolo, Fujian (Cina).

Il taoismo è diffuso soprattutto in Cina, con circa 30 milioni di seguaci; ma si trovano minoranze anche in Vietnam e in Malaysia.

Il suo nome deriva dal cinese **Tao**, che significa "via, sentiero, cammino", e non è una forza divina, ma semplicemente una forza naturale all'origine delle azioni universali.

Il fondatore del taoismo è **Lao-Tsu** ("antico maestro"), figura leggendaria. Nato, secondo la tradizione, nel VI secolo a.C. da nobile famiglia in una provincia del villaggio della provincia dell'Honan, ricoprì la carica di archivista presso la biblioteca della corte imperiale e si ritirò poi in solitudine.

2.2 Le divinità

Alla base di tutto vi è il **Tao**, l'unità di ogni esistenza all'inizio del tempo, che ha dato origine ai due opposti, lo **Yang** o lo **Yin**. Dai due sono sorti il **Primordiale Nobile Celeste**, signore del Cielo, **quello che governa la Terra** e **quello che presiede l'Acqua** e le rinascite.

Il Tao ha dato origine al cielo, alla terra, all'acqua. A livello spirituale il Tao è visto come ciò che è presente in tutte le cose, un principio che dà ordine a tutte le cose.

Le **divinità** taoiste sono molte e **legate a ogni aspetto della vita**. Gli dei più popolari sono quelli legati all'infanzia, alla ricchezza e alla salute. Vi sono poi alcuni **demoni** e viene anche attribuito il culto a **otto esseri umani** divenuti immortali grazie alla pratica della virtù.

Seguace del taoismo apre un rotolo decorato con il simbolo Yang-Yin, XIV-XVII secolo, Cina.

2.3 Le credenze fondamentali

La base della dottrina di Lao-Tsu è una mistica individualistica che porta a estraniarsi dalle passioni e **immergersi nell'origine delle cose**.
Il saggio che è giunto all'origine del tutto è in grado di fare il bene in modo inconscio e spontaneo. I comportamenti secondo virtù sono effetti spontanei dell'immersione nel Tao e l'agire del saggio non è nient'altro che il "**non agire**", cioè agire spontaneamente con azioni corrispondenti alla natura.
Il taoismo si disinteressa sostanzialmente di problemi pratici di tipo sociale o politico, mentre si concentra sull'individuo.
Il compito dell'umanità è di aiutare a **mantenere l'armonia tra Yang e Yin**. Questo equilibrio può infatti essere distrutto dalla debolezza umana e le offerte e le preghiere del rito taoista hanno lo scopo di riparare ai misfatti degli uomini che lo turbano. Vengono praticate la **meditazione** e l'ascesi per liberarsi dalle passioni e dai desideri.
Il taoismo prevede **cinque proibizioni** e **dieci consigli**. Le **proibizioni** sono: l'uccisione degli esseri viventi, l'alcoolismo, l'ipocrisia, il furto, la dissolutezza. I dieci **consigli** prevedono: ubbidire ai genitori, servire l'imperatore e il maestro, rispettare tutte le creature, sopportare il male ricevuto, risolvere le questioni ed eliminare l'odio, sacrificare i propri interessi per aiutare i poveri, liberare gli animali catturati e nutrire gli esseri viventi, scavare pozzi, piantare alberi, costruire ponti, rendersi utili ai propri simili, recitare i libri taoisti e bruciare l'incenso per onorarli.

■ Astuccio decorato con simboli portafortuna, epressione dell'armonia dell'unverso, XVIII secolo, Cina. *Compito dell'umianità è mantenere l'armonia tra Yang e Yin.*

2.4 Il culto e i luoghi sacri

Alcuni **luoghi naturali** (isole e montagne, per esempio), sono considerati sacri e dunque sono meta di pellegrinaggi. Delle cinque montagne sacre, la più famosa è il Thai-shan nello Shan-tung.
I **templi**, gestiti da sacerdoti taoisti sotto la direzione di un consiglio di laici e costruiti tramite donazioni, sono il centro religioso del villaggio e servono non solo per i servizi religiosi, ma anche per le fiere, per le rappresentazioni teatrali, per gli spettacoli in generale.

■ Benedizione delle offerte durante una festa taoista.

2.5 Le feste religiose

Alcune festività pubbliche sono celebrate in tutta la Cina e sono legate ai cicli naturali dell'agricoltura.
La festa più sentita è il **Capodanno lunare** (o **Festa della primavera**), durante il quale in ogni casa si tiene un banchetto in onore degli antenati e dei membri della famiglia che vi-

vono lontani. Il banchetto è accompagnato da canti di prosperità e di benedizione per il nuovo anno, s'indossano abiti nuovi e i fuochi artificiali segnalano l'inizio del nuovo anno.

Il quindicesimo giorno del primo mese dell'anno cinese c'è la **Festa delle luci**, celebrata con una processione di lanterne e con una danza di draghi.

Il terzo giorno del terzo mese si celebra la **Festa della purificazione**, che è legata a lavori di manutenzione e pulizia delle tombe ed è conclusa da un pranzo all'aperto sulle colline.

Il quinto giorno del quinto mese si ha la **Festa delle barche**, che segna l'inizio dell'estate: si preparano focacce di riso, si organizzano gare tra barche fluviali a forma di drago e si celebrano rituali di benedizione per i bambini e di propiziazione della pioggia.

Nell'ottavo mese si celebra la **Festa dell'autunno** legata al raccolto.

2.6 Le persone sacre

I **sacerdoti** taoisti compiono rituali di guarigione e di benedizione; essi, inoltre, predicono il futuro attraverso l'interpretazione di eventi particolari e presagi.

2.7 I libri sacri

Lao-Tsu scrisse il ***Tao-te-Ching***, in versi ritmati e in rima, sulla legge universale del Tao e sui suoi effetti.

2.8 La morte e l'aldilà

Anche l'anima dell'uomo è composta da due elementi fra loro complementari: lo Yang individuale, che corrisponde all'**anima**, e una **forza vitale materiale**. Solo l'anima sopravvive dopo la morte.

Dopo la morte, l'anima precipita in basso nei domini dello Yin, dove si purifica dai suoi peccati e diventa degna di salire al cielo. Durante questo periodo di purificazione, i familiari del defunto devono portare offerte e pregare per il defunto stesso, altrimenti questo procurerà loro sventure.

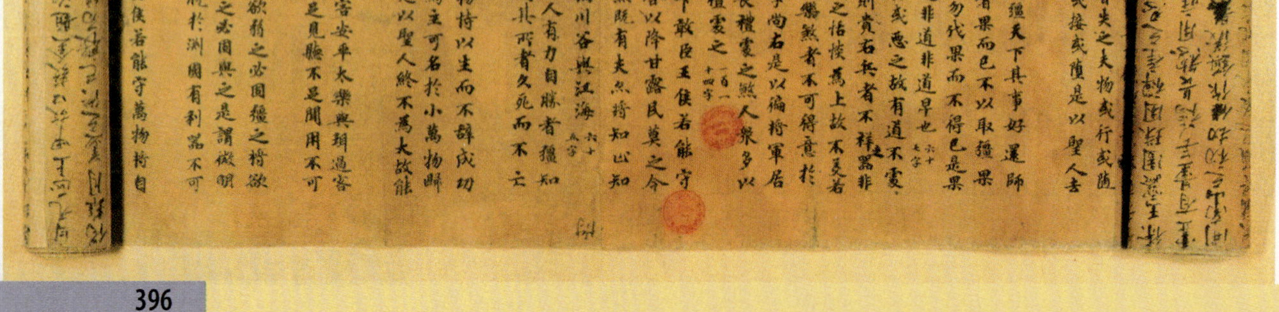

■ Rotolo del *Tao-te-Ching* conservato a Parigi, Bibliothèque Nationale.

LO SHINTOISMO

1. Le origini e il fondatore

Lo **shintoismo** è una religione nata in Giappone e conta più di 60 milioni di seguaci. Lo shintoismo non ha fondatori e si rifà alle antiche tradizioni del culto degli antenati e degli spiriti naturali. Si potrebbe dire che esso sia un insieme di riti per regolare i rapporti fra gli esseri umani e i **kami**, i molteplici spiriti che sono presenti in ogni cosa. A partire dalla seconda metà del XIX secolo, al centro del culto fu posta la figura dell'imperatore, ma dopo la fine della Seconda guerra mondiale questo tipo di culto è stato notevolmente ridimensionato.

Shintoismo

La parola deriva dai termini *shin* ("divinità") e *to* ("via"), quindi significa"via degli dei" o "pratica degli dei".

2. Le divinità

Il numero di **kami** è molto elevato: ci sono migliaia di kami, che possono essere spiriti dei luoghi, ma anche degli oggetti, dei fenomeni naturali, dei mestieri o degli eventi; anche gli spiriti degli antenati, degli imperatori e degli eroi sono venerati come kami.

La divinità principale scintoista è **Amaterasu**, dea del Sole e antenata diretta della famiglia imperiale. **Susanoo** (o **Susano-wo**) è il dio degli uragani e delle tempeste. **Inari** è il dio dell'agricoltura, del riso e della fertilità; il suo simbolo è una volpe.

La dea Amaterasu, portatrice di ordine, in un dipinto del XIX sceolo.

3. Le credenze fondamentali

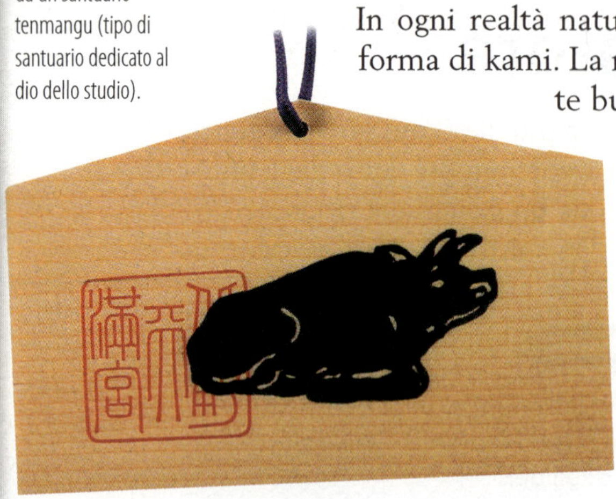

■ Ema proveniente da un santuario tenmangu (tipo di santuario dedicato al dio dello studio).

In ogni realtà naturale viene percepita la presenza del divino sotto forma di kami. La natura dell'uomo viene considerata sostanzialmente buona, mentre il male viene messo in relazione con spiriti malvagi, che vanno contrastati per mezzo di riti purificatori.

4. Il culto e i luoghi sacri

L'adorazione del kami si svolge mediante **preghiere** e **l'offerta** di dolci di riso e di sake (vino di riso) da portare nel **tempio**. Il tempio ha sempre una struttura architettonica ben precisa, comprendendo una serie di locali adibiti a specifiche funzioni (per esempio, la sala della preghiera, la sala delle offerte, la sala che ospita la statua della divinità). Le preghiere non sono codificate, ma ogni fedele può invocare il kami **in modo personale**; non esiste un giorno preciso dedicato al culto, ma i templi sono sempre aperti, per i fedeli che vogliono pregare e portare offerte. In occasione di alcune festività, i sacerdoti organizzano **cerimonie** collettive. Nei rituali di purificazione riveste grande importanza l'**acqua**, usata per abluzioni rituali.

Un'usanza diffusa è quella di offrire gli **ema** (tavolette di legno su cui si scrive un desiderio o una preghiera, da appendere nel tempio) e gli **origami** (fogli di carata piegati in modo da avere forme di animali o di oggetti).

È molto diffuso il **culto domestico**: in casa si allestisce un piccolo altare, sul quale viene posto uno specchio (oggetto che permette la rappresentazione del kami), insieme ad altri amuleti e alle offerte (in genere riso, sale e acqua).

Molti sono i **luoghi naturali** dedicati alle divinità (monti, laghi, pianure…), sede di santuari e meta di pellegrinaggio. I pellegrini portano vesti bianche e cappelli di giunco.

■ Il tempio Kiyomizu-dera a Kyoto (Giappone).

5. Le persone sacre

Le pratiche cultuali vengono svolte da **sacerdoti**, che molto spesso hanno ereditato dai loro antenati il loro incarico. Durante le cerimonie portano un berretto nero, un abito bianco e un bastone.

6. Le feste religiose

La forma principale della festa shintoista è il **maturi** (o **matsuri**), in cui i kami sono invocati con danze, musica, canti e preghiere.
Le feste sono legate al raccolto e al ciclo della natura. Una delle più grandi feste è quella **dei ciliegi in fiore**, all'inizio della primavera.

7. I libri sacri

In origine le storie relative ai kami erano tramandate oralmente; intorno all'VIII secolo d.C. fu redatto il ***Nihongi*** (*Annali del Giappone*), che narra la storia del Giappone e comincia con una vasta sezione di mitologia giapponese.
Esistono anche le raccolte di rituali statali, i testi liturgici che ancora oggi vengono usati come modello rituale delle preghiere.

8. La morte e l'aldilà

Secondo lo shintoismo, lo spirito umano è eterno, come i kami; per questo, dopo la morte, semplicemente l'individuo passa **a un livello esistenziale superiore**. Non è previsto né un premio per le azioni buone né un castigo per quelle cattive. Coloro che muoiono in condizione di felicità diventano kami positivi, che vengono invocati come spiriti protettori dei loro discendenti.

■ Festa shintoista a Tokyo.

Indice dei lemmi

In ordine di pagina

In ordine alfabetico